Über dieses Buch In zwölf politischen, sozialkritischen Reportagen über Länder, Inseln, Regionen der südlichen Hemisphäre – entstanden zwischen 1973 und 1983 – zeichnet die Autorin Porträts von Staaten oder Gemeinschaften jener Paradiese, die auch als ›unterentwickelt‹ gelten. Von Kambodscha in Südostasien über Kamerun in Zentralafrika bis Haiti in Mittelamerika.
Sie beschreibt ihre Reisen in dem leidenschaftlichen Versuch, zu begreifen und begreiflich zu machen, in einen Zusammenhang zu bringen, was partikelweise und meist als Katastrophenmeldung oder als Tropenverlockung unser Bewußtsein streift. Vor dem Hintergrund ihrer Landschaften, ihrer Geschichte, ihrer Religion und Kultur beschreibt sie Mitbewohner dieser einen Welt: Bewohner des südlichen Teils unserer Erde, denen die Zivilisation der Bewohner des nördlichen Teils zum Verhängnis wurde.
Die Existenz eines ›dritten Paradieses‹ ist so absurd wie die einer ›dritten Welt‹.

Die Autorin Gertraud Heise, geb. 1944, Ausbildung an der Folkwangschule, zwei Jahre Theater. Seit 1968 freie Mitarbeiterin der Rundfunkanstalten (Hörspiele, Erzählungen, Features). ›Journalistenpreis Entwicklungspolitik‹ 1976 (für das Feature ›Tee kann man nicht essen‹) und 1979 (für das Feature ›Kinder der Kirdi‹). Buchveröffentlichung: ›Reise in die schwarze Haut‹, 1980.

Gertraud Heise

Das dritte Paradies

Reisereportagen aus Kambodscha, Madagaskar, Sri Lanka, Benin, Kamerun, Martinique, Guadeloupe, Französisch-Guayana, Haiti

Fischer
Taschenbuch
Verlag

Lektorat: Anke Rasch

Originalausgabe
Veröffentlicht im Fischer Taschenbuch Verlag GmbH,
Frankfurt am Main, März 1985

Redaktion: Cornelia Krutz-Arnold
Umschlaggestaltung: Jan Buchholz/Reni Hinsch
Umschlagfoto: Gertraud Heise
Gesamtherstellung: Clausen & Bosse, Leck
Printed in Germany
1280-ISBN-3-596-23883-8

Inhalt

Vorwort

Jeden Morgen zwischen fünf und sechs fährt sie in ihre Bäckerei, die nahe dem Eisenmarkt in einer Seitenstraße liegt. Die Fliegen schlafen noch, hocken auf Menschen, die sich auf dem Trottoir eingerollt haben, von der Dunkelheit bedeckt. Ein paar Stunden später, wenn hier alles so grell ist, als prallten zwei Alpträume aufeinander, belädt sie im Gewühl von Verkäufern, Karren, Bussen ihr Auto mit Brot, dem Butter und Zucker beigemischt sind, und fährt damit zu den kleinen Marktflecken, die, nicht weit von Port-au-Prince, unterhalb der kahlen Bergrücken liegen. Sie verkauft schon entlang der Schnellstraße ihr »schweres Brot«, das im Magen aufquillt und rasch satt zu machen scheint, sammelt zerknüllte Geldnoten, die schwarz von Dreck sind. Sie lacht mit den ländlichen Händlern, liebkost mit den Händen die Kinder und mit den Augen das Mangogrün der Ebene oder die Schattenbilder der Berge und ist eine Verliebte: fast weiße Mulattin, anfang dreißig, die vor drei Jahren aus dem Exil heimkehrte. Sie hat in Paris studiert, hier sofort einen bestbezahlten Job gefunden, der ihr zudem noch erlaubt, gratis die Welt zu überfliegen. Sie hat einen sanften Mann, ein intelligentes Kind und gehört, seit sie »nebenbei« diese Bäckerei betreibt, zu den glücklichsten Bewohnern der Erde.

Daß dieses weiße Brot keinen Mangel behebt, ist ihr klar; auch, daß sie keine guten Taten vollbringt, nur etwas herbeischafft, nach dem verlangt wird. Sie watet durch den Schlamm der Marktplätze und freut sich, denn ihre ganze Lust ist dieser Kontakt: Das ist mein Land, und mit all seinen Schwären und Schwielen ist es für mich das schönste Land der Welt! Sie weiß, daß sie sich in einer Hölle befindet und daß mit jedem Morgen, an dem sie ihre Bäckerei betritt, sich das Elend ein Stückchen weitergefressen hat und daß kein Schrei, keine millionenfach artikulierte Qual dem endlich eine Grenze setzt.

Sie war lange genug im Exil, um ebenso »westlich« zu denken, zu fühlen wie ich. Aber sie betrachtete ihre Welt aus tiefer Heiterkeit, wozu ich nicht mehr fähig war. Sie sah, roch, hörte

ebenso empfindlich oder kritisch wie ich. Aber während sie es aufnahm und annahm, stürzte es mich in hilflose Traurigkeit, die Abwehr erzeugte.
Wer liebt, ekelt sich nicht. Sie schien wie geschaffen, an einer »Veränderung« mitzuwirken, aber sie mußte lächeln über ihre intellektuellen Landsleute in Amerika oder Frankreich, die so genau wußten, was zu tun sei und wie es zu tun sei. Sie verkaufte ihr hungerbetäubendes Brot und trank dabei ihr Land, das im äußersten Südwesten, woher sie stammte, tatsächlich noch paradiesisch war.
Noch jemandem von tiefer Heiterkeit bin ich begegnet. Er war Arzt und Gewerkschafter, kein Intellektueller. Er wirkte an einer Veränderung. Von allen »Projekten«, die ich je besichtigen mußte, erschien mir seines das überzeugendste. Fast war er zu heiter – und seine Heiterkeit ging mir zuweilen auf die Nerven –, um auch fanatisch zu sein. Er träumte von einem tamilischen Paradies, das Singhalesen nicht ausschloß. Ihm möchte ich im nachhinein die Reportage über Vavuniya widmen. Er wurde im Gefängnis ermordet, ein Mann um die vierzig. Sein Projekt wurde von Regierungstruppen zerstört.
Ich bin nicht oft solcher Heiterkeit begegnet. Von Jahr zu Jahr wurden die Tropen trauriger. Und auf meiner vorerst letzten Reise nach Haiti wollte ich eigentlich nur noch um die Kraft wissen, die da Leben, Überleben, möglich macht.
Als ich nach Kambodscha ging, im Dezember 1972, zu Fuß und allein das Niemandsland durchquerte, war ich bar jeder Erfahrung, ohne Auftrag und befand mich zum ersten Mal in den Tropen und im Krieg. Ich war keine Polit-Touristin – und bin nie eine geworden –, ich wollte nur sehen und vielleicht darüber schreiben. Natürlich zögerte ich jetzt, diesen so sehr subjektiven Bericht mit in meine Sammlung aufzunehmen. Entschloß mich aber dazu, weil er eine sehr ferne Vergangenheit zu beschreiben scheint. Ein Paradies nicht nur für Feudalherren, Kriegsherren, Herren überhaupt, auch für Ethnologen, Archäologen oder aber Päderasten. Khmerfrauen, die im Mondlicht unter dem Gedröhn amerikanischer Bomben tanzten. Ich glaubte, das sanfteste Volk der Erde getroffen zu haben, das zwar schon von tiefer, allzu begründeter Angst gestört war, aber offenbar noch keinen Hunger kannte. Nie wieder bin ich derart lustvoll immerzu essenden Menschen begegnet in jenen »Paradiesen« ...
Es war so einfach, so überschaubar, die Welt in Imperialisten,

Kolonialisten und ihre kolonisierten Opfer einzuteilen, in Verführer und Verführte. Jahrelang habe ich diese Länder bereist in tiefer Überzeugung unserer »weißen« Alleinschuld – bis ich darauf kam, daß eine Frage nach Schuld keine Antwort bringt. Ich habe an Ideale geglaubt, daran Hoffnungen geknüpft – wie an eine madagassische Demokratie, eine beninische Revolution –, habe Worten vertraut, die ebenso verzweifelte wie hohle Versprechen waren. Ich habe sogar an »Entwicklungshilfe« geglaubt. Als ob wir, die wir nicht einmal wissen, was für uns selbst gut ist, anderen helfen könnten zu erfahren, was für sie gut sei.
Jahrhundertelang wurde mit unserer Besserwisserei der größte Unsinn gestiftet, das schlimmste Unheil angerichtet. Aber war denn Verführung immer nur Vergewaltigung? Trotzdem sind da berechtigte Forderungen und die Verpflichtung, ihnen nachzukommen. Aber Hilfe als etwas Selbstverständliches, Hilfe, die nicht Bevormundung oder Anstiftung zum Mord bedeutet, setzt eine Welt voraus, die aus Freunden besteht ...
Hin und wieder bin ich dem Vorwurf begegnet, daß ich zwar Realität in ziemlich genauen Bildern wiedergebe, ohne aber meinen »konstruktiven Beitrag« zu leisten. Abgesehen davon, daß daran nie Mangel herrschte, habe ich mich weder als Experte noch als Retter verstanden. Ich wollte nie mehr als begreifen und begreiflich machen durch das, was ich beschreibe. Bis ich mir eines Tages als Fliege auf dem Aas vorkam und beschloß, vorerst nicht mehr zu reisen. Da ist Ratlosigkeit, die einhergeht mit einem Nichtmehrertragenkönnen der Bilder des Sterbens, denen gegenübersteht ein gedankenloser Humanismus oder zynisches Wohlleben, auch mein Immernochreichsein und bei aller Fühlungnahme Entferntsein.
Die Reportagen waren für den Rundfunk geschrieben. Ich habe sie insofern bearbeitet, als ich das »Funkische« entfernte oder Beschreibungen, die sich wiederholten, herausstrich. Bei den drei Sri Lanka-Features hätten zu viele Streichungen allerdings den Zusammenhang zerrissen. Hier wiederholen sich für den Leser bestimmte Informationen, die für den Hörer jeweils neu und unerlaßlich waren. Inhaltlich wurde nichts verändert. Denn abgesehen von Kambodscha, wo sich Tragödien ereigneten, deren Ausmaße gar nicht mehr zu benennen sind, bleiben sämtliche Berichte »aktuell«. Es regiert noch derselbe Mann in Madagaskar, nur daß er statt des erhofften Aufschwungs gegen immer mehr Not anzukämpfen hat. In Sri Lanka oder Kame-

run, wo die Regierungen wechselten, herrschen Hunger und Folter weiterhin. Aber die deutsche Staatssekretärin, die an Sri Lankas Demokratie keinen Zweifel aufkommen lassen wollte, wurde vielleicht durch jene Touristen aufgeklärt, die im Sommer 1983 unparadiesische Ferienerlebnisse im Deutschen Fernsehen dokumentierten. Journalisten bedienten sich der Touristen, und deren Erschrecken schreckte auf. Für wenige Wochen, Ferienwochen.

Wenn ich zu Beginn jener haitianischen »Bäckerin« soviel Raum gab, dann nicht nur, weil ich mich mit ihr vergleiche – sie verkauft Brot, ich Reportagen; sie ist Mitglied der sogenannten (und immer verfluchten) Elite, ich bin Mitglied der reichen Herrenländer ... Jene tumbe Bourgeoisie, die Frantz Fanon so treffend und giftig einst beschrieb, hat inzwischen Kinder gezeugt, die nicht mehr nur Wohlleben oder amerikanisch/europäische Imitation im Sinn haben. Sie beginnen – vereinzelt noch – zu schreien. Sie beginnen aber auch, selbst wenn sie sich aus guten Gründen nicht direkt politisch engagieren, ihr eigenes Land zu bereisen, genauer zu betrachten. Das ist eine junge Entwicklung. (In Paris traf ich einen haitianischen Schriftsteller, der ein neues Buch plante über sein Land, das er seit zwanzig Jahren nicht gesehen hatte und auch nicht sehen wollte, und der mich bat, ihm zu berichten – und der sowohl das Geld als auch die Freiheit hatte, sein Land selbst zu besichtigen.) Aber nicht so sehr an Intellektuelle denke ich als an die »großen Leute« mit den guten Posten. Denn lernten diese sogenannten Eliten ihre Länder etwas mehr lieben, statt sich nur aus dem Paradies zu bedienen, dann ließen sie das sogenannte Volk nicht im Schlamm verkommen und verhungern.

Ihnen, den »kleinen Leuten«, die zumeist meine Interviewpartner waren – darunter Wunderkinder, die niemand fördern wird, oder analphabetische Philosophen, die niemand lesen kann –, möchte ich diese Sammlung widmen.

Juni 1984 *Gertraud Heise*

Blutender Lotos Kambodscha

Besuch in einer Khmerprovinz (1973)

Kambodscha, das ist doch nur noch Phnom Penh, meinte der Presseattaché der Deutschen Botschaft in Bangkok. Diese einzige Information, die er zu geben wußte, war falsch. Wäre er exakter gewesen und hätte die von Lon Nol ausgerufene Republik Khmer so charakterisiert, hätte er recht gehabt. Der Name Kambodscha gilt für diese Regierung lediglich als geographische Bezeichnung; aber die Republik Khmer wird abgesehen von Phnom Penh nur noch in ein paar kleineren Städten mühsam verteidigt. Verteidigt gegen kommunistische Gruppierungen und, wie es scheint, gegen Kambodscha selbst.

Dank der Unterstützung der USA und ihrer Freunde aus Südvietnam, Südkorea und Thailand wird die Regierung der Republik Khmer seit drei Jahren am Leben erhalten. Seit zwei Jahren heißt es, sie wird fallen. Aber bei ihrem Antritt war sie bejubelt von den Studenten, den Intellektuellen, den wirtschaftlich Privilegierten und auch breiteren Schichten des Landes.

Zehntausende meldeten sich freiwillig zur Armee. Der Enthusiasmus wich allerdings schnell dem Entsetzen. Mit der neuen Ära kam nicht nur der Krieg ins Land, sondern auch eine Korruption von monströsen Ausmaßen. 50 Prozent der amerikanischen Militärhilfe, heißt es, kämen nicht bei der Armee an. Unsummen wurden unterschlagen, wertvolle Staatsgüter an den »Feind« verschoben. Die hungernden Soldaten der Regierungstruppen begannen zu plündern, oder sie folgten dem Aufruf Sihanouks, der von seiner Exilregierung in Peking aus über Funk Ansprachen an sein Volk hielt. Abertausende liefen zum »Feind« über: zum Vietcong, zu nordvietnamesischen Gruppen, zu den Khmer Rouges, zu den Sihanoukisten. Inwieweit diese Gruppen geeint sind, ist nicht auszumachen. Auf jeden Fall kämpfen sie: gegen die Regierung, gegen die Amerikaner und ihre Gefolgsleute. Die Bauern hingegen leben in Angst oder Apathie.

Als Richard Nixon im April 1970 seinen Entschluß verkün-

dete, Kambodscha zu bombardieren, reagierte die Welt mit Empörung. Noam Chomsky spricht von Nixons Zynismus, mit dem er seine erlauchten Vorgänger übertrifft.
Die amerikanische Invasion wurde mit dem Aufenthalt vietnamesischer Widerstandstruppen in den östlichen und kaum besiedelten Randgebieten Kambodschas begründet. Diese Erholungs- und vielleicht auch Kommandostützpunkte waren von Sihanouk stillschweigend geduldet. Dadurch blieb die Neutralität des Landes gewahrt. Chomsky erklärt diese Zufluchtsorte mit der Verwüstung weiter Landstriche Vietnams und zitiert aus einer Rede Sihanouks, die er, kurz nach seinem Sturz, 1970 auf der Schlußsitzung der Gipfelkonferenz der Völker Indochinas in Südchina hielt:
»Der Zynismus der US-Führung erreichte seinen Höhepunkt, als sie verlangte, daß die Widerstandskräfte unserer drei Völker (Vietnam, Laos, Kambodscha) als Gegenleistung für den teilweisen Abzug amerikanischer Streitkräfte ihre Länder verlassen, und insbesondere, indem unser Widerstand auf eigenem Boden kurzerhand als ›Intervention durch das Ausland‹ erklärt wurde. Wohin aber sollen unsere Befreiungsarmeen denn gehen? Etwa in die Vereinigten Staaten?«
Als ein Waffenstillstandsabkommen zwischen den USA und Vietnam noch nicht in Sicht war, wurde von Kennern Indochinas immer wieder betont, daß der Friede nur unter Einbeziehung aller am Krieg beteiligten Länder zustandekommen könne. Das ist nicht geschehen. Nachdem für Südvietnam und schließlich auch für Laos zumindest im Prinzip eine Lösung gefunden wurde, steht Kambodscha verwickelter denn je in Bürgerkriegskämpfen und unter amerikanischen Bomben.
Kambodscha ist mit seinen 181 000 Quadratkilometern etwa ein Viertel kleiner als die Bundesrepublik, hat aber nur ca. acht Millionen Einwohner. 75 Prozent des Landes bestehen aus teils noch unerforschten Dschungelgebieten.
Wie für Nordvietnam die Chinesen jahrhundertelange Feinde waren, so waren es für Kambodscha die Thais und Südvietnamesen. Die Parallele läßt sich aber nicht weiter ziehen, wenn man vergleicht, inwieweit die Völker durch ewige Kriege und Kolonialherrschaft geprägt wurden. Kambodscha vermittelt den Eindruck, als hätte es bis vor kurzem noch geträumt.
Ich bin gewarnt worden, nach Kambodscha zu fahren. Erst zu Hause, dann in Bangkok. Die undurchsichtige militärische Lage und die sich widersprechenden Meldungen geben kaum

Aufschluß über alles, was außerhalb Phnom Penhs geschieht. In Kambodscha sind verhältnismäßig mehr Journalisten umgekommen als in heftiger umkämpften Gebieten Indochinas, aber der Mangel an Informationen über diese und andere Tatsachen wird vielleicht erklärbar, wenn man weiß, daß drei Viertel des Landes vom sogenannten Feind kontrolliert werden. Ich bin alleine nach Kambodscha gefahren. Als Tourist mit der Eisenbahn auf der einzigen noch intakten Strecke des Landes. Zu der Provinzhauptstadt Battambang.
300 Kilometer sind es von Bangkok bis zur Grenzstation. Bis dahin eintönige, gepflegte Reislandschaft, die sauberen Bahnhöfe, die verschlossenen Gesichter der Thais. Und dann, nach dem Niemandsland, das kambodschanische Städtchen Poipet und der Eindruck von Chaos. Das ganz andere Land. Das Schild an der Barriere, daß alle Waffen und Munition abzuliefern sind. Zwei Lastwagen mit Soldaten, ein Jeep, sonst keine Autos, unzählige Fahrräder. Die unasphaltierte Straße, Staub in der Mitte, Schlamm am Rand, die Holzhütten mit den Auslagen, keineswegs karg. Es sieht fast aus, als sei diese erste Wahrnehmung von bitterster Armut eine Täuschung gewesen. Hier jedenfalls scheinen zumindest noch die persönlichen Bedürfnisse befriedigt zu werden. Zu mehr reicht es nicht.
Es ist Samstag, großer Markttag. Dichtes Fahrrad- und Einkaufsgetummel auf dieser breiten, dreckigen Straße. Ein Rikschafahrer, französischsprechend, hatte mich gleich an der Grenze aufgeladen und fährt mich mit Hallo durch den Fahrradverkehr. Diese Art von Beförderung ist zuerst etwas unangenehm, man hat das Gefühl, jemandem auf dem Rücken zu sitzen. Der Fahrer wechselt für mich Geld, wobei ich kräftig betrogen werde: Ich kenne den Kurs von vor einem halben Jahr, seit Ausbruch des Krieges hat Kambodscha eine Inflationsrate von 400 Prozent.
Rikschafahrer gibt es unzählige, sie sind mager, zerlumpt. Ich entdecke keine Nichtasiaten. Als ich später im Bahnhofsvorraum warte, sammeln sich Scharen von Kindern um mich, die mich stumm anstarren und weglaufen, wenn mein Blick sie trifft. Es gibt wunderschöne Frauen, großäugig, mit feinmodellierten Gesichtern, schlank, relativ hochgewachsen, der Gang durch das Lastentragen auf dem Kopf von einer beneidenswerten Ruhe und Grazie.
Die Eisenbahn hat drei Klassen. Die 150 Kilometer lange Fahrt von Poipet nach Battambang dauert vier Stunden. Sie kostet in

der ersten Klasse 2,70 DM. Der Zug ist überfüllt. Die Menschen hängen in Trauben aus den Waggons dritter Klasse oder schaffen sich Bewegung auf dem Dach. Der Beamte weist mir ein Abteil zu, in dem ein sehr dicker Amerikaner sitzt, der räumt aber schnell das Feld, als es sich mit Khmer-Frauen und Gepäck füllt. Sie bringen riesige Bündel, Körbe, lächelnd schieben sie mir noch kleinere Pakete unter den Arm, hinter meinen Rücken, und ich protestiere auch nicht, als mir schließlich für meine Füße kein Platz mehr bleibt. Noch vor der Abfahrt verlangt ein Beamter meinen Paß, den er gründlich studiert. Er wechselt ein paar Worte mit den Frauen, die mir daraufhin freundlicher zulächeln und Platz für die Füße schaffen.
Der Zug hält bald wieder, und zwar länger. Das muß er auch, auf dem Bahnsteig werden Geschäfte abgewickelt, Proviant wird verkauft. Gebackener Fisch, Reis in Bananenblättern oder Zuckerrohr, Früchte, oft zerkleinert und zu Sträußen auf Stäbchen aufgespießt, und dann die Getränke in der großen Neuerung, den Plastikbeuteln, Wasser, Limonade, Kaffee, zur Hälfte mit Eis versetzt. Hie und da werden auf dem Bahnsteig noch Speisen angerichtet, auf der Erde, die häufig ausspuckenden Männer zielen gerade noch daneben. Will jemand Fisch, wird die Platte zu den hohen Fenstern gehoben, der Kunde nimmt sich und legt einen zerknüllten Geldschein auf die noch verbliebene Ware. Münzen gibt es nicht. Die Frauen tragen die Scheine in Taschentücher gewickelt.
Mein Abteil ist von fremden, tropischen Gerüchen erfüllt, die mir widerstehen. Trotzdem kann ich nicht ablehnen, als mir eine Frau aus dem Viertel einer kürbisgroßen Stachelfrucht, der Durian, das Fruchtfleisch pult mit Fingern, mit denen sie eben noch die Füße ihrer Nachbarin massiert hat. Diese Frucht, von sehr eigenartigem Geruch und Geschmack, ist eine Köstlichkeit, wenn man sich daran gewöhnt hat.
Die Frauen sind allmählich ganz besorgt um mich, begreifen, daß mir das alles fremd ist, leider sprechen sie nur Khmer. Und hier fängt es an, daß ich nicht mehr die andern, sondern mich selbst als exotisch empfinde. Noch eine Frucht wird mir angeboten, die hölzernen Fasern muß man ausspucken, die Frauen sind sichtlich erleichtert, als ich das tue. Während ich mich noch anstrenge, die Fasern aus dem Fenster zu werfen, hat sich zu ihren Füßen schon ein Haufen Abfall angesammelt.
Fahrt durch die Reiskammer Kambodschas.

Die Landschaft, in die der Krieg noch keine Spuren gegraben hat, ist von sanfter Schönheit. Reisfelder mit fast reifen Ähren. Die Fruchtbarkeit scheint grenzenlos.
Einziges Zeichen des Kriegszustands: An jeder Brücke, und es gibt viele, sitzt unter einem Schilfdach mit Hängematte ein Soldat mit Maschinenpistole. Die Lokomotive schiebt einen Wagen mit Bleiplatte vor sich her, gegen die Minen.
Während der vierstündigen Fahrt haben die Frauen in meinem Abteil ununterbrochen gegessen, jede Bahnstation bietet andere Spezialitäten. Dann die Ankunft in Battambang, halb sechs, es beginnt zu dämmern. Der Bahnhofsvorplatz ist zugeschwemmt von Rikschafahrern.
Man hatte mich vorgewarnt. Battambang ist überfüllt von Flüchtlingen, ein Hotelzimmer – noch dazu am Freitagabend – zu bekommen, sei unmöglich. Man bedauert auch prompt an der Rezeption. Ich treffe einen Deutschen aus Bangkok, der sein Wochenende hier verbringt. Er hat drei junge Khmer zu Gast. Die Jungen werden auf die Suche geschickt nach einem Bett für mich, sie kommen aber erfolglos zurück. Wir beschließen, essen zu gehen – um acht Uhr ist Ausgangssperre – und machen uns auf den Weg zum französischen Restaurant am Fluß, dem Stung Sangker. Die breiten, asphaltierten Straßen, die spärliche Beleuchtung, die Häuser mit den Arkaden, französisches Erbe aus der Kolonialzeit. Die Leute sitzen am Straßenrand oder in den Kneipen und essen. Die Stille der Fahrräder, auch hier fast keine Autos.
Die drei Khmerjungen sind Oberschüler, sprechen ein gutes Französisch, sind offen, lachen immerzu. Um halb acht, noch während des Essens, werden sie plötzlich schweigsam, unruhig, schauen auf die Uhr. Sie wollen aufbrechen, haben Angst. Sie sind bei dem Deutschen im Hotel eingeladen, das sei für sie das Höchste, meint er. Am Nebentisch sitzen Militärs bei Whisky und Vorspeisen, sie sitzen lange noch da. Der Rückweg zum Hotel. Auf den Straßen werden hastig noch Waren verpackt, ins Innere der Häuser geschleppt, die Türen verriegelt. Die Barrieren an den Brücken werden heruntergelassen, an Kreuzungen stehen Stacheldrahtbarrikaden, vereinzelte Jeeps fahren umher. Die Regierung kontrolliert Battambang. Um acht herrscht große Stille, um halb neun dringt der gewohnte Lärm aus den Fenstern.
Im Hotel findet sich doch noch eine Lösung für mich, man schlägt mir ein Lager auf dem Dach auf, da steht schon alles

voller Pritschen. Das Personal schläft ohne irgendwas auf der Treppe. Der Lärm weckt mich eine Stunde vor Sonnenaufgang, um fünf, die ganze Stadt scheint in Bewegung geraten. Man frühstückt in der chinesischen Kneipe gegenüber, jede Bestellung wird mit großem Stimmaufwand weitergegeben. Man ißt die übliche Nudelsuppe, Reismehlkrapfen, es gibt sehr guten Kaffee, das alles kostet keine 40 Pfennig.
Die Chinesen bilden eine Minderheit von ungefähr 600000 Einwohnern in Kambodscha, hauptsächlich Händler. Die Toleranz der Khmer gegenüber Minderheiten hat Tradition. Unter Lon Nol setzte aber eine antichinesische Kampagne ein, die sich ungünstig auf Kambodschas Wirtschaft auswirkte. Chinesische Läden wurden von Soldaten verwüstet. Größere Unternehmen zogen die Konsequenz, setzten sich nach Hongkong ab oder brachten zumindest ihr Geld ins Ausland. Das ohnehin schon schmächtige Handelsleben wurde gedrosselt. Die Hetzkampagnen schlugen jedoch bei einem Großteil der Bevölkerung an, als man Chinesen zu Zeiten allgemeiner Knappheit Horten von Waren, illegale Preiserhöhung und Spekulation vorwarf. Die Chinesen in der Republik Khmer lächeln kaum noch.
Wenn ich politische Informationen haben wolle, müsse ich den Touristikchef aufsuchen, hatte man mir gesagt, der vertrete keine offizielle Meinung. Herr Lo, ein zierlicher Mittdreißiger, ist Archäologe, und sein Amt hat fast nur noch symbolischen Charakter. Der Tourismus war vor dem Krieg eine nicht unbeträchtliche Devisenquelle für das arme Kambodscha, heute kommen nur noch ein paar Einzelgänger von Thailand herüber, der Tempel wegen und der Knaben. Aber die weltberühmten Tempel von und um Angkor sind in kommunistischen Händen, das heißt, man kann sie nicht besuchen. Mein Interesse gilt im Moment weniger den Tempeln. Aber Herr Lo befindet sich gerade im Aufbruch, um mit einer einheimischen Studentengruppe den nahegelegenen Tempel Phnom Banon zu besichtigen. Sie fahren mit einem Lastwagen und nehmen mich mit. Daß solche Unternehmen überhaupt noch gestartet werden, mutet tröstlich und merkwürdig zugleich an: Eine fast tausendjährige Ruine wird erklärt. Die Straße dahin ist voller Schlaglöcher, wir fahren 15 Kilometer die Stunde. Am Wegrand Kokospalmen, Bananenstauden, Mangobäume, der Überfluß. Die Khmer sitzen vor ihren Pfahlbauten oder Schilfhütten und essen.
Phnom Banon liegt auf einem Berg, den wir auf steilen Stufen

ersteigen. Soldaten gesellen sich zu uns. Sie sind mager wie die Rikschafahrer und nehmen sich neben den wohlgenährten Studenten erbärmlich aus. Sie langweilen sich, schießen in die Luft oder auf Fledermäuse. Oben angelangt, hält Herr Lo seinen Vortrag über dieses Relikt aus der Blütezeit Kambodschas.
Ein Buddha mit abgeschlagenem Kopf wird begutachtet, das sei der Vietcong gewesen, meint Herr Lo, aber wer weiß das. Ein Soldat hat inzwischen eine Fledermaus abgeschossen, ihre Flügel ausgebreitet, die rote Wunde in ihrem noch zuckenden Körper sichtbar, hält er sie den lachenden Studenten zur Schau.
Nach dem Tempel fahren wir zu einer ebenso berühmten Grotte. Man hat eine Lichtmaschine mitgeschleppt. Nachdem ich ein paar Meter durch das enge Gestein gekrochen bin, mache ich wieder kehrt, weil eine Schlange mich anstarrt. Draußen zwischen tausenderlei Arten von Grün die blauen Vögel, ihre Schreie. Wieder Soldaten, die nach ihnen schießen. Andere pflücken sich weiter unten Apfelsinen.
Die Studenten machen Picknick in einem Dorf. Ein Teich mit großen roten Lotosblüten. Die Lotosblume: Sinnbild für Schönheit, Reinheit, Sonne und ewiges Leben. Ich bin zum Picknick nicht eingeladen, aber in einer Hütte ist plötzlich ein Tisch für mich allein gedeckt mit Reis, Fleisch, Eiern und einer Spezialität, die sich Kambodschanischer Käse nennt, ein brauner Brei aus getrocknetem Fisch und Gewürzen, sehr stark gesalzen. Dies Essen allein, Ausdruck der Achtung, vielmehr aber noch der Scheu vor einem Fremden, wie das Lachen, voller Verlegenheit. Ich frage Herrn Lo, ob es hier Armut gibt. O nein, sagt er, hier mangelt es an nichts. Ich frage ihn, ob er mir morgen ein Interview gäbe. Er weicht aus, sagt nicht nein, meidet mich aber von diesem Moment an, ich habe einen Fehler gemacht.
Der Deutsche reist Montagmorgen ab und überläßt mir seinen schönsten Knaben, Kim. Kim, 20jährig, großäugig, höflich, lächelnd, geduldig, ängstlich und ohne jede Initiative. Er will Arzt werden, vielleicht, vielleicht. Was können wir machen, frage ich ihn, und er antwortet: Ich tue alles, was Sie wünschen.
Ich möchte Musik aufnehmen, vielleicht gibt es eine Hochzeit. Kim hat keine Ahnung. Es sei nicht die Zeit für Hochzeiten, hatte Herr Lo gemeint, nennt uns aber ein Dorf, dort gäbe es Musikanten, die spielten für Geld. Wir fahren mit einer Motor-

radrikscha hin, suchen nach den Musikanten. Die seien nicht zu Hause, spielten auf einer Hochzeit. Es ist acht Uhr morgens. Wir hören die Musik vom Dorfplatz her, über Lautsprecher. Man muß den Bräutigam um Erlaubnis bitten. Kim hat eine kurze Diskussion mit ihm, kramt seinen Ausweis hervor, der Bräutigam notiert sich. Was das soll, frage ich.
Falls etwas passiert, hat er meine Adresse, und ich bin dafür verantwortlich.
Aber was soll denn passieren? – Kim zuckt mit den Schultern, lächelt.
Die Musikanten spielen unter dem Vordach des Brauthauses, dort hocken sie auf einem Podest. Eine monströse Verstärkeranlage ist angebracht. Die vielen Kinder, die Mücken, die Sonne. Sie spielen ihre für unsere Ohren eintönige Musik, drei Frauen wechseln sich mit Gesang ab und singen freundlicherweise in mein Mikrophon. Wir sitzen eingeklemmt zwischen Musikantenpodest und einer Menschenmenge, von der Zeremonie ist nichts zu sehen. Als die Aufnahme gemacht ist, wollen die Musikanten sie hören, sind dann von der Tonqualität entsetzt. Ich bitte Kim, zu erklären, daß es sich über größere Lautsprecher besser anhört. Aber nein, sie möchten das alles noch mal aufnehmen. Die ohnehin schon quäkige Musik klingt aus dem kleinen Gerät wie eine Parodie darauf und macht sie ganz krank. Die Brauteltern begrüßen uns. Ich bitte Kim, mir die Hochzeitszeremonie zu erklären. Das könne er nicht. Warum denn nicht? Plötzlich wird er verschlossen, fast böse: Je ne comprends pas. Eingeladen werden wir nicht.
Nachmittags besuche ich das Kloster. Es liegt jenseits des gelben, trägen Flusses, wo die Villen von Battambang stehen. Die Mönche mit den geschorenen Köpfen und den gelben Gewändern beherrschen fast alle eine Fremdsprache und stellen 50 Prozent der Lehrer. Ich trete in den Hof, und es kommt mir ein junger Mönch entgegen, er spricht englisch, was selten ist. Nach ein paar Worten lädt er mich in seine Kammer ein. Dort wohnen sie zu zweit, schlafen auf den üblichen Holzgestellen mit der Bastmatte, allerlei Krimskrams liegt herum. Ob er mir etwas vorsingt? Ja. Er ziert sich nicht lange. Ein paar Kinder gucken zum Fenster rein und kichern.
Ich habe mein Gerät gerade wieder verpackt, als andere Mönche die Zelle betreten. Ob sie mir nicht zusammen etwas vorsingen könnten? Nein. Warum denn nicht? Das sei überhaupt verboten, gesungen würde nur für Buddha. Sie sind sehr freund-

lich, neugierig auch. Was ich hier machte, wozu ich Aufnahmen haben wolle, welchen Beruf ich hätte, ob ich aus West- oder Ostdeutschland käme. Dieser Frage begegne ich später noch öfter.

Nachdem Kambodscha 1969 die DDR anerkannte, schloß die Bundesrepublik ihre Botschaft in Phnom Penh. Daraufhin brach Kambodscha seine diplomatischen Beziehungen zur BRD ab. Das war unter Sihanouk. Heute, unter Lon Nol, könnte ein DDR-Stempel im Reisepaß eine Visumsverweigerung für Kambodscha bewirken.

Ich frage die Mönche, ob sie die Amerikaner lieben. Jener, der nur für Buddha singt, sagt: Manche, nicht alle, es sei gut, daß sie sie vor dem Vietcong schützten, daß sie Waffen und Munition brächten. Ich sage, sie brächten aber doch auch Bomben und hätten nicht wenig zerstört. – Ja. Das Gespräch wird dem Wortführer unangenehm, und er bricht es ab. Der Begriff Vietcong taucht häufig auf in solchen Gesprächen, aber niemals habe ich einen Khmer das Wort Khmer Rouges in den Mund nehmen hören.

Die Roten Khmer tauchten Anfang der sechziger Jahre als kleine Guerillaorganisation auf. Sihanouk, in seinem damals noch antikommunistischen Nationalismus, bekämpfte sie blutig. Als er dann seine Neutralitätspolitik betrieb, ließ er sie gewähren. Nach seinem Sturz 1970 in die Arme Chinas getrieben und selbst zum Kommunisten geworden, kamen die Khmer Rouges mit einem Bündnisangebot zu ihm, das er annahm.

Dieser Bund mit dem einstigen Verfolger hatte durchaus taktische Gründe. Sihanouks Popularität, vor allem bei den Bauern, war ungebrochen, und Kambodschas »Betriebe« sind zu 80 Prozent landwirtschaftliche. So wurde dieses Bündnis beispielsweise als »Aushängeschild zur Bauernfängerei« bezeichnet, denn der Erfolg war beträchtlich. Die Regierung Lon Nol tat das Ihre noch dazu, indem sie friedliche Pro-Sihanouk Demonstrationen zusammenschoß.

Was Sihanouks Wandel anbetrifft, so ist es natürlich einfacher, ihn zu verurteilen, als in Kambodscha Politik zu machen. Man kann ebensogut annehmen, daß er in jeder politischen Phase das Beste für sein Volk wollte.

Die Mönche zeigen mir noch die neue Pagode, den Garten, das Meditationshäuschen, eine dunkle Kammer mit einem Menschenskelett, hier fände man zu sich selbst. Am meisten bedauern sie, daß ich keinen Fotoapparat mithabe, sie sind wild

darauf, fotografiert zu werden. Beim Abschied bitten sie mich, bald wiederzukommen.
Herrn Lo habe ich leider mit meinem Tonbandgerät verschreckt, und er hat überhaupt keine Zeit mehr für mich. Diese Abwehr, diese Angst ist verständlich. Deshalb erkundige ich mich nach hier lebenden Europäern. Ja, es gibt drei Franzosen, einer davon ist Kims Französischlehrer. Führ mich zu ihm hin, bitte ich ihn. Er wüßte sein Haus nicht. Aber man kann doch fragen. Kim sträubt sich. Herr Lo erklärt ihm den Weg. Kim ist bemüht, seine Verstimmung zu verbergen, aber es ist ihm peinlich, eine Autorität zu stören. Daß die Franzosen dann tatsächlich über diesen Besuch erbost sind, hat allerdings andere Ursachen.
Das Pfahlhaus, am Rande von Battambang in einem Bananenwald gelegen, ist neu gebaut. Die drei Franzosen bearbeiten gerade gemeinsam den Garten. Ein blonder Mittdreißiger kommt auf uns zu, Kims Lehrer. Als ich erkläre, daß ich Informationen suche, scheint er Lust zu haben, mich vom Grundstück zu jagen, nur seine Höflichkeit hält ihn davon ab. Von Journalisten hätte man die Nase voll, Journalisten seien seit Ausbruch des Krieges zu einer wahren Pest geworden, und über Politik spräche man mit Fremden überhaupt nicht mehr.
Er beruhigte sich schnell wieder, als ich erkläre, daß ich gar keine Journalistin sei, und bietet mir einen Whisky an, Kim steht derweil scheu in einer Ecke, lehnt Alkohol ab und trinkt Tee.
Nach einer Weile erregt sich Monsieur B. aber doch wieder und ruft: »Journalisten, Journalisten, vor drei Wochen waren zwei hier, Freunde von mir, jetzt sind sie tot, erschossen.«
Ich sage nichts mehr, nippe an meinem Glas. Dann sagt er plötzlich: »Kommen Sie, ich zeig' Ihnen die Gegend.«
Wir steigen in seinen Jeep, Kim wird zu Hause abgeladen. Über zwei Stunden fährt mich der Franzose durch die Umgebung von Battambang. Erst durch den Wald, wo sich ein Bilderbuchleben glücklicher Genügsamkeit abzuspielen scheint. Auf dem Weg die angepflockten Rinder, Schweine, das Geflügel, die Früchte an den Bäumen, der Fluß. Die Khmerfrauen in ihren vielfarbigen, von der Sonne verblichenen Wickelröcken, als Oberteil tragen manche nur einen Büstenhalter. Kinder, die Kinder herumschleppen, alle wohlgenährt, vor den Hütten wird gegessen, als sei das die einzige Beschäftigung

überhaupt. Störend sind nur die tiefen Schlammlöcher im Weg, es hatte unzeitgemäßen Regen gegeben.
Monsieur B. sagt: »Schaun Sie sich dieses Land an, und hier herrscht Krieg. Ich habe meine Familie, mein Haus und alles in Seam Reap verloren. Seit fünf Jahren lebe ich in Kambodscha, zwei Jahre das Paradies und drei Jahre Krieg. Aber nie mehr werd' ich in einem anderen Land leben können.«
Er wirft den Leuten ein paar Worte zu in fließendem Khmer, die lachen, freudig, verschämt. Immer wieder die Schlammlöcher, der Jeep droht öfter umzukippen, Schlamm spritzt gegen die Kleider. Am Waldrand eine größere Siedlung. Soldaten lungern herum.
»Die Soldaten richten hier viel Unheil an, sie langweilen sich, plündern, vergewaltigen. Das hat es früher nie gegeben.«
Wieder ein Stück Wald, ein anderer Fluß, andere Bäume. Eine B 52 fliegt über uns weg, sehr tief, sehr laut. Wir kommen auf die Straße nach Phnom Penh. Es ist sechs Uhr, die Sonne geht hinter den Reisfeldern unter. In einer Stunde werden die Barrieren an allen Straßen und Wegen nach Battambang heruntergelassen, niemand darf dann mehr herein.
Diese Straße, einer der wichtigsten Verbindungswege Kambodschas, ist nicht mehr zu befahren, wenn einem das Leben lieb ist. Bäume und Gebüsch am Straßenrand sind abgeschlagen, vereinzelte Soldaten patrouillieren. Aus den Hütten dringt nicht der gewohnte Lärm der geräuschunempfindlichen Khmer. Vor ein paar Wochen hatte es geheißen, die Straße sei wieder frei. Der Konvoi, der sich dann auf den Weg gemacht hatte, flog auf, es gab 120 Tote.
Monsieur B. zeigt auf einen Soldaten: »Der da, das ist ein Vietcong in Khmeruniform. Die Khmer sind gute Krieger, aber völlig unfähig im Erfassen einer neuen Situation, das wiederum ist die Stärke des Vietcong. – Haben Sie letzte Nacht die Schießereien gehört? Das war hier in den Reisfeldern. Es hat Tote gegeben.«
Er schweigt einen Moment und meint dann nicht ohne Bissigkeit: »Warum machen Sie nicht etwas über die Khmer Rouges? Lassen Sie sich gefangennehmen und helfen Sie dann ein, zwei Jahre Lastentragen durch den Dschungel. Das wäre doch mal was Neues, wenn Sie's überleben.«
Er rast mit Jeephöchstgeschwindigkeit in die Dämmerung, erzählt von Überfällen und Minen. »Wenn man sehr schnell fährt, explodieren sie erst hinter einem ...«

Und dann, ohne Übergang, zeigt er auf eine Baumgruppe mitten in den Reisfeldern, rotgefärbt von der Sonne. »Ist das nicht schön?«
In den Hütten, etwas abseits von der Straße, kein Licht. Schattenhaft bewegen sich Menschen. Auf einer Strecke von 20 Kilometern kommen uns nur zwei Autos entgegen. Ich bin mir nicht ganz klar über Monsieur B.s Absichten. Will er mir Angst machen oder mir einfach nur einen vom Tod bedrohten, paradiesischen Landstrich demonstrieren? Immerhin halte ich wirklich schon Ausschau nach Minen oder beobachte beunruhigt einen Soldaten, der mit seinem Gewehr hantiert.
Bis acht ist nicht mehr viel Zeit. Ich bitte Monsieur B. umzukehren, ich wolle noch essen gehen. Das macht nichts, sagt er, ich sei bei ihm eingeladen. »Ich kann Sie auch nach acht nach Hause bringen, man kennt mich.« Und er spricht von der Faszination dieses Landes, der niemand sich entziehen könne.
»Wenn Sie eine politische Story über Kambodscha machen, sind Sie die millionste. Schreiben Sie über Land und Leute, dann sind Sie die erste«, sagt Monsieur B., und ich antworte: »Was immer man über dies Land schreibt, in der jetzigen Situation, politisch wird es auf jeden Fall sein.«
In diesen Tagen des Dezember 1972 fliegen die USA ihre schwersten Bombenangriffe auf Nordvietnam. Niemand wagt zu hoffen, daß schon in wenigen Wochen das immer wieder gescheiterte Waffenstillstandsabkommen zwischen allen Parteien Vietnams und Washington unterschrieben würde. Aber schon zwei Wochen nach diesem kaum bejubelten Ereignis wirft Amerika wieder Bomben auf Kambodscha. Das einzige Land Indochinas, in dem Frieden herrscht, ist auch das einzige Land, das in diesem Krieg nicht jene berühmte amerikanische Hilfe erhielt: Nordvietnam. Dort halfen die Amerikaner vor fast dreißig Jahren immerhin bei der Geburt – weil man im Vietminh einen guten Verbündeten gegen die Japaner sah. Nachdem die Starthilfe damals so gut angeschlagen war, wollen die Amerikaner heute wieder einmal hilfreich sein.
Beim Abendessen bei Monsieur B. lerne ich die beiden anderen Franzosen, einen Ethnologen und noch einen Lehrer, kennen. Monsieur B. lebt mit einer Khmerfrau zusammen und hat ein fünfjähriges Mädchen adoptiert, dessen Eltern umgekommen sind. Der Ethnologe hat ein ganzes Haus voller Frauen. Der andere Lehrer ist erst seit kurzem hier. Nach dem Essen kommen die Frauen des Ethnologen mit Plattenspieler und viel

Fröhlichkeit und wollen tanzen. Das Tänzeln im Kreis mit dem Spiel der Hände. Die Franzosen beherrschen das ein bißchen, machen sich aber zwischen den sehr graziösen Khmermädchen etwas albern aus. Monsieur B. sagt: »Und das mitten im Krieg.«
Warum nicht, gerade. Wenn keine Flugzeuge kommen, vergißt man ihn fast. Aber sie kommen häufig genug – und tief genug, um die Musik zu übertönen. Auf der anderen Seite der Terrasse sitzt ein Khmermann, der halb der Musik, halb den Fröschen zu lauschen scheint. Er habe Malaria, erklärt er scheu, als müsse er sich dafür entschuldigen. Die Rückfahrt zum Hotel geht durch die sehr dunkle, von Soldaten belagerte Stadt. Monsieur B. lädt mich für morgen wieder zum Essen ein.
Battambang mit seinen normalerweise 46000 Einwohnern, jetzt aber übervölkert von Flüchtlingen, macht einen heiteren Eindruck, fröhlich und verkommen. Wie das Hotel Samakki, saubere Bettwäsche gibt es keine, die Dusche stinkt nach Urin, im Foyer sind die Sessel mit Moskitos bedeckt, die von der Lampe herunterfallen. Aber früher soll das anders gewesen sein, und den Dreck, heißt es, brächten überhaupt die Chinesen.
Im Zentrum der Stadt die großen Markthallen mit einer Überfülle an Waren, Dinge, die in der Hauptstadt zum größten Teil nur noch für Privilegierte zu haben sind. Und überall die Hunde, abgemagert zum Skelett, schleppen sie sich aussätzig, mit blutigen Geschwüren durch die Straßen, auf der Suche nach etwas Freßbarem. Bettler gibt es kaum. Die Kinder betteln hier überhaupt nicht. Wenn ich allein durch die Stadt gehe, löse ich Gelächter aus, und nicht nur bei den Kindern. Dieses Lachen ist auf die Dauer unerträglich, obwohl es kein Auslachen, sondern pure Irritation ist. Mit Kim an meiner Seite ist das anders, die Aufmerksamkeit wendet sich ihm zu, und er ist stolz darauf. Auf meinem Weg zu Monsieur B., als wieder alles lacht, kommen die Franzosen mir mit dem Jeep entgegen. Wir fahren zum Restaurant, einen Aperitif nehmen, weil Monsieur D. aus Pailin gekommen ist, der Direktor der Kaffeeplantagen. Der lädt mich, kaum, daß er mich begrüßt hat, zu sich nach Pailin ein. Monsieur B. scherzt: »Sie ist aber Journalistin.«
»Wenn sie Journalistin ist, soll sie wegbleiben.«
»Nein, nein, sie ist Ethnologin.«
Ich zögere, diese Einladung anzunehmen, mein Visum reicht nur für vierzehn Tage, und ich hatte noch anderes vor. Aber

diese Überlegung wird gar nicht erst diskutiert. Monsieur B. meint: »Pailin müssen Sie gesehen haben, und wenn Sie's jetzt nicht tun, werden Sie's überhaupt nicht mehr sehn, vielleicht geht es an Thailand, vielleicht wird es ein Trümmerhaufen, weiß der Himmel, außerdem lernen Sie Kambodscha kennen und die herrlichen Kaffeeplantagen, und Edelsteine werden dort gefunden, und überhaupt ist Pailin ganz wunderschön. Und es gibt dort viele Khmer Rouges.«

Ich nehme die Einladung an.

Pailin liegt 90 Kilometer südlich von Battambang, nahe der thailändischen Grenze, in den Ausläufern der Kardamonberge. Im Moment ist es eingeschlossen von Khmer-Rouges-Verbänden.

Da der Landweg zu gefährlich ist, muß man fliegen. Elfsitzige Maschinchen sind für diese Strecke eingesetzt, die Plätze Wochen vorher ausgebucht. Aber mit Protektion geht es auch ohne wochenlange Vorbestellung. Ich bekomme ein Ticket für den nächsten Morgen.

Die Maschine ist alt, abgeblätterter Lack, der Pilot macht einen nervösen, übermüdeten Eindruck. Mein Platz ist der Sitz des Kopiloten. Flugzeit eine halbe Stunde, erst noch Reisfelder, dann der Dschungel, die Kardamonberge. Der Landeplatz von Pailin ist eine große Wiese mit hohem Gras.

Pailin liegt auf einem Hochplateau, umgeben von dschungelbewachsenen Bergen, bizarr, spitz. Hier gibt es die einzigen Kaffeeplantagen Kambodschas, produziert wird nur für den Eigenbedarf. Interessanter als der Kaffee sind aber die Steine: Saphire, Diamanten, Rubine und ähnliche Kostbarkeiten, nach denen gräbt, wer will. Birmanen entdeckten sie vor hundert Jahren; heute stellen sie 20 Prozent der Bevölkerung von Pailin.

Pailin, das ist Wilder Osten. Sein Reichtum präsentiert sich in einer Unmenge von Motorrädern. Der Ort selbst ist völlig verkommen, keine einzige asphaltierte Straße, dafür Staub und Schlamm, tiefe Löcher und Dreck, wohin man schaut.

In Pailin lächeln die Leute nicht mehr. Wenn der Direktor laut hupend, mit dicker Staubfahne, durch die Straßen fährt, reißt man sich alles, was als Kopfbedeckung dient, herunter, um sich demutsvoll vor dem Herrn zu verbeugen.

Monsieur D. ist Angestellter der Regierung. Er arbeite zehn Stunden am Tag oder mehr. Es gebe hier nichts außer der Arbeit, sagt er.

Sein Haus liegt sechs Kilometer vom Ort entfernt auf einer kleinen Anhöhe, nahe der Fabrik. Von hier aus der Blick auf die Berge und den Fluß. Der Fluß, der morgens noch klar ist, gegen elf eine rötliche Färbung annimmt und abends schlammig ist. Weiter oben werden die Steine gewaschen. Ringsherum die Kaffeesträucher, der nahe Dschungel, aus dem man deutlich die Schießereien hört.
Der Chauffeur hat den Auftrag, mich durch die Gegend zu fahren, in die umliegenden kleinen Siedlungen. Weit kommt man nicht, überall die Barrieren mit den Totenköpfen. Am Fluß, wo eine Gruppe von Frauen Steine wäscht, steigen wir aus. Sie stehen bis zu den Knien im Wasser, schwenken in flachen Körben die Steine, suchen, schütten weg, füllen den Korb aus den Säkken wieder auf und wieder dasselbe. Sie blicken nicht hoch, sagen nichts. Sie holen sich hier hauptsächlich die Malaria, fünf Todesfälle pro Woche.
Auf dem Rückweg eine kleine birmanische Prozession mit Trommeln und Räucherkerzen am Wegrand, armselig, zerlumpt. Viele Häuser stehen leer, viele Bewohner sind geflüchtet, vermutlich auch in den Dschungel.
Die dunkelgrünen Kaffeesträucher mit den roten Beeren – sie sind reif, werden geerntet. Die Arbeiter verdienen keine 35 DM im Monat. Ein Arbeiter bekommt neben seinem Lohn 800 Gramm Reis pro Tag, seine Frau 600, die Kinder kriegen je nach Alter ihre Ration. Wohnung und medizinische Versorgung sind umsonst. Eine Arbeiterin erhält das gleiche wie der Mann.
Am Wochenende werden die Steine gesucht, Schwerstarbeit als Privatvergnügen. Man gräbt tiefe Löcher, sammelt die Erde in Säcken, fährt sie zum Fluß. Zuweilen suchen sie ein Jahr lang, ohne etwas zu finden, der große Fund wird aber immer wieder getan, der Reichtum von Pailin kommt nicht von ungefähr. Dann hören sie auf zu arbeiten und versaufen, verspielen ihr Geld, meint der Direktor. Die Khmer sind leidenschaftliche Kartenspieler.
Ausgehverbot ist in Pailin schon um sechs. Der Direktor kommt um halb sechs nach Hause und trinkt seinen Whisky. Tagsüber erscheint er öfter für zwei Minuten, schreit nach An, seinem Diener, um sich den Whisky geben zu lassen. Der Direktor hat drei Diener, den Chauffeur, den Koch und An für die restlichen Arbeiten. Frauen werden in seinem Haus nicht geduldet. Warum er mich eingeladen hat, weiß ich nicht, wegen

der trostlosen Abende vielleicht. Er behandelt seine Diener nicht schlecht, sie verdienen etwas mehr als die Arbeiter, trotzdem sind sie ein Ausbund an Demut.
Um halb acht wird diniert, An reicht die Platten, wie das bei feinen Leuten so üblich, nur ist der Direktor kein feiner Mann, und dieses Theater beim Essen wirkt etwas grotesk. Gegen acht wird der Diener beauftragt, Übersetzungen für die Nachrichten zu liefern. Monsieur D. lebt zwar schon seit 25 Jahren in Kambodscha, spricht aber fast kein Wort Khmer, dafür sprechen seine Diener fließend Französisch. An spricht niemals unaufgefordert. Aber der Direktor fragt ihn, wann er denn glaube, daß dieser verdammte Krieg aufhöre. Er sagt: »Wenn die Amerikaner Indochina verlassen, wird alles sich regeln, für Vietnam, für Laos, für Kambodscha.« Seine Mundwinkel und Stimme zittern dabei, weniger aus Erregung über die politische Lage als aus Angst, überhaupt etwas zu sagen, noch dazu eine Meinung zu äußern, die kaum regierungsfreundlich ist. Der Direktor ist deshalb auch ziemlich erstaunt und freut sich über diesen Ausspruch. Die Amerikaner liebt er ebensowenig, und das mit Grund: Sie haben die Gummiplantagen zerstört, bei denen er vorher gearbeitet hat. Seine drei Diener verloren dabei ihre Familien.
Die Gummiplantagen bei Chup waren ein Prunkstück und Kambodschas ganzer Stolz, seine wichtigste Devisenquelle außerdem. Mit Hilfe südvietnamesischer Truppen, unter Einsatz von B 52, Napalm, Panzereinheiten, Granaten, wurden die Anlagen völlig zerstört und von Südvietnamesen ausgeplündert. Man vermutete dort Schlupfwinkel des Vietcong, was niemals bewiesen werden konnte. Nach Zeugenberichten haben sich dort überhaupt niemals Vietcong oder nordvietnamesische Streitkräfte aufgehalten. Nach Berichten der New York Times wurden ein Dutzend Anhänger der Khmer Rouges als getötet und 15 als gefangen gemeldet, von weiteren 25 Gefallenen, die man als zum Feind gehörig identifizierte, konnte die Nationalität nicht festgestellt werden.
Das war der Erfolg des unter Beteiligung von 10000 Mann großangelegten Angriffs zum Schutz Kambodschas vor den Kommunisten. Von den toten Zivilisten zu schweigen, auch von denen, die ihre Häuser, Felder, ihre Arbeit verloren.
Der Diener An ist Chinese, er lächelt niemals und wenn, ist es nur ein Verzerren der Lippen. Mein Besuch scheint ihm nicht zu behagen. Der Direktor ist Anfang fünfzig, sieht aber älter aus.

Er meint, eine einheimische Frau zu heiraten, sei Wahnsinn, man hätte die ganze Familie am Hals. Obwohl oder gerade weil er ein einfacher Mann ist, hat er noch das Klassenbewußtsein einstiger Kolonialherren. Und trotzdem ist er derjenige, der, wie er sagt, Pailin noch hält. Pailin halten bedeutet, es wird nicht bombardiert. Er sagt: »Wenn ich gehe, laufen sie alle zu den Khmer Rouges über; solange ich da bin, fühlen sie sich sicher.«

Eine Sicherheit, die auf jeden Fall die Familien betrifft. Er erzählt eine Begebenheit, die vor ein paar Monaten stattgefunden hat: »Ich stehe mit dem Kommandeur auf dem Feld. 50 Arbeiter stehen um uns rum. Ich sage zu ihm: Es will nicht regnen. Ein Arbeiter ruft: Wenn Sihanouk wiederkommt, wird es regnen.«

Der Direktor erklärt diesen Ausruf mit naiver Königsgläubigkeit. Inwieweit diese Naivität überschätzt wird, ist allerdings fraglich.

Der Direktor sagt auch, daß die Khmer nicht für den Kommunismus geeignet sind, daß sie viel zu bequem dazu sind. »Sie wollen ihr Stückchen Land mit Reis, die Frauen, den Reiswein, das Spiel.«

Aber so, wie es aussieht, scheinen sie jetzt aus diesem süßen Schlaf erwacht zu sein. Der Vietcong und Nordvietnam haben eine Minderheit, die Khmer Rouges, mobilisiert, den bedeutenderen Rest aber besorgten die Amerikaner und die von ihnen gehaltene Regierung. Und die Frage bleibt: Wie geht es weiter?

Da ist die Abwartehaltung der Khmer, die sich in der Verkommenheit aller öffentlichen und privaten Einrichtungen zeigt. Keine Straße wird ausgebessert, seit Jahren fährt man im 20-Kilometer-Tempo über die vom Regen oder von Minen zerstörten Straßen, von anderen nötigen Ausbesserungsarbeiten nicht zu reden. Schließlich: In wessen Hand wird morgen die Zuständigkeit liegen, und vor allem, was wird bis dahin noch zerstört?

Ich wollte zwei Tage in Pailin bleiben, mein Rückflug für Freitag war gebucht. Der Direktor fährt mich zur Landewiese, dort warten wir, eine Stunde, drei Stunden. Das Flugzeug kommt nicht, eine Funkverbindung gibt es nur auf kurze Entfernung, man weiß nichts. Außerdem wird eine amerikanische Delegation erwartet. Die Amerikaner schauten sich den Ort an, besprächen mit dem Gouverneur die Lage und frühstückten dann

ausgiebig; meist würde überhaupt nur gefrühstückt, meint der Direktor.
Die Wiese ist in Erwartung des hohen Besuchs mit dekoriertem Militär bevölkert. Sie zeigen wegen der Warterei nicht die geringste Ungeduld, Nervosität. Im Gegenteil. Die sehr fetten Offiziere lachen, zeigen sich ihre Edelsteinfunde, finden die Lage urkomisch. Aber als dann endlich mit fast vier Stunden Verspätung der amerikanische Militärhubschrauber eintrifft und man den Grund erfährt, warum keine Zivilmaschine kommt, steigern sich die Lachsalven zu einer mir unverständlichen, hysterischen Heiterkeit. – Angehörige der Regierungstruppen haben aus Versehen auf dem Flughafen von Phnom Penh eine Bombe verloren, die glücklicherweise nicht detonierte, sie haben aber keine Leute, die sie entschärfen können, und der Flughafen ist für unbestimmte Zeit gesperrt. Die Khmer hören überhaupt nicht mehr auf zu lachen, und ich denke: Sie lachen sich tot, im wahrsten Sinne des Wortes. Vor Sonntag, heißt es, käme ich überhaupt nicht weg.
Aber fast noch trostloser als diese Nachricht empfinde ich die lachenden, von Whisky aufgeschwemmten Khmeroffiziere, die nicht nur korruptionsverdächtig sind, sondern als Handlanger der Amerikaner die Zerstörung ihres eigenen Landes mitbetreiben, als gäbe es kein größeres Vergnügen. Die sich empörten, sind übergelaufen, auch Männer aus den obersten Reihen. Das Argument, daß schließlich auch Kommunisten schießen, Dörfer zerstören, Minen legen, Versorgungsschwierigkeiten herbeiführen, ist richtig, aber diese Tatsache ist eine Folge des Krieges, den in Kambodscha nicht die kommunistischen Organisationen begonnen haben. Ehe sie auf einen Regierungssoldaten schossen, sind unzählige Bauern bei friedlichen Demonstrationen von der Regierung getötet worden oder auf ihren Feldern durch amerikanische Bomben umgekommen.
Mein verlängerter Aufenthalt in Pailin bereitet mir Unbehagen. Unter dem demütig feindlichen Blick des Dieners entwickle ich geradezu ein schlechtes Gewissen.
Ich unterbreche diesen Zustand mit Wanderungen in die Kaffeeplantagen, trotz Hitze und des sehr richtigen Gefühls, auch hier nichts zu suchen zu haben. Ich treffe wenige Arbeiter, auf 400 Hektar verlieren sie sich. Daß sie nicht lächeln, sagte ich schon, aber nicht lächeln bedeutet hier: böse sein. Bei meinem ersten Gang holt mich ein Wächter ein. Er trägt ein Coup-Coup, ein Zwischending aus Sense und Buschmesser. Er grüßt

freundlich, weicht nicht von meiner Seite, zeigt auf seinen Armstummel, den Arm hat er im letzten Krieg verloren. Er spricht flüsternd. Ich sage: »Was für ein schönes Land.« – Ich soll nicht so laut sprechen, meint er. Ich sage: »Warum denn nicht, wegen der Khmer Rouges?« – Als dürfe man dieses Wort nun wirklich nicht aussprechen, gebietet er mir völlige Ruhe und bittet mich, umzukehren.

Bei meinem zweiten Gang begegne ich lange niemandem und wandere bis an den Rand des Dschungels. Dort kommt mir auf einem schmalen Pfad ein junger Mann entgegen, der gut gekleidet ist und ein Transistorgerät trägt. Er schaut mich an, so viel finsterer Haß, daß mir für einen Moment das Blut stockt. Aber er geht sehr langsam, zögernd an mir vorbei.

Man muß dazu wissen, daß ein Khmer, der es sich leisten kann, nachmittags mit dem Radio spazierenzugehen, dies erstens nicht zu Fuß und zweitens nicht in einer solchen Gegend tun wird. Ich hätte reden müssen, aber ich hatte Angst.

Jeden Sonntag fährt ein Konvoi von Pailin nach Battambang. Für die Strecke von 90 Kilometern braucht er sieben Stunden, wenn alles gut geht. Die Überfälle sind häufiger auf der Rückfahrt, wenn Versorgungsgüter mitgeführt werden. Zur Gefahr kommen Hitze und Staub.

Der Direktor macht mich mit dem Gedanken vertraut, diesen Konvoi zu benutzen. Der Staub sei zwar bestialisch, aber die Fahrt landschaftlich wunderschön und ein Abenteuer noch dazu. Der Vertreter von der Air Cambodge hat überhaupt keine Informationen. Und selbst wenn der Flughafen wieder für Zivilmaschinen freigegeben wird, ist nicht abzusehen, wann eine nach Pailin kommt. Außerdem sei ich illegal hier, erfahre ich dann, ein Fremder dürfe nach Pailin nur mit der Erlaubnis von Phnom Penh.

Man sitzt beim Whisky im einzigen Restaurant. Selbstverständlich würde er mich im Konvoi begleiten, er hätte mich eingeladen und brächte mich heil wieder zurück, meint der Direktor und erntet Bewunderung von den Khmer, die dabeisitzen.

Am nächsten Abend setzt sich ein reicher Edelsteinhändler zu uns. Als die Rede auf den Konvoi kommt, fängt er wild an zu gestikulieren, da er kein Französisch spricht, führt eine Schießpantomime vor, rollt mit den Augen und meint das alles auch noch ernst. Der Mann von der Air Cambodge übersetzt. Das letzte Mal sei wieder so arg geschossen worden. Der Direktor

lacht, sie würden übertreiben, ich brauchte keine Angst zu haben, sein Chauffeur würde mich heil nach Battambang bringen. Wieso der Chauffeur? Ja, er hätte keine Zeit. Ich werde sehr schweigsam, was sich ungünstig auf die Stimmung der anderen auswirkt.
Der Mann von der Air Cambodge weiß plötzlich von einem Hubschrauber, den der Gouverneur angefordert hat. Jemand mit Beckenschuß müsse dringend nach Battambang zur Operation. Es sei aber sehr unsicher, ob er die Maschine bekäme. Der Direktor mit seinem gebrochenen Manneswort springt auf, fährt hin, sich zu erkundigen. Nach einer halben Stunde kommt er aufgeregt wieder, man müsse das Gepäck holen, der Hubschrauber käme vielleicht schon am Abend, dem Verletzten ginge es schlecht.
Auf der Straße dichter Motorradverkehr, es wird wieder heftig gehupt, etwas unzarter durch die Löcher gefahren, mehr Staub gemacht. Dann zurück zum Gouverneur. Der sitzt in bunten Khmergewändern auf der Veranda seiner Villa. Im Park wimmelt es von Militär. Ja, natürlich würde man mich mitnehmen, meint er, wenn es klappte, käme der Hubschrauber morgen um acht. Ich sollte mich aber trotzdem auf den Konvoi gefaßt machen, sagt der Direktor, der Hubschrauber könne dann nur noch eine angenehme Überraschung sein. Aber allen schlechten Erfahrungen zum Trotz kommt die Maschine tatsächlich.
Sie landet hinter dem Haus des Gouverneurs, wo eine große Menschenmenge sich einfindet. Der Verwundete wird gebracht. Obwohl es in Pailin eine Krankenstation gibt, hat er ein dreckiges, blutverschmiertes Tuch um die Hüften gewickelt. Man legt ihn auf den Fußboden des Hubschraubers und schiebt ihm als Unterlage seinen Arm unter den Kopf.
Wir fliegen los, dicht aneinandergepreßt. Ich hocke in einer Reihe mit drei dicken Offizieren und der Frau des Gouverneurs, hinter uns, an offenem Fenster, die Soldaten am Maschinengewehr, zu unseren Füßen der Kranke in Hemd und Tuch, es zieht und ist kalt. Wir fliegen ziemlich niedrig über die Berge, den schwarzgrünen Dschungel. Nach etwa einer Viertelstunde entsteht Bewegung, Beunruhigung, alles reckt sich zur linken Seite, der Soldat hinter mir hantiert am Gewehr, die Maschine fliegt langsamer, macht einen Bogen, senkt sich, und ich sehe das rote, flache, vielleicht 20 Quadratmeter große Feuer erst, als wir darauf zu und hineinfliegen, wodurch es gelöscht wird. Eine Attacke, sagt der Offizier neben mir. Man sieht Rauch,

Aschenhaufen, zusammengestürztes Gemäuer, abgebrannte Bäume. Soldaten kommen und tragen rasch einen Verletzten zu uns. Der hat kaum Platz, sein Kopf liegt auf meinen Füßen, Geruch nach Schweiß und Blut. Wir erheben uns sehr schnell wieder, die zurückgebliebenen Soldaten werfen sich auf die Erde, schützen ihre Gesichter, die Asche der Holzhütten wirbelt hoch.
Hier wurde ein Dorf verteidigt, die Stellung gehalten. Der Soldat auf meinen Füßen ist sorgfältig verbunden, kaum bei Bewußtsein und vielleicht sechzehn Jahre alt. Um seinen Hals trägt er in Khmerschrift eine große »Identitätskarte«.
Nach ein paar Minuten ist wieder das noch unverwüstete Paradies unter uns und bald die im Wasser schimmernden Rechtecke der Reisfelder von Battambang.

Was wird aus Kambodscha? Auf der Suche nach einem Hoffnungsschimmer begegnet man vielleicht dem ehemaligen Provinzgouverneur In Tam, der, wie *Die Zeit* schreibt, »einer der wenigen Politiker ist, die auf ihrem Gouverneursposten nicht ein Millionending nach dem anderen gedreht und für den Rest ihres Lebens ausgesorgt haben«. Solche Ehrlichkeit sei in Kambodscha so selten, daß sie populär mache. Als Ex-Innenminister in die Opposition abgewandert, gehört er außerdem zu den wenigen Politikern, die die Lösung des verwickelten Problems nicht in einem Entweder – Oder sehen, sondern, in realistischer Einschätzung der Lage, die Kommunisten mit einzubeziehen gedenken. In Tam hat sich als Sonderbeauftragter für Kontakte mit den kommunistischen Verbänden zur Verfügung gestellt; die Frage ist nur noch, ob ihm Lon Nol die nötigen Kompetenzen zur Verfügung stellen wird. Denn ein Erfolg In Tams könnte für Lon Nol die Machteinbuße bedeuten.
Auch von Sihanouk hört man, daß er zu einem Kompromiß, zur Koalition bereit sei, und die Amerikaner stehen dieser Idee nicht mehr so abgeneigt gegenüber wie vor drei Jahren. Von Einigung kann aber nicht einmal in den Lagern untereinander die Rede sein.
Um die Zeit nicht sinnlos verstreichen zu lassen, wird erst mal weitergeschossen, hören auch die Amerikaner nicht auf, das Land zu bombardieren.
Die Frage, ob es so weit hätte kommen müssen, ist müßig. In seiner wirtschaftlichen Entwicklung zurückgeworfen, »ange-

reichert« statt dessen mit Haß und Not, vegetiert dieses Kambodscha am Rande der Existenz – dank amerikanischer Hilfe. Noam Chomsky meint dazu:

»Vielleicht werden sie (die Amerikaner) eines Tages in ihren Memoiren ihre ehrenhaften Irrtümer eingestehen, sich auf die schwere Bürde der Weltherrschaft und die tragische Ironie der Geschichte herausreden. Ihre Opfer aber, die Bauern Indochinas, werden keine Erinnerungen schreiben, sie werden in Vergessenheit geraten und sich den unzähligen Millionen früherer Opfer von Tyrannen und Unterdrückern zugesellen.«

Antanimena – rote Erde

Bilder aus Madagaskar (1975)

Rote, vegetationslose Erde taucht im Indischen Ozean auf, dann kein Ozean mehr, nur noch Erde, rot, ausgedörrt, »konturenlos«. Dann neigt sich das Flugzeug fast senkrecht nach vorn, die Erde wird groß, Hügel, Berge, Gebirge, keine Häuser, keine Straßen. Die Passagiere hängen vornüber in den Gurten, starren aus den Luken auf Madagaskar, warten, daß die Maschine wieder in die Waagerechte geht, verkrampfte Hände. Und ich denke, daß ich nie daran geglaubt habe. Madagaskar war ein Traum. Dieses senkrechte Nähern unbewohnter roter Erde ist kein Anflug, das ist ein Absturz. Und ich denke: Immerhin hast du's gesehn: Madagaskar.
Madagaskar wurde die »Glückliche Insel« genannt, auch Insel des Mondes, weil sie einmal das afrikanische, einmal das asiatische Gesicht zeigt, rote Insel, Insel der Schönheit, Insel mit den tausend Gesichtern, Insel der Kontraste, Insel der Widersprüche, Experiment der Weltschöpfung.
Madagaskar, viertgrößte Insel der Erde, so groß wie Frankreich und die Schweiz zusammen, Minikontinent mit eigener Pflanzen- und Tierwelt, Rest des versunkenen Gondwanakontinents. Madagaskar liegt 400 Kilometer vor der Ostküste Afrikas, gegenüber von Mozambique.
Was man von Madagaskar weiß, reicht kaum weiter als tausend Jahre zurück. In diesem Zeitraum wanderten seine Bewohner aus Südostasien, Arabien, Ostafrika ein – und vergaßen zu überliefern, welche Ureinwohner sie fanden. Über sie gibt es bis heute nichts als sich widersprechende Vermutungen. Unsere Großväter sind die Lemuren, sagen die Madagassen noch heute und lauschen dem nächtlichen Sehnsuchtsgeschrei dieser Halbaffen in tiefer Hochachtung.
18 verschiedene Stämme leben auf Madagaskar, zu einem Volk geworden mit einer Sprache. Ein Volk, dessen Staat nicht älter als 15 Jahre und mit acht Millionen Einwohnern dünn besiedelt ist.
Madagaskars Geschichte ist unruhig und blutig. Die unterschiedlichen Stämme, die unterschiedlichen Landschaften. Der

Kampf um die besten Plätze, der Kampf um die Herrschaft. Der gemeinsame Kampf gegen immer wieder eindringende Europäer: Portugiesen, Engländer, Holländer, Franzosen.
Bevor die Franzosen nach jahrhundertelangen vergeblichen Versuchen die Insel zu der ihren machten, blieben die Merina die Sieger, die Herrscher auf dem Hochplateau.
Madagaskar: Insel der Widersprüche. Seine Eigenart läßt sich nicht definieren. Es gibt den Vergleich nicht, der immer gesucht wird.
Die Madagassen versuchen bewußt mit ihrer Eigenartigkeit zu leben, zu überleben auf einer längst nicht mehr glücklichen Insel, ohne daß die Voraussetzungen dafür zerstört werden konnten.
Madagaskar auf dem Weg zu einem madagassischen Sozialismus.
Madagaskar hat einen neuen Staatschef.
Nach all dem, was in den letzten drei Jahren in diesem Land passierte, ist die Nominierung dieses Mannes ein Aspekt der Hoffnung: daß eine finanziell erschöpfte ehemalige Kolonie, in sich zerstritten, nicht erst durch ein Blutbad zu jenem Grad von Vernunft findet, der Selbstverwirklichung möglich macht. Daß koloniale Praktiken mitsamt ihren Grausamkeiten nicht unbedingt imitiert werden müssen.
Auch in Madagaskar gab es seit seiner Unabhängigkeit Aufstände, wurde geschossen, gab es Tote, den Ausnahmezustand, das Kriegsrecht. Aber niemals nahmen diese Ausschreitungen Formen an, wie man sie beispielsweise von Kontinentalafrika kennt. Bevor Extremismus und Hysterie aufkamen, siegten Humanität, Demokratie.
Ich möchte versuchen, dieses Land zu beschreiben, wie ich es im Mai 1975 während einer seiner schwierigsten Phasen erlebte. Ich betone, daß es ein Versuch ist. Denn obwohl sich meine Vorstellung von der Eigenart des Landes mit der Realität deckte, kann ich nicht behaupten, sie vollends begriffen zu haben.
»Madagaskar, die ferne Insel im Indischen Ozean, ist ein Sonderfall. Inmitten einer Welt der Sensationen, des Neides, der Zwietracht zeigt dieses Eiland einen einzigartigen Anblick der Ruhe, der Genügsamkeit und der Harmonie. Auch darum verdiente es, zumindest in der freien Welt, eine bessere Aufmerksamkeit und größere Achtung als bisher üblich.«
So beginnt ein Aufsatz *Madagaskar ist anders*, 1965.

Zehn Jahre später liest man die Meldung:
»In den leeren Straßen der madagassischen Hauptstadt ließen sich heute sporadisch Schießereien vernehmen, nachdem nach der Ermordung des Staatschefs Ratsimandrava gestern abend über die Inselrepublik der Ausnahmezustand verhängt worden war. Der 43jährige Oberst hatte erst vor einer Woche die Macht im Lande übernommen.«
Nach diesem Attentat vom 11. Februar 1975 wurde Madagaskar für einen Tag lang in bundesdeutschen Medien Aufmerksamkeit zuteil. Die vage Idee von einem exotischen Land ließ sich gut mit der Vorstellung von politischem Chaos verbinden. Und stimmt genausowenig, wie die sentimentale Betrachtung vor zehn Jahren stimmte. Eben weil Madagaskar anders ist.
Madagaskar empfängt seine unvorbereiteten Besucher auf dem Flughafen Ivato mit abschreckender Geste. Wobei man den Beamten, der erhobenen Armes mit desinfizierendem Spray das Innere des eben gelandeten Flugzeuges samt seinen Insassen besprüht, noch zu Madagaskars Sehnsucht nach Hygiene zählt. Auch daß ein paar mehr Formulare ausgefüllt werden müssen, schließlich herrscht Kriegsrecht im Mai 1975, daß eine Frage: »Wo haben Sie die letzten sechs Nächte verbracht?« vielleicht ihren Sinn hat, daß Taschen, Koffer, Briefe, Devisen kontrolliert werden, sind Dinge, die man einsieht – was irritiert, ist der Ton der Beamten, der mit barsch noch milde umschrieben ist.
Madagaskar will Ordnung schaffen.
Madagaskar führt seinen »Prozeß des Jahrhunderts«, der nicht nur die Hintergründe eines politischen Mordes aufdecken, sondern gleichsam als Katharsis Madagaskars Demokratieverständnis zu neuer Glaubwürdigkeit verhelfen soll.
Im fünfzehnten Jahr seiner Unabhängigkeit von Frankreich und mit leerer Staatskasse will die Republik Malagasy sich endlich emanzipieren. Die Probleme Madagaskars wären einfacher begreifbar, weniger komplex, ginge es nur um die endgültige Loslösung von Frankreich. Schwerwiegender scheint sein Rassen- und Klassenproblem, in das die Kolonialisten und Neokolonialisten ihre Interessen verfilzten: die Auseinandersetzung zwischen denen vom Hochplateau und denen von der Küste, den Côtiers.
Madagaskars größte einheitliche Gruppe bilden die Merina, die Bewohner des Hochplateaus, das zwei Drittel der Insel einnimmt. Die Merina sind malaiisch-polynesischer Abstammung mit hellbraunem Teint und glattem Haar.

Die anderen Gruppen, die die Küstenstreifen bewohnen, sind hauptsächlich von negroozeanidem Typus, teils afrikanischer, teils arabischer Abstammung, mit dunkelbraunem Teint und gelocktem bis krausem Haar, die Mehrheit der Bevölkerung.
Der Unfriede zwischen den Merina und den Côtiers ist vereinfacht damit zu erklären, daß die Hellhäutigen die Dunkelhäutigen vertrieben, versklavten, die Herrschaft über die Insel für sich beanspruchten, daß aber die Côtiers zu intelligent, zu freiheitsbewußt waren, um Unterdrückung widerspruchslos hinzunehmen.
Als die Franzosen 1896 die Insel zu ihrer Kolonie machten, empfanden die Côtiers das zunächst als Befreiung von der Sklaverei.
Und Frankreich entließ die Madagassen 1960 in die Unabhängigkeit mit einem Präsidenten von einem Stamm der Ostküste, Tsiranana, der sich seinen Förderern so dankbar erwies, daß er darüber die sozialen Probleme seines Landes zu vergessen schien. Seine Partei, die sich sozialdemokratisch nannte, ließ die Franzosen weiterhin ihre imperialistischen Interessen verfolgen und pflegte Beziehungen zu Südafrika – während im Süden des Landes Hungersnöte herrschten, während an der Universität von Tananarive die Studenten zu einem akademischen Proletariat herangebildet wurden, ohne Aussicht auf die begehrten Posten, die von Franzosen besetzt waren.
Die Bauernaufstände 1971 in Südmadagaskar konnten von Regierungstruppen noch niedergeschlagen werden. Als aber im Mai 1972 die Studenten gegen das auf Frankreich ausgerichtete Schulsystem revoltierten – ein System, das madagassisches Kulturgut negierte, die madagassische Sprache ignorierte –, war die Unterstützung von anderen oppositionellen Gruppen so stark, daß dies zur madagassischen Revolution wurde.
Nach einem Volksentscheid war die Regierung Tsiranana zum Rücktritt gezwungen, die Militärs übernahmen die Regierungsgeschäfte, General Ramanantsoa erhielt als Staatschef für fünf Jahre alle Vollmachten, um eine neue Verfassung auszuarbeiten.
Die Beziehungen zu Südafrika und Israel wurden abgebrochen, die Hinwendung zu sozialistischen Staaten verstärkt, Diplomaten der UdSSR und der VR China zogen ein, die afrikanischen Freiheitsbewegungen wurden unterstützt.
Innenpolitisch begann das, was sich Malgachisierung nannte: die Abwendung von Frankreichs kulturellem und vor allem

wirtschaftlichen Einfluß, die Neubelebung alter madagassischer Strukturen, vor allem der Fokonolona, einer Form kollektiver Landbewirtschaftung in Selbstverwaltung, denn 85 Prozent der Bevölkerung leben von der Landwirtschaft.
Madagaskar trat aus der Franc-Zone aus, gründete eine eigene Währung, die Überweisung von Kapitalien ins Ausland wurde begrenzt. Die Elektrizitätsgesellschaft, in französischem Privatbesitz, wurde losgekauft und verstaatlicht, weitere Verstaatlichungen waren geplant.
Madagaskar zahlte für diese zweite Unabhängigkeit, wie sie genannt wurde, einen hohen Preis. Arsène Ratsifehera, Mitglied des östlichen Weltfriedensrates und stellvertretender Generalsekretär der Kongreßpartei der Unabhängigkeit Madagaskars, schreibt dazu:
»All diese Schritte zu einer unabhängigen Wirtschaftsentwicklung und gegen die mit den multinationalen Gesellschaften liierten kapitalistischen Firmen gingen den Neokolonialisten wider den Strich. Gegen Madagaskar wurde eine Wirtschaftssabotage aufgezogen, ausländische Großgesellschaften verweigerten Steuerentrichtung.«
Es folgte eine Wirtschaftskrise mit hoher Arbeitslosigkeit und Inflation.
Ramanantsoa, dem politischer Immobilismus vorgeworfen wurde, der die Mehrheit des Volkes und der Militärs nicht mehr hinter sich wußte, übergab sein Amt dem Innenminister, dem sozial stark engagierten Ratsimandrava, der sechs Tage später ermordet wurde.
Bis zu diesem Zeitpunkt spiegeln die Ereignisse die gesamtafrikanische Krise wider. Aber Madagaskar, obwohl geographisch zu diesem Kontinent gezählt, ist nicht Afrika. Trotz Ausnahmezustands, trotz des Kriegsrechts, das ausgerufen wird, reagiert man in Madagaskar nicht emotional, sondern handelt nach den schlichten Regeln der Vernunft.

Tananarive, die Hauptstadt der Merina mit 400000 Einwohnern, im Mai 1975, Winteranfang in Madagaskar. Rote Häuser, rote Treppen, rote Blüten; kein Betonklotz zieht sich im Stadtkern hoch. An der Peripherie, noch zwischen den Reisfeldern, die bis in die Stadt hineinreichen, sind Slums entstanden, auseinandergedehnte Hüttenansammlungen, selbst dafür ist Raum. Auch für ein bißchen Industrie. Tananarive, vom Schloß der Königin aus betrachtet, 1431 Meter hoch über dem Meeres-

spiegel, ist immer noch ein großer roter Garten mit klarer Luft.
Erst unten, am Marktplatz, wo die Straße der Unabhängigkeit beginnt, im Zentrum der Stadt, verändert sich das Bild im dichten Verkehr, den großteils alte Busse und Taxis bestreiten. Hier macht sich der sogenannte Fortschritt nicht nur mit Lärm und Gestank überstrapazierter Motoren bemerkbar. Hier zeigt sich der Fortschritt schmerzhaft mit noch häßlicherem Gesicht.
Das Angebot auf dem Markt reicht von Papayas, frischer Vanille, Maniok, grünem Pfeffer bis zu Rotkohl, Pfifferlingen, Himbeeren und Spargel, fast alles wächst auf Madagaskar, der rote Reis ist eine Delikatesse.
Aber es gibt auf dem Markt mehr Händler als Käufer. Der Kampf um den Käufer erschöpft sich nicht im Anpreisen der Ware, man faßt ihn an, versucht ihn zu halten. Ein von Lepra verstümmelter Bettler kriecht zwischen den Ständen entlang, Bettler aller Altersstufen mit zerschlissenen Bastkörbchen, dreckiggrauen Lambas.
Kinder und Halbwüchsige sind aggressiv. Der Ruf: Madame, Madame von allen Seiten, das schmutzstarrende Kind, das den Weg nicht freigibt, bettelnd, die beiden Jungen hinter mir, eine Avocado in der Faust, Fäuste, die sich vor dem Gesicht öffnen und eine frische Pfefferrispe zeigen, das Zupfen am Arm, die hungrigen Blicke ins Portemonnaie, der Fluch der Marktfrau, deren verwurmte Mandarinen doch nicht gekauft wurden, wieder Kinder, die an der Handtasche ziehen, um ihre Trägerdienste anzubieten, Diebe, die mit Rasierklingen Handtaschen aufschlitzen ...
Die einstigen Sklaven, die Unterdrückten, die Ausgebeuteten, die rassisch Diskriminierten, artikulieren hier ihr Elend, fordern aggressiv, was zu bekommen sich höchstens die Kinder erhoffen können.
»Madagaskar braucht jemanden, der durchgreift«, sagt ein dort lebender Deutscher und erzeugt damit bei mir ein ungutes Gefühl. Madagaskar ist kein Polizeistaat. – »Haben Sie auch dieses ungute Gefühl, wenn Sie durch die Stadt gehen?« frage ich meinen Landsmann. – O nein, das hat er überhaupt nicht, schließlich täte er etwas für dieses Land.
Ein weißer Haushalt ernährt je nach Lebensstandard zwei bis fünf einheimische Familien. Die Franzosen, die man hinausbat, hinterließen auch hier eine nicht unbeträchtliche Zahl

Arbeitsloser, für die so bald keine neuen Arbeitsplätze in Aussicht stehen.
Bettelei ist nicht nur Ausdruck von Armut, Verzweiflung, sondern auch Zeichen von Entfremdung, von pervertierter Forderung. In den Küstenstädten, nicht minder von der Not betroffen, wird kaum gebettelt, auf dem Land überhaupt nicht. Hier ist die Großfamilie noch intakt, die Gruppe, die das Elend auffängt, hier ist Madagaskar noch erstaunlich gesund. Was sich in Tananarive abspielt, ist für Madagaskar neu.
Die Studenten, Urheber der großen Neuerungen, sind still. Die Hochschulen wurden neben der Malgachisierung »demokratisiert«, das heißt, jeder, ungeachtet seiner Vorbildung, kann studieren. Entsprechend gefächert ist das Ausbildungsziel, das Praktiker, Wissenschaftler, Führungskräfte vorsieht. Das ist zunächst illusorisch. Die Universität ist überfüllt, es fehlen Professoren, es fehlt natürlich Geld.
Das Leben in der Hauptstadt verläuft, bis auf die Ausgangssperre um zehn Uhr, normal. Noch steht Madagaskar bis zur Ernennung des neuen Staatschefs, Mitte Juni, unter Kriegsrecht. Nach militärischer Präsenz auf den Straßen muß man allerdings suchen. Ein paar Taxis sind mit Hakenkreuzen bemalt, was nicht etwa eine Hinwendung zum Faschismus andeutet, sondern spontan-naive Reaktion auf das ist, was Madagaskars Kinos bieten: alte französische Kriegsfilme, billig im Einkauf. Der Deutsche, der am Ende zwar besiegt wird, fügt aber vorher dem Franzosen Abscheuliches zu, das Publikum jubelt. Unvergessen ist das Massaker von 1947, der Aufstand gegen die französischen Kolonialherren kostete 100000 Madagassen das Leben, so die offizielle Statistik, inoffiziell spricht man von 300000. Die Mörder von einst, identifizierbare Franzosen, laufen unbehelligt durch Tananarives Straßen.

Auf den breiten Bürgersteigen der breiten Avenue de l'Indépendance hocken die Verkäufer mit indischem Gebäck, liegen ausgebreitete Heftchen mit dem Bild des ermordeten Ratsimandrava. Auf der Straßenterrasse des Hotel de France treffen sich die Weißen und lassen sich nicht stören von Händlern mit Edelsteinen, Holzgeschnitztem, von den Bettlern, die pausenlos die Tische umlagern. Schräg gegenüber – als Zeichen, daß hier etwas passiert ist – das ausgebrannte Café de Paris, seit den 72er Unruhen eine Ruine.
Keine größeren Ausschreitungen gab es nach dem Mord an

Ratsimandrava. Bevor das große Erschrecken kam, gab es 22 Tote, einige darunter waren Neugierige, die wissen wollten, warum eigentlich geschossen wurde. Zwischen zwölf und zwei, der üblichen Mittagspause, sei kein Schuß gefallen.
Die Madagassen sind zu human, sagt ein Madagasse.
Dem Volk wurde befohlen, alle Waffen abzugeben.
Seit dem 21. März 1975 läuft der »Prozeß des Jahrhunderts«, wie ihn die madagassische Presse bezeichnet, mit 300 Angeklagten, unter ihnen der ehemalige Präsident Tsiranana. Den Verlauf des Prozesses kann man live im Radio mitverfolgen. Und bevor er das Volk ermüdete, konnten ihn selbst die Bewohner im Busch auf dem Marktplatz über Lautsprecher mitanhören. Aber nicht nur das. Peter Noll schreibt am 30. Mai in der *Neuen Zürcher Zeitung*:
»Als Delegierter der Internationalen Juristenkommission in Genf wurde ich vom gegenwärtig regierenden Militärdirektorium eingeladen, dem Prozeß als neutraler Beobachter beizuwohnen. Das Regime, das dem Prozeß größte Publizität verleiht, wollte mit dieser Einladung offensichtlich demonstrieren, daß es selber daran interessiert ist, daß der Prozeß fair und objektiv geführt wird und daß die Angeklagten alle international anerkannten rechtsstaatlichen Garantien und Verteidigungsrechte genießen.«
Geschehen war folgendes: Mitglieder der ehemaligen Sicherheitspolizei, der FRS, zusammengesetzt aus Küstenbewohnern, von Tsiranana als persönliches Machtinstrument betrachtet, nach den 72er Unruhen aufgelöst und teilweise wieder in die GMP, einen mobilen Polizeitrupp integriert, kündigten um die Jahreswende 1974/75 der Regierung den Gehorsam auf.
Weiter beschreibt Peter Noll den Ablauf:
»Sie verschanzten sich in der Kaserne von Antanimora, ihrem am Stadtrand von Tananarive gelegenen Hauptquartier. Ihr Anführer, Oberst Rajoanarison, heute einer der Hauptangeklagten, gründete ein »provisorisches Komitee der Militärs, Gendarmen und Polizeikräfte für die Rettung der nationalen Einheit«, welches die Freilassung angeblich willkürlich verhafteter Kameraden, eine allgemeine politische und wirtschaftliche Dezentralisation und eine gerechtere Verteilung der militärischen Führungsposten zwischen den verschiedenen rassischen Bevölkerungsgruppen verlangte. Diese Forderungen, welche als Bedingung für die Aufgabe der Besetzung der Kaserne formuliert waren, wurden von der sozialistischen Partei Tsiran-

anas unterstützt. Die Regierung schien zunächst verhandlungsbereit, unternahm jedenfalls keine militärischen Schritte gegen die Rebellen – bis zur Ermordung Ratsimandravas, welche die Situation schlagartig veränderte.
Am 5. Februar war nämlich Ramanantsoa, dem vor allem von jüngeren Offizieren politischer Immobilismus vorgeworfen wurde, als Regierungschef zurückgetreten und hatte als seinen Nachfolger den jungen, dynamischen, begabten und idealistischen Obersten Ratsimandrava, den bisherigen Innenminister, ernannt. Sechs Tage später, am Abend des 11. Februar 1975, fiel Ratsimandrava einem blutigen Attentat zum Opfer, als er, begleitet von seiner Polizeieskorte, sich auf dem Weg zu seiner Wohnung befand. Fünf Attentäter, Angehörige der FRS, die aus der Kaserne von Antanimora gekommen waren, durchsiebten den Wagen des Präsidenten mit Schüssen aus Maschinenpistolen und töteten zusammen mit ihm zwei seiner Leibwächter. Einer der Attentäter wurde auf der Stelle getötet, ein zweiter verwundet, er starb kurze Zeit darauf unter nicht völlig geklärten Umständen im Spital. Die drei übrigen Mittäter konnten fliehen und befinden sich heute unter den Angeklagten.«
Als der Prozeß am 12. Juni nach fast zwölfwöchiger Dauer endet, werden diese drei Männer zu fünf Jahren Gefängnis verurteilt. Die anderen waren schon Wochen zuvor in einer Generalamnestie aus der Haft entlassen worden.
Man wollte Ratsimandrava nicht töten, sondern entführen, hieß es. Tatsächlich hatte ihn nur eine einzige Kugel getroffen, als er das Auto verließ.

Auf der Avenue de l'Indépendance reihen sich morgens die Busse in langen Schlangen, lange Schlangen bilden aber auch die Reisenden im Bahnhof von Tananarive, am Ende der Avenue. Man muß die Trockenzeit zum Reisen nutzen. Von November bis April, in der Regenzeit, sind weite Strecken weder mit dem Auto noch mit der Eisenbahn befahrbar. Dafür hat Madagaskar mit ungefähr 60 Flugplätzen eines der dichtesten Binnenflugnetze der Erde, aber die Flüge sind teuer.
Um die Reichtümer des Hochplateaus mit denen der Ostküste besser austauschen zu können, um auch die Ausfuhren nach Frankreich anzukurbeln, entschlossen die Franzosen sich zu Beginn dieses Jahrhunderts zum Bau einer Eisenbahn von Tananarive nach Tamatave. Tamatave, Madagaskars erste Hafenstadt, heute Madagaskars reichste Stadt.

Die Schmalspurbahn, die halsbrecherisch über das nach Osten steil abfallende Hochplateau führt, sich schlängelnd in den Schwanz zu beißen scheint, ist von Menschen überladen.
Die erste Klasse, die man mir zu benutzen riet – es gibt nur zwei –, ist eingerichtet wie bei uns ein Eilzug. Sie ist vollbesetzt bis auf zwei Bänke, auf der einen sitzt ein Schwarzer, auf der anderen, ihm gegenüber, ich. Die übrigen Reisenden sind Merina.
Die Fahrt über 369 Kilometer dauert, wenn nichts passiert, zwölf Stunden. Eine Reise in Zeitlupentempo, ein langsames Hinabtauchen in Madagaskars tollwütige Tropen, durch die letzten Reste seiner Urbestände.
Der Zug hält an jedem noch so kleinen Dorf, Frauen und Kinder bieten ihre jeweiligen Spezialitäten an, tropische Früchte, gebackene Fische, Unbekanntes in Bananenblättern.
Regen setzt ein, im Osten gibt es keine Trockenzeit, unvermittelt dann wieder die Sonne. Die Bahn schiebt sich vorsichtig über verrostete Brücken, über die breiten Flußläufe mit monumentalen Steinformationen, grellrote Lateritwände zwischen grellem Grün des Regenurwalds mit seinen über 30 Meter hohen Bäumen, Bretterwurzeln. Dann die Bananenwälder, die hier wie Unkraut wachsen. Über zwanzig Sorten. Hier wächst auch, kultiviert natürlich, die Orchideengattung Vanilla, Kletterorchidee mit schlauchförmigen Kapselfrüchten. Und hier ist Madagaskars Wappenbaum zu Hause, die Ravenala mit fächerartig gestellten Riesenblättern, der Baum der Reisenden, dessen Blätter Schutz bieten vor Regen und Sonne, dessen Stamm einen Saft gibt gegen Hunger und Durst.
Die Benutzer der Eisenbahn, lediglich dem Risiko eines Brükkeneinsturzes, eines Tunneleinbruchs oder schlicht einer Entgleisung ausgesetzt, genießen, unentwegt essend, ihre Landschaft, die sie lieben.
Vor 70 Jahren schien die Eisenbahnlinie durch diese Wildnis noch etwas so Verwegenes, daß Hauptgraf zu Pappenheim, der 1905 Madagaskar besuchte, sich glückliche Reisende kaum vorstellen konnte. In seinem Tagebuch notierte er:
»Daß diese Bahn sich nie rentieren würde, selbst bei größter Sparsamkeit in Bau und Anlage, war eine feststehende Tatsache. Aber was lag daran: es galt, ein Kulturwerk ersten Ranges zu schaffen, eine Linie, deren Teilstrecken man jeweils mit pompösen Festen einweihen konnte, und in Frankreich konstatierte niemand, ob die Fotografien nicht einfach im Depot auf-

genommen worden waren. Palmen sind Palmen. In Pariser Bureaus habe ich schon vor meiner Abreise, 1902, die ganze Bahn von Tamatave nach Tananarive fertig in die Karten eingezeichnet gesehen. Sie ist nie, auch nicht nominell, über 102 Kilometer gediehen, hat drei Monate mit Unterbrechungen schlecht funktioniert, hat 285000 Frs pro Kilometer gekostet und war, als ich Madagaskar verließ, ›vorläufig‹ derart zerstört, daß man auf mindestens sechsmonatige Betriebseinstellung rechnete und die Warentransporte nach der Hauptstadt wieder auf Handkarrenbetrieb eingerichtet werden mußten. Das Wasser war in den Schluchten des Mandraka allerdings um zehn Meter gestiegen; allein die Witterungsverhältnisse Madagaskars mußten den Ingenieuren bekannt sein, und sie durften den Querschnitt ihrer Wasserdurchlässe nicht so eng bemessen, wie es geschehen. Aber selbst wenn man die Anlage der Bahn noch gelten lassen und die Zerstörung nur auf Rechnung ganz außerordentlich ungünstiger Witterungsverhältnisse setzen will, so läßt sich nicht leugnen, daß bei dem Bau selbst grobe Fehler begangen worden sind. Es galt ›à tout prix‹ wenigstens so weit ›fertig‹ zu werden, daß man einen Abschnitt eröffnen konnte. Und darunter litt natürlich die Festigkeit und Betriebssicherheit. Scharfe Kurven, frische Dämme, die nicht Zeit gehabt hatten, sich zu setzen, zu steile Einschnitte, alles das für den Eröffnungstag noch hübsch abgestochen und hergerichtet, gerade daß der Zug mit den Gästen passieren konnte. Daß es sich vorläufig nur um einen Sumpf von dreißig Kilometer mitten im Land handelte, ist Nebensache, aber in der Metropole heißt es: fixe Kerls das, grande œuvre de civilisation …
Le tour est joué.
Allein all dieses ist nur von untergeordneter Bedeutung gegenüber den geradezu ungeheuren Summen, welche dieser Unglücksbau bisher verschlungen hat. Man darf getrost sagen, daß direkt oder indirekt die Hälfte aller Einkünfte der Insel in dieses Danaidenfaß geflossen sind. Imerina und die Zentralprovinzen, dic Schoßkinder der Verwaltung, haben vielleicht weniger gelitten, aber die entfernten Provinzen wurden in geradezu unerhörter Weise ausgesogen; so behielt z. B. die Provinz Farafangana von ca. einer Million Frs Steuern nur 12000 Francs! – für alle ihre Bedürfnisse und mußte den ganzen Rest von über 980000 Francs an die Zentrale abliefern. Ich kenne Distrikte, die angewiesen wurden: ›Envoyez votre dernier sou‹. Jedes erdenkliche Mittel, um Geld zu schaffen, wurde angewendet, im-

mer neue Steuern erfunden, selbst die Tänzer und Musiker mußten zuletzt daran glauben; alle Steuern wurden lang vor dem eigentlichen Fälligkeitstermin eingefordert, öffentliche Arbeiten und Lieferungen monatelang nicht bezahlt unter dem Vorwand, daß die Überweisung von Europa noch nicht erfolgt sei. Von allen Seiten wurden Arbeiter gepreßt, die sogenannten ›Volontaires‹ nachts vom Militiens aus den Dörfern zusammengetrieben und auf die Chantiers abgeliefert, wo sie ein bis zwei Monate länger festgehalten wurden, oft ohne Bezahlung.
Inwieweit die Schuld für solche Übergriffe gewissenlosen Unternehmern und streberischen Beamten zur Last fällt, läßt sich nicht feststellen. Die Sterblichkeit am Bau war trotz aller Dementis enorm: Das *journal officiel* hatte zwar sehr schöne hygienische Vorschriften erlassen, aber zur Ausführung kamen sie nie. Jünglinge, Männer und Greise arbeiteten in den dürftigsten Lumpen, wohnten in den elendesten Hundehütten und bekamen häufig absolut verdorbenen, kaum genießbaren Reis, während von den Aufsehern der Regierungsreis für eigenen Profit verkauft wurde. Ich habe die Zustände selbst an Ort und Stelle geprüft. Meine Sympathien für den faulen Malgaschen sind gewiß sehr gering, aber die Art und Weise, wie mit diesem an und für sich vielfach schwachen und kranken Menschenmaterial umgegangen wurde, ist absolut unentschuldbar.«
In Andasibe, um zwölf, hält der Zug eine dreiviertel Stunde. Ein kleiner Marktplatz, ein Buffet. Hier steigen die Reisenden aus und essen sich erst einmal richtig satt. Oder trinken. Man sieht wohlgenährte, dunkelbraune Kinder mit der Rumflasche am Mund. Den Kampf gegen den Alkoholismus führt die Regierung vergeblich und ist so klug, den Schnaps nicht zu verbieten, denn der Selbstgebraute, *betsabetsa*, der zwar so köstliche Ingredienzien wie Litchy und Vanille haben kann, oft aber zu unsachgemäß gebraut wird, führt nicht selten zu tödlichen Vergiftungen.
Der Zug erreicht Tamatave ausnahmsweise fahrplanmäßig nach zwölf Stunden. Tamatave, die Hauptstadt vom Stamm der Betsimisaraka, dem zweitgrößten auf Madagaskar. Betsimisaraka heißt »die zahlreichen Unzertrennlichen«. Anspielung auf jene Solidarität, die alle dunklen Madegassen untereinander üben. Die Betsimisaraka sind groß, schokoladenbraun, muskulös. Ihre Natur wird mit amphibisch-träg umschrieben. Es soll Dörfer geben, wo es sechs Tage in der Woche *fady* (tabu) ist, zu arbeiten – allerdings nur für die Männer.

Aber Tamatave ist eine aktive Stadt. Tamatave, Zentrum eines Gebietes, in dem buchstäblich alles wächst.
Tamatave hatte früher den Beinamen »Mörderin der Europäer«, weil die Neuankömmlinge schnell von Tropenkrankheiten dahingerafft wurden. An den Krankheiten, die eingedämmt, aber nicht ausgerottet sind, sterben heute nur noch die Einheimischen, wobei Gelbfieber, Cholera, Pocken und Pest selten auftreten, häufiger sind Malaria, Tuberkulose, Keuchhusten, Lepra, Syphilis und Bilharziose, jene Wurmkrankheit, die man sich in stehenden Gewässern holt, z. B. im Reisfeld. Die Würmer siedeln sich in Blutadern und Bauchhöhle an und führen zu ruhrartigen Erscheinungen, zu Abmagerung, Anämie. Diese Krankheit und Malaria sind am weitesten verbreitet, Tuberkulose hat steigende Tendenz.
Entwicklungshelfer beispielsweise, die nicht sämtliche, oft sehr lästigen Regeln der Prophylaxe beachten und »nur« von einer Wurmkrankheit befallen werden, begreifen vielleicht die Apathie oder Inaktivität ihrer dunkelhäutigen Mitarbeiter etwas besser, denen man es nicht immer ansieht: Dunkle Ringe unter den Augen sind nur bei heller Haut zu erkennen.
Tamatave ist eine schöne Stadt, von den Franzosen erbaut mit verschwenderisch breiten Alleen. Hier fahren noch die aus Tananarive schon fast verschwundenen *pousse-pousses*, Rikschas, von großen muskulösen Männern im Laufschritt gezogen und bevorzugt benutzt von den überall in Madagaskar sehr fettleibigen Indern.
Der Hafen von Tamatave riecht nach Vanille und Gewürznelken. Am feinsandigen Ufer ein großes Schild: Baden verboten, Gefahr. Die Ufer fallen hier sehr schnell steil ab, Matrosen, die zuweilen über Bord stürzen, kommen nicht wieder. Madagaskars Raubtiere sind die Haie.
Die Villen an der Uferpromenade sind teilweise zerstört, ausgebrannt. Ausgebrannt sind auch die großen Markthallen am Rand der Stadt.
Gegenbewegung zu der 72er Revolution. Der ehemalige Präsident Tsiranana ist Sohn dieses Stammes und wurde auch nach der Machtablösung hier noch als rechtmäßiges Staatsoberhaupt betrachtet.
Als ob die Franzosen ihnen immer noch als Garant für die Freiheit erschienen, als ob das, was als Malgachisierung proklamiert wurde, eine neue Schreckensherrschaft der Merina über die Côtiers ankündigte, wehrte man sich hier heftig gegen die

neuen Nationalisierungsmaßnahmen. Man wollte den schwarzen Präsidenten mitsamt den Franzosen, die ihn stützten und auch korrumpierten. In Tamatave, wo das große Geld gemacht wird, das spurlos in Taschen von Ausländern und von ihnen bestochenen Einheimischen verschwindet, während die Staatskasse sich leert, wußte die Bevölkerung wenig oder nichts von diesen Zusammenhängen. Man wußte nur: Es gab keinen Reis, über 70 Prozent der Ernte gingen nach Tananarive, Demokratisierung der Wirtschaft wurde hier als unerträglicher Mangel spürbar. Häuser von Geschäftsleuten aus Tananarive, ihre Stände in den Markthallen wurden angezündet, man drohte, sie den Haien zum Fraß ins Meer zu werfen. Der Bahnhof von Tananarive glich tagelang einem Flüchtlingslager. Ankömmlinge aus Tamatave.
Der wohlhabende Kaufmann vom Stamm der Betsimisaraka sagt: »Eines Tages werden wir unsere Revolution machen, wenn die Zeit reif ist. Wir werden sie auf ihr Hochplateau zurückblasen, daß sie nie mehr wiederkommen.«
Der Direktor vom Stamm der Merina, ansässig in Tamatave, sagt: »Es ist kein Rassenproblem, es ist ein Klassenproblem.«
Er weiß das, er hat im Ausland studiert.
Das Wort Stammesfehde, das bei uns gern für solche Auseinandersetzungen benutzt wird, spricht für die Unterschätzung einer Entwicklung, die auch in Madagaskar stattgefunden hat.
Freilich wird das, was zu einem sozialen Problem geworden ist, von tiefsitzenden Emotionen gegen den Stamm der einstigen Unterdrücker begleitet. Die gleichen Emotionen, die die Merina gegen die Franzosen hegen.
Beide Ressentiments haben aber statt zu einem Bürgerkrieg, statt zu einer Diktatur, zu einem Sieg der Vernunft, zur Wahrung der Demokratie geführt: Der neue Staatschef, Didier Ratsiraka, ist wieder ein Mann von der Küste.
Bei seinem Antritt wurde, angesichts der Finanzmisere, vom Revolutionsrat beschlossen, das Gehalt der Minister um ca. zehn Prozent, das des Staatschefs um über ein Drittel zu kürzen.
Die Müllmänner von Tamatave, seit Monaten nicht bezahlt, räumten den Müll nicht mehr weg, bis ein Cholerafall, der Gerücht sein mochte oder vertuschte Realität, die Behörden aufschreckte und Abhilfe schaffen ließ.
Zum Schlimmsten kommt es nie.

Die Insassen des Gefängnisses von Tamatave, die keinen Maniok mehr sehen konnten und ihren Reis wollten, brachen aus, gingen zu ihren Familien oder zu Missionen, aßen ihren Reis und kehrten ins Gefängnis zurück.
In madagassischen Gefängnissen wird nicht gefoltert.
Madagaskar hat keine Todesstrafe.
Die Madegassen sind zu human, sagt ein Madagasse.
Die Madagassen sind zu lasch, sagt ein anderer Madagasse, der im Ausland lebt.
Was insofern zutreffend ist, als Madagaskars Wirtschaftsmisere auch einem Mangel an »Organisation« zuzuschreiben ist. Organisiert wurde weitgehend von Franzosen, die auch den Hauptgewinn einsteckten. Nach den Verstaatlichungen, die sich in Grenzen hielten, wanderten, wie üblich, die Spezialisten ab, für die kein einheimischer Nachwuchs da war, zumal qualifizierte Madagassen, deren Betätigungsfelder permanent von Franzosen besetzt waren, im Ausland Arbeit gefunden hatten.
Den Franzosen wird ferner vorgeworfen, alte madagassische Strukturen zerstört oder zu ihrem Nutzen umfunktioniert zu haben, eben die Fokonolona, jene madagassische Form demokratischer Selbstverwaltung, die die Entfaltung von Eigeninitiative der ländlichen Bevölkerung fördern soll.
Nach dem Sturz von Tsiranana begann man nun verstärkt mit der Wiederbelebung dieser Instution, die als *fokonolona vaovao*, als neuer, als reformierter Fokonolona propagiert wurde. Der alte Fokonolona, eine Erfindung der Merina, wurde eher als Organisation von Zwangsarbeit benutzt, während beim neuen Fokonolona es nicht nur, wie Hannes Kamphausen schrieb, »um eine Revolutionierung des Verwaltungssystems und eine Verstärkung landwirtschaftlicher Produktion geht, sondern auch um eine Übernahme der bisher meist von Ausländern (Franzosen, Indern, Chinesen) oder neuerdings halbstaatlichen Gesellschaften beherrschten Wirtschaft durch Fokonolona-Organe auf genossenschaftlicher Basis.«
Die *Neue Zürcher Zeitung* schrieb allerdings im August 1973: »Problematisch für die Binnenwirtschaft ... ist das jetzt allmählich Wirklichkeit werdende Staatsmonopol der Reisvermarktung. Die Bauern begegnen den staatlichen Käufern mit Mißtrauen, auch viele chinesische und indische Zwischenhändler, die in anderen Bereichen des Binnenmarktes eine beinahe unentbehrliche Rolle spielen, sehen sich dadurch in ihrer Existenz gefährdet.«

Die Inder, von den Merina nach den Franzosen als Feind Nummer zwei betrachtet, werden von den Côtiers toleriert und für notwendig befunden. Man erinnert sich in diesem Zusammenhang an die Maßnahmen von Ugandas Amin, der sämtliche Inder aus seinem Land hinausbeförderte, was den Zusammenbruch der Wirtschaft zur Folge hatte.
Seit einigen Jahren ist Madagaskar gezwungen, Reis einzuführen. Ein Kilo Reis kostet umgerechnet 80 Pfennig. Der Jahresdurchschnittsverdienst der Madagassen liegt bei 300 DM. Die durchschnittliche Lebenserwartung bei 40 Jahren.
Der Madagasse lebt hauptsächlich vom Reis. Nicht das Fleisch, nicht die hunderterlei Arten von Gemüsen und Früchten, die Madagaskars Erde wachsen läßt, geben die Kraft, sondern allein der Reis.
In Vavatenina (»Mund voll Gras«) nördlich von Tamatave im Busch, standen die Bewohner bis zu sechs Stunden um Reis an. Dann gab es wieder Reis, aber es gab kein Salz. Der Zyklon hatte ein paar Salinen zerstört, Salz wurde importiert, alles Salz ging nach Tananarive.
Aber in Vavatenina und dahinter, in den kleinen Dörfern aus geflochtenen Bambushütten auf Pfählen, ist kein offensichtliches Elend zu finden. Auf den abgeholzten Hügeln wachsen Trockenreis und Gewürznelken, Zuckerrohr steht in rosa Blüte. In dieser Gegend steckt man einen Stock in die Erde, und es wird ein Baum daraus wachsen; man halbiert ein Kaffeestrauchblatt, steckt es in den Boden, und es wird ein Strauch daraus werden.
In dieser Gegend gibt es auch ein deutsches Projekt mit zwei jungen Männern, die landwirtschaftlichen Entwicklungsdienst leisten. Wie kommen sie mit den Bauern zurecht?
»Sicher gibt es Schwierigkeiten, aber: ein madagassischer Bauer ist nicht bornierter als ein deutscher Bauer.«
Die Felder, die etwas chaotisch über die Landschaft gekleckst sich verstreuen, dazwischen der schnell erschöpfte Boden, der sich erst wieder mit Busch bewachsen muß, der, verbrannt, zu Dünger wird.
90 Prozent des nutzbaren Bodens von Madagaskar liegen brach. Ein Bewässerungsproblem, ein Düngeproblem, ein Finanzproblem. Hinzu kommt, daß der Ochse in vielen Teilen des Landes nicht als Arbeitstier benutzt wird. Der Ochse ist Prestigeobjekt, ist Anlage. In Vavatenina gibt es den ersten Ochsenkarren, und die beiden Zebus wehren sich noch heftig gegen die

ungewohnte Arbeit. Die Wege bestehen aus tief ausgefurchten Lehmlöchern, vom Regen immer wieder ausgewaschen. Der Kranke, der von vier Männern in einer an Bambusstäben befestigten Bastmatte zur 10 Kilometer entfernten Krankenstation getragen wird, kommt so sicher am besten zum Ziel.
Etwas anderes sind die Materialtransporte. Männer, die jeden einzelnen Baumstamm viele Kilometer weit zum Ziel befördern, Frauen mit übergroßen, überladenen Körben auf dem Kopf.
Am Sonntag hocken die Frauen vor ihren Bambushütten und flechten sich gegenseitig die Zöpfe. Jeder Stamm hat seine eigene Art, die unzähligen dünnen Flechten zu drapieren, zu formen, mit ihnen eine Art Kultur auszudrücken oder auch seine Landschaft nachzubilden. Weiße sind ihnen so vertraut, daß ein Neuankömmling kaum Aufsehen erregt. Obwohl übereifrige Missionare sie von Gottweißwas zu überzeugen versuchten, haben sie sich hier in den Dörfern sozusagen nicht aus der Ruhe bringen lassen und führen ihr Leben wie eh und je; nur in der Nähe von größeren Ortschaften macht sich der sogenannte Fortschritt mit Wellblech bemerkbar.
Frauen und Kinder sind in Madagaskar nicht unterdrückt. Die Madagassinnen sind nicht zuletzt deshalb so schön, weil sie selbstbewußt sind. Sie leisten die Hauptarbeit, sind von der Politik ausgeschlossen, haben aber individuelle Freiheit.
Dennoch verbringen die beiden jungen Entwicklungshelfer hinter Vavatenina ihre Abende allein. Ich besuche sie in ihrer Luxusbambushütte mit doppelten ravenala-isolierten Wänden, wo nachts sich ganze Rattensippschaften mit viel Geschrei bekämpfen. Da trinken sie ihren Whisky, sagen, etwas anderes hätten sie nicht, und lauschen vielleicht in die Nacht.
Die Nächte, deren Stille so klar ist, daß man glaubt, den Atem jedes Insekts zu hören, ganz zu schweigen von deren Gesang. Manchmal Vögel, die im Traum zu rufen scheinen. Lautlos sind die Vanys, Bambusmücken, klein und hart, die bei Licht zu Tausenden hervorkommen und, statt zu stechen, sich in die Kleider verbeißen. Lautlos sind dic Würmer, die im Holz der Dielen wohnen, sich in nackte Füße bohren, Hakenwürmer. Die Kakerlaken, die alles infizieren, hört man schmatzen.
Ich trinke den Whisky mit meinen Landsleuten, die sich hier seit fünf Jahren aufopfern und drohende Krankheiten nur noch mit Schulterzucken kommentieren. Gespräche über Joghurt, der deshalb Joghurt ist, weil aufeinander eifersüchtige Kultu-

ren die Milch erstarren lassen, erregen die Gemüter mehr als die Gefahr einer infektiösen Gelbsucht. Und Herrn S. ängstigt überhaupt nur eines: *fanatozy*.

Fanatozy ist ein Gebräu, von Frauen zusammengemischt, das sie ihrem Geliebten heimlich der Mahlzeit beimengen, um ihn für immer an sich zu binden. Herr S. schildert die tragische Geschichte eines Landsmanns. Er sagt: Wenn ich weiß, eine tut mir das ins Essen, die bring' ich um, soviel Willenskraft kratz' ich dann noch zusammen. Da hab' ich echt Angst vor, sagt er.

Und der Zauberer, der immer an der wunderschön asphaltierten Straße nach Fénérive entlangspaziert, mit langem Haar, fetischbehangen und tiefem Blick, lächelt den Weißen in ihrem großen Auto verständnisvoll zu.

Er hat schon viele *Vasahas* kommen und gehen gesehen. Selbst die von der Kirche, die Missionare, haben sein Geschäft nicht verderben können. Und den *Vasahas*, die ihn ausgelacht haben, ist dieses Lachen zuweilen im Halse erstarrt.

Madagaskar hat seine eigenen Gesetze.

Weiße Männer sind bei den einheimischen Frauen heiß begehrt. Man lebt in der Großfamilie, ein Kind ist immer willkommen. Was oft fälschlicherweise als Matriarchat bezeichnet wird, das in Madagaskar herrschen soll, wird verwechselt mit der sexuellen Freiheit, die Frauen wie den Männern zugestanden wird. Aber der Dorfrat setzt sich ausschließlich aus Männern zusammen, Politik wird selbstverständlich von Männern gemacht. Die Frauen, die oft die schwerste Arbeit leisten, haben immerhin im Leben als solchem eine Art Gleichberechtigung, in der Hauptstadt etwa unserer westeuropäischen vergleichbar, im Busch, wo es weniger Möglichkeiten gibt, äußert sie sich in Selbstbewußtsein und eben freiem Liebesleben.

Die immer willkommenen Kinder sterben allerdings in hoher Zahl. Trotzdem ist über die Hälfte der madegassischen Bevölkerung unter 20 Jahre alt – ein unterbevölkertes Land voller Kinder.

Eine Schulklasse im Busch mit 60 Kindern. Dabei ist es schon eine fortschrittliche Schule, denn sie hat zwei Klassenräume und einen Sportplatz – obwohl Bewegung sicher das letzte ist, woran es diesen Kindern mangelt. Nicht wenige laufen täglich ihre 20 Kilometer Schulweg. Die Analphabetenquote von Madagaskar wird mit 30,8 Prozent angegeben, liegt aber wahrscheinlich höher.

»Der Sturz der Regierung Tsiranana ist nicht zuletzt auf Unru-

hen unter den Schülern und Studenten Madagaskars zurückzuführen, die sich gegen das von den Franzosen gesteuerte Bildungssystem auflehnten, das das madagassische Kulturgut negierte, die Schüler ihrer Umwelt entfremdete und Absolventen entließ, die auf das berufliche Leben nicht vorbereitet waren. Die Reform des Bildungswesens ist daher eine der vordringlichen Aufgaben der jetzigen Regierung«, steht in einem Bericht des deutschen Instituts für Entwicklungspolitik von 1974, wo es über die Zeit nach der Reform weiter heißt:
»Dorfschullehrer bestätigen, daß sie wegen der geltenden Prüfungsordnung wider besseres Wissen einen Stoff vermitteln müssen, der die Kinder auch weiterhin ihren Dörfern entfremdet, ohne ihnen nur im entferntesten die für einen Job in der Stadt erforderlichen Kenntnisse zu geben. Das führt dazu, daß die Eltern zwar einerseits Schulen für ihre Kinder fordern, andererseits ihre Kinder aber schon bald nicht mehr in die Schule schikken, weil sie befürchten, die Kinder würden europäisiert und davon abgehalten, im Dorf zu arbeiten.«
Es gibt, vor allem unter Akademikern – also auch Lehrern –, Madagassen, die ihre Muttersprache nicht hundertprozentig beherrschen, weil sie nie etwas anderes als Französisch sprachen. Entfremdet man ein Land dem Ureigensten, seiner Sprache, so werden Klassenunterschiede sich vertiefen, und der Kolonisator bleibt auch noch in einem sogenannten unabhängigen Land der lachende Dritte. Abgesehen davon ist das *Malagasy* eine Sprache, die in ihrer Musikalität und Ausdruckskraft von Philologen mit dem Italienischen oder Spanischen verglichen wurde.
Die Bildungsreform scheiterte bisher am Finanzmangel. Die Schulen, vorher von den Kommunen, nun vom Staat getragen, stehen oft leer, weil die Lehrer, seit Monaten ohne Gehalt, sich einen neuen Job suchen mußten.
Die Eltern, die früher die Lehrer selbst bezahlten, bringen dieses Opfer nicht mehr auf, weil sie das Gefühl haben, dann um ein wohlverdientes Recht betrogen zu werden. So bedeutet vorerst die neue Regelung keine größere soziale Gerechtigkeit, sondern Verschüttung von Initiativen und Verzicht auf immerhin erhebliche private Mittel.
Daß Madagaskars Staatskassen leer sind, wird auf wenig Verständnis bei der Landbevölkerung stoßen, daß aber dazu noch »Staat« bis zu jenem Zeitpunkt von den Merina verkörpert wurde, dürfte ein psychologisch noch schwerer wiegender Aspekt gewesen sein und die Trotzhaltung verstärkt haben.

Madagaskars neuer Staatschef ist ein Mann von der Küste. Die Côtiers fühlen sich wieder vertreten und nicht mehr ausgeliefert.
Im etwas morbiden, abbröckelnden Tamatave, das immer noch schön ist, spöttelt ein reicher Vanilleexporteur vom Stamme der Merina über die unterbezahlten Beamten, die die Nacht beim Spiel verbringen, um ihr Gehalt aufzubessern, und am Tag dann schlafen. Daß Madagaskars Funktionäre sich in Bescheidenheit nicht nur in den unteren Rängen zu üben haben, beweisen die jüngsten Gehaltskürzungen von Präsident und Ministern, deren Arbeitsräume schlichte Amtsstuben sind.

In der Gärtnerei der Landwirtschaftsschule des europäischen Entwicklungsfonds gedeihen Radieschen neben Zimt, alles wächst in dieser Erde, und der Leiter ist stolz auf seine Schüler, sie kapieren so schnell.
Lohnt es sich, Madagaskar zu helfen, frage ich den Delegierten des Fonds, und er bejaht es sehr heftig.
Für den reichen tropischen Osten Madagaskars, für die gemäßigtere Zone des Hochplateaus, dürfte das keine Frage sein. Aber Madagaskar hat auch seinen armen Süden: ein Entwicklungsland im Entwicklungsland. Ohne Kaufkraft, aber, wie so oft, Rohstofflieferant.
Der Süden hat aber auch Madagaskars eigenartigste Landschaft mit seinen eigenwilligsten Menschen. Der äußerste Süden war immer Rückzugsgebiet; das Land der urtümlichsten Bäume, der Dornenwälder, der riesigen Zebuherden.
Die Busse, die morgens die breite Straße der Unabhängigkeit verstopfen, heißen Taxi-Brousse, Buschtaxis. Kleine Seelenverkäufer, von Privatunternehmen betrieben. Ohne feste Abfahrtszeiten wird gestartet, wenn der Bus voll ist, das heißt, wenn er überladen ist. Die Madegassen, zierlich und dünn, sitzen zu zweit auf einem Platz. Das ist zwar unbequem, bringt aber Gewinn, und die Plätze sind rar genug. Denn außer dem teuren Flugzeug, außer drei kürzeren Eisenbahnstrecken gibt es nichts anderes als diese Taxi-Brousses. Und im langgedehnten Madagaskar sind die Wege weit. Ich werde, da ich Madagaskar sehen und nicht sterben möchte, dieses Verkehrsmittel nicht benutzen. Die Unfallziffer dieser überstrapazierten Busse ist hoch. Außerdem nimmt man ungern Weiße mit. Nicht nur, daß sie einen ganzen Platz beanspruchen, man bleibt auch lieber unter sich.

Die Madagassen sind antiautoritär. An der Küste mehr noch als auf dem strukturierteren Hochplateau – und im äußersten Süden schließlich leben die niemals Versklavten, die sich in jene unfruchtbare Wildnis zurückzogen, um sich der Macht der Merina nicht zu unterwerfen.
Ein Forscher nannte Madagaskar »ein dem Untergang geweihtes Naturdenkmal«. Durch Brandrodung zerstörte die einheimische Bevölkerung einen Großteil ihrer Vegetation, die auf der Erde einzig war. Die Franzosen, die es verboten, holten sich bis auf einen Rest die wertvollen Hölzer: Palisander, Mahagoni, Sandelholz, Rosenholz. Die rote Insel mit ihrer überall rot durchscheinenden Erde ist heute roter denn je.
Auf meiner Fahrt in den Süden, vorbei an den erloschenen Vulkankratern des Hochplateaus, das nach Westen hin terrassenartig abfällt, leuchtet an den überwucherten Steilrändern, riesenhaft klaffenden Wunden gleich, die durch Erosion aufgebrochene Lateriterde.
Die Strecke von Tananarive über Tulear im Südwesten nach Fort Dauphin im Südosten ist 1500 Kilometer lang. Kurze asphaltierte Straßenstücke, meist vom Regen aufgerissen, tief zerlöchert, der Rest ist Piste, tiefer noch zerlöchert oder waschbrettähnlich.
Landschaften, die jäh enden, um ganz anders geartete Landschaften in kaum faßbarem Wechsel darzubieten. Unvergleichbare Gesteinsformationen, von Erosion zerrissene Gipfel, zerrissene Schluchten, das Tafelgebirge Isalo, schroff abfallende Einzelberge, reißende Flüsse, die spurlos versickern, die weiten Savannen, aufgeworfen von riesenhaften Termitenhügeln, Halbwüste, Wüstenplateaus, vegetationslose Kegelberge im roten Wüstensand. Rote Fodys, die brünstigen Spatzen, schwarze Papangas, man weiß nicht, woher sie kommen, dann ebenso plötzlich der Trockenurwald mit seinen Dornenlianen, ein schillerndes Chamäleon, die letzte Blüte einer rosa Orchidee.
Und dann, nach zwei Tagen Fahrt, Sakaraha. Eigentlich kann ich nicht mehr, bin außerdem staunend beschäftigt mit den Leistungen madagassischer Flöhe, deren Bisse eigroße Schwellungen produzieren. Ich vergesse es. Sakaraha in rötlicher Dämmerung am Samstagabend, die Straße schwarz von schwarzen Menschen, hochgewachsen, zartgliedrig, mit großen runden Augen in feingeschnittenen Gesichtern, Leute vom Stamm der Sakalava, was heißt, »die vom langen Tal«.

In Sakaraha ist kein Volksfest und auch sonst nichts Besonderes los, in Sakaraha ist schlicht Samstag, und die Leute gehen nicht spazieren, sie schweben; lächelnd, ohne Lärm, ohne jede Aggression, wandeln sie daher mit der Rumflasche in der Hand, Frauen noch mit den Nähmaschinen auf dem Kopf, fast alle trinkend, betrunken, in sanftmütiger Grazie.
An Durchreisende gewöhnt, begucken sich allenfalls noch die Kinder die *Vasahas*, die Fremden, die Weißen, die mit weichen Knien von der Pistenfahrt, grau, plump, vor Neid noch weißer werden, denn diese Menschen sind unglaublich schön.
Hier und in der Umgebung von Tulear ist die Erde noch relativ reich, wachsen Reis, Erdnüsse, Zuckerrohr, Baumwolle. Obwohl es kaum regnet, ist die Luft voll tropischer Schwere.
Tulear an der Küste unter dem südlichen Wendekreis, Wendekreis des Steinbocks, ist die Provinzhauptstadt des Südens. Die Hauptstadt der Sakalava, Majunga, liegt ungefähr 1000 Kilometer Luftlinie nördlich von hier. Majunga, das ich nicht sehen werde, Stadt der Blumen, Oase in der großen westlichen Einöde, Zentrum auch der Inder und Chinesen, war Ausgangspunkt der französischen Eroberung Madagaskars.
Hauptgraf zu Pappenheim beschreibt sie um 1905, und bei aller kolonialistischen Bärbeißigkeit hat er offenbar mehr ergründet als so mancher moderne Soziologe:
»Majunga ist übrigens als einer der übelsten Plätze der Welt verrufen. In Durban soll die Pest sein. Hoffentlich haben wir keine Quarantäne, hier ist sie fertig; die niedergebrannten Ruinen der infizierten Häuser liegen noch; aber wie viele Fälle sind nie bekanntgeworden, die Toten, die man unter dem Wharf, hinter Steinhaufen und so weiter gefunden hat, und die die Eingeborenen aus Angst vor dem Niederbrennen ihrer Wohnstatt verscharrt und verschleppt haben. Der Gouverneur war glücklicherweise energisch und ließ prophylaktisch die Mehrzahl der Eingeborenen aus ihren Häusern vertreiben und zwang sie, außerhalb der Stadt zu kampieren ...
Die ›Zenanas‹ (Frauengemächer) der Inder sind natürlich eine große Erschwerung jeder sanitären Kontrolle, und das Beispiel Indien hat gezeigt, daß auch weibliche Ärzte wenig helfen. Das einzig Mögliche ist scharfe Absonderung des Eingeborenenviertels durch eine Parkzone und sofortige unerbittliche Isolierung aller Farbigen beim ersten Verdacht. Die indischen Kulis (ca. 600) sind jetzt wenigstens kaserniert; aber die Banyans (die Kleinkaufleute) sind nicht besser und die Malgaschen noch we-

niger. All das wurzelt in kleinen Gassen und Höfen mit Hintertreppen und Durchgängen und Doppeltüren, lautlos, unpersönlich, unzugänglich. Sobald ein Malgasche irgend etwas nicht versteht, einsieht oder einsehen will, sagt er: »a – hem«, und dann ist es alle. Kein Maulesel ist bockbeiniger.
Dazu kommt die Schwierigkeit, eine Persönlichkeit zu fixieren. Ein Mann heißt Tsao oder Tumbu. Nun bekommt er ein Kind und tauft es ›Messer‹ oder ›Flasche‹. Von dem Tag an heißt er selbst nicht mehr Tsao oder Tumbu, sondern ›Vater von dem Messer‹ oder ›Vater der Flasche‹ und so weiter. Man kann sich vorstellen, wie schwer es ist, jemanden zu identifizieren. Ein Heimatgefühl hat der Malgasche nicht, ebensowenig wie Moral oder Religion oder Seife –, er läßt seine Paillotte im Stich – geht auf seinen unermüdlichen Beinen 300 bis 400 Kilometer woanders hin und bleibt, solange es ihn freut. Oft sind ganze Distrikte leer, wenn aus irgendeinem Grund die Leute mißtrauisch geworden sind. Die Mischung von Geduld, Strenge und Diplomatie, um immer die nötigen Arbeiter zu haben, ist etwas, was riesig auf die Nerven geht. Am besten zieht noch Schnaps. Ich will nicht sagen, daß das sehr zivilisatorisch ist, aber – que faire! Der Malgasche trinkt nicht, weil es ihm schmeckt, sondern um betrunken zu werden – selbst wenn ihm das Getränk selbst nicht schmeckt. Als ich König Andriponimerina Heidsieck gab, sagte er, daß er *toc* (das ist Fusel) lieber habe: ›Ça souler plus vite.‹
Hier bei den Sakalava, die von jeher böse Trinker sind, ist die Geburtenziffer minimal, die Kindersterblichkeit enorm. Merkwürdigerweise halten hier die Chinesen nicht aus. Von 400 Kulis, die jemand importierte, starben in vier Monaten 392! Von Panik ergriffen, flohen sie in Segelbooten und Piroguen; man vertuschte die Sache; aber tatsächlich kamen nur acht auf die Rückreise.
Auch die Kanakas (von den neuen Hebriden) sterben sofort an Peludisme. Es ist aber auch gerade hier ein unsympathisches Land: von der Höhe des Observatoriums, so weit man sieht, Delta und Mangrovensumpf, unter einem Himmel von Blei, und wenn man fünf Minuten still sitzt, kommen überall aus dem Boden die roten Krabben heraus und wetzen ihre Scheren.«

Zurück zu Tulear, der Provinzhauptstadt des Südens. Französischer Kolonialstil wie in Tamatave, mit breitangelegten Stra-

ßen. Zentrum ausländischer und madagassischer Aktivitäten, den Süden entwickeln zu helfen.
Hier arbeiten als *assistents techniques*, wie sie degradiert jetzt heißen, die vorher sogenannten technischen Berater, und meine Frage an den Beamten von der *Animation Rural*, wie die Kooperation mit den Deutschen funktioniert, bleibt unbeantwortet.
Die *Animation Rural* ist eine der wichtigsten madegassischen Einrichtungen, die die ländliche Bevölkerung »animiert«, aufklärt, auch erforscht.
Der Beamte ist ein Côtier und kritisiert lieber seine Regierung, er sagt:
»Ich bin der einzige Côtier in dieser Gegend, der einen solchen hohen Posten hat. Die Probleme werden nicht nur von Tananarive aus zu steuern versucht, was mißlingt, man schickt uns auch die Beamten von dort, die nichts verstehen. Malgachisierung bedeutet für uns, daß die Merina die Stellungen der Franzosen einnehmen.«
Die Sakalava haben selbst einst Madagaskar unter ihre Macht zu bringen versucht und holten sich Bantusklaven aus Ostafrika. Aber der helle Merina empfindet heute seinen Posten im Süden als wenig beglückend, hier im Exil, bei den Wilden, den Schwarzen, wo er nicht nur ungeliebt ist, sondern auch noch mißachtet. Wie diese offen gehegte Abneigung der Sakalava, so beruht auch die Sympathie für die Weißen auf Gegenseitigkeit. Das ist neu. Die Weißen, schnell ermüdet von der asiatisch freundlichen Verschlossenheit der Merina, schätzen die Offenheit der Côtiers. Holländer, Portugiesen, Engländer und immer wieder die Franzosen sind hier bei Eroberungsversuchen am erfolgreichsten zurückgeschlagen worden. Als später der weiße Mann von den Côtiers als Befreier von der Sklaverei der Merina freudig begrüßt wurde, war es der Süden, der den Jubel kaum teilte.
Die 72er Revolution wurde effektiv durch die Unterstützung aus dem Süden.
Weder die Kolonisatoren noch die madagassische Regierung hatten sich um den Süden gekümmert. Hier gibt es Gebiete mit bis zu 80 Prozent Analphabetismus, Gegenden, wo bis zu 100 Prozent der Bauern von Bilharziose befallen sind. Um den Süden gekümmert hatten sich einzig die Missionare.
Am Pistenrand sieht man ein paar winzige Hütten aus Binsen und Lehm, daneben – mit allem, was dazugehört – eine Kirche.

Sie steht, trotz ihrer gewaltigen Demonstration, dem Glauben an die madagassischen Götter nicht im Wege, hat aber dennoch neben den Hütten etwas Barbarisch-Monströses.
In Ampanihy, der Hauptstadt vom Stamm der Mahafaly (»Die glücklich machen«), ist die Trockenheit groß, ist die Armut groß. In Ampanihy und den Dörfern der Umgebung ernährt man sich in den Dürreperioden von Kakteen und Erde. Nicht irgendeine Erde, sondern Porzellanerde, für die sich jetzt Amerikaner interessieren.
In den Dürreperioden sind die Mäuler der Zeburinder von Kaktusstacheln durchbohrt. Die Kakteen werden rar.
Immerhin werden in Ampanihy Mohairziegen gezüchtet. In der kommunalen Fabrik knüpfen Frauen schwere Teppiche mit alten madagassischen Ornamenten. An diesem Tag hocken nur wenige Frauen da, säugen zwischen dem langsamen Knüpfen ihre Kinder. Wird Regen vermutet, bleiben die meisten zu Hause.
Der Südwind wirbelt den Sand der Straßen hoch, der Himmel bezieht sich, und abends regnet es tatsächlich. Wolkenberge entladen ihre Wassermengen eine Nacht lang. Die Temperatur sinkt von dreißig auf fünf Grad.
Vor meinem Fenster sterben zwei Ziegen unter qualvollem Geschrei. Morgens der Schlamm. Der Marktplatz, ein kahles Rechteck, grau in grau, nichts Grünes, kein Obst, ein bißchen Fleisch, Sand im Brot. Die Mahafaly mit nackten Beinen und Füßen in ihre zu dünnen Lambas gehüllt. Ein paar Männer mit dem Sagai, der Lanze, unruhig, frierend. Eine Frau backt Maisfladen.
Regen ist im sonnenverbrannten und windausgedörrten Süden ein Glück. Nicht aber ein solcher Temperatursturz. Die Menschen sterben an Lungenentzündung und Tuberkulose. In den nächsten Tagen sieht man am Rand der tiefverschlammten Piste die sonst immer lächelnden, den Weißen freudig zuwinkenden Mahafaly immer noch frierend mit verschlossenen Gesichtern und einem Fetzen Fleisch in der Hand dahertrotten. Fleisch auf dem Land gibt es, wenn es Tote gibt. Dann werden die Ochsen geschlachtet.
Die riesigen Zebuherden tauchen südlich von Ampanihy auf. Ein Hirte tränkt seine Ochsen an einem tiefen Schlammloch der Piste, rotes Wasser, das er selbst dann trinkt.
Rund acht Millionen Menschen leben auf Madagaskar und rund zehn Millionen Zebus.

Die Piste, ein gerader roter Streifen durch blasses Grün, das eine Spur dunkler wird im wiederaufkommenden Regen. Schlingern durch die Schlammlöcher, das Wrack eines Taxi-Brousse. Das zweite Auto, dem wir begegnen an diesem Tag, ist ein abgerutschter Lkw, seine Besatzung brüllt vor Vergnügen, als unser Wagen just an derselben Stelle ins Schleudern gerät, sich halb um die Achse dreht und umzukippen droht auf schmierseifenartiger Erde. Aber Urbain, der Chauffeur, der hier jahrelang Taxi-Brousse gefahren ist, schafft es in bewundernswertem Manöver dann doch noch. Er sagt: Sie bessern die Löcher absichtlich nicht aus. Die Löcher halten das Wasser. – Und Wasser brauchen vor allem die Zebus.
Ihnen wird ziemlich alles geopfert. Zwar ist der Ochse kein heiliges Tier, seine Verehrung hat aber mythischen Charakter. Die Größe der Herde allein ist Symbol für Reichtum und Ansehen, nicht etwa das Geld, das man dafür bekommen könnte. Wenn aber die Ochsen Hunderte von Kilometern zu einem Schlachthof wandern mit eingefallenem Fetthöcker, halbverhungert, halbverdurstet, haben sie notfalls eine Tränke – wenn es regnet.
Die Probleme des Südens: das Wasser, die Straßen, die Ochsen.
Als im Zuge der Reformen 1973 die Ochsensteuer aufgehoben wurde, um dem armen Süden eine Erleichterung zu verschaffen, nahm man den Bauern einen wichtigen Anreiz zum Verkauf, so daß dieses große wirtschaftliche Reservoir, besonders für den Export, noch weniger genutzt werden konnte.
Südlich von Ampanihy tauchen am Pistenrand Gräber auf. Stirbt das Familienoberhaupt, wird seine Hütte verbrannt, werden seine Ochsen geschlachtet, deren Hörner man auf das Grab pflanzt, einem großen, gemauerten Rechteck. Aus dem Gewirr der von der Sonne ausgeblichenen Hörner ragen weiß die Grabhölzer, Aloalos, mit stilisierten Menschen, Tieren, vor allem Zebus.
Inzwischen ist man auch schon dazu übergegangen, dem Sterbenden eine provisorische Hütte zu bauen, die zu verbrennen kein großer Verlust ist, Ochsenhörner werden schwarz gehandelt. Und der 1966 verstorbene Häuptling war seiner Zeit so weit voraus, daß er sich um Hörner und Aloalos nicht scherte, sondern sich sehr bunt aus Stein und Zement einen Jumbo Jet bauen ließ mit vielen Menschen drumrum, denen er, als Fluggast ins Jenseits, freudig zuwinkt.

Auf der Strecke nach Ambovombe leuchtend graue Baobabs, Affenbrotbäume, in Linien gewachsen, dann Vazimzewälder, madagassische Urbäume, Wälder aus riesigen Armen mit langen Fingern, die alle in Richtung Süden zeigen.

Über den gerade noch feuchten Weg laufen Strahlenschildkröten, letzte, von der Ausrottung bedrohte Exemplare. Vogelschreie und imitierte Vogelschreie von den »Eingeborenen«, die manchmal aus dem Busch tauchen mit Lendenschurz und Speer. Eine Frau mit tiefgelber Kalebasse auf dem Kopf will sich ausschütten vor Lachen, als sie die Weißen sieht, so daß winzige Wasserspritzer ihr aus dem Gefäß springen.

Angelangt im südlichsten Zipfel Madagaskars, dem Land der Antandroy, was heißt: »die in den Dornen leben«. In den Dornen und im immer heftigen Südwind.

Die Antandroy sind der eigenwilligste Volksstamm Madagaskars. Ihre Intelligenz ist von den Weißen unterschätzt, von den Merina gefürchtet. Früher Nomaden, sind heute die meisten seßhaft, leben aber als vereinzelte Gruppen bis hoch in den Norden verstreut als Gastarbeiter. Schreibt jemand nach Hause und sagt, er sei krank oder es geht ihm schlecht, wird eine Delegation der Sippe ihn heimholen, auch wenn das einen Weg von hin und zurück 4000 Kilometer bedeutet.

Die Antandroy sind langbeinig, grazil, sehr dunkel, mit großäugigem Katzenblick, leidenschaftliche Tänzer.

Der jahrhundertelang vernachlässigte Süden entwickelte ein starkes Selbstbewußtsein und diente nur widerstrebend als Rohstofflieferant. Sie haben gelernt, sich selbst zu versorgen, und sehen nicht ein, weshalb sie zum Gesamtwohl Madagaskars auf ihre Tradition verzichten sollen.

Es passierte im Süden, daß nach dem Mord an Ratsimandrava, als sämtliche Waffen abgegeben werden mußten und die Polizei durch die Dörfer zog, um sie einzusammeln, ein Dorfältester sagte: Das sollen sie versuchen. Die Gemeinde empfing die Polizisten mit den Gewehren im Anschlag, und die Polizei zog ohne die Waffen wieder ab – und ohne Blutvergießen.

Dieses Jahr war ein gutes Jahr, es hat oft geregnet.

1971, als die Trockenheit so verheerend war, als man sich von Kakteen, Wurzeln und Erde ernährte und Rinder und Menschen verhungerten, organisierte der Südenführer Monja Joana jenen Bauernaufstand, der zum ersten Aufschrei im scheinbar so friedlich dahinlebenden Madagaskar wurde. Von Tsirananas Regierungstruppen niedergeschlagen, war dies der Auf-

takt zur Revolution von 1972, die von Monja Joanas Partei in starkem Maße mitgetragen wurde. Die neue Regierung unter Ramanantsoa, die die Kräfte aus dem Süden keineswegs unterschätzte, begann sich für eine Entwicklung des Südens einzusetzen, ohne die finanziellen Mittel dafür zu haben, vor allem aber: ohne das Vertrauen der Bevölkerung zu gewinnen.
Argwöhnisch beobachtet von Monja Joana, leistet hier auch die Bundesrepublik Entwicklungshilfe mit schmalem Budget. Aber den deutschen Technikern im Landwirtschaftsprojekt von Ambovombe, den *assistents technique*, wird bedeutend mehr Achtung entgegengebracht als dem Direktor, der ein Merina ist. Respekt in unserem Sinne kennen die Madagassen hier noch weniger als im übrigen Land.
Die Arbeiter, teilweise seit Monaten nicht bezahlt, scheuen sich nicht, ohne zu fragen, den Peugeot des Direktors »auszuleihen«, um eine Taxifahrt zum 120 Kilometer entfernten Fort Dauphin damit zu unternehmen, was ein bißchen Geld bringt und vor allem Vergnügen. Der Direktor wird sich hüten, sie dafür zu bestrafen. Sie genießen einen weitgehenden Kündigungsschutz, wissen aber auch, daß streiken sinnlos wäre, und halten sich hin und wieder schadlos.
Es geht hier nicht darum, mit einem Haufen undisziplinierter Wilder zusammenzuarbeiten. Die Antandroy sind lernwillig und intelligent, folgen aber solange ihrer eigenen, dieser Arbeit vielleicht zuwiderlaufenden Logik, bis man sie mit dem besseren Argument überzeugt.
Entwicklungshelfer, die sich für den psychologischen Aspekt nicht zuständig glauben, arbeiten ins Leere. Wenn ein schnell erreichtes Planziel, zunächst als Erfolg betrachtet, später, nach Abzug der Helfer, vom Verfall bedroht wird, ist das schlicht ein Ergebnis schlechter Zusammenarbeit.
In Tananarive, das weit ist, sagt mir eine Madagassin von der Animation Rural: Die Deutschen im Süden leisten schlechte Arbeit, sie saufen immer nur Bier. – Im Süden frage ich die Entwicklungshelfer: Was ist euer größtes Problem? – Daß wir nicht genug Bier haben, sagen sie und ahnen in Unterschätzung ihrer madagassischen Partner nicht, wie gefährlich ein solcher Ausspruch ist.
Betrachtet man das mit ihrer Hilfe bestellte Land, blühende Felder, aus der Wüste gestampft, müßte man sagen: Sie leisten vorzügliche Arbeit.
In Ambovombe, der Hauptstadt der Antandroy, mit sternför-

migem Straßennetz aus rotem Sand, kennt man die Weißen; Weiße arbeiten hier. Trotzdem ist jeder Neuankömmling ein Ereignis, das begrüßt wird mit Neugierde und viel Ironie. Ironie ist ein madagassischer Wesenszug, am stärksten ausgeprägt bei den Antandroy.

Die Kinder modulieren mit soviel Genuß ihr *vasaha* hinter mir her, als wäre das Wort aus Schokolade. Halbwüchsige Mädchen mit ein paar Brocken Französisch weichen nicht von meiner Seite, wollen alles wissen: Woher kommst du, wohin gehst du, was machst du hier, wo wohnst du? – Meine Antworten werden untereinander diskutiert und für komisch befunden, die älteren, die die lautstarke Szene verfolgen, grinsen fröhlich in sich hinein.

»›Hino Vasaha – was willst du, Fremder?‹ fragten mich die Eingeborenen überall, wo ich hinkam, in den Urwäldern, den Steppen und den Dornenwalddickichten. Ja, was wollte ich? Und wie hätte ich es den noch völlig im Urzustand verharrenden Eingeborenen klarmachen sollen? Sie kennen keinen Wissensdrang und vermögen sich nicht vorzustellen, was Forschung ist. Was man nicht essen oder vertauschen kann, ist ihnen herzlich gleichgültig. Sie kennen kein anderes Land als ihr ›Antanimena‹, ihre ›rote Erde‹«, schrieb Ludwig Koch-Isenburg in seinem 1961 erschienenen Buch »Umwelt im Aufbruch«.

Ich, die ich zwar weiß bin, aber nur eine Frau, das heißt, in meiner sogenannten Kulturstufe den Schwarzen näherstehe als der weiße Herr, bin überzeugt, diese dunklen Menschen lachen mich aus. Indem ich auf ein typisches Vasaha-Gehabe verzichte, das ihrer Fröhlichkeit Einhalt geböte, tun sie ihren Gefühlen keinen Zwang an und finden mich ganz einfach lachhaft. So ist es, so sind sie, bestätigen die hier ansässigen Weißen. Sie machen sich einen Spaß mit mir, und das genügt ihnen. (Sie würden mich zu früheren Zeiten nicht einmal in den Kochtopf befördert haben, denn die Madagassen haben niemals Kannibalismus geübt, allen Hungersnöten zum Trotz. Sie verspeisen auch keine Lemuren – ihre Großväter, wie sie sagen – und nicht einmal Schildkröten, uralte Gesetze verbieten das. Für die Ausrottung seltener großer Lemuren und Schildkröten haben die Weißen gesorgt.)

Die Madagassen lieben das Wort, das Gespräch, das, wie sie es nennen, *kabary*, was Redekunst bedeutet, aber auch das Ausdiskutieren eines Problems, wobei man sich niemals ins Wort fällt und jeder unbeschränkte Redezeit hat.

Auch dies ist ein wichtiger Aspekt in der Entwicklungshilfe: Eine Untersuchung hat ergeben, daß Projekte scheiterten, weil man nicht mit der davon direkt betroffenen Gemeinschaft redete. Auf Regierungsebene mochte die Planung klar gewesen sein, aber, wie es ein Madagasse ausdrückte: »Dies ist mein Haus, das Haus ist vielleicht nicht schön und nichts funktioniert, aber ich lebe darin. Und wenn jemand kommt und sagt: Wir werden dies ändern und jenes, überhaupt machen wir jetzt alles ganz anders, und er fragt nicht nach meiner Meinung dazu, werde ich sagen: Stop, ich muß hier leben und will hier leben, und wenn dich das nicht interessiert, dann geh.«

Das Dorf Tsiringaty liegt da, wo Madagaskar aufhört, wo die Welt aufhört, kaum auffindbar hinter hohen Grassavannen, nahe der steil abfallenden Küste. Aber das Dorf hat eine Zisterne, hat eine funktionierende Schule, und der Lehrer hält ein Schwein, was *fady* ist, tabu. Sein sechs Monate altes Baby hat eine belgische Krankenschwester zur Patentante, die seit zwei Jahren mit diesem Dorf arbeitet, den Bau der Zisterne erreicht hat, das Halten des Schweins. Nicht rühren wird sie an dem Tabu, das stinkende Kind zu waschen, dessen Kopf von einer Dreckkruste überzogen ist, denn hier ist es *fady*, ein Baby in den ersten neun Monaten seines Erdendaseins zu waschen. Wenn man das tut, bekommt es den Kopfschmerz, zieht es den Zauber böser Kräfte auf sich.
Wassermangel könnte die profanere Begründung dafür heißen.
Es gibt im Süden Madagaskars Gebiete mit Säuglingssterblichkeitsquoten von über 20 Prozent.
Auf dem peinlich sauberen Dorfplatz sitzen die Fokonolontany in kleinen Gruppen und machen *kabary*. Jemand hat gestohlen, über die Strafe wird beraten. In großen bunten Lambas hocken sie wie meditierend da, einer spricht mit sehr leiser Stimme, die anderen warten lauschend ab. Von den Frauen keine Spur. Der Lehrer trommelt Kinder und junge Männer zusammen, in der Schule singen sie mir etwas vor.
Wo sind die Frauen, frage ich, die Frauen sollen auch singen.
Die Frauen seien nicht zu Hause, heißt es, aber alle Frauen sind im Dorf, sie bereiten gerade das Essen, und dabei sollen sie bleiben.
Weiß man im Busch vom Jahr der Frau? Die Krankenschwester sagt: »Nein, aber sie werden es erfahren. Die Regierung veran-

staltet immer wieder ›Wochen‹ bis tief in den Busch mit Aufklärungsaktionen. So gab es kürzlich die Anti-Cholerawoche als Hygienewoche. Die Frauen hörten nicht mehr auf zu putzen. Die Regierung wird dieses Jahr auch sicher noch eine Woche der Frau veranstalten.«

Die Gesänge haben stark sexuellen Charakter. Die Männer stampfen mit den Füßen, der Schweiß bricht ihnen aus. Das Begleitinstrument ist eine *valiha*, ein Bambusstück, aus dessen Außenhaut dünne Streifen losgelöst und über die Stege gespannt sind.

Der Rückweg in Begleitung des Lehrers, es ist dunkel, von weitem ist eine Trommel zu hören. In einem anderen Dorf wird hinter hoher Kakteenhecke getanzt, ohne ein Licht. Der Lehrer verhandelt. Nein, singen werden sie nicht in ein Mikrophon, das sei schlecht, wenn die Stimmen weggetragen werden, sie könnten verzaubert werden. Aber spielen wollen sie für mich. Der Eingang, ein schmaler Schlupf in der Hecke, schon fast abseits vom Dorf, ist schwer zu finden, das ist sein Sinn. Ein alter Mann und ein junger Mann geben mir die Hand. Eine Frau tanzt vor zwei Männern, sehr wild, bis die Männer, die ihre Bewegungen erst belauern, sie animieren, die sich windend stampfende Frau in engem Kreis verfolgen.

Der Trockenurwald hinter Ambovombe steht unter Naturschutz. Auf elefantenhautartigen Ästen der Bäume, an denen sich Dornengestrüpp hochrankt, hocken die Lemuren in Gruppen, *makis* mit den langen, buschig breitgestreiften Schwänzen und feingezeichneten Gesichtern, halb Katze, halb Affe. Ich hätte gern ihr berühmtes Lemurengeschrei aufgenommen, aber sie hocken nur staunend da und sagen nichts. Geschrei machen die fliegenden Hunde, *fanys*, fledermausartige Vögel mit über einem Meter Spannweite. Ockerfarben kreisen sie über dem Wipfel eines alten großen Baums, bilden eine Wolke, zu Hunderten.

Fanys sollen ein Leckerbissen sein, stehen aber unter Naturschutz. Dafür werden in Ambovombe kleine Katzen für sechs Mark gehandelt, ein immenser Preis, es gibt fast keine mehr: Sie wurden alle aufgegessen, zur Vermehrungsfreude von Ratten und Mäusen.

Die Franzosen haben von Ambovombe bis zum südöstlichen Fort Dauphin eine 120 Kilometer lange Asphaltstraße gebaut. Die gepflegten Sisalplantagen zu beiden Seiten sind noch in französischem Besitz. Sie enden am Beampingaratragebirge,

das mit einer Höhe von fast 2000 Metern, seinen schroff aufragenden Felsmauern, kahlen Granitblockmeeren und mit grünem Gestrüpp bewachsenen Sockel eine der grandiosen Gebirgsvariationen Madagaskars ist.
Dahinter liegt Fort Dauphin. Einst blühender Badeort erholungsbedürftiger Kolonialisten, heute eine Geisterstadt. Im Februar 1975 wurde es zu 80 Prozent von einem Zyklon zerstört. Das kommt an der Ostküste immer wieder vor.
Der Strand Libanon gilt als einer der schönsten der Welt. Die Bucht gibt über Korallenriffe den Blick zu den wild formierten Bergen frei, über die weißen Sanddünen wandert jetzt ein einziger Mensch. Hier finden sich manchmal noch die daumendikken Scherben der Eier des Vogels Rock. Seine fünfhundert Jahre alten Gebeine stehen im Museum von Tananarive, samt einem heilgebliebenen Ei, das neun Liter Eiweiß und Dotter gefaßt haben soll.
In diesem Gebiet und die südliche Ostküste aufwärts wohnen die Antaisaka, die Antaimoro, die Antaifasy, die Antanosy, »die aus dem Land der Ziegen«, die Bara, »die Riesen«, die Tanala, »die Männer der Wälder«.
An Touristen liegt ihnen nichts. Gemeinsam ist all diesen Stämmen, daß sie das Angebot »Zivilisation« abgelehnt haben. Ablesbar ist das auch an den überschaubaren Slums von Tananarive, die nicht von so erschreckendem Ausmaß und erstickender Enge sind wie die anderer Hauptstädte der südlichen Hemisphäre.
Madagaskar ist ein junger Staat, sein neuer Staatschef 38 Jahre alt. Sein Erfolg wird davon abhängen, welchen Zwängen er sich widersetzt oder zu beugen hat.
Denn daß der sogenannte Fortschritt Madagaskar bisher nur gestreift und nicht vereinnahmt hat, ist eine Chance.
Madagaskar – »ein dem Untergang geweihtes Naturdenkmal«, »Experiment der Weltschöpfung« ...
Der Untergang ist gestoppt. Das Experiment gelingt vielleicht.

Tee kann man nicht essen

Bericht über Sri Lanka (1976)

Am Junivollmond wird Posson gefeiert. Das ist der Tag, an dem Buddhas Lehre auf die Insel Lanka gebracht wurde. Lanka, das Kolonialisten später Ceylon nannten.

Am Possontag stiften die Wohlhabenden des Landes ein Essen für jedermann. An diesem Fest in Sri Lankas alter Königsstadt Kandy kauern die Bettler, die Kranken, die Hungernden nicht mit apathisch aufgehaltener Hand an den Straßenrändern, kriechen die Krüppel nicht mit ihren von Lumpen umwickelten Händen über verkehrsreiche Straßen – an diesem Tag stehen sie um ihr Posson-Essen an. Sie stehen von morgens um sechs bis nachts um zwölf, sattessen einmal im Jahr. Wer gegessen hat, stellt sich wieder an, um nach drei oder auch fünf Stunden noch einmal zu essen, manche haben drei Mahlzeiten an diesem Tag.

Nachts dann der große Umzug mit kostbaren Reliquien, mit Trommeln, Trompeten, Tänzern und Sängern, riesigen Fakkeln, auf dem Asphalt explosionsartigen Lärm auslösenden Peitschen und vor allem prächtig kostümierten Elefanten. Am nächsten Tag keine Spur mehr von dem Fest. Selbst die riesenhaften Elefantenexkremente, wertvoller Dünger, wurden noch im Dunkeln weggeräumt. Die Bettler betteln wie gewohnt. Ein alter Mann, vielleicht ist er vierzig, hockt am Straßenrand, und langsam läuft ihm das rechte Auge aus. Das ist nicht alltäglich; der Anblick ist scheußlich. Die Leute bleiben stehen und fragen, was denn passiert sei. Doch er sagt nichts und streckt nur mit schmerzverzerrtem Gesicht seine Hand aus.

»Aber haben Sie Indien gesehen, Bangladesch, Mali? Dagegen ist Sri Lanka noch das reine Paradies!«

Den Begriff Paradies habe ich oft gehört in Sri Lanka. Sollten wir so bescheiden geworden sein? Sollten wir das Elend der sogenannten Dritten Welt als erträglich akzeptieren, weil es inzwischen eine »Vierte Welt« gibt, wo die Katastrophe augenfälliger ist?

Aber weil es inzwischen diese »Vierte Welt« gibt, gibt es auch den Abstieg von der Dritten in die Vierte.

»Niemand muß in Sri Lanka hungern, in Indien sterben die Menschen an Hunger, hier sterben sie an Krankheiten oder aus eigener Schuld, das Land ist so fruchtbar, hier wachsen ihnen die Bananen doch buchstäblich in den Mund!«

Das sagt ein satter Ceylonese und ist keine Ausnahme an Demonstration von Ignoranz, Zynismus oder Dummheit.

Die Regierung weiß besser Bescheid. Seit Monaten werden in großen Polizeibussen die Bettler, die Menschen ohne Bleibe, aus Colombo und Kandy deportiert. Nicht für immer, nur für die im August 1976 stattfindende Konferenz der Blockfreien Staaten soll Sri Lanka vor den Augen der Welt arm, aber sauber erscheinen, soll das Paradies nicht behaftet sein mit dem häßlichen Aussatz des Elends.

Sri Lanka: Insel im Indischen Ozean nahe der Südspitze Indiens und nahe dem Äquator. Mit 65600 Quadratkilometern ungefähr so groß wie Bayern. Sri Lanka hat 13,5 Millionen Einwohner, davon sind 72 Prozent Singhalesen und 23 Prozent Tamilen. Der Rest sind Araber, Eurasier, Europäer.

Unabhängig von England seit 1948 als Dominionstaat Ceylon, d.h. als sich selbst regierendes Mitglied des Commonwealth, und seit 1972: Republik Sri Lanka. Sie produziert Tee, Kautschuk, Kokos, handelt mit Edelsteinen und wird zunehmend geschätzt als Tropenparadies für europäische Touristen.

Sri Lanka, das war Ceylon, Englands Musterkolonie, ein überschaubares, einträgliches Land mit einem sanften und fleißigen Volk. Teeinsel, Kaffeeinsel. Das war zuvor die Zimtinsel für Holländer und Portugiesen, wildwachsende tropische Gewürze, für die die Europäer hohe Preise zahlten – an die Europäer.

Sri Lanka war zuvor die Insel Lanka, Teich voller Lotosblüten, das war Lambapanni, kupferfarbenes Land mit den Farben Rot, Rotbraun, Violett, Rosa, Ockergelb. Aber das Land ist auch grün, dschungelgrün, sumpfgrün, graugrüner Nebelurwald und heute: teegrün.

Die Berge im Süden der Insel sind über 2500 Meter hoch und fallen nach Norden hin als große Faltenmulde sanft ab, um in Trockenzonen, Sandwüsten, zu münden.

Sri Lankas Geschichte reicht 2500 Jahre zurück. Zu dieser Zeit soll der Sohn eines nordindischen Königspaars, ein revolutionärer Störenfried, samt 700 Genossen des Landes verwiesen, auf ein Schiff gesetzt worden und an der Insel Lanka gestrandet sein. Das waren die Singhalesen, groß und von hellbrauner Hautfarbe. Sie trafen aber auch Ureinwohner, die Weddhas, ein pri-

mitiver Stamm von Jägern, klein, sehr dunkel, die vermutlich über die Landbrücke aus Südindien hierhergekommen waren.
Die Singhalesen brachten die Reisanbaukultur, vermischten sich mit den Weddhas und holten bald auch Bewässerungsspezialisten und Frauen aus Südindien. Gemeinsam wurde der Grundstein für eine große Kultur gelegt.
Dieser Hintergrund ist wichtig, denn der Streit darüber, wer der erste auf der Insel war, ist heute neu entflammt.
Die Tankkultur, künstliche Teiche zur Speicherung des Monsunregens, die in den Trockenzeiten die Reisfelder überschwemmten, so daß kein Regentropfen ungenutzt wieder ins Meer floß, machte aus der Insel ein blühendes Reich. Eine so hochentwickelte Bewässerungskultur wie im Nordwesten Sri Lankas soll so früh in keiner anderen Region der Welt gefunden worden sein.
Der Reichtum schließlich zog kriegerische Tamilen aus Südindien an, die die Insel seit dem zweiten Jahrhundert überfielen, die zerstörten, eroberten, koexistierend große Kulturleistungen vollbrachten und wieder vertrieben wurden, bis sie im 11. Jahrhundert den Norden der Insel einnahmen und ihr eigenes Königreich mit der Hauptstadt Jaffna gründeten.
Als die Singhalesen sich um 1360 in den sicheren Südwesten der Insel zurückzogen, wo Araber bereits Handel mit Zimt und Edelsteinen trieben, waren sie nicht etwa nur ein von den Tamilen geschlagenes Volk; sie hatten sich hauptsächlich selbst zerfleischt.
Der heutige Nationalismus Sri Lankas beruft sich auf eine großartige Vergangenheit, die untrennbar mit einem anderen Faktor verknüpft ist: 200 Jahre vor unserer Zeitrechnung wurde Buddhas Lehre auf die Insel gebracht. Die unglaublich blutige Geschichte, die Grausamkeiten rivalisierender Könige, die oft nur einflußreichen Mönchen gehorchten, wurden auf dem Rükken eines Volkes ausgetragen, das eben dieser Buddhismus lehrte: In cinem Menschen soll nicht Ärger, Verdruß, Entrüstung, Zorn oder gar Haß aufsteigen. Kcin nachtragender Groll, sondern Demut. Jeder Mensch ist verantwortlich für sein Handeln, kann für seine Not, für sein Unglück, für seine Not niemand anderen zur Rechenschaft ziehen. Die Überwindung dieses Leidens wiederum kann nur durch Tugend, durch gute Taten erreicht werden. Das Ziel ist Leidenschaftslosigkeit.
Der Mensch sei verständig, gütig, demütig, belehrbar, frei von

Lässigkeit, von bescheidenem Auftreten, bereit zur Freundschaft, freigebig und ohne Geiz.
Tatsächlich erblühte im 8. und 9. Jahrhundert, als sich die Herrschenden an diese Regel hielten, ein Wohlfahrtsstaat mit kostenlosen Universitäten und Krankenhäusern, Alten- und Pflegeheimen für Menschen und Tiere. Vorbild auch dies für den gegenwärtigen Staat. Aber die heute so sehr bewunderten Monumente oder deren Ruinen, die Anhäufung unschätzbarer Kostbarkeiten, wurden aus einem Volk herausgepreßt, dem man Entsagung predigte und Demut.
Die Wiederbelebung eines buddhistischen Nationalismus ist nicht nur zu verstehen als eine Reaktion auf die Kolonialherrschaft, als Wunsch nach Wiederbelebung von mehr Menschlichkeit. Die Gruppe Solidarity beschreibt das in der Schrift *Aufstand auf Ceylon* 1973 so:
»Die buddhistischen Tempel mit ihren weißen, halbkugelförmigen Stupas sind Brutstätten von Intrigen, Korruption und Rassismus gegen die Tamilen. Die meisten buddhistischen Ordensbrüder sind selbst Großgrundbesitzer und schwimmen im Reichtum; häufig sieht man, wie die Bonzen in ihren safrangelben Gewändern in protzigen Autos zwischen den Ochsenkarren ihrer Herde chauffiert werden.«
Wortgewaltige Bekenntnisse zum Buddhismus sind – der zynischere Teil der Jugend weiß das – ein gutes Sprungbrett für Karriere, Auslandsstipendium und andere Vergünstigungen. Die buddhistischen Orden und die Großgrundbesitzer der Zentralprovinz waren 1951 Geburtshelfer von Bandaranaikes Sri Lanka Freedom Party (SLFP).
Schon die englischen Kolonialisten begriffen, wie nützlich die Lehre einer Religion sein kann, die an die Herrschenden appelliert und nur vom Volk praktiziert wird.
Buddha sagt: »Gewaltlosigkeit kann nicht ohne allumfassende Güte erreicht werden.«
Mit dem Verbot jeglicher Aggression wird auch jede andere Aktivität, jeder Antrieb unterdrückt. Die Mutter, die ihr Kind im großen Hospital von Colombo besucht und mitansehen muß, wie es in all dem Dreck sich wieder infiziert, wie es wegen überlasteter und auch gleichmütiger Schwestern an seinem Erbrochenen erstickt, wird kaum ihre Empörung an einen höheren Ort tragen, sondern vor der häßlichen Buddhastatue im Krankenhaushof niederknien und beten und wissen, daß es sich nicht ändern läßt.

Daher auch immer wieder die Feste mit Trommeln und Fackeln und majestätischen Elefanten, Buddhisten und Hindus feiern zusammen, das Volk hat sich schon immer verstanden, und die Unglücklichsten sind die Gläubigsten, sie glauben an die schicksalhafte Ungleichheit der Menschen, die ihre Religion sie lehrt. Nicht nur so betrachtet, scheint die Entwicklung Sri Lankas stehengeblieben zu sein. Was geschah während der 450 Jahre dauernden Kolonialherrschaft?
Die Portugiesen kamen und plünderten bloß, trieben Handel mit dem, was sie vorfanden, führten viele Kriege und hinterließen nach 150jähriger Herrschaft nichts als Zerstörung, portugiesische Namen und das obligatorische Christentum.
Die Holländer waren friedlicher, wenn auch nicht selbstloser. Aber sie bauten Kanäle, Häuser, Kirchen und Schulen und legten die ersten Kaffeeplantagen an. Ohne viel Widerstand traten sie nach 150 Jahren die Kolonie an das mächtige England ab. Das war 1796. Und erst England brachte jene großen Veränderungen in das Land, die bis heute nachwirken, sich immer negativer auswirken.
Um Arbeitskräfte freizumachen, schafften sie die Feudalherrschaft ab und taten damit den Schritt in die kapitalistische Gesellschaft. Das von den Holländern errichtete Schulsystem wurde aufgegeben, da man vom Mutterland gelernt hatte, daß Bildung aufsässig macht. Aber die Kaffeeplantagen der Holländer sahen gewinnversprechend aus, sie wurden vergrößert. Immer noch fehlten Arbeitskräfte, die Engländer zählten zu Beginn des 19. Jahrhunderts kaum eine Million Ceylonesen, zu ihren besten Zeiten soll die Insel über 17 Millionen Einwohner gehabt haben. Also wurden Menschen, »Kulis«, Sklaven, in Südindien angeworben, die Tamilen. Sie hatten die Verpflichtung, ihre Reise nach Ceylon, die sie nicht selbst zahlen konnten, abzuarbeiten.
Die Gruppe Solidarity schreibt:
»Etwa ein Viertel der Angeworbenen starb schon auf dem Weg bzw. kurz nach dem Eintreffen auf der Insel an Ruhr, Tbc und anderen Krankheiten. Auf den Plantagen waren sie unter entsetzlichen Lebensbedingungen schärfster Ausbeutung ausgesetzt, während sich auf den Londoner Bankkonten der Plantagenbesitzer ungeheure Vermögen anhäuften. In der ganzen abscheulichen Geschichte des britischen Imperialismus ist wohl nur der Sklaventransport von Afrika zu den Karibischen Inseln dem vergleichbar, was den Tamilen angetan wurde.«

Als das Massensterben der Tamilen den Engländern zu kostspielig wurde, führten sie Reis aus der Kolonie Burma ein, weil sie darauf kamen, daß auch Sklaven Nahrung brauchen, um zu funktionieren. Aber die Seuchen hatten sich schon ausgebreitet: Gelbfieber, Schwarze Pocken, Pest, Malaria.
Zu dieser Zeit wurden Hunderttausende von Hektar Dschungel abgeholzt, verbrannt, vernichtet. Riesige Kaffeeplantagen entstanden und verschwanden 50 Jahre später wieder, ein Pilz hatte die Pflanzen vernichtet.
Der Verlust wurde ersetzt durch den Teestrauch. Der Gewinn aus Verkauf des Tees übertraf alles Vorherige und bestimmte von da an das Schicksal der Insel. Da der Teestrauch keine Begleitpflanzen vertrug, wie man glaubte, holzte man einen Großteil der Zimt-, Muskatnuß- und Kampferbäume ab, dafür pflanzten weitsichtige Spekulanten den Gummibaum. Kautschuk wurde später zu einem guten Geschäft, auch die vielverwertbare Kokospalme. Die Aufsicht über diese Nebeneinnahmequelle legten die Engländer teilweise in einheimische Hände, denn wichtig war das Einvernehmen mit der Oberschicht, dem einstigen Adel des Landes.
Yves Lacoste sagt: »Die kolonisierten Völker wurden nicht durch die Europäer besiegt ... Die kolonisierten Völker wurden von einer Minderheit von Privilegierten, die sie bisher beherrscht hatten, verraten und verkauft. Ohne diesen Verrat wäre die koloniale Expansion nicht zu dem großen historischen Ereignis geworden, zu dem sie tatsächlich wurde.«
Der Tee wird noch heute als »Geschenk der Engländer an Ceylon« bezeichnet. Dieses Geschenk, die Monokultur, bedeutet heute Ceylons Teufelskreis. Sri Lankas Hunger. Für Sri Lanka gilt ebenso, was Josué de Castro, Präsident der FAO, von Indien sagte:
»So haben die Engländer den Hunger in Indien zwar nicht erfunden ..., aber sie waren bestrebt, dieses Überbleibsel des Feudalismus im Interesse ihrer imperialistischen Politik aufrechtzuerhalten.«
Indem sich Industrialisierung fast nur auf Tee bezog und die Polykultur verhindert wurde, indem eine wirtschaftliche und somit auch politische Abhängigkeit geschaffen wurde, aus der sich herauszulösen für das Land zunächst einmal die Katastrophe bedeuten würde, entwickelte das Land sich zurück, wurde das erreicht, was man Unterentwicklung nennt. Der Circulus vitiosus des Rohstofflieferanten, der für immer mehr Export

immer weniger Importware bekommt und keine Chance hat, wegen Verschuldung und in seinem Kampf gegen Hunger die bessere Alternative zu finden.

Die Engländer haben andererseits, schon zum Selbstschutz, die Seuchen großteils ausgerottet. Als in den Jahren 1934–39 die Malaria auf das von ihnen bewirtschaftete Drittel, auf den Südwesten der Insel übergriff und allein innerhalb von acht Monaten 80000 Tote forderte, starteten die Engländer ihren berühmten Kampf gegen das Fieber. Das heißt, sie waren gezwungen, sich auch um die völlig vernachlässigten anderen Gebiete zu kümmern, wo infolge brachliegender Bewässerungsanlagen die Malaria brütete. Und noch heute schwärmen alte Ceylonesen von den goldenen Zeiten des Zweiten Weltkriegs, als sie von ihren Kolonisatoren geradezu verhätschelt wurden. Die Zeiten der Entkolonisierung waren angebrochen, England wollte das »Juwel seiner Krone«, wie es die Insel liebevoll nannte, ungern verlieren. Kein Befreiungsaufstand fand in Ceylon statt. Die Menschen hatten Arbeit, hatten zu essen. Die Engländer ließen das Volk jene Straßen bauen, die Bewunderung von Kennern anderer Länder der Dritten Welt hervorrufen. Sri Lankas fabelhafte Infrastruktur: Selbst Straßen zu winzigen Dörfern sind oft asphaltiert.

Trotz dieser plötzlichen Fürsorge war Ceylons Unabhängigkeit nicht aufzuhalten. Allerdings: was dann 1948 nach 450jähriger Kolonialherrschaft sich als eigenständig proklamierte, konnte nur fiktiv unabhängig sein, konnte nach so langer Bevormundung nicht plötzlich das hervorbringen, was bei uns aufgrund eben jener Bereicherung aus diesen Ländern, gewachsen war; die Revolutionen, die Arbeiterbewegungen nicht zu vergessen.

In Ceylon wurden die Regierungsgeschäfte in konservative, kolonialistenfreundliche Hände gelegt, die Insel wurde weiterhin geplündert, die hohen Profitraten aus den Plantagen flossen weiterhin nach England. Diese Plantagen bedecken ein Drittel des bebaubaren Landes, jene Gebiete, die sich vorzüglich für den Gemüseanbau eignen.

Nach der Unabhängigkeit stieg die Bevölkerungszahl sprunghaft an, sie verdoppelte sich in 28 Jahren. Wie war das möglich bei so hoher Kindersterblichkeit, bei verbreiteter Tuberkulose, dem Siechtum bringenden Hakenwurm, Anämie, bei immer wieder auftretenden Seuchen wie Cholera und der keineswegs ganz ausgerotteten Malaria? Die Verbesserung des Gesund-

heitswesens, die Eindämmung der Malaria durch die Engländer werden immer wieder als Grund angeführt. Die andere Ursache ist Hunger. Jene Erscheinung, die von Sri Lankas Bourgeoisie so hartnäckig geleugnet wird.
Josué de Castro sagt: »Es ist keineswegs evident, daß der Hunger die Folge der angeblichen Überbevölkerung ist. Was angesichts der biologischen und ökonomischen Fakten in die Augen springt, ist vielmehr das Gegenteil: Die Überbevölkerung ist eine Folge des Hungers.«
Denn Hunger, sagt de Castro, erhöht nicht nur die Sterblichkeit, sondern in viel größerem Maße die Fruchtbarkeit.

Sri Lanka heute nennt sich sozialistischer Wohlfahrtsstaat – wobei sowohl am Sozialismus als auch an der Wohlfahrt Zweifel anzubringen sind – und wird regiert von der ersten Frau der Welt, der man das Amt einer Ministerpräsidentin gab, Sirimavo Bandaranaike.
Ihr Mann, Solomon Bandaranaike, Gründer der SLFP, der Sri Lanka Freiheitspartei, wurde 1956 Ministerpräsident, nachdem er die Vetternwirtschaft der konservativen UNP, der Vereinigten Nationalpartei, angeprangert und mit Nationalismus und singhalesischem Buddhismus das Volk für sich gewonnen hatte. Seine Devise: »singhala only« leitete den gefährlichen Bruch mit der tamilischen Minderheit ein, deren andere Sprache, Schrift und Religion bisher als gleichberechtigt galten. Jetzt wurden Singhalesisch zur Staatssprache und der Buddhismus zur Staatsreligion, die intelligenten tamilischen Hindus zu Menschen zweiter Klasse erklärt.
Bandaranaikes Verdienst: Die Ausweitung des kostenlosen Schulsystems und Gesundheitsdienstes, erste Sozialisierungsmaßnahmen wie die Verstaatlichung der Transportmittel, deren Benutzung für die Bevölkerung damals fast gratis war. Allerdings machte er sich mit dieser antikapitalistischen Haltung bei reichen buddhistischen Priestern unbeliebt, in deren Auftrag er 1959 ermordet wurde.
Seine Frau Sirimavo kandidierte für die nächste Wahl. Sie sagte nicht viel, sie weinte – und gewann die Wahl 1960, wie es hieß, mit den Tränen einer Witwe.
Inzwischen hatte die Verarmung des Landes eingesetzt, und die Verkündung eines sozialistischen Nationalismus änderte daran nichts, so daß das Volk zur nächsten Wahl 1965 seine Hoffnung wieder in die rechte UNP setzte. Auch die regierte nur bis zur

nächsten Wahl. Die Auslandsverschuldung, die Arbeitslosigkeit, die Preise waren gestiegen, dazu kam ein Heer von Hochschulabsolventen der Geisteswissenschaften, für die ein Entwicklungsland schwerlich Verwendung findet. Die Preise für Kautschuk, vor allem aber für das Hauptexportprodukt Tee waren am Weltmarkt gesunken. Die kostenlose Reisration fürs Volk drohte gestrichen zu werden, für viele der Ärmsten die einzige Chance zu überleben.
Wieder wurde Sirimavo Bandaranaike gewählt, und zwar mit Hilfe von Ceylons Jugend, die Arbeit und den wahren Sozialismus wollte. Das war 1970. Frau Bandaranaike ging eine Koalition ein mit Trotzkisten und Kommunisten, nahm diplomatische Beziehungen zu Nordkorea, Nordvietnam, der Provisorischen Revolutionsregierung Südvietnam sowie der DDR auf, konnte aber ihre sozialen Versprechungen nicht erfüllen. Hinzu kam, daß die Bundesrepublik wegen Sri Lankas Anerkennung der DDR sämtliche Entwicklungshilfen sperrte. Die Wirtschaftslage war inzwischen so prekär, daß Sri Lanka 1970 mehr für den Import von Bohnen ausgab als es am Tourismus einnahm.
Im April 1971 schlug Ceylons enttäuschte Jugend zu. Die erste Revolution fand statt und wurde mit Hilfe einflußreicher ausländischer Staaten blutig niedergeschlagen.
1972 wurde der Dominionstaat Ceylon zur Republik Sri Lanka erklärt. Damit verlängerte Sirimavo Bandaranaike ihre Legislaturperiode um zwei Jahre und machte ihre Republik zu einem »Familienunternehmen Bandaranaike«, an dessen Regierung Kinder, Neffen, Schwiegersöhne und andere Verwandte beteiligt sind. Die Trotzkisten wurden 1975 aus der Koalition geworfen, die Kommunisten verhielten sich angepaßt.
Zwar hatte die Landreform stattgefunden, die Teeplantagen waren bis Ende 1975 verstaatlicht, aber zu spät.
Gunnar Myrdal, der schwedische Friedensnobelpreisträger, sagt: »Es ist, soweit die Überlieferung reicht, noch nie vorgekommen, daß eine privilegierte Gruppe aus eigener Initiative und nur, um ihre Ideale zu realisieren, ihre Privilegien aufgegeben und ihre Monopole den Nichtprivilegierten geöffnet hat.«
Im Sri Lanka von 1976 ist es verboten, über den Hunger zu reden. Das Wort Hunger in den Kreisen der Bourgeoisie wirkt wie eine glühende Nadel und erzeugt helle Empörung über den infamen Stich. Soll man dem Volk denn noch mehr geben? Im

Wohlfahrtsstaat Sri Lanka mit freier Schule, freier Gesundheitsfürsorge und wöchentlicher freier Reisration schenkt die Natur ihre Früchte dazu. Noch nie habe ich mit solchem Eifer den Hunger leugnen gehört, noch nie habe ich die Realität in so krassem Gegensatz zu den Behauptungen erlebt.

Josué de Castro sagt: »Auf eine Untersuchung über das Problem des Hungers kommen über 1000 Veröffentlichungen über den Krieg. Die Verluste der Menschheit durch Hunger sind viel beträchtlicher als die durch Kriege und Epidemien zusammengenommen, viel verheerender in der Zahl der Opfer und viel schrecklicher in ihren biologischen und sozialen Folgen ...

So ist der Krieg ein Leitmotiv westlichen Denkens geworden, während der Hunger als Tatsache gilt, deren Auswirkungen die Grenzen des Unterbewußten nicht überschreiten durften, da das Bewußtsein ihm seine Tore mit sichtlicher Verachtung verschlossen hatte.«

Im Südwesten Sri Lankas, dem Teil der Insel, für den sich die Kolonialisten fast ausschließlich interessierten, drängen sich in qualvoller Enge 80 Prozent der Bevölkerung, das sind der Raum um Colombo, das Kandy-Bergland bis hoch zu Nuwara Elyia, die Gebiete der Teeplantagen.

Das Elend der Städte, der Hauptstädte besonders, ist bekannt: Colombos verkrüppelte Menschen, die auf Händen und Knien sich vorwärtsbewegen, oder Hautkranke, die mit ausgedörrter, oft vom Pilz befallener Haut an dreckigen Hauswänden lehnen, Leprakranke, die ihre Geschwüre, ihre verstümmelten Glieder zur Schau bieten, Augenkranke mit entstellter Hornhaut, die Blinden, die Mütter mit ihren Kindern und der Geste des Hungers: die Hand, die zum Mund führt, um sich dann bettelnd auszustrecken. Es gibt die Berufsbettler, sicher, es gibt die auf Touristen gedrillten Kinder, und es gibt außerdem die Arbeitslosen, es gibt die 80 Prozent der Arbeitenden, die unterernährt sind, ebenfalls 78 Prozent der Schüler.

Auf der sonntäglichen leeren Mainroad, an deren Rändern die Müllberge stinken und Schlimmeres anrichten würden, gäbe es nicht die Krähen, Allesfresser und Gesundheitspolizei Colombos – diese Straße sehe ich einen vielleicht vierzehnjährigen Jungen überqueren, straucheln, zusammenbrechen. Die Autos fahren drumherum, obwohl ich winke. Schließlich hält doch jemand, hilft, ihn an die Seite zu schaffen. Der Junge

kommt zu sich und sagt, daß er nur Hunger hat. Ein paar Leute sammeln sich an, und ein Mann sagt: Sehn Sie, das ist die Situation in unserem Land, aber es ist verboten, darüber zu reden.
In Colombo sterben die Menschen nicht, wie in Kalkutta, zu Hunderten auf den Straßen. Offensichtlicher Hungertod findet hin und wieder im Bergland der Teeplantagen statt. In Sri Lanka ist der Hunger chronisch, das heißt, es fehlen die Proteine und Vitamine. Wer von geschältem Reis und Brot lebt, erzeugt den Anschein von ausreichender Ernährung – zumal unter dunkler Haut. Die Geschwüre, Hautkrankheiten, Augenkrankheiten, Wurmkrankheiten, Tuberkulose und Anämie sind jedoch Folgen des chronischen Hungers.

Nuwara Elyia liegt fast 2000 Meter hoch und ist 170 Kilometer von Colombo entfernt. Die Bahnfahrt dorthin dauert sieben oder acht Stunden.
Noch bis über Kandy hinaus wechseln Reisfelder mit Dschungel, Bananenwälder, es gibt hier 42 Sorten dieser Früchte, dann alle Arten Palmen. Noch bis Kandy kommen die Verkäufer mit Trinkkokosnüssen, Cashews, Mangos oder Limonade an den Zug. Auch ein paar Bettler fahren mit, eine halbgelähmte Frau schiebt sich singend durch die vollgestopften Gänge, die Züge sind immer überfüllt, das wird mit großer Disziplin ertragen.
Aber in Kandy leert sich der Zug schlagartig, und sehr bald ändert sich auch die Landschaft. Wechsel nur noch in der Formation der Berge, die Bergkuppen abrasiert tiefgrün, teegrün, grüne Wüste, über Tausende von Hektar nichts als diese teebepflanzten Berge – mit den Fabriken, den Arbeiterbaracken natürlich. Die Luft, kühler, klarer, riecht nach Tee. Niemand verkauft mehr etwas auf den Bahnhöfen, sie haben nichts zu verkaufen. Es kommen nur noch bettelnde Kinder und alte Leute.
Bevor die Kolonialisten hierherkamen, war dieses Land mit Dschungel bedeckt und lebten hier keine Menschen. Regen fällt an 220 Tagen im Jahr, die Nebel, die über die Teebüsche ziehen, die meist durch Wolken gefilterte Sonne, lassen hier einen Tee gedeihen, der der beste der Welt ist.
Nuwara Elyia heißt: über den Wolken. Das Klima wird mit dem des Engadin verglichen. Hier wachsen Dotterblumen, Margeriten, Zypressen und jedes europäische Gemüse.
Es ist Sonntag und alles dicht voll Menschen. In Kandy glaubt man, daß alles Elend des Hochlands sich dort versammelt, aber

in Nuwara Elyia scheint sich dieses Elend noch steigern zu wollen, sehen die Kranken noch kränker aus, sind die Bettelnden buchstäblich vom Hunger, dem Sterben gezeichnet. Sie hocken mit ihren Familien in Straßengräben, die Mütter mit schon großen Kindern an der Brust, Männer, von tuberkulösem Husten geschüttelt, und immer wieder die Augenkranken, als ob die Augäpfel in Blut und Eiter schwimmen.
Über dem traditionellen Sarong tragen sie schmutzigdunkle, zerrissene europäische Mäntel, die die Trostlosigkeit noch augenscheinlicher machen; Menschen die in ein Klima verschleppt wurden, das sie nicht gewohnt waren, und die nach über hundert Jahren Sklaverei keinen anderen Schutz gegen Kälte fanden als die Lumpen ihrer weißen Herren.
Auf dem Markt gibt es hauptsächlich zwei Dinge zu kaufen: Bananen und eben diese Lumpen. Kaum Gemüse, das Hochlandgemüse geht direkt nach Colombo.
Die menschlichen Wracks, die Nuwara Elyia bevölkern, kommen von den Teeplantagen, sind arbeitslose indische Tamilen. Indischer Tamile in Sri Lanka heißt: staatenlos sein.
Als Ceylon unabhängig wurde, fragten sich die neuen Verantwortlichen, was mit diesen mehr als eine Million Arbeitern aus Südindien, deren Arbeitskraft das Land immer noch dringend brauchte, zu geschehen habe. Und sie verfielen auf die menschenrechtlich so »saubere« Lösung, demjenigen die Staatsbürgerschaft zu geben, der die Geburt seines Vaters auf der Insel nachweisen konnte. Das konnte kaum jemand, denn die Engländer hatten fast niemanden registriert. Außerdem waren viele illegal eingewandert. So arbeiteten diese Tamilen weiter, ohne Staatsbürgerschaft, ohne Wahlrecht erschufteten sie jene 61 Prozent der Devisen, die der Tee einbringt.
1964, als die Arbeitslosigkeit zu wachsen begann, traf Frau Bandaranaike mit Indiens Regierung ein Abkommen, das vorsah, innerhalb von 20 Jahren 525000 Tamilen nach Südindien zurückzuschicken, sie zu repatriieren, dafür sollten 300000 die ceylonesische Staatsangehörigkeit erhalten. Dieser Vertrag wurde zehn Jahre später erweitert. Die Zwangsrepatriierung in ein Land, das nicht mehr ihre Heimat ist, wo sie vermutlich noch mehr Elend erwartet, hat neues Leid geschaffen.

Ich habe drei Tage auf einer Plantage verbracht. Wenn morgens um sieben die heisere Sirene der Teefabrik ertönt, bevölkern die Frauen mit ihren großen Bambuskörben auf dem Rücken,

den dicken Tüchern auf dem Kopf, wo die Körbe mit einem Riemen gehalten werden, die Wege der Teefelder. Die Frauen tragen braune Jutesäcke, darüber mit Stricken befestigte Plastikschürzen aus Zementsäcken. Um Halt zu haben, klettern sie barfuß die oft steilen Hänge hinauf, jeweils zwölf Frauen unter einem Aufseher, der auf einen Stock gestützt dasteht und antreibt.
Gepflückt werden die frischen Blattknospen der Teesträucher, die das ganze Jahr über nachwachsen. Ein Korb faßt 20 Kilo Blätter. Solange die Sonne scheint, ist die Arbeit erträglich. Aber an 220 Tagen fällt Regen, und dann verdoppelt sich das Gewicht im Korb, saugen sich Säcke und Tücher naß, und es ist kühl. Teepflücker sind Tagelöhner, und bezahlt wird die gepflückte Menge der Blätter. Das macht für Männer höchstens 1,80, für Frauen 1,30 DM pro Tag. Aber täglich werden sie nicht gebraucht. Es gibt Tagelöhner, die umgerechnet zwölf Mark im Monat verdienen.
Tamilen, wenn sie gesund sind, sind sehr schön. Offene Gesichter mit glänzendem blauschwarzem Haar, großen Augen mit dunklen Pupillen, die einen eigenartig tiefen, feuchten Glanz haben. Bei diesen Tamilen glänzen bestenfalls noch die goldenen Nasenringe, die Ohrgehänge sind meist schon verschwunden, verkauft; ausgeweitete Löcher in langgezogenen Ohrläppchen alter Frauen zeugen davon, daß es ihnen einmal besser ging. Tatsächlich geht es ihnen heute schlechter als vor zwanzig Jahren.
In der Fabrik werden relativ wenige Leute gebraucht. Die Engländer haben vorzügliche, kapitalintensive Fabriken hinterlassen. Hier arbeiten auffallend viele Kinder. Kinderarbeit ist verboten. In den staatlichen Fabriken und bei hoher Arbeitslosigkeit werden dennoch Kinder eingestellt, weil deren Arbeit fast nichts kostet.
Die Arbeiter wohnen in langgestreckten Barackensiedlungen, deren winzige Räume, meist 14, durch Bretter abgetrennt sind. In einer solchen Baracke leben oft bis zu 30 Familien.
Vom Teeduft der Plantagen habe ich gesprochen, dieser Duft bricht ein Stück vor der Siedlung jäh ab und wechselt mit Gestank nach Kot.
Ein paar Kinder spielen, entdecken mich und sind plötzlich unzählige, Kinder jeglichen Alters, ein sehr kleines Kind wird vom Schreikrampf geschüttelt, bedeckt seine Augen und wirft sich zu Boden, als es mich sieht. Die älteren lachen und fürch-

ten sich nicht mehr, die Mutter hat ihnen gedroht: Wenn du nicht brav bist, ruf ich den weißen Mann.
Außer den Kindern ein paar alte Leute, wenige junge Frauen, es ist eine gute Woche, sie haben Arbeit. Ein arbeitsloser junger Mann, der über Kopfschmerzen klagt, spricht ein paar Brocken Englisch und erklärt sich bereit, mir alles zu zeigen. In den Verschlägen gibt es die Kochstelle auf der Erde und nicht viel mehr als sechs Quadratmeter zum Schlafen. In seinem Raum schlafen elf Personen; wie sie das machen, kann er mir nicht erklären. Das Dach ist undicht, die Nächte sind kalt, der Boden ist feuchte Erde.
Singhalesen haben mir gesagt: Den Tamilen geht es gut, jedes Familienmitglied arbeitet, da kommt was zusammen, aber sie vertrinken ihr ganzes Geld. – Tamilen aber sind Hindus, bei denen Alkohol verpönt ist; sollten sie trotzdem trinken, hätten sie dazu auch allen Grund.
Singhalesen haben mir gesagt, bei diesen Tamilen dürfe ich Sauberkeit nicht erwarten, diese Angehörigen der niedersten Kasten führten ein Leben ohne Zukunft, das sie ihrer Umgebung gegenüber gleichgültig werden lasse. – Die Verschläge, in die diese Menschen gestopft werden, finde ich makellos sauber vor, der Boden ist gefegt, kein Dreck liegt herum, und etwas anderes zum Herumliegen haben sie nicht.
Aber warum benutzten sie die Latrinen nicht? – Die Latrinen funktionieren nicht mehr. Vor zwanzig Jahren vielleicht waren diese Baracken in Ordnung. Inzwischen ist das Holz morsch, das Wellblechdach verrostet, sind die Abflüsse verstopft; repariert wurde nichts. Die Wasserstelle liegt einen halben Kilometer entfernt. Das sei noch günstig, sagen sie, andere hätten drei Kilometer Weg.
Und wieso gehen die Kinder nicht zur Schule? Dazu, erklärt man mir, hätten sie keine Lust, und außerdem gäbe es bei ihnen zur Zeit keinen Lehrer.
Die Staatssprache ist singhalesisch, diese Menschen sprechen tamilisch, an der Ausbildung ihrer Kinder ist niemand interessiert. Alle Schulklassen sind in einem Raum untergebracht, in dem ein meist unqualifizierter Lehrer unterrichtet. Die Schulzeit dauert drei Jahre, die ältesten Schüler sind neun oder zehn Jahre alt, von da an hoffen sie auf einen Job in der Fabrik oder den Plantagen, was heißt, von da an sind schon Kinder arbeitslos oder nehmen ihren Eltern den Arbeitsplatz weg.
Obwohl sie unterernährt sind, sehen die Kinder nicht mager

aus. Sie leben von Reis, Chillies und Brot, haben kaum Gemüse, fast kein Eiweiß. Sie leiden an Vitamin- und Proteindefizit, an Anämie und Hakenwürmern. Die Kindersterblichkeit ist hoch, aber wenn sie die ersten Jahre überleben, führen ihre Fehlernährung, ihr chronischer Hunger sie in Apathie und frühes Altern, werden die Bewegungen langsam und kraftlos, erstarrt ihr Ausdruck in der Traurigkeit des Hungers. Die alten, verbrauchten, ausgemergelten Leute, die man sieht, sind oft erst vierzig Jahre alt. Die Krankheiten, an denen sie sterben, können harmlos sein. Der Körper ist jeder Widerstandskraft beraubt, das Blut von Hakenwürmern durchsetzt.
Eine Ärztin in Kandy sagte, wann immer eine Teepflückerin zu ihr gekommen sei, wegen eines offenen Beins, wegen Tuberkulose oder nur Kopfschmerzen, müßte sie, um helfen zu können, das ganze Blut auswechseln, woran natürlich nicht zu denken ist.
Der »Freie Gesundheitsdienst« bietet diesen Menschen noch weniger als den armen singhalesischen Bauern: ein Pflaster, ein Aspirin. Antibiotika sind zu teuer.
Gunnar Myrdal fragt: »Gibt es eine Grenze für das Elend, das Menschen, ohne zu revoltieren, ertragen können? Die äußerst elenden Lebensbedingungen, die von vielen Menschen auf dem Land und in den städtischen Slums heute geduldig ertragen werden, sollten eher vermuten lassen, daß es keine solche Grenze gibt.«
Gunnar Myrdal fragt weiter: »Würde eine solche Entwicklung irgendwelche Gruppen in den oberen Klassen aufwühlen, in erster Linie die Wissenschaftler und allgemein die Intellektuellen? Könnten sie dazu veranlaßt werden, entschlossenere Forderungen nach radikalen Reformen zu stellen? Würden sie diese Forderungen durch den Versuch unterstützen, die armen Massen zu lehren und zu organisieren? Welchen Erfolg würden sie haben?«
Im April 1971 versuchte Sri Lankas intellektuelle Jugend die Revolution. Arbeitslose Hochschulabgänger taten sich mit den schlechtbezahlten Dorfschullehrern zusammen und mobilisierten die singhalesischen Bauern. Die Gruppe nannte sich JVP, »Janata Vimuchti Peramuna«, zu deutsch: »Volksbefreiungsfront«, und agitierte seit 1964 im Untergrund. Ihre Vorbilder waren Che Guevara und Mao, ihre Bewunderung galt China, das den Hunger eliminiert hat. Ihre Hoffnung setzten sie aber noch 1970 auf Sirimavo Bandaranaikes Freiheitspartei und ihre

Partner, die Trotzkisten und Kommunisten. Diese Koalition sollte nun jene radikale Veränderung herbeiführen, die das Land vielleicht noch retten konnte.
Statt dessen fand nicht viel mehr statt als ein verbaler Flirt mit dem Ostblock, die drängenden sozialen Probleme blieben unerledigt, strukturelle Reformen wurden nicht in Angriff genommen. In der Regierung fand sich nichts, was, wie es hieß, einer Volksdemokratie ähnelte, der Haushalt wurde als »die alte Medizin in der neuen Flasche« bezeichnet.
Arbeitslosigkeit und Hunger nahmen zu, die versprochenen Verstaatlichungen wurden hinausgeschoben, ebenso die Landreform. Die wichtigsten Teeplantagen waren noch britischer Besitz, England verkaufte sich selbst und der Welt immer noch Sri Lankas Tee und half mit, da es auch in anderen Teilen der Welt die Teegeschäfte kontrollierte, den Weltmarktpreis zu senken. Das, was sich britische Entwicklungshilfe nannte, waren Investitionen, an denen England verdiente. Hilfe, die ihren Namen verdient, erhielt Sri Lanka einzig von China, das Sri Lankas Kautschuk über Weltmarktpreis kaufte und dafür den bitter benötigten Reis lieferte.
Der Anführer der JVP, der Volksbefreiungsfront, Wijeweera, hatte verkündet:
»Wir werden die Regierung weiterhin unterstützen, wenn sie die sozialistischen Ziele zu verwirklichen sucht. Wir werden sie voll und ganz unterstützen. Wenn sich aber herausstellt, daß sie das sozialistische Ziel nicht zu erreichen vermag, dann werden *wir* es tun.«
Ernsthaft wurde von der JVP erwogen, sämtliche Teepflanzen auszureißen und auf den Plantagen Gemüse für den Eigenbedarf anzubauen, unabhängig zu werden von den Lebensmittelimporten, für die Sri Lanka fast die Hälfte seiner Devisen ausgibt.
Für derlei Pläne wurden ihnen aber auch von Sympathisanten Konzeptlosigkeit und der Mangel an realistischeren Alternativen für die Zukunft vorgeworfen.
Fataler noch war ihr Chauvinismus: Statt sich die Intelligenz der Tamilen zunutze zu machen und sich mit diesen Diskriminierten zusammenzutun, prangerte die JVP weiterhin den indischen Expansionismus an, wurden die Plantagenarbeiter als illegale Einwanderer bezeichnet. Die Adressaten der JVP blieben die singhalesischen Bauern und nur ein kleiner Teil der singhalesischen Arbeiterschaft; ignoriert wurden die Elend-

sten, die Slumbewohner Colombos, fast die Hälfte von Colombos 850000 Einwohnern. Ignoriert wurden die am grausamsten Ausgebeuteten: die tamilischen Plantagenarbeiter. Ungerührt konnte so die tamilische Intelligenz, die den nächsten Aufstand plant, den Verlauf eines Revolutionsversuchs beobachten, der so bitter endete.

Die Regierung hatte die Jugendlichen unterschätzt. Buddha, so glaubte man, würde sie von der Gewalt abhalten. Erst als Tausende von Menschen, hauptsächlich Jugendliche zwischen 15 und 25, zu den Veranstaltungen der JVP strömten, wurde die Regierung auf die Gefahr aufmerksam. Am 16. März 1971 gab das Kabinett bekannt, man habe ein Komplott der JVP aufgedeckt, das den Sturz der Regierung plante.

Über Sri Lanka wurde der Ausnahmezustand verhängt, Armee und Polizei erhielten alle Vollmachten, mit Verhafteten willkürlich zu verfahren. Zunächst wurden 300 Personen festgenommen, Lager mit selbstgebastelten Waffen entdeckt. Die JVP als politische Organisation sollte zerschlagen werden und geriet dadurch in Zugzwang.

In der Nacht vom 5. auf den 6. April 1971 brach der offene Krieg aus. Mit dem Ziel, Waffen zu erbeuten, überfielen die Rebellen 30 Polizeiposten im Südwesten des Landes. In der Hauptstadt wurden eilig sämtliche Regierungstruppen zu Colombos und Frau Bandaranaikes Verteidigung zusammengezogen. Das Gerücht ging um, die Regierungschefin solle tot oder lebendig gefangengenommen und entführt werden. Die Schätzungen über die Anzahl der Rebellen schwankten zwischen 20000 und 80000.

Über den Rundfunk hielt Frau Bandaranaike am 9. April eine Ansprache und klärte die Bevölkerung darüber auf, daß es sich bei der JVP um »ein Werkzeug teuflischer Kräfte und krimineller Organisatoren« handele, eine heimlich ausgebrütete terroristische Bewegung habe einen überraschenden Angriff auf den ceylonesischen *way of life* unternommen.

Inzwischen kämpften die Jugendlichen in zehn Verwaltungsdistrikten, hatten neunzig bis hundert Polizeiposten entweder geräumt oder erobert. Beistand erhielten sie von singhalesischen Bauern, die sie mit Nahrungsmitteln und Informationen versorgten.

Vier Tage nach Beginn des Aufstands trafen, nach Hilferufen Frau Bandaranaikes an die Welt, die ersten Waffenlieferungen der Engländer ein. Am 13. April lagen vier indische Kriegsschiffe im Hafen von Colombo, in den nächsten Tagen trafen ein: Hubschrauber aus England, Amerika, Pakistan, Waffen von Australien, Gebirgsartillerie aus Jugoslawien. Rußland sandte Waffen und drängte noch sechs Mig-17-Jäger auf, obwohl man nicht wußte, wie man diese Kampfflugzeuge hier einsetzen sollte, 20 Panzerwagen wurden versprochen, und schließlich kam auch noch China mit einer Sofortwirtschaftshilfe von umgerechnet 60 Millionen Mark samt einer Botschaft von Chou En Lai, der den Aufstand verurteilte.

Moralisch gerechtfertigt durch solch spektakuläre Auslandshilfe steigerten sich Sri Lankas Militär und Polizei in Grausamkeiten, wie sie das Land in dieser Form noch nicht erlebt hatte.

Der trotzkistische Finanzminister Perera rief auf: »Rottet sie aus!«

Gemeint war jene Generation von intelligenten Fünfzehn- bis Zwanzigjährigen, auf die ein Land normalerweise seine Hoffnung setzt. Die Rebellen hatten dreißig Polizisten getötet, aber hauptsächlich wurden sie selbst getötet.

Aus Zeitungsberichten:

»Leute, die in der Nähe von Polizeistationen wohnen, haben beobachtet, wie nach Einbruch der Dunkelheit Gefangene hinter das Gebäude geführt wurden, dort ihre eigenen Gräber ausheben mußten und dann in einer Reihe aufgestellt und erschossen wurden.«

»Ein junger Mann, der außerhalb Colombos unterwegs war, wurde verhaftet, gefoltert und den roten Waldameisen überlassen.«

Nach sechs Wochen hatte die Regierung die Rebellion, die mißglückte Revolution, unter Kontrolle. Tausende von Jugendlichen waren umgebracht. Die ausländischen Helfer hatten selbst nicht eingegriffen, aber deren Ausbilder und Mordinstrumente waren Hilfe genug, um auch noch Freude am Morden zu wecken.

18000 Aufständische, wie es offiziell hieß, wurden in Internierungslager gesteckt, inoffiziell sprach man von 30000. Dort starben unter Foltern, willkürlichem Erschießen und ohne jeden Prozeß, ohne Aufklärung der Angehörigen die meisten von ihnen. Die Schätzungen über die Toten schwanken zwischen 8000 und 20000. Wie viele es tatsächlich waren, wird nie zu erfahren sein.

Sirimavo Bandaranaike, die warmherzige, tiefreligiöse Mutter,

hatte hysterisch um Hilfe gerufen, weil ihre Kinder den für eine Minderheit so angenehmen »way of life« bedrohten, und die wichtigsten Vertreter kapitalistischer, sozialistischer und kommunistischer Machtblöcke kamen, um diese Kinder blutig zur Vernunft zu bringen, halfen in gewissem Sinn tatsächlich, zumindest moralisch, eine ganze Generation auszurotten.
Denn das kleine Land Sri Lanka ist ein strategisch bedeutender Stützpunkt.
Fünf Jahre nach diesem Aufstand sind die Jugendlichen bis auf 300 (die Hälfte davon noch nicht verurteilt) aus den Lagern und Gefängnissen entlassen. Die Verarmung Sri Lankas ist weiter fortgeschritten.
War nun, bei aller Kritik einerseits, die man an dieser, wie sie genannt wurde »frühreifen Bewegung« üben mußte, bei aller Bewunderung für Mut und Aufopferung andererseits – war dieser Versuch einer Revolution völlig umsonst?
Bewirkt hat er zweierlei: Einmal wurde das Verteidigungsbudget verdoppelt, die Polizei und deren Machtbefugnisse wurden verstärkt. Die brutalisierte Polizei ist gehaßt und gefürchtet von der Bevölkerung.
Zum andern wurde aber in aller Eile, vielleicht zu eilig, das in Angriff genommen, was den Aufstand möglicherweise verhindert hätte: Ackerland wurde aufgeteilt, und bis Ende 1975 waren sämtliche Teeplantagen verstaatlicht.
Was die Landreform anbetrifft, so ging damals durch die ausländische Presse (die inländische ist nationalisiert und zensiert) der herbe Vorwurf der inzwischen aus der Koalition geworfenen Trotzkisten, Frau Bandaranaike habe kurz vor Verabschiedung des Gesetzes einen Großteil ihrer Ländereien verkauft. Jede Familieneinheit darf 20 Hektar Land besitzen, und da die Familien in Sri Lanka groß sind, wurde auch auf diese Weise sehr viel Land der großen Landbesitzer »verteilt«, Arbeitskräfte wurden entlassen.
Die neuen Teeplantagen-Direktoren wurden primär nach politischen Gesichtspunkten und erst sekundär nach ökonomischen Qualifikationen eingesetzt, was bedeutet, daß auch die Plantagen indirekt dem »Familienunternehmen Bandaranaike« einverleibt wurden.
Eines allerdings kann man diesem Familienunternehmen schwerlich anlasten: Zwar hat die dünne herrschende Schicht Mittel und Wege gefunden, dem Volk nicht allzuviel zu schenken, aber wovon sollte das arme Land, sollte das arme Volk den

Dünger bezahlen oder das Öl, das allein schon zur Betätigung der Wasserpumpen benötigt wird? Sri Lanka gehört zu den von der Ölkrise mit am härtesten betroffenen Ländern. Ihre Ausmaße werden in dem Buch *Hunger* von Anne-Marie Holenstein und Jonathan Power so beschrieben:

»Der scharfe Preisanstieg für ölabhängige Produkte und Nahrungsmittel zwischen 1972 und 74 brachte die nicht erdölproduzierenden Länder in Zahlungsbilanzschwierigkeiten, aus denen sie aus eigener Anstrengung unmöglich herauskommen konnten. Allein für die zur Existenzsicherung notwendigen Produkte mußten sie 1974 insgesamt 15 Milliarden Dollar mehr bezahlen. Dringende Entwicklungspläne mußten zugunsten von Ausgaben für das bloße Überleben geopfert werden; alle Beiträge für Entwicklungshilfe aus den Industrieländern in der Höhe von etwa 8,6 Milliarden Dollar deckten nur gut die Hälfte des Öldefizits.«

An anderer Stelle das Beispiel Sri Lanka:

»Trotz starker Abstriche an den Nahrungsmittelrationen waren die Kosten der Einfuhr für Getreide 1974 um 100 Millionen Dollar höher. Die Kosten für Dünger stiegen um 40 Millionen Dollar, jene für Erdöl um 100 Millionen Dollar. Die stagnierenden Weltmarktpreise für Tee, Sri Lankas wichtigstes Exportgut, hatten zur Folge, daß das Land in eine langfristige Verschlechterung seiner ›terms of trade‹ eingeriegelt wurde.«

In Sri Lanka mehren sich nun die Gerüchte, Frau Bandaranaike wolle nach dem Muster Indira Gandhis verfahren und keine Wahlen mehr stattfinden lassen, um der wirtschaftlichen Talfahrt Einhalt zu gebieten. Frau Bandaranaike selbst bestreitet das. Allerdings: Der 1971 ausgerufene Notstand ist bis heute, Ende 1976, noch nicht wieder aufgehoben.

Das Volk Sri Lankas hat bei seiner stetig schlechter werdenden Lage noch nie eine Regierung zweimal hintereinander gewählt, sondern sich immer wieder von den sozialen Versprechungen der Opposition verführen lassen. Solange der Hunger unter einer sozialistischen Freiheitspartei sich nicht vom Hunger unter einer rechtskonservativen Vereinigten Nationalpartei unterscheidet und es sonst keine Alternative zu geben scheint, wird das Volk die Partei wählen, die die größere Reisration verspricht.

Diese nationalen Almosen, die nicht nur den rebellierenden Magen beruhigen, sondern, wie ein ceylonistischer Soziologe behauptet, die soziale Revolution verhindern, reichen inzwi-

schen nicht einmal mehr zur Bekämpfung des nackten Hungers aus.
In den nordwestlichen Gebieten Sri Lankas, wo seit vier Jahren fast kein Regen fiel, es seit drei Jahren keine Reisernte mehr gab, verteilen UNO-Leute an die Bauern Mindestrationen zum Überleben.
Zentrum dieser Trockenzone ist Anuradhapura. Die Ruinenstadt wurde von den Engländern aus dem Dschungel gegraben, Monument von Sri Lankas größter Blütezeit vor 2000 Jahren, Südasiens Reiskammer.
Anuradhapura mit seinen riesigen Dagobas, heiligen Bädern, heiligen Bäumen, die künstlich am Leben erhalten werden, ist heute Touristenattraktion, und es blüht die Bettelei.
Touristen, zu Hause oft Gegner jeder Entwicklungshilfe, schenken hier schmerzlich dreinschauenden, niedlichen Kindern, die mit einer exotischen Blüte und der Bitte um Geld sich nähern, blindlings und gerührt beträchtliche Almosen – ohne darüber nachzudenken, daß sie damit ganze Generationen von neuen Bettlern heranzüchten. Daß hier keine Almosen, sondern wirkliche Hilfe gebraucht wird, ein winziger Teil unseres Wohlstandes, wird diesen Touristen offenbar auch dann nicht klar, wenn es zu spät ist, das heißt, wenn sie diese Paradiese nicht mehr besuchen können, weil aus Krisen Kriege wurden.

Fast keine Touristen trifft man im Nordzipfel Sri Lankas, auf der Jaffna-Halbinsel, dem Land der Tamilen, obwohl deren Gastfreundschaft die der Singhalesen weit übertrifft.
Die Jaffnahalbinsel ist ein ganz anderes, sehr fremd anmutendes Land, Trockenzone, Halbwüste mit der Exotik der Kargheit. Auf dem Weg zur Tamilenhauptstadt Jaffna: ausgetrocknete Reisfelder, Sümpfe, bedeckt von Lotosblüten, arbeitslose Wasserbüffel mit Krähen auf dem Rücken, Dornensteppe, blaue Blüten, abgestorbene Bäume, die knochenweiß wie dürre Krallenfinger aus blassem Grün in blaßblauen Himmel greifen. Dann rote Lehmhütten, palmyragedeckt. Und schließlich, nahe Jaffna in grellem Licht und heißem Wind vom Meer, ein großer grüner Garten, ein in unglaublichem Fleiß aus der Wüste gezaubertes Wunder. Hier wachsen alle Gemüse, Früchte, selbst Wein.
Durch die Straßen von Jaffna spazieren niedriggewachsene, okkerfarbene Kühe, wohlgenährt und fast heilig, die Häuser am Rand der Stadt sind palmyraumzäunt, Schutzwälle gegen die

Schatten der Parias, der Unberührbaren, ein Stück hierherverpflanztes Südindien, ohne dessen grausame Armut. Jaffna ist arm, aber es hilft sich selbst.

Die Kolonialisten hatten sich für Jaffna wenig interessiert; sie wollten Gewürze, Plantagen, das war aus dieser Wüste nicht zu holen, und so überließen sie das Feld den Missionaren, die aus vielen Hindus Christen machten. Verdienst der Holländer: Sie bauten Schulen, die Tamilen haben sie genutzt.

Das wirtschaftliche Desinteresse der kolonialistischen Ausbeuter erhielt den Tamilen eine Art körperlicher und geistiger Gesundheit, die sich nicht nur in ihrer erstaunlichen Energie äußert, aus tiefen Brunnen eine Wüste zum Blühen zu bringen, nicht nur, daß in Jaffna, der zweitgrößten Stadt Sri Lankas, Bettler eine Seltenheit sind – die ungebrochene Moral äußert sich in Zuverlässigkeit, die eine ausreichende Ernährung möglich macht. Die Jaffna- oder Ceylon-Tamilen sind oft groß, muskulös, die tamilischen Plantagenarbeiter, von gleicher Herkunft, sind klein und schmächtig.

Gesundheit und Intelligenz der Jaffna-Tamilen machten sich die englischen Kolonialisten zunutze. Aus diesem Reservoir holten sie ihre Diener und Verwaltungsbeamten, das heißt, diese Tamilen waren privilegiert und gegenüber den Singhalesen bevorzugt. Aber erst nach der Unabhängigkeit, unter Solomon Bandaranaikes Nationalismus, wurden unter dem singhalesischen Volk, das die tamilische Minderheit toleriert hatte, Neid und Eifersucht geweckt. Sie, die entscheidend an Sri Lankas Kultur mitgewirkt hatten, waren plötzlich Fremde, die man nicht mehr im Land haben wollte. Diskriminiert wurde der kleine Mann, der keinen Studienplatz mehr, keinen Posten beim Staat bekam, Sri Lankas Militär und Polizei wurden allmählich von Tamilen gesäubert, so daß beispielsweise die Polizei in Jaffna nur aus Singhalesen besteht.

Wer hingegen reich ist, hat seinen Platz in der oberen Schicht und gehört damit nur noch der Rasse der Reichen an. Die reichen Tamilen von Colombo, Hotelbesitzer, Edelsteinhändler, die wie die reichen Singhalesen ihre Muttersprache nicht beherrschen und sich zum Bandaranaike-Sozialismus bekennen, sind die Mitglieder jener Bourgeoisie, die 450 Jahre lang die Gebärden der Kolonialisten studierten, um, wie Fanon sagt, als Genießertyp der westlichen Bourgeoisie in ihrem negativen und dekadenten Endstadium zu folgen, ohne die ersten Etappen der Erforschung und Erfindung durchschritten zu haben.

Nicht so die gebildete Schicht von Jaffna, die aus der Distanz beobachten konnte, was passierte, die sich selbst und auch der tamilischen Wildheit treu blieb, so daß sie heute mit dem Säbel rasselt. Die Tamilen wollen wieder ihren eigenen Staat, den sie vor der Kolonisation ja hatten. Der singhalesische Nationalismus gebar einen tamilischen.

Die Tamilen sagen: »Die Singhalesen kolonisieren uns. Sie behandeln uns als Zweite-Klasse-Menschen, wie das die Engländer einst mit ihnen gemacht haben, aber die Singhalesen sind schlimmer. Ausländische Wirtschaftshilfe erreicht unsere Gebiete kaum, am Tourismus haben wir nicht teil. Man will uns aushungern lassen, weil Hunger den Widerstand schwächt, bloß unterschätzen sie unsere Kraft. Ein Vierteljahrhundert wollten wir nur unser Recht, jetzt wollen wir wieder unseren eigenen Staat. Und wir werden, sobald wir genügend Waffen haben, sobald die Zeit reif ist, dafür kämpfen.«

Aber wie denken diese Diskriminierten über das Schicksal der noch Diskriminierteren? Inwieweit empört die Ceylon-Tamilen das, was mit den Indien-Tamilen geschieht?

Wir kämpfen für sie, sagt man mir in Jaffna. Aber dieser Kampf erschöpft sich darin, ein überzeugendes Beispiel singhalesischer Unmenschlichkeit für die Weltöffentlichkeit parat zu haben. Die Plantagenarbeiter gehören einer viel zu niederen Kaste an, als daß es im Moment populär wäre, sich für sie zu engagieren. Keiner der Tamilenführer würde es aussprechen, aber tatsächlich sind sie froh über jeden dieser Tamilen, den die Regierung nach Südindien deportiert.

Am Pier von Talaimannar, Dorf am Ende jener schmalen Landzunge im Nordwesten Sri Lankas, wo die Fähre nach Südindien anlegt, kommen dienstags und freitags, morgens um halb sieben nach einer langen Bahnfahrt, jeweils 800 Plantagenarbeiter mit ihren Familien an. Sie hocken an den Gleisen zwischen Bündeln und Kindern, warten auf ihre Abfertigung, stumpf, ohne Neugierde, die Gesichter in den Armen vergraben oder aber die großen schwarzen Augen aufgerissen und verzweifelt nach innen gerichtet. Traurigkeit der chronisch Hungernden, die wahrscheinlich dem akuten Hunger entgegengehen.

Auf der Brücke von Chilaw, Stadt an der Westküste, sitzt eine Bettlerin, und neben ihr liegt ein bis aufs Skelett abgemagertes Kind. Sobald sie einen Fremden sieht, hebt sie das Kind auf, um es ihm vor das Gesicht zu halten. Das Kind als Demonstrationsobjekt wird sterben, die Mutter wird ein neues gebären.

Vom Westen wie vom Osten erhält das kleine Land Sri Lanka das, was sich großzügige Entwicklungshilfe nennt. Aber Entwicklung, die zunächst Überwindung von Armut, von Hunger wäre, findet nicht statt.
Gunnar Myrdal sagt: »Es ist eine Tatsache, daß bis jetzt kein Land des Westens irgendwelche Opfer bei den von ihm übernommenen Hilfeleistungsverpflichtungen gegenüber den unterentwickelten Ländern auf sich genommen hat.«
Sri Lankas Revolutionäre wollten sämtliche Teebüsche ausreißen, um Reis und Gemüse auf den Plantagenflächen anzubauen. Die entwickelte Welt sah ihren Frieden, ihre so einträgliche Wirtschaftsordnung bedroht und schickte Waffen, damit alles beim alten bleibt.
Josué de Castro sagt: »Wenn sich die Menschheit vom Hunger befreien könnte, würde sie auch die Furcht verlieren, die sie nur allzuoft zu beklagenswerten und menschenunwürdigen Verhaltensweisen treibt.«

Das dritte Paradies

Eine Reise durch Sri Lanka (1976)

Seit über 2000 Jahren bestimmen die Trommeln den Rhythmus. Die Trommeln sind Ausdruck von Religiosität, von Leben und dem Wunsch, einmal nicht mehr leben zu müssen.
Sri Lanka, klassisches Land des reinen Buddhismus. Die Lehre Buddhas hat mehr Einfluß ausgeübt als jegliche Herrscher, ausgenommen die Kolonialisten. Buddha, der große Verhinderer von Revolutionen, Prediger von Leidenschaftslosigkeit, die zu Lethargie wurde. Die Leidenschaft tobt sich aus auf den Trommeln.
In der Pettah, der Altstadt Colombos, der Eingeborenenstadt, wie die Briten sagen, wo in den engen Straßen die Menschen sich zwischen Autos und Müll drängen, wo lungernde Bettler flehen, Krüppel sich über Kreuzungen retten, Männer an drekkigen Mauern lehnen und ihre Geschwüre zur Schau bieten, tönt eine Trommel vor dem Stand mit Trinkkokosnüssen, durchdringt das schrille Hupen der Autos: Ein alter Mann schlägt die Trommel, zwei Kinder in glöckchenbehangenen, silberbestickten Kostümen des Hochlands tanzen dazu, das heißt, sie tanzen nicht mehr, sie torkeln, heben ihre Beine, ihre Arme, nach Regeln, die sie nicht mehr einhalten können, mit unbewegten Gesichtern, es ist Mittag.
Lankadiva, Insel der Götter.
Auf seinem höchsten Berg ist der Abdruck eines linken Fußes mit vom Absprung gespreizten Zehen und den übermenschlichen Maßen von anderthalb Meter zu besichtigen. Der Berg heißt Adamspeak; Adam soll hier aus dem Paradies verjagt worden sein. Die Moslems sagen, daß es Mohammed war, die Hindus haben Vischnu auserwählt, der eine solche Spur zu hinterlassen fähig war, die Buddhisten indes sind völlig sicher, daß es Buddha war, der hier einen Sprung tat, obwohl niemand weiß, wohin er sprang aus zweieinhalbtausend Meter Höhe.
Buddha immerhin war klar, daß es das Paradies nicht gab. In weiser Voraussicht predigte er Entsagung, als es den Überfluß gab. Sri Lanka heute gehört zu den ärmsten Ländern der Welt.

Warum hat mir der alte zerlumpte Mann am Flughafen die volle Streichholzschachtel geschenkt? Sie haben sich eingefunden zum Empfang der weißen Neuankömmlinge, die Kinder mit der Geste des Zähneputzens, die eine Bürste wollen, die viel zu vielen Kofferträger, und jene Zuschauer, die, da Betteln hier verboten ist, auf das zufällige Almosen hoffen. Auch Diebe soll es geben, haben die Gäste gehört und sind auf der Hut.
Ich hole eine Zigarette aus der Tasche, finde das Feuer nicht, und dieser alte Mann reicht mir die volle Streichholzschachtel, ich biete ihm eine Zigarette an, er will sie nicht, ich zücke mein Portemonnaie, er winkt ab. Aber was denn? frage ich, er zeigt lächelnd seine Zahnlücken und weicht nicht von meiner Seite, bis ich abfahre.
Auf der Straße nach Colombo dann alle Gesichter der Armut. Zwischen staubigen Palmen die Hütten, halbierte Häuser vom Straßenbau und am Rand die sehr zerlumpten, sehr mageren Menschen zu Fuß, auf Fahrrädern oder Handkarren schiebend, Menschen in allen Brauntönen.
Die feuchtheiße Luft ist klebrig vom Staub.
Die Stadt Colombo schließlich ist dort, wo Fremde sie erreichen, mitsamt den stinkenden Autos und trostlosen Häuserzeilen so banal wie die neuen riesigen Buddhastatuen, die an sehr schlechtausgeführte Popart erinnern. Wieso war Buddha so dick, wo das Volk doch so dünn ist? Oder war das Volk etwa nicht immer von dieser erschreckenden Schlankheit?
Hier im feuchtheißen Südwesten Sri Lankas, wo das Klima dem Fremden zunächst den Atem verschlägt und der Schweiß in nicht mehr versiegen wollenden Bächen aus allen Poren fließt, verlor ein ganzer Volksstamm seine Kraft, endete eine der ruhmreichsten Geschichten dieser Welt.
Es ist nicht überliefert, ob die Menschen vor 2000 Jahren weniger mager waren, vermutlich waren sie mager. Buddhas dicke Priester predigen heute noch die Entsagung zum Trost für diejenigen, das heißt, für die meisten, die zu entsagen gezwungen sind.

Er hieß Vijaya und war der Sohn eines nordindischen Königspaars. Um königliche Etikette kümmerte er sich nicht. Dafür soll er herausgefunden haben, daß, wenn die Bauern das Land in den Trockenzeiten bewässern, sie zwei Reisernten – statt bisher einer – einbringen konnten, so daß das Volk keinen Hunger mehr litt.

Er soll aber auch, berichtet die Sage, mit seinen Genossen im Land herumgezogen sein und die Bauern verschreckt haben mit »Streichen«, deren Charakter die Sage nicht genauer definiert.
Aller Wahrscheinlichkeit nach ein Revolutionär, der das Volk aufhetzte gegen seine Eltern, wurde er von ihnen samt 700 Genossen auf ein Schiff gesetzt und aufs offene Meer verbannt. Das war 543 vor Christi Geburt.
Sie strandeten an jener kleinen Insel, die später die »Perle am Ohr Indiens« genannt wurde. Möglicherweise tauften sie das Land Lanka, denn die sumpfigen Gebiete des nordöstlichen Teils der Insel, waren ein Meer aus Teichen voller Lotosblüten. Sie fanden auch Ureinwohner, sehr kleine, sehr dunkle Menschen, die auf Bäumen lebten und jagten: die Weddhas. Sie nannten sie Yakkhas, Teufel, weil sie so häßlich waren und Dämonen beschworen. Denn die Nordinder selbst waren groß, hellbraun und kultiviert.
Aber die Weddhas hatten Frauen. Scheu und verschreckt rettete ein Teil des Stammes sich in die tiefe Wildnis, um über zwei Jahrtausende in der Steinzeit zu verharren, während die anderen sich mit den Nordindern vermischten. Die singhalesische Rasse war geboren, Vijaya wurde ihr König, der erste von 180 weiteren Königen, die während der nächsten 2300 Jahre in ununterbrochener Folge die Insel beherrschen werden.
Sie ließen sich im Nordwesten am Maha Oya und am Malvatu Oya, im Südosten am Kirindy Oya und Malawa Ganga, in den trockensten Regionen der Insel nieder. Auf der Suche nach Reisanbaugebieten, die denen ihrer nordindischen Heimat glichen, gelangten sie in die nördliche Zentralprovinz des Raums Nuwarakalawiya. Hier gründeten sie eine Siedlung, hier entstand die spätere Hauptstadt Anuradhapura, die noch Anuradhagama hieß – am Mittellauf des Malvatu Oya inmitten sanft gewellter Savannenebenen, wo der Reis gedieh.
Helfer und Spezialisten für die Bewässerungsanlagen, auch Frauen wurden bald aus Südindien geholt: die Tamilen. Es begann das Zeitalter der Tankkultur, die das Land zu einem der blühendsten Reiche in der antiken Welt machte. Tanks hießen die künstlichen Teiche zur Speicherung des Monsunregens, deren Wasser dann während der Trockenzeit über die Reisfelder fließen konnte.
Riesige Erdwälle wurden in den sanft gewellten Ebenen quer durch die flachen Talböden aufgeworfen, in denen sich das

Wasser sammelte. Um sie herum, oberhalb der Reisfelder, scharten sich die Siedlungen.
Diese Stauteiche mit dem Kanalsystem, eine Reisanbaukultur, die ausreichende Nahrung sicherte, wurde zur Grundlage für eine schöpferische Geisteskultur, die im Buddhismus gipfelte.
Die Lehre Buddhas kam 200 Jahre vor Christi Geburt auf die Insel.
Mahinda, der Sohn des nordindischen Königs Asoka, überbrachte sie König Devanampiyatissa. Devanampiyatissa, Herrscher über ein schon reiches Land, nahm den Buddhismus begeistert an und ließ ihn sofort seinem Volk verkünden.
Sri Lanka ist das Land, das den Buddhismus in seiner reinsten Form bewahrt hat. Seit fast 2200 Jahren bestimmen die Ideen eines Mannes den inneren und äußeren Ablauf der Geschichte eines Volkes, das den Gipfel des Glücks im Nichtmehrwiedergeborenwerden erhofft. Oder aber: das aus Angst, wiedergeboren zu werden, sich in jenen vorgeschriebenen Tugenden übt, die Ärgstes zu verhindern versprechen.
Der Mönch im Urwald hinter Kandy, den ich besuche, ein Deutscher, der, 72jährig, seit über vierzig Jahren hier lebt und meditiert und heilige Bücher übersetzt, in einem kleinen Kloster zwischen dem strahlenden Urwaldgrün sonnendurchgossener Bäume und Blüten mit Tausenden von Affen und schillernden Vögeln, diesen Mönch bitte ich, meine dumpfe Unwissenheit zu erhellen, meinem westlichen Unverständnis das Argument zu bringen, das mich begreifen läßt, und er formuliert ein Wort, faselt und wiederholt dieses Wort. Seine Botschaft ist: Dies hier sei eben doch das Paradies ...
Ob er das Elend auch sähe, ob es ihn nicht störe, frage ich.
Das Elend sei woanders noch schlimmer, meint er.
Ihn jedenfalls, in all dem verzauberten Grün, stört es nicht, denn etwas dagegen zu unternehmen, ist Aufgabe des Elenden selbst, der nach seinem Hungertod als Affe vielleicht in diesen heiligen Bäumen turnen darf.
Hat Buddha das gemeint?
Als Buddhas Lehre nach Sri Lanka kam, war sie rund 250 Jahre alt und angefüllt mit Mythen und Märchen. Mahinda, der Überbringer der Kunde, soll auch die kostbarste Reliquie, den Beweis, König Devanampiyatissa als Geschenk mitgebracht haben: Buddhas »linken Augenzahn«, vier Zentimeter lang und einen Zentimeter dick, also von den Ausmaßen eines Kro-

kodilzahns. Dieser übermenschliche Zahn wird über weitere Jahrhunderte eine große Rolle spielen, wird Kriege entfachen, von ketzerischen Christen verbrannt werden und wieder auftauchen. Aber all das wird nichts sein verglichen mit den Grausamkeiten, die im Namen Buddhas geschehen.

Unmenschlichkeit geht einher oder ist Voraussetzung für den Bau jener Denkmäler, die zu den größten Kulturleistungen gehören, denn sie werden bezahlt und herausgepreßt aus einem Volk, dem nach den Regeln Buddhas zu leben befohlen wird, das Leben vom Opfer geprägt. Opfer, so wird gepredigt, sind das beste, wenn nicht das einzige Mittel, Rache und Vergeltung des undurchsichtigen Jenseits aufzuhalten. Und geopfert wird den Priestern.

Die singhalesischen Könige fördern den Buddhismus hingebungsvoll, und die buddhistischen Priester fühlen sich den Königen tief verpflichtet.

Geistiges Zentrum wird Anuradhapura, die erste Dagoba entsteht am Ufer des Mahaveli Ganga, Reliquienstätte für den Zahn. Die Stupas, die Kultbauten, werden zum Wahrzeichen des Buddhismus.

Das Rajakarija wird eingeführt. Die Reisbauern, die schon auf fremder Erde Reis pflanzen, leisten in ihrer freien Zeit jene Zwangsarbeit, die zum Bau der Dagobas, der Klöster, der Straßen und Wasserreservoirs nötig ist. Um 350 nach unserer Zeitrechnung entsteht ein Kanal von 140 Kilometer Länge, der Anuradhapura mit Ruhuna im Südosten verbindet.

Furchtbare Kriege gab es inzwischen, südindische Tamilen, vom Reichtum angezogen, überfallen das Land, zerstören, erobern, werden zurückgeschlagen oder bleiben auch, um friedlich koexistierend in gegenseitiger Befruchtung neue Denkmäler zu erschaffen. Dennoch bleiben die Tamilen der Stachel, der Fremde mit anderer Sprache, anderer Religion vor allem, Tamilen sind Hindus, die viele Götter haben. Tamilen werden Anuradhapura völlig zerstören, König Dutegemunu wird es noch prächtiger wieder aufbauen. Rivalisierende Singhalesenkönige werden sich gegenseitig zerfleischen, ganze Königsfamilien hinmorden, um selbst an die Macht zu gelangen – während das Volk sich in Mühsal und wahrscheinlich auch Hunger rapide vermehrt, um in der nächsten Schlacht wieder dezimiert zu werden.

Der Mörder Kassapa I. baut sich aus Angst vor Rache auf einem Felsen eine Festung in der Nähe von Polonnaruwa: Sigiriya. Die Wassergärten, die Felsengemälde mit den berühmten Wolkenmädchen sind höchster künstlerischer Ausdruck.

Atempausen in Lankas blutiger Geschichte sind selten, aber es gibt sie, wenn auch nicht für das Volk, das neben der Fronarbeit, neben den immer wieder neu zu errichtenden oder prächtiger aufzubauenden Kuppeln, Klöstern, Palästen, auch noch das unermeßliche Heer der Mönche mitzuernähren hat, deren Meditationen keine profane Arbeit erlauben.

Inzwischen sind Reichtum und Machtstreben auch in Südindien gewachsen. Der südostindische König Rajaraja der Große dehnt im 10. Jahrhundert sein Reich bis über den Norden Sri Lankas aus, sein Sohn Rajendra nimmt im 11. Jahrhundert die ganze Insel ein, bis es zwischen dem 11. und 12. Jahrhundert dem berühmten singhalesischen König Vijaya Bahu I. gelingt, sein Land von der Fremdherrschaft wieder zu befreien.

Die Hauptstadt Anuradhapura, ein zweites Mal zertrümmert, teilweise wieder aufgebaut, wird langsam vom Dschungel überwuchert.

Das neue Zentrum heißt Polonnaruwa mit seinen fruchtbaren Lehmböden in der Stromebene des Mahaweli Ganga. In Polonnaruwa erlebt ein schon degeneriertes Königsgeschlecht sein letztes, großartiges Aufblühen unter Parakrama Bahus Herrschaft und einem starken Einfluß der Tamilen, die ihre kulturelle Spur tief eingraben mitsamt dem Kastensystem der Brahmanen. Das entspricht nicht Buddhas Lehre, ist aber eine gute Sache für diejenigen, die andere für sich arbeiten lassen, und die Buddhisten werden das bis heute beibehalten.

Zwischen dem 9. und 12. Jahrhundert haben die Tamilen ihr eigenes Königreich im Norden Sri Lankas errichtet, zermürben von dort aus bequemer die Singhalesenkönige, die sich ohnehin schon selbst zerfleischen. Auch Polonnaruwa wird schließlich aufgegeben und eingetauscht gegen den ungesunden feuchten Südwesten mit der Hauptstadt Kotte, die später Colombo heißt. Araber und Moslems treiben hier Handel mit Zimt und Edelsteinen, Elfenbein und Perlen.

Von diesem Zeitpunkt an nennt die Geschichtsschreibung das Volk, sein Land, »reif für die Kolonialherrschaft«: die geschwächte Kultur, die kranke Gesellschaft bringt keinen Widerstand mehr auf gegen die Zerstörung durch eine fremde Macht.

Die Portugiesen werden kommen, die Holländer, die Engländer.

Bei jedem Neugeborenen die Frage: Ist es hell? Der Wunsch, seine Haut möge doch wenigstens eine Nuance heller sein als die der Eltern.
Sie haben nicht aufgehört, ihre Unterdrücker zu verehren, und sei es insgeheim. Sehr dunkel sein heißt: fast keine Chance haben. Ich habe Männer gesehen, die ganz weiß waren, weil ihnen ein Hautpilz die Pigmentierung weggefressen hat. Unser Weiß ist nicht weniger unnatürlich häßlich unter diesem intensiven Licht.
Ich bin weiß, und das ist noch immer ein jeder Logik entbehrender Vorteil; während sechs Wochen werde ich nur ein einziges Mal erleben, daß jemand seine Mißachtung ausdrückt aufgrund meiner weißen Haut. Weil ich weiß bin, lächelt man mir zu, ohne Grund zum Lächeln zu haben.
Zwei Männer von hellem Braun stehen, als ich ankomme, in der Nähe der Rezeption meines Hotels und machen auf sich aufmerksam, indem der eine ein paar Worte Deutsch spricht. Ich drehe mich um und will wissen, woher sie stammen. Natürlich sind sie Ceylonesen, erzählen mir aber, sie machten nur Urlaub in ihrer Heimat und arbeiteten in Frankfurt. Daß das die Stadt ist, die auf meinem Koffer deutlich für sie lesbar steht, kommt mir nach meiner langen Reise nicht verdächtig vor. Ich will deshalb gern mit ihnen den sowieso nötigen Drink nehmen. Ungeduldig telefonieren sie dann auf mein Zimmer, sprechen von Eile, von einem Familienfest und packen mich, die ich nichts verstehe, kurzerhand in ihr Auto, es sei nur um die Ecke. Daß es mehrere Ecken sind, war vorauszusehen.
Das Haus liegt nah am Meer, ein kleines Haus. Bei amerikanischer Musik hocken oder tanzen Ceylonesen; Familienmitglieder, Freunde, sagt Dave. Es ist das Haus seiner Mutter, eine wunderschöne, zierliche Frau von 60 Jahren. Jeder ist freundlich, aber niemand kümmert sich übermäßig um mich, man gibt mir zu trinken, zu essen. Dave ist zierlich und klein wie seine Mutter, er tanzt mit ihr, ruft dauernd »life is short« mit unglaublich lauter Stimmer, sein Interesse an mir ist völlig verschwunden, er hat seine Aufgabe erfüllt: Der andere, bisher fast schweigsame Mann, sehr groß und mit wohlproportioniertem Bauch, der so indisch aussieht, wie man wohlhabende Inder von alten Gemälden her kennt, war der Grund von Daves hektischen Bemühungen um mich im Hotel.
Der Mann heißt Schiwanta, ganz Colombo kennt ihn. Schi-

wanta braucht – oder glaubt zu brauchen – weiße Frauen, das ist schick, das steht ihm, und er kann sich das leisten. Und Dave, bevor er Desinteresse demonstrierte, gab mir den einen Ratschlag: »Wenn du etwas erfahren willst über dieses Land, frage nie nach Politik.« Du brauchst nichts zu suchen, sagt man auf diese Weise dem Gast, laß dich doch einfach korrumpieren.

Es ist ein Samstag, und wir bleiben nicht in diesem aneuropäisierten Familienkreis. Wir fahren noch zum Haus eines ceylonesischen Textilfabrikanten, der hat heute Geburtstag und gibt eine Gartenparty für Colombos *upper class;* Colombos *upper class* ist Sri Lankas *upper class*. Und Dave, der Clown des Millionärs Schiwanta, will keineswegs einen Scherz machen, als er sagt: »Siehst du, dies hier sind alles ganz normale Ceylonesen, schlichte Leute.«

Es ist gegen Mitternacht, und die normalen Ceylonesen bewegen sich, die Damen diamantenbehangen, die Herren im bestens geschneiderten, dunklen Anzug, durch einen parkähnlichen Garten, entzückende, höchstens fünfjährige Kinder tragen ihnen auf silbernen Tabletts Delikatessen nach, und man wehrt um diese Zeit schon heftig ab, denn Fettleibigkeit, einst äußeres Merkmal dieser Klasse, dieser obersten Kaste, gilt inzwischen auch hier nicht mehr als fein, auch das haben sie von den Europäern gelernt.

Die Konversation wird auf englisch geführt, denn eine andere Sprache, etwa die Muttersprache Singhalesisch, ist die vulgäre Sprache des Volkes, die man nicht beherrscht. Dafür beherrschen die Dienstboten, die, wenn sie Glück haben, 60 DM im Monat verdienen, Tamilen z. B., drei Sprachen: Tamilisch, Singhalesisch und selbstverständlich Englisch.

Ein Mann erzählt mir, er sei katholischer Priester, sei vom Buddhismus zum Katholizismus konvertiert, denn das Christentum bewirke mehr für die Freiheit.

Die Damen, meist im Kreis unter sich, wollen immer wissen, in welchem Hotel ich wohne. Daß es nicht das beste Colombos ist, kühlt ihre Sympathie merklich ab.

In großer Langeweile, die Herren einen englischen Gin oder einen französischen Kognak zwischen den feingliedrigen Fingern, die Damen mit Fruchtsäften oder einer Art Eiskaffee, stehen oder bewegen sich langsam, oft wortlos, in kleinen Gruppen unter Lampions im Tropenduft, und nur manchmal durchdringt der starke Schrei eines Vogels das Gedudel west-

licher Musik. Ich würde an meiner Müdigkeit sterben, fiele mir nicht Frantz Fanon ein:
»Bei der nationalen Bourgeoisie der Kolonialländer dominiert der Genießertyp, der sich psychologisch mit der westlichen Bourgeoisie identifiziert, deren Lehre sie aufgesogen hat. Sie folgt der westlichen Bourgeoisie in ihrem negativen, dekadenten Stadium, ohne die ersten Etappen der Erforschung und Erfindung durchschritten zu haben, die in jedem Fall eine Errungenschaft dieser westlichen Bourgeoisie sind ...
Ohne Einfälle, auf sich selbst zurückgezogen, abgeschnitten vom Volk, geschwächt durch ihre angeborene Unfähigkeit, den Problemzusammenhang unter dem Aspekt der gesamten Nation zu durchdenken, übernimmt die nationale Bourgeoisie die Rolle eines Geschäftsführers in Unternehmen des Westens und macht ihr Land zu einem Bordell Europas.«
Meine Begleiter wechseln die Szenerie gegen ein Uhr, um eines der großen Hotels aufzusuchen, das Schiwantas Familie gehört. Schiwanta, Tamile, Edelsteinhändler und Betreiber diverser anderer Geschäfte, Mitte dreißig, erwägt, nachdem er nun alles erreicht hat, in die Politik zu gehen. An den Bars ihrer feinen Hotels hocken nicht selten die westlichen Journalisten, und Schiwantas Freunde nehmen sich ihrer in geradezu rührender Weise an. Der Erfolg läßt sich nachlesen in Sonntagsbeilagen über Tropenparadiese. In ihrem klimatisierten Wagen fahren sie mich durch die Avenues von Colombo, und ich entdecke da nichts eigentlich Schreckliches. Später, wenn ich diese Straßen zu Fuß abwandern werde, über Kilometer, werden dieselben Straßen ihr Gesicht total verändern.
Ich diniere mit ihnen in den besten Restaurants, sie beugen sich tief übers Essen, obwohl das mit Bestecken eigentlich nicht nötig wäre, aber das wenigstens haben sie noch immer mit ihrem Volk gemein: Wenn sie allein sind, ganz unter sich, essen sie mit den Fingern.
Sie lassen sich vom Clown des Millionärs zum viertenmal denselben Witz erzählen und lachen darüber herzhaft wie beim erstenmal.
Sie sind so kindlich, so menschlich und so generös, ihre Arroganz wirkt rührend. Wäre ihre Ignoranz nicht so fatal für ihr Land, man könnte ihnen wirklich alle Sympathie entgegenbringen.
Wir sind Sozialisten, sagen sie, denn sie befürworten die Almosen, die die Regierung Bandaranaike magenberuhigend ans

hungernde Volk verteilt. Sagt man ihnen, daß sie Ausbeuter sind, lachen sie darüber dankbar wie über jeden Witz und finden das sehr exotisch.
Mein erster Abend am Tag meiner Ankunft endet morgens um drei. Schiwanta fährt mich an meinem Hotel vorbei zu seinem Haus, das nicht weit davon liegt. Sein Haus sei mein Haus, meint er, hier sollte ich wohnen, zumindest erst mal diese Nacht verbringen. Mit letzten Kräften wehre ich diese ganz besondere Gastfreundlichkeit ab, und er fährt mich widerstrebend doch zu meinem Hotel. Am nächsten und letzten Abend dann muß ich den Weg von seinem Haus zu meinem Hotel zu Fuß zurücklegen. Das ist mir nicht neu; als weiße Angehörige der Ersten Welt bin ich als Frau auch in der Dritten Welt, besonders nachts, sehr schwarz.

Die Hauptstadt, sagen die Bewohner einer Hauptstadt immer, sei nicht das Land. Colombo ist nicht Sri Lanka, das ist nur logisch. Aber die gewachsene Hauptstadt mitsamt ihren Rändern wird immer Spiegel der Situation des Landes sein, wird kompakt und ohne Ablenkung durch eine imposante Natur eine meist trostlose Geschichte erzählen.
Colombo tut das mit unverhüllter Akribie. Colombo ist keine schöne Stadt, hat abgesehen von zwei oder drei berühmten Tempeln und einem Zoo nicht mal das, was man Touristenattraktion nennt; Colombo ist eine ehrliche Stadt, ohne affektierte Bemühtheit, ihre Scheußlichkeiten zu verstecken.
Aber dann erlebe ich im Verlauf von sechs Wochen, in denen ich immer wieder nach Colombo zurückkehre, die Aktion einer Säuberung. Gesäubert wird für die Konferenz der blockfreien Staaten, also vorübergehend, von Bettlern und Schmutz. Die Stadt macht den Eindruck, als hielte sie den Atem an, und es halten wahrscheinlich auch Tausende den Atem an, um nicht aufzufallen, nicht deportiert zu werden, um die Zeit ohne die übliche Bettelei zu überstehen. Die Pettah, die sogenannte Eingeborenenstadt, Altstadt, säuberlich getrennt vom Fort, dem Kolonialviertel mit Banken, Geschäftshäusern und großen Hotels, die Pettah verliert langsam ihr Leben, wirkt trotz Verkehrschaos und asiatisch-orientalischem Geschäftstreiben plötzlich nackt, es gibt keine Menschen mehr, die an Hauswänden lehnen, es hält sich, selbst wenn er kein Bettler ist, niemand mehr auf, um nicht Verdacht zu erwecken, wenn die großen Polizeiwagen auftauchen, die jeden mitnehmen, der untätig dahockt.

Die Mär vom armen, aber glücklichen Eingeborenen, mit seinem Teller Reis und der Sonne, die ihn bescheint, den Vitaminen, die eine tropische Üppigkeit ihm in den Mund wachsen läßt – die Mär von diesem beneidenswerten Menschen scheint sich gerade bei denen hartnäckig zu halten, die diese dritten Paradiese selbst bereisen.
Bilder allerdings können sich verändern, wenn das Bewußtsein sie mit Zusammenhängen konfrontiert, die den nicht sichtbaren Hintergrund eben dieser Bilder ausmachen. Zum Beispiel das schöne Bild von den badenden Schönen am Fluß: Der Kelanifluß fließt durch die Vororte von Colombo. An seinem Ufer stehen zwei junge Frauen mit nacktem Oberkörper, die Brüste von in der Sonne blauschwarz glänzendem Haar überdeckt, und seifen sich gegenseitig ein, zärtlich und lachend, weißer Schaum auf tiefbrauner Haut.
Der Kelanifluß, der hier seine letzten Ausläufer ins Meer münden läßt, trägt gewiß nicht soviel Chemie mit sich wie der Main, ist aber gleichwohl eine Kloake. Die Slums, die an seine Ufer grenzen, leben durch diesen Fluß, der ihre Wasserleitung, ihr Bad, ihr Klo ist, und Cholerakranke gibt es hier permanent.
Sie lieben das Baden und tun es, wo immer sich genügend Wasser angesammelt hat.
Sie schlafen auf den Straßen, im Sand der Sportplätze oder in den Parks, weil, hat Frau Gandhi richtiggestellt, es ihnen in ihren Wohnungen zu heiß sei. Das gleiche erzählt ein kultureller Entwicklungshelfer, der sich hier zur Ruhe gesetzt hat in einer prächtigen Villa in den kühleren Bergen mit Blick zu den unberührten, urwaldbewachsenen Gebirgen.
In jenem Slumviertel am Kelanifluß gibt es ein Quadrat, das vollgestellt ist mit Häuschen, die nicht größer sind, als daß sich dort eine Person sitzend aufhalten kann. Was ist das, habe ich gefragt. – Das seien Wohnungen, erklärte man mir.
Wohnungen immerhin. Kommt man morgens zwischen fünf und sechs an den Bahnhof, der zwischen Pettah und Fort liegt, ist das große Gebäude umlagert von Schlafenden, die hier im Menschen-, Bus- und Autolärm, in dem Gestank und Dreck ganz gewiß nicht Kühle suchen, die hier Schlaf nur aus Erschöpfung finden, die auf irgendeine Arbeit, auf ein Trinkgeld, ein Almosen hoffen.
Weil das Bild keineswegs malerisch ist, weil die Vorstellung, selbst dort mit leerem Magen zu liegen, sich fast nicht vorstellen läßt, ist es beruhigend zu denken, sie finden es hier angenehm

kühl, und die plötzlich einsetzenden Regengüsse verhelfen ihnen zu dem erfrischenden Bad, das sie so lieben.
Wer Colombo nicht mehr erträgt, entflieht nach Kandy.
Kandy liegt 500 Meter über dem Meeresspiegel, die Luft ist klarer, weniger feucht, aber immer noch sehr heiß. Als ich aus dem Zug steige, werden mir blitzschnell die Gepäckstücke entrissen von einem großen, dunklen und sehr mageren Menschen, der so schnell läuft, daß es mir schwerfällt, ihm zu folgen, ein anderer, ebenfalls sehr magerer Mann redet derweil auf mich ein, erzählt von einem besonders günstigen Hotel – nein, danke, ich habe schon eines –, aber er hört nicht auf, mir mit lauter Stimme und auch schon atemlos bei dem Tempo etwas anzupreisen, das ich nicht will. Wir erreichen ein Taxi, dessen Fahrtüchtigkeit schon äußerlich Zweifel aufkommen läßt, ich entlohne den schnellen Gepäckträger, der andere Mann steigt gleich mit mir ins Taxi, nennt nach einem letzten Versuch tatsächlich mein Hotel. Er hätte auch Honig, fängt er dann an, und ich frage ihn, als ich endlich zu mir komme, was er denn eigentlich in meinem Taxi sucht. Guter Sri Lanka-Honig, sagt er, und der Taxifahrer fährt erst einmal tanken.
Aber ich erreiche mein Gasthaus, das am hohen Berghang liegt, obwohl der Motor einige Male abstirbt, das Auto rückwärts rollt, die Handbremse nicht gleich zupackt, unversehrt und danke es Buddha, der heute Geburtstag hat. Die Stadt ist geschmückt, an den Häusern leuchten Bilder von Buddhas Lebensstationen, in der Nacht werden die Umzüge stattfinden.
Von meiner Pension aus, einsam und hoch über dem Mahaveli-Ganga gelegen, hört man vom Flußufer die Mönche ihre Trommeln schlagen. Von weither kommen die Menschen angereist, um die Umzüge zu sehen, um das Opium einzusaugen, das hier im Marxschen Sinne stärker ist als anderswo.
Abends um acht ist das Innere der Stadt überflutet von einem dichtgedrängten Menschengewimmel, weißgekleidet die meisten. Weiß ist die Farbe der Trauer, die Farbe der Freude. Trauer und Freude, die gleichermaßen Anlaß zur Ekstase bieten an Buddhas Geburtstag, der auch Buddhas Todestag ist.
Den Umzügen voraus tanzen die Peitschenschläger zum Bannen der bösen Geister. Mit überdimensionalen Peitschen schlagen sie auf den Asphalt, erst dann kommen die Trommler, die Fackelträger mit brennendem Öl in Kokosschalen, die Sänger und – als Krönung – in Brokat gepackte, mit Kostbarkeiten vergangener Jahrhunderte beladene Elefanten. Es sind Festtags-

elefanten; die Elefanten sind ihres Elfenbeins wegen auf dieser Insel längst ausgerottet.
Vor zwei Jahren verlor ein Fackelträger Feuer, ein Elefant verbrannte sich, vergaß die sogenannte majestätische Ruhe und zertrampelte flüchtend sechs Menschen.
Vor dem Dalada-Tempel arbeitet, als hätte eine mächtige Wut sie gepackt, die Polizei, um die Menschen wegzudrängen, und jeder bewegt sich auch willig beiseite, während die Uniformierten sich gebärden, als herrsche hier böswilliger Widerstand. Ich flüchte erschrocken, die Ceylonesen bleiben gelassen, sie sind das gewohnt, ihre Polizei ist brutal aggressiv.
Am Queens-Hotel ist es ruhiger, ein paar Hippies hocken da, im Mai gibt es nicht viele Fremde hier. Im großen Speisesaal des Hotels meditieren Menschen unter Trommelgedröhn, Trompeten, ein Priester singt. Vom Portal aus sehe ich auf allen vieren einen unvorstellbar verkrüppelten Jungen über die Kreuzung kriechen. Ein etwa Vierzehnjähriger mit wunderschönem Gesicht, dessen Augenaufschlag, ob echt oder gespielt, mir eine grauenhafte Scham durch den Körper jagt, während ich zum Portemonnaie greife, einen Schein herausziehe, ihn herunter auf die Erde reiche und ein vom Straßendreck schwarzes Handinneres das Geld umschließt, um es irgendwo zwischen den Lumpen verschwinden zu lassen.
Es ist eine sehr sternklare Nacht. Über dem funkelnden See kreisen die Krähen.
Kein Unglück ergibt sich ohne eigenes Verschulden, lehrt Buddha.

Mit entwaffnender Freundlichkeit, überhaupt von einer alle Menschlichkeit ausstrahlenden Hilfsbereitschaft mir gegenüber, gibt sie zu verstehen, daß das Kastensystem gut sei. Die gottgewollte Ungleichheit der Menschen sei eine gute Sache, meint sie, die man beibehalten muß – und wundert sich, daß mir das unklar ist, denn zu erklären sei da einfach nichts.
Sie ist die Besitzerin des kleinen Gasthauses, in dem ich wohne, eine weltoffene Frau und immer adrett im hellblauen Sari. Sie wählt Bandaranaike, also die sozialistische Freiheitspartei. Das Kastensystem ist gut für sie, da es Teil ihrer Freiheit ist.
Dann befürworte sie auch den Hunger, das Elend? – Hunger, sagt sie, gibt es in diesem Land nicht. Wann immer ich solchen Blödsinn höre, dürfe ich das nie glauben.
Und sie will mir, zum Beweis, ein typisches Dorf zeigen, wo die

Menschen arm, aber satt und zufrieden sind, da könne ich fragen und sehen, und dolmetschen würde sie auch.
Sie scheint aber dann die Lust daran verloren zu haben, denn ich werde alleingelassen unten am Flußufer im Garten eines Klosters, wo sie einen Mönch bittet, irgendwas zu arrangieren.
Ich warte, aber es geschieht nur das Übliche: Kinder, junge Männer, ein alter Mann sind plötzlich da und gucken mich an. Einer spricht ein paar Brocken Englisch, und sie singen mir auch, um die Zeit totzuschlagen, was vor.
Sie sind arbeitslos, fast alle jungen Männer in den Dörfern hier sind arbeitslos. Aber hungern, frage ich, muß niemand? – O doch, sagt einer, Hunger gibt es, viel Hunger. – Auch Hungertote? – Auch Hungertote. Nicht in seinem Dorf, aber er hat davon gehört.
Weil nach zwei Stunden Warten der Mönch immer noch nichts von sich hören läßt, es auf Mittag zugeht und die jungen Männer unruhig werden und nach Hause wollen, frage ich einen, ob er mich mitnimmt. Er ist nicht begeistert, stimmt aber zu, auch der alte Mann kommt mit, er ist etwa 80.
Wir waten durch von der Sonne geschmolzenen Asphalt, dann zu den Hütten unter den Bäumen am Fluß. Als ob es hier nur Männer gäbe, hocken sie überall vor der Tür und spielen Karten, arbeitslos.
Wo sind die Frauen? Was machen die Frauen? – Die Frauen sind im Haus und kochen oder arbeiten noch auf dem Feld.
Postkarten werden für Touristen gedruckt. Deshalb soll das, was auf Postkarten dargestellt wird, immer etwas Schönes sein. In Sri Lanka habe ich eine Ansichtskarte mit einem grünen Reisfeld gefunden, und da stehen im Vordergrund fünf Frauen im Schlamm, gebückt und mit tief ausgehöhlten Wangen, stehen da ohne ein Lächeln, fünf häßliche Frauen.
Die meisten der Holzhütten sind winzig, sechs Quadratmeter, wenn's hochkommt. Da hängt das Neugeborene im Tuch, das am Dach befestigt ist, da gibt es die Feuerstelle, Backsteine mit glühendem Holz, ein paar Eisentöpfe. Für elf Leute ist diese Hütte das Zuhause. Es gibt größere Hütten, es gibt kleine Häuser mit richtigen Betten und Radios, sie sind die Ausnahme. Ich weiß nicht, ob ein Mißverständnis vorliegt oder ob es nur Offenheit ist, denn jeder der Dorfbewohner ist plötzlich versessen darauf, mir das Innere seiner Hütte zu zeigen, die immer von makelloser Sauberkeit ist.

Nach der Prozedur der Hüttenbesichtigungen hat der junge Mann, der ein paar Fragen beantworten konnte, die Nase voll oder auch einfach nur Hunger, jedenfalls geht er und läßt mich mit dem alten Mann allein, und der spricht kein Wort Englisch. Ihm macht die Führung Spaß, er führt mich zu noch einem Dorf. Dann wieder über die Straße, den Berg hinauf, wir machen halt an einem Häuschen, wo eine Frau uns Tee kocht. Wir wandern, er ist sehr flink, immer steil bergauf, es ist ein oder zwei Uhr mittags, und stehen dann plötzlich vor meinem Gasthaus oben auf dem Berg.
In der Stadt Kandy, durch die sich die Autos wühlen, sammeln sich die Bettler der Umgebung, belagern die Bürgersteige. Kandys großartige Geschichte verkörpert sich in seinem berühmten Dalada-Tempel, den ich nicht besichtigt habe, so daß ich auch Buddhas linken Augenzahn, eben den Dalada, nicht sehen konnte, der in sieben übereinandergestülpten Gehäusen liegt, die von Edelsteinen funkeln sollen.
Die Mädchen von Kandys City-Mission machen einen Betriebsausflug zum World's End und nehmen mich mit. »Weltende« liegt oberhalb von Nuwara Elyia im Nebelurwald, fast zweieinhalbtausend Meter hoch.
Weltende muß man morgens besuchen, am Mittag ziehen die Wolken auf, ballen sich auf den Bergen, verhängen die Höhen. Der aschgraue Nebelurwald, die Baumgerippe bemoost, moosbärtig von hellem Jadegrün. Die tiefe Schlucht, die schnurgerade abfällt, als ob hier die Welt zu Ende sei, ist angefüllt mit weißem dickem Nebel. So dicht, daß die Sonne, die hinter unserem Rücken untergeht, sich in diesem Nebel spiegelt. Und in dieser sich widerspiegelnden Sonne sehe ich den Schatten meines eigenen Gesichts. Die singhalesischen christlichen Mädchen von der City-Mission bewundern sich als Madonnen mit Heiligenschein.
Dann die Stille, Vögel, die wie Wassertropfen singen. World's End – der absolute Friede. Wo auch sonst, wenn nicht hier.
Nuwara Elyia, in fast 2000 Meter Höhe, ist letzter Knotenpunkt in den Plantagen des Hochlandtees. Nuwara Elyia, einst berühmter Kurort, ganzjährige Sommerfrische. »Wenn ich Sehnsucht nach Deutschland hab'«, sagt Frau B. von der City-Mission, die ihre Kindergärtnerinnen ausführt, »wenn ich Sehnsucht nach Deutschland hab', fahr' ich nach Nuwara Elyia.«
Im Grand-Hotel von Nuwara Elyia, diesem berühmten Hotel, wo bis vor noch gar nicht langer Zeit nur Weiße Zutritt hatten,

werde ich spät am Abend abgeladen, die Mädchen fahren nach Kandy zurück.

In einem finsteren Zimmer, wo damals noch die Fieberkranken zu genesen hofften, sinnlos reich geworden an dem Tee, in diesem Zimmer höre ich den Angestellten zu, die bis zum frühen Morgen Karten spielen.

Morgens bewundere ich den herrlich alten Park des Hotels, der an einen märchenhaft englischen Rasen des Golfklubs grenzt, beides gelegen am Rand von Nuwara Elyia.

Nach eiskalter Nacht ein heißer, blauer Sonntagmorgen. Ich habe die Telefonnummer einer Teeplantage, wo ich wohnen kann, aber das Telefonieren funktioniert nicht. Ich habe den Namen eines Mannes, der auf einer Teeplantage arbeitet und den ich vielleicht im Golfklub träfe. Also frage ich dort nach ihm, aber er ist nicht da, er käme in einer Stunde vielleicht, ich könne warten; trinken darf ich, weil ich kein Mitglied bin, nichts.

Herr S. kommt aber schon nach zehn Minuten. Man hätte einen Boy nach ihm geschickt und gesagt, daß eine weiße Frau hier auf ihn warte. Da hat er alles stehen- und liegenlassen und ist sofort gekommen. Er will mir gar nicht erst behilflich sein, zu jener anderen Teeplantage zu gelangen, er lädt mich auf seine ein, schlafen könne ich in seinem großen Haus.

Das ist zu praktisch, um nicht ja zu sagen. Er fährt aber erst gegen Abend zurück, den Sonntag verbringt er immer hier mit Golfspielen und Trinken, das ist der einzige Tag in der Woche, sagt er, wo er unter Menschen kommt.

Während Herr S., ein 35jähriger Singhalese, Mann mit Zukunft, Golf spielt, laufe ich durch Nuwara Elyias Straßen. Der Ortskern liegt nicht weit vom Klub, aber trotz dieser paar Schritte sind das zwei säuberlich getrennte Welten. 6000 Menschen sollen hier leben, und sicher stimmt diese Zahl auch für die, die in den Häusern wohnen, aber nicht gezählt werden die meisten derjenigen sein, die die Straßen bevölkern.

Ich habe das Elend von Colombo gesehen, dann das von Kandy, und ich habe gefunden, daß das genug Elend sei für ein so kleines Land. In Nuwara Elyia scheint sich all das noch steigern zu wollen.

In Sri Lankas Sommerfrische, an einem wunderschönen Sonntagmorgen, kann mitansehen, wer's erträgt, wie Menschen eingehen. Sie hocken in den Straßengräben, ganze Familien, Frauen mit schon älteren Kindern an der Brust, Männer von tuberkulösem Husten geschüttelt, zu schwach, um noch eine Hand auszustrecken.

Das Kind, das seinen großen blinden Bruder führt, reckt sich hoch, faßt ihn beim Kinn, drückt das Gesicht nach hinten, worauf der Blinde seine Lider aufreißt, um zwei große Höhlen voller Blindheit darzubieten. Die beiden sind harmlos und sehen auch nicht nach akutem Hunger aus, trotzdem lösen sie, als sie zwischen anderen Bettlern mir diese Blindheit zum drittenmal vorführen, eine Art Panik aus. Ich denke nicht: Ich kann ja nichts dafür, ich kann euch auch mit diesem Almosen nicht helfen. – Ich denke jetzt: Ich bin schuldig, die einzige Schuldige hier, ich sehe kein anderes weißes Gesicht – und merke, wie ich dieses Gefühl von Schuld den beiden übelnehme.

Herr S. hat dieses Unbehagen nicht. Er lebt einsam mit zwei Dienern und einem Gärtner in einem großen Bungalow auf einem Hügel mit weitem Blick über die Plantagen bis zu den hohen Gebirgen, mit einem Blick auch, tiefer unten, auf die Baracken der Teepflücker.

Herr S. ist ein einfacher Mann, seine Eltern sind Bauern, der Bourgeoisie gehört seine Familie nicht an. Er hat studiert, seine Stellung ist aussichtsreich. Obwohl der Bauer innerhalb der Hierarchie des Volkes der höchsten Kaste angehört, verabscheut Herr S. das Kastensystem, aber eine Frau hat er aufgrund dieses Systems noch nicht gefunden. Sein Diener, ein Tamile mit gebeugt dienerlicher Haltung, drückt sich, sowieso schon sehr dünn, in eine Türnische, wenn er mir auf dem breiten Flur begegnet.

Herr S. fragt mich sehr höflich, ob ich im Gastzimmer schlafen oder lieber sein Bett mit ihm teilen möchte. Als ich das Gastzimmer wähle, versucht er, mich seine Wut darüber nicht merken zu lassen, denn sein Leben tagaus und tagein mit fast nichts anderem als Tee ist sehr trostlos. Ich frage ihn, wie ich mich denn sonst für seine Gastfreundschaft erkenntlich zeigen darf, aber er gibt mir nur diese eine Möglichkeit, und es tut mir leid, daß er sich so sehr betrogen fühlt. Trotzdem bleibt er höflich, nur sein Diener straft mich geduckt mit Verachtung.

Am nächsten Morgen nimmt Herr S. mich mit in die Fabrik.

Drei Stockwerke hat so eine Teefabrik. Von den Engländern gut ausgestattet mit Maschinen. Die frischgepflückten Blattknospen müssen sehr schnell, bevor sie welken, getrocknet werden. Im obersten Stockwerk unter dem Dach, auf Rosten

ausgebreitet, durch Zufuhr von Heißluft, wird ihnen 50 Prozent der Feuchtigkeit entzogen.
Im nächsten Stockwerk werden die Blätter maschinell gerollt. Im nächsten werden sie fermentiert, das heißt, sie werden einem Gärungsprozeß ausgesetzt; das an den Gerbstoff gebundene Koffein wird frei, ebenso das Teeöl, ein ätherisches, das Aroma des Tees bewirkendes Öl. Koffein, beim Tee auch als Teein bezeichnet, ist bis zu 4,2 Prozent in getrockneten Teeblättern enthalten, in ungebrannten Kaffeebohnen nur bis 1,7 Prozent.
Nach der Fermentierung werden die Blätter 22 Minuten unter Heißluft getrocknet, die Blätter sind schwarz und werden jetzt mit Kaltluft behandelt. Sieben verschiedene Sorten gibt es, von der Größe der Blätter bestimmt, die Maschinen separieren. Die größte und beste Sorte heißt Broken Orange Pekoe, die kleinste Dust, also Staub. Tester kommen, um die Qualität des Tees zu bewerten, erst dann wird verpackt.
Und dann geschieht Schreckliches mit ihm. Abgesehen von kleinen Mengen – Privilegierten vorbehalten –, wird dieser kostbare Tee, eben wegen seines starken Aromas, mit minderwertigem, billigerem, beispielsweise afrikanischem Tee verschnitten.
Ich habe, bevor ich ihn in Sri Lanka trank, nicht gewußt, was Tee ist.
Die Fabrik ist sehr laut – vom Rattern der Roste, dem Brausen der Luftgebläse; der Summton der Maschinen ist von weitem zu hören.
Die Engländer haben ihre vorzüglichen, kapitalintensiven Fabriken, nachdem nun alle Plantagen verstaatlicht sind, in gutem Zustand hinterlassen. Aber seit das Management in singhalesischen Händen liegt, hört man, ist die Produktion zurückgegangen, geht es den Tamilen noch schlechter.
1974, als die Plantagen noch zum größten Teil in englischem Besitz waren, tauchte eine englische Journalistin hier auf und schrieb einen Report über das Elend der Plantagenarbeiter, über Behausungen, die Europäer ihrem Vieh nicht zumuten würden.
Vom Bungalow meines höflichen Gastgebers aus ist die Barackensiedlung ein Mikrokosmos, vor dem ich mich fürchte. Mein Gastgeber, der keinen Dünkel hat, ist dort noch nicht gewesen und hat auch keine Lust, mich zu begleiten, obwohl er etwas Tamilisch spricht. Ich gehe allein.

Herr S. ist erleichtert, als ich nach drei Tagen abreise. Er bestellt mir ein Taxi, und der Fahrer bringt mich todeswütig, das heißt in normaler ceylonesischer Fahrweise, zum 40 Kilometer entfernten Bahnhof.
Dann die Bahnfahrt abwärts, über Schluchten, steile Bergrükken, in langsamem Zickzack mit immer neuen Ausblicken auf neue Berge, niemals verdeckt durch die Bäume des Urwalds, den es hier einmal gab.
Wieder in Colombo, treffe ich den Soziologen Patrick. Er ist 32 Jahre alt, in seinen Adern fließt tamilisches, singhalesisches, portugiesisches, holländisches, englisches, deutsches Blut. Diese dritte oder vierte ceylonesische Bevölkerungsgruppe nennt sich Burgher. Patrick hat in Berkeley studiert, zehn Jahre in den USA und England verbracht, vor zwei Jahren ist er zurückgekommen, um etwas für sein Land zu tun. In England hat er seine ceylonesische Jugendliebe Jane getroffen und sie geheiratet. Beide arbeiten in Forschungsprojekten, die sich mit den singhalesischen Bauern befassen. Jane resignierte als erste und wollte ein Kind, das jetzt ein paar Monate alt ist. Patrick kann keine Kinder kriegen und weiß außerdem, daß das kein Ausweg ist. Denn etwas tun für sein Land heißt, gegen eine Hoffnungslosigkeit ankämpfen, die kaum einen Lichtblick freiläßt. Als ich ihn aufsuche in Colombo, ist er an dem Punkt angelangt, wo er darüber nachdenkt, sein Land wieder zu verlassen.
Von diesem Gedanken wird er abkommen, wird wieder Lust haben auf den Kampf gegen die Hoffnungslosigkeit.

Die Fahrt nach Jaffna unternehme ich mit Shan. Es ist seine Heimat, er besucht seine Eltern. Er arbeitet in Colombo in Patricks Institut, ist Anfang 20.
Der Zug, den wir nehmen, ist eine Eisenbahn *made in China,* und der Unterschied zwischen vorhandener zweiter und dritter Klasse besteht nur im Fahrpreis. Shan hat Karten dritter Klasse besorgt, eine Fahrkarte für die über 400 Kilometer kostet 7 Mark. Die Ausstattung des vollbesetzten Zuges ist chinesisch spartanisch: darauf, daß der Mensch Beine hat, haben die Konstrukteure wenig Rücksicht genommen; daß viele Platz finden, ist wichtiger.
Ein ganzer Zug voller Tamilen, Jaffna-Tamilen oder Ceylon-Tamilen, Tamilen also mit Staatsangehörigkeit, die mit den Tamilen der Teeplantagen zwar die Heimat Südindien gemein

haben, die aber vor tausend Jahren oder einigen Jahrhunderten als Herren und nicht als Sklaven hierherkamen.

Um sechs ist der Zug pünktlich abgefahren, und gegen acht pakken alle Fahrgäste das Frühstück aus. Shan war um drei in der Nacht aufgestanden, um einen Nudelsalat zu machen, den hat er liebevoll in Bananenblätter gepackt, sogar eine Flasche Wasser hat er mitgenommen zum Händewaschen, und alle essen sie jetzt ihren Reis oder die Nudeln, wie immer mit den Fingern, und tun das mit faszinierender Eleganz. Ich kann das nicht und habe auch schon gefrühstückt und mag eine so schwierige Sache im Zug nicht üben. Shan ist darüber betrübt, verübelt es aber nicht und bietet mir mein Nudelpaket während der acht Stunden Fahrt immer wieder an. In dieser Zeit sitze ich, ohne mich von meinem Platz zu rühren und ohne Verdruß darüber, eingezwängt zwischen Tamilen. Da ist die Selbstverständlichkeit, mit der die Reisenden, die sich fremd sind, miteinander kommunizieren. Es überträgt sich auf mich, daß man sich eben mit dieser Selbstverständlichkeit erträgt, ob das nun die Füße des anderen sind oder sein großer Korb, der zwischen seinen und damit auch meinen Beinen steht. Die Zeitung des Nachbarn wird ohne Höflichkeitsfloskel genommen und in Ruhe zu Ende gelesen.

Die vielen Kinder, die mitreisen, machen sich kaum bemerkbar, sie unterscheiden sich in ihrem Ertragen der eingezwängten Situation des Reisens, so wie sie nun mal ist, nicht von den Erwachsenen.

Flaschen werden grundsätzlich mit den Zähnen geöffnet, weiße Wunderzähne, die, wenn es sein muß, auch noch mehr aushalten. Nur noch bei wenigen Alten sind die Zähne betelrot gefärbt. Aber an den Bahnhöfen verkaufen die Kinder immer noch die Tütchen mit der Arekanuß, einem Stück Palmblatt mit dem gebrannten Kalk. Ich kaufe mir eins, kaue es dann zur Freude aller, die's sehen, kann aber weder den würzig bitteren Geschmack herausfinden noch eine Erfrischung verspüren. Nur der Speichel, den man auszuspucken hat, ist tiefrot; das gibt die roten Flecke, die dann kein Regen aus dem Asphalt herauswäscht und die nach Blut aussehen.

Draußen beginnt das Land sich langsam zu verändern. Je weiter vom Südwesten, vom sorgsam bestellten und in qualvoller Enge besiedelten Viertel Sri Lankas entfernt, desto verdorrter, unbehauster wird das Land. Aber dann endlich, nahe Jaffna, in grellem Licht und heißem Wind vom Meer, eine Landschaft, die ein großer grüner Garten ist. Diese Gartenkultur, Kultur wider den

Hunger, in einem alle Feuchtigkeit fressenden heftigheißen Wind, ist jahrhundertealt.
Shan bringt mich zum Hotel Subash und fährt zu seinen Eltern in ein 10 Kilometer entferntes Dorf.
Ich laufe durch eine fast menschenleere, merkwürdig menschenleere, samstägliche Stadt. Ich weiß: Heute ist Republic Day, vierter Jahrestag nach Ausrufung der Republik Sri Lanka, die bis dahin immer noch Großbritanniens Dominionstaat Ceylon war. Was ich nicht weiß, ist: daß dieses Fest heute in Jaffna boykottiert wird. Die Jaffna-Tamilen wollen wieder ihren eigenen Staat, der ihnen bis zur Kolonialherrschaft gehörte.
Ich laufe durch tote, fremdartig abweisende Straßen, hoffe, am Hafen ein bißchen Leben zu finden, suche danach und frage ein paar Männer, die vor den verschlossenen Läden hokken: the port, the sea. – Niemand versteht mich. Einer sagt schließlich: »Nothing to see«, und freut sich.
Der Sturm wirbelt Sand und Schmutz durch die Luft. Dann finde ich das Fort, das Meer, bunte Ziegen grasen trockene Halme, zwei spielende Kinder, kein Mensch sonst ist zu sehen.
Der heiße Wind macht einen unerträglich gierigen Durst, wie ich ihn noch nicht kannte, aber es gibt keinen Ort, auch nicht im Zentrum der Stadt, wo ich etwas zu trinken finde. Die eigenartige Stille hat etwas alptraumhaft Schönes.
Gegen Abend treffe ich Shan wieder. In Colombo noch ganz gesittet, folgt er in seiner Heimatstadt geradezu exzessiv dem Tamilenbrauch und spuckt immerzu aus. Auch die Singhalesen spucken, fast lautlos schießen sie ihren Speichel aus dem Mund; während die Tamilen lautstark ihren Schleim aus tiefsten Bronchiengründen hochschieben und dabei Freude an jedem nur machbaren Geräusch haben. Shan, der mit abwechselnd zugehaltenem Nasenloch auch diesen Inhalt noch schrill auf die Straße entleert, schabt damit an meinen europäischen Nerven. Dafür kennt er gegen meinen Durst etwas Besseres als Tee; wir trinken eine Kingkokosnuß. Der Saft sei so gesund, erklärt Shan, daß der Doktor ihn auch gegen Kopfschmerz, Fieber, Schwindsucht und Lepra verschreibe. Ich werde sofort süchtig danach, denn der stark glukosehaltige Saft, der ungemein kräftigt, läßt mich die Spuckwut von Shan toleranter ertragen.
Shans Eltern haben mich zum Essen eingeladen. Beide, riesengroße, starke Menschen, sind Lehrer, treiben aber, da die Gehälter sehr niedrig sind, ein bißchen Landwirtschaft. Sie bewohnen ein großes Haus, haben einen Garten mit Brunnen

und alten Mangobäumen. (Jaffna-Mangos sollen die besten der Welt sein.)

Shans Mutter und Schwester bedienen: Es gibt den herbkräftigen roten Reis, Krebse und Krabben, viele Gemüse. Meinetwegen haben sie wenig Chilly genommen. Was für mich gerade noch erträglich scharf ist, empfinden sie als kaum genießbar fad. Diesmal esse ich mit Fingern, das ist schwierig.

Der Kontakt der Nervenenden an den Fingerspitzen mit den Reiskörnern, dem Gemüse oder Fleisch, was miteinander vermischt, einzeln erspürt wird, eine ganze Zeitlang, bevor es dem Gaumen zugeführt wird, die durch den Tastnerv aktivierten Geschmacksnerven – das ist ein Ritus, neben dem unser Stechen und Schneiden mit Bestecken barbarisch unsensibel erscheint.

Barbarisch wirkt freilich auch mein Versuch, die Kunst des mit den Fingern Essens zu imitieren.

Mutter und Schwester, die zuschauen, wie die Männer und der Gast essen, setzen sich erst an den Tisch, als wir fertig sind. Ich frage die Männer, warum ihre Frauen nicht mit ihnen gemeinsam essen, aber die Frauen lachen, das sei praktischer so.

Die Frauen essen die Reste. Das, was die Männer ihnen übriglassen.

Nachdem am Sonntag der Markt, wie immer, geöffnet war, bleibt am Montag alles geschlossen, Generalstreik, noch konsequenter als am Samstag. Selbst die ärmsten Straßenverkäufer verzichten auf das Geschäft, die kleinste Bude ist geschlossen, nicht eine Kokosnuß, keine Tasse Tee wird verkauft. Es arbeiten lediglich, weil hier ein Streik gegen das Volk gerichtet wäre, die Busfahrer und die Post.

Anders als am Samstag, als Totenstille herrschte, bewegt sich alles Volk auf Füßen, Fahrrädern, Autos durch die Straßen, weißgekleidete Menschenmengen verstopfen chaotisch die Stadt. Jaffna streikt, demonstriert seine Empörung, denn die Polizei hat fünf Parlamentarier festgenommen, die mit Reden und Flugblättern zum Boykott des Republic Days aufgerufen hatten. Sie wurden verhaftet und nach Colombo geflogen.

Der Generalstreik einer großen südasiatischen Stadt, die ihre Solidarität, ihren Protest bekundet, ist ungewöhnlich. Die zensierten Zeitungen Colombos schreiben keine Zeile darüber, aber die Parlamentarier sind nach zwei Tagen wieder frei.

Die Tamilen, die unermüdlich demütig schuftenden Tamilen, können sehr zornig werden. Shan hat ein Treffen mit Jaffnas

Agitatoren für mich arrangiert, und die vielen Männer, die dann um mich herum sitzen, erzählen mir sehr ruhig, daß sie den Bürgerkrieg planen, und wollen, daß alle Welt es erfährt. Von den Singhalesen, die sie kolonisieren, die ihren Stolz zu brechen versuchen, indem sie sie aushungern lassen, indem ihnen nichts von jener Entwicklungshilfe zuteil wird, die so reichlich nach Sri Lanka fließt, von diesen Singhalesen wollen sie nicht mehr regiert sein. Das Elend der Plantagenarbeiter allerdings rührt sie nicht, weil sie von zu niedriger Kaste sind, sie versprechen mir aber, auch das zu regeln, wenn die Insel Ceylon aufgeteilt ist in zwei Staaten: Sri Lanka und Jaffna.

Touristen werden nicht nach Jaffna geführt, Touristen machen halt in Anuradhapura, wo unumschränkt Buddha herrscht, auf der Mitte des Weges zwischen Colombo und Jaffna.
Anuradhapura ist umgeben vom Trockenurwald; Baumskelette, graubraun bis weiß, fahles Grün, blaue Vögel, manchmal gelbe Blüten, die Affen in den toten Bäumen, die die letzten Blätter weggefressen haben.
Hier hat es seit vier Jahren nicht mehr geregnet, wurde seit drei Jahren kein Reis mehr geerntet. In die Tanks, die früher mit Regenwasser sich füllten und die seit Jahren ausgedörrt sind, fließt seit einigen Tagen wieder Wasser, trübes Flußwasser vom Mahaveli-Staudamm.
Baden in diesen Tanks ist natürlich verboten, aber überall sieht man die Menschen in kleinen Gruppen sich gründlich abseifen, sich waschen in diesem lange entbehrten Wasser, das ihr Trinkwasser ist.
In der Altstadt von Anuradhapura, wie die Ruinenstadt heißt, die die Engländer aus dem Dschungel gruben, mit ihren monumentalen Tempeln, den Dagobas, heiligen Bädern, uralten, herrlichen Bäumen, dem heiligen Bôbaum vor allem, der der älteste der Welt sein soll und künstlich am Leben erhalten wird, haben die Kinder sich aufs Betteln spezialisiert. Schmerzlich dreinschauend nähern sie sich dem Fremden mit einer exotischen Blüte, fragen ihn, woher er kommt, wohin er geht, strecken ihm dann die Blüte hin und murmeln wie nebenbei, welchen Betrag sie möchten. Manche Kinder sind auch direkter, sagen: Gib mir fünf Rupien. (Fünf Rupien sind der Tageslohn eines einfachen Arbeiters.) Andere wieder wollen bloß zu einem guten Kurs Markstücke umgetauscht haben, die barmherzige, sträflich gedankenlose Deutsche ihnen schenkten und

dabei mithelfen, ganze Generationen von neuen Bettlern heranzuzüchten.
Ein vielleicht achtjähriger Junge mit malerisch zerrissenem Hemd über einem wohlgenährten Körper spricht ein erstaunliches Englisch, als er fragt: Woher kommst du? – Ich bin ein Sri Lanka-boy, sagt er dann freudig stolz und schlägt sich auf die Brust. – Das sieht man dir an, sage ich, und sein Gesicht verzieht sich ganz plötzlich zu einer alles Elend der Welt ausdrükkenden Grimasse, er spielt gutes Kindertheater, als er erzählt: Ich bin so arm, ich habe nichts zu essen, und meine Mutter ist krank, mein Vater ist tot, und ich kann nicht zur Schule gehen, weil ich meine Geschwister ernähren muß. – Du armes Kind, sage ich, ich glaube dir kein Wort. – O. K., akzeptiert er das, plötzlich wieder seines Lebens froh geworden, und läuft mit freundlichem bye-bye zu einem nächsten Opfer.
Andere Kinder, die wirklich hungrigen mit ihren schon alten Gesichtern, ohne Demut und mit grauenhafter Bitternis um Mund und Augen, laufen oft lange Strecken, mit schnellen Schritten, den Fremden permanent und wortlos anblickend, neben ihm her. Kinder, die Almosen wollen, aber Hilfe brauchen, die mit Almosen nicht getan ist. Die Kinder von Anuradhapura, einem weiten Areal, das in seiner Glanzzeit 400 Quadratkilometer bedeckt haben soll, betteln sich durch ihre prächtigen Ruinen, die ihnen Almosen verschaffen und die Zukunft versperren.
Die Probleme werden diskutiert, große Konferenzen finden darüber statt, die Delegierten treffen sich in Genf oder Nairobi oder sonstwo. Aber eben von dem Moment an, wo jene Leute, die aus tiefster Empörung und mit dem aufrichtigsten Wunsch, gegen das Übel anzugehen, immer wieder eingeladen werden, um ihren Protest zur Diskussion zu stellen, von jenem Moment an beginnen diese Fürsprecher, sich als Weltreisende wohlzufühlen, sich von ihrem leidenden Volk zu entfernen, das die Ursache ihrer Reisen war.

Sri Lanka ist klein – die langsamen Bahnfahrten machen die Insel groß, und die Tuchfühlung in den immer überfüllten Zügen könnte sich zur Unerträglichkeit steigern, wäre da nicht eine ansteckende Aggressionslosigkeit.
Am Sonntag, auf der Fahrt nach Galle, reisen mehr Bettler mit als sonst, und jeder gibt ihnen etwas, das hat Buddha so befohlen.

Galle liegt an der Südspitze der Insel, hier landeten um 1640 die Holländer, zerstörten die Stadt fast vollends, um sie prächtig wieder aufzubauen. Heute hat Galle etwas eigenartig und faszinierend Morbides, als bröckelte sie seit Jahrhunderten kaum merklich vor sich hin. Grauweiße Ziegen vor grauweißem Gestein, uralte, ins Grünliche schimmernde Gemäuer, die übergehen in Rasenflächen, die von den Ziegen englisch kurzgefressen sind.
Mein Hotel liegt am Rand der Stadt, eine alte britische Villa über dem Meer mit nur ein paar Räumen. Dort lerne ich Herrn P. kennen, einen Staatsanwalt aus Colombo, der hier ein berufliches Wochenende verbringt. Das heißt, Herr P. ist hier mit einem Rechtsanwalt aus Colombo und dessen Sekretärin, und gemeinsam bearbeiten sie einen Fall, das heißt, der Rechtsanwalt und seine Sekretärin arbeiten, der Staatsanwalt scheint sich zu langweilen, deshalb spricht er mich an und schlägt vor, mir nach dem Lunch die Stadt zu zeigen.
Ich warte nach dem Lunch, das Warten wird mir zu lang, ich laufe die Auffahrt des Hotels hinunter, komme an eine Straße und sehe durch die Toreinfahrt einer großen Villa eine Ansammlung von Menschen. Ich bleibe stehen, erkenne in dem Gewimmel sehr dunkler, dünner, auf der Erde hockender, stehender, herumlaufender, aus Blechnäpfen, von Bananenblättern, Plastikfetzen essender Menschen aller Altersgruppen einen hellbraunen großen dicken Mann, der aus allen herausragt. (Fast alle Reichen von Sri Lanka sind sehr groß und meistens dick.) Dieser Mann sieht mich und mein Zögern, winkt mich herein. Ein alter Mann blickt von seinem Reis hoch, streckt bettelnd die Hand aus, eine Frau hebt ihren Sarong, um ihre leprösen Füße zu zeigen.
Der große dicke Mann lächelt und streichelt den Schopf eines Kindes. – Was ist das? frage ich ihn. – Ich gebe den Armen zu essen, sagt er. – Wie viele sind das? – Täglich dreihundert, es kommen jeden Tag mehr. – Und wer bezahlt das? – Ich. – Das kostet viel Geld. – Ja, sagt er, aber sie würden sonst verhungern. – Und was sind das für Leute? – Die meisten Tamilen, sie kommen von den Plantagen, haben keine Arbeit mehr, ziehen von Ort zu Ort, finden auch keine Arbeit mehr.
Der Staatsanwalt, der mich schließlich hier aufspürt, ist nicht übermäßig verwundert, will aber auch wissen, wer das bezahlt. – Wie nett von Ihnen, sagt er zu dem großen Mann, und drängt mich, ins wartende Auto zu steigen.

In der Stadt dann bitte ich den Staatsanwalt, das klimatisierte Auto zu verlassen, um durch die Straßen zu laufen. Der Fahrer wird für eine Stunde beurlaubt.
Der Staatsanwalt ist Anfang 60, seit zehn Jahren kommt er nach Galle, um »Fälle zu bearbeiten«, aber dies, gesteht er mir, sei das erste Mal, daß er zu Fuß durch die Stadt geht. Zum ersten Mal ist er, ohne den Schutz des Autos, der Bettelei ausgesetzt, die ihn anekelt. Die Kinder, die ihre Hand ausstrekken, redet er schließlich väterlich an, fragt sie auf englisch, ob sie zur Schule gingen, und wiederholt die Frage, als sie nicht verstehen, nach kurzem Studium einiger Blätter Papier, die sein Wörterbuch sind, auf singhalesisch.
Ein Krüppel in einem Rollstuhl, ein Mann aus Haut und Knochen, der Lose verkauft, hat bei ihm Glück. Der Staatsanwalt nimmt ein Los, reicht einen Fünfrupienschein, aber der Mann kann nicht wechseln. Daraufhin will der Staatsanwalt sein Geld wiederhaben, fünf Rupien sind umgerechnet eine Mark; der Krüppel macht einen anderen Vorschlag, der Staatsanwalt sucht in seinem Wörterbuch, fängt plötzlich an zu schimpfen, mit lauter, schneidender Stimme, die mich vergessen läßt, wie heiß es ist. Mein Gott, sage ich, schaun Sie sich den Mann doch an, können Sie ihm denn das bißchen Geld nicht lassen?
Er nimmt sich für sein Geld noch drei weitere Lose. Ich sage, der große Gewinn sei sicher dabei, aber er meint, Geld mache nicht glücklich.
Da denke ich an Wilhelm Geiger, der 1898 schrieb:
»Da leben diese Leute in ihrer schönen Wildnis, unter einem paradiesischen Himmelsstrich, ohne Ahnung von den tausend großen und kleinen Bedürfnissen des civilisierten Lebens, arm und doch frei von Nahrungssorgen, weil das wenige, was sie an Früchten brauchen, ihre paar Palmen und Bananen ihnen liefern, beglückt durch eine Kleinigkeit, die ihnen unerwartet zufällt – fürwahr, man möchte da allerlei tiefsinnige, wenn auch nicht gerade neue Betrachtungen über den Begriff des menschlichen Glücks anstellen!«
Glückliche Menschen finde ich am Abend, als ich den singhalesischen Wolhltäter suche, der die Armen speiste. Ich treffe ihn in einer anderen Villa, ein altes Haus mit großem Garten. Körperlich und geistig behinderte Kinder leben hier und sitzen gerade beim Essen. Ein Mädchen ißt mit einer Gabel, die es zwischen die Zehen geklemmt hält, weil es keine Arme hat.

Diese Kinder leben in einem sauberen Haus mit richtigen Betten, regelmäßigen Mahlzeiten.
Der Singhalese, ein reicher Edelsteinhändler, der sein ganzes Vermögen opfert, ist in Sri Lanka ein berühmter Mann, er lebt die Lehre Buddhas. Ein Verrückter, sagen die anderen Reichen.

Batticaloa liegt an der Ostküste, ungefähr 400 Kilometer von Colombo entfernt, und ist in nur acht Stunden mit der Bahn zu erreichen. Der Expreß, den ich nehme, morgens um sechs, stammt noch aus alter englischer Produktion, *made in Birmingham*, solide Ware. Jedes Abteil der zweiten Klasse hat sein eigenes Klo; wenn jemand die Tür öffnet, strömt der Uringeruch von mindestens einem halben Jahrhundert durch das wie immer vollbesetzte Abteil.
In Sri Lanka herrscht Wassermangel. Der schon seit Mai erwartete Monsun-Regen hat auch im Juni noch nicht eingesetzt. In Colombo fließt Wasser nur noch nachts für vier Stunden.
Die Regenzeiten werden kürzer, die Trockenzeiten dehnen sich aus, gestörtes Gleichgewicht durch zuviel abgeholzten Dschungel.
Buschbrand in der Savanne. Blaue Vögel fliegen auf, flüchten vor den tiefroten Flammen. Das ist normal. Die Frau neben mir gibt ihrem Baby Nestlémilch aus der Flasche, die der Ehemann zubereitet hat. Sie trägt einen Sari aus Nylon.
Draußen wandern zwei Mönche, der eine in sehr hellem, der andere in sehr dunklem Orange, an einem grün zugewachsenen Teich mit lila Lotosblüten entlang.
Nah der Ostküste dann wird die Landschaft eintönig, hat nichts mehr von bizarrer Herbheit, nur noch trostlos verwelktes, verdorrtes Gebüsch zwischen toten Bäumen, die schon zu lange tot sind. Wieder die von trockenem Gras verwischten Rechtecke ehemaliger Reisfelder.
Der Mann mir gegenüber, ein wunderschöner Tamile mit langen, seidigen Wimpern über den feuchtglänzenden Glutaugen, hat an der linken Hand die Nägel wachsen lassen, drci Zentimeter lange Nägel haben Daumen, Mittel- und kleiner Finger. Und es ist nicht wegen meiner verschreckten Fasziniertheit, mit der ich ihn lange anstarrte, daß er mich fragt, als wir ankommen, ob er mir helfen kann – immer sind sie hilfsbereit.
Batticaloa. Mit seinen Lagunen, den singenden Fischen und jenem heißen Wind, wie er in Jaffna wehte.

Ich werde von zwei jungen Männern von der Reisfabrik abgeholt. In Batticaloa gibt es keinen Tourismus, und das »beste« Hotel am Ort ist entsprechend seinem natürlichen Schmutz überlassen. Dafür kostet mein Zimmer, das immerhin Deckenventilator und eine Dusche hat, vier Mark pro Nacht. Solche Kalkulation ist dem Besitzer möglich; er hat zwei Angestellte, der eine ist 19, der andere ist 13. Der jüngere, ein Muslim, hat ein rundes, sanftes Gesicht, das die Magerkeit des Körpers unauffällig macht. Seine Geschichte ist nicht außergewöhnlich: Zwei Jahre ging er zur Schule, dann starb sein Vater, der über die Dörfer zog und Körbe verkaufte, an Herzschlag, mit 48. Da war er zehn und das älteste von sieben Kindern. Er hat Arbeit gesucht und diese hier gefunden. Inzwischen verdient er 50 Rupien im Monat, also etwa 13 Mark, davon ernährt er eine achtköpfige Familie. – Und wovon ernährt sich diese Familie? – Von Reis und Brot. – Und wovon weiter? – Nichts weiter.
Ich habe mich immer gewundert und manchmal geärgert, daß die Kellner, kaum daß man die Gabel hingelegt hat, herbeigestürmt kommen, um alles wegzuräumen. – Bis ich begriffen habe, daß die Reste meiner Mahlzeit ihre Mahlzeit oder die ihrer Familie sind.
Meine Begleiter lehnen meine Einladung ab, wollen nichts essen und auch kein Bier, eine Limonade nehmen sie aus Höflichkeit. Sie seien gewohnt, Wasser zu trinken, Fleisch und Alkohol verbiete ihnen die Religion.
Dafür werden sie mich am nächsten Abend zu einem Essen in der Reisfabrik einladen, an dem die Frau ihres unmittelbaren Vorgesetzten einen Tag lang gearbeitet hat, auf der Erde hokkend und schwanger. Wieder unter Verzicht auf die üblichen Mengen Chilly wird es verschiedene Fische, Krebse und Krabben in köstlichen Soßen, verschiedene Gemüse und dazu Stringhoppers geben, aus rotem Reismehl bereitete Nudeln, die in Form flacher Kuchen gereicht werden. Es wird einen Nachtisch geben, heißen Hirsebrei mit Gewürzen, Nüssen und Früchten. Sie werden Bier besorgt haben und davon ebenso trinken, wie sie heißhungrig den Fisch essen. Auch die Frau sitzt mit an unserem Tisch, ißt erschöpft Nudeln und Gemüse, rührt aber die verbotenen Speisen nicht an.
Jahrhundertelang sind wir gekommen und haben uns genommen, heute kommen wir, und sie geben uns, ob das ein Festmahl ist oder ein Entwicklungsprojekt, an dem wir, sogenanntes Geberland, verdienen. Touristen kommen nach Hause zu-

rück, um sprachlosen Zuhörern von einer Gastfreundschaft der Armen zu erzählen, die uns kaum faßbar ist.
Wer hat, dem wird gegeben, lehrte nicht Buddha, sondern die Bibel. Ob deshalb Entwicklungshilfe so unpopulär ist?
Mit den Fahrrädern fahren wir hinaus in die Dörfer mit den Sandstraßen. Die Fischersiedlungen in den flachen Dünen, die Pirogen am Strand, mit denen nur magere Beute heimgebracht werden kann, Sardinenfischer im Wasser mit den breiten Netzen und die Kinder, die immer aus dem Erdboden zu wachsen scheinen an einem eben noch ganz menschenleeren Ort. Wir müssen vor Einbruch der Dunkelheit zurück, und ich kann die Fische nicht singen hören.
Am Abend wieder ein Treffen mit tamilischen Widerstandskämpfern.
In allen kolonisierten Ländern haben die Kolonialisten es verstanden, die verschiedenen ethnischen Gruppen gegeneinander auszuspielen – um so nicht nur eine bessere Kontrolle über das Land zu haben, sondern auch einen Teil des Volkes, zumeist den ehemals unterdrückten, hinter sich zu wissen. Das scheinbare Gleichgewicht, das so hergestellt wurde, brach auseinander mit der Entkolonisierung; je nachdem, wer an die Macht kam, hetzte, um an der Macht zu bleiben, die einen gegen die anderen auf. Die Wut tobt sich heute aus in jenen Bürgerkriegen, von denen uns täglich die Medien berichten. Ceylon, sagt der tamilische Rechtsanwalt, hat soviel Probleme wie Zypern und der Libanon zusammen. Die Welt soll das bitte schön erfahren. Und wir sollten nicht, wenn ein Krieg erst im Gange ist, wieder verständnislos die Köpfe schütteln über die Unvernunft der Wilden in der Dritten Welt.

Hinter der Lagune, etwas mehr als eine Quadratmeile groß, liegt die Leprainsel. 92 von den über 12000 Leprakranken, die es auf Sri Lanka gibt, leben hier.
Wir erwischen das Boot des Arztes. Heute sei keine Besuchszeit, Besuchszeit sei sonntags; aber er nimmt uns trotzdem mit.
Auf der Insel mit riesenhaften alten Bäumen, den Zikaden, herrscht Stille. Motoren gibt es hier nicht. Selbst die Schritte der Menschen sind gedämpft durch die dick umwickelten Füße, aber wenige sind unterwegs, das Laufen ist mühsam.
Hier stehen noch freie Betten, die Behandlung ist kostenlos, niemand leidet Hunger, sie bauen ihren Reis und ihr Gemüse

selber an. Aber wer hierherkommt, wird nie mehr in die Außenwelt zurückkehren; auch wenn er geheilt ist, wird man ihn als Aussätzigen meiden. Wer Lepra hat, infiziert sich nicht mit anderen Krankheiten; Lepra ist ein schrecklicher Garant, uralt zu werden. Als ob selbst die Bazillen den Aussatz fürchten.
Männer und Frauen wohnen getrennt. Hin und wieder werden Kinder geboren. Eine noch junge Mutter, mit abgefressenen Fingern, umwickelten Füßen, schaukelt ihr Kind im Korb, sie kann es gerade noch hochheben, liebkosen, uns zeigen, ein wunderschönes, wohlgenährtes Mädchen mit schwarzblauem Haar und unversehrter Haut. Lepra wird es nie kriegen, sagt der Arzt.
Die Insel als Insel mit ihrer nur von Vogelschreien durchbrochenen Stille, mit ihrer unversehrten Natur, hat etwas von dem Paradies, wie man es sich vorstellt – nur sind hier die Menschen versehrt, befallen von einer Krankheit, mit der sich infiziert, wer schlimmsten Mangel leidet.
Die Insel als Insel ist wunderschön, aber es kommen zum Besuchstag kaum Angehörige, weil sie sich vorm Aussatz fürchten, es kommen hin und wieder ein paar Touristen, die sich nach Batticaloa verirrten.
Touristen fahren an die Strände von Trincomalee, das nördlich von Batticaloa liegt und nicht weit ist, nimmt man die Luftlinie oder die Küste. Aber es soll in den letzten Jahren keinem mehr gelungen sein, die Küstenstraße bis nach Trincomalee zu befahren, die teilweise überschwemmt ist.
Mit der Eisenbahn fährt man ein langes Stück landeinwärts, steigt dann um in Richtung Küste, so daß die Fahrt wieder acht Stunden dauert.
Der Zug, in den ich umsteige, besteht aus einem Waggon. Die Leute mit ihren Körben, Bananenstauden, Kisten und Koffern finden nur zur Hälfte einen Sitzplatz für vier Stunden Fahrt. Aus zerfressenen Holzdielen tanzen Sippschaften von Flöhen, von den Sitzen sind die Polster weggerissen.
Hustend stehen dichtgedrängt die Menschen, die aber hier nicht spucken, die wieder so gesittet sind wie immer, nur daß die sonst so schweigsamen Babys, aus Atemnot oder auch Angst, anfangen zu schreien. Als der Zug eine Stunde stehenbleibt, um auf einen Gegenzug zu warten, möchte ich auch schreien, Miniaturwanzen beißen schmerzhaft ins Fleisch. Ich denke: mit welch unsäglichem Mitleid hättest du diese einge-

pferchten Menschen von außen betrachtet, so müssen sie reisen, die vom dritten Paradies, und leiden darunter genauso wie ich.

Trincomalee ist die Antwort darauf, wieso das winzige Sri Lanka, ein Land so groß wie Bayern, ein Habenichts dazu, den Großmächten des Westens wie des Ostens von so immenser Bedeutung ist: Trincomalee hat einen großen Naturhafen, und die Lage der Insel, als strategischer Stützpunkt, ist ideal.

In Trincomalee nehme ich ein Taxi, fahre quer durchs Land bis nach Anuradhapura, hoffe dort einen Fahrer zu finden, der mich am nächsten Morgen um drei nach Talaimannar bringt. Dort werden gegen halb sieben die Tamilen nach Südindien verschifft.

Aber in Anuradhapura einen Fahrer zu finden, der nachts durch die Wildnis fährt, wird zum Problem. Es könnten Überfälle stattfinden, heißt es, tamilische oder linksextremistische Untergrundkämpfer werden befürchtet.

Eine Deutsche hilft mir. Sie kennt einen singhalesischen Fahrlehrer, und der verspricht nicht nur einen Fahrer mit gutem Wagen, sondern bietet mir auch noch an, selbst mitzufahren, zum Dolmetschen, er gehört zu den wenigen Singhalesen, die Tamilisch beherrschen.

Die beiden kommen dann allerdings nicht zur verabredeten Drei-Uhr-Zeit, sondern um vier, zwischen sechs und sieben dämmert es, außerdem wissen sie, daß das Schiff nicht pünktlich ablegen wird.

Talaimannar liegt an der Spitze einer sehr schmalen Landzunge im Nordwesten der Insel. Die Kuppen der Bäume sind hier schräg und scharf abrasiert vom heißen Wind. In kantiger Eigenart formt sich Kargheit wider den Durst. Fischer leben hier, auch Perlentaucher und die unerbittlichste Armut von ganz Sri Lanka.

Am Pier von Talaimannar endet die Bahnlinie, und die 800 Tamilen, die zweimal wöchentlich hier aussteigen, um in das große indische Schiff verladen zu werden, haben eine Nachtfahrt von Colombo hinter sich. Als wir ankommen, hocken sie entlang den Schienen mit Kindern, Bündeln, Körben, in sich zusammengesunken, oder warten schlangestehend auf die Abfertigung, auf die letzten schrecklichen Formalitäten für etwas, das sie nicht wollen. Die Frauen in ihren schönsten Kleidern, Goldflitter auf rosa Nylon, sie haben kein anderes Kleid, auf den Feldern trugen sie Säcke.

Ich frage ein sehr alt aussehendes Paar, beide mit tief eingefallenen Wangen, roten Betelzähnen, was sie von dieser Reise dächten. – Mal was andres, sagt der Mann und lächelt mit traurigem Mißtrauen – die Regierung hat uns Unterkunft und Arbeit versprochen. – Ob sie Verwandte in Indien haben? – Nein, nicht daß sie wüßten. – Nach hundert Jahren findet man in Indien keine Verwandten mehr, wenn man der untersten Kaste angehört.
Dann frage ich, wie alt sie sind. Er ist 38, sie ist 35. Sie sehen mein erschrecktes Gesicht, lachen und zeigen ihre Betelzähne, fast schon schwärzlich, die die Münder zu Höhlen machen.

Eine Reise durch Sri Lanka 1976. Schöne Reise, traurig-bittere Reise. Zwischen den großen Erlebnissen immer wieder winzige Szenen wie diese:
Zärtlichkeit ist auch: jemanden entlausen.
In der Bahn wühlt eine Dreijährige die pralle Brust ihrer Mutter aus dem Sari, schließt die Augen und saugt, während die ältere Schwester, um das Wohlbehagen der jüngeren zu steigern, anfängt, in ihren Haaren nach Läusen zu suchen. Die Mutter lächelt verschämt zurück, als ich lächle, verbietet der Tochter das Entlausen, und ich bedaure mein mißverstandenes Lächeln, das meine Geste der Zuneigung war.
In ihrem Buch »Ceylon – Die Insel der Götter« bemerkte Annie Francé Harrar 1930:
»Im Herzen Europas kommt man nie dazu, das grundlegend Zwiespältige richtig zu empfinden, in das die weiße Rasse sich verrannt hat. Und wie es geschehen konnte, daß ihr ... einseitig drängender Geist die ganze Welt als Beute ansah. Wie darum dem Europäer die Ehrfurcht vor jeder fremden Kultur im tiefsten fehlt ..., sie möge so alt, so weise, so bewunderungswürdig sein, wie sie will. Und daß, verhehlen wir es uns nicht, das Wort von den »Barbaren des Westens« zuletzt doch etwas Wahres an sich hat ...
Der Geist macht es, die Einstellung zur Welt, diese nimmersatte Eroberungsgier, die nichts in Ruhe lassen kann, die alles an sich reißt, mit Gewalt von Grund auf umkrempelt und dann ausgesogen liegenläßt. Wenn irgendwo, so ist Ceylon eine der ersten Stationen unserer kolonialen Vergangenheit, die uns Weißen einen Spiegel vorhält, in dem sich unsere doppelte Moral, unsere Habgier, die Rücksichtslosigkeit unserer organisatorischen Begabung – und nicht zuletzt die stumme und gerecht-

fertigte Abneigung, die man uns von der anderen Seite entgegenbringt, deutlich genug widerspiegeln. Man kommt sich wie ein Verdammter vor, wie ein Ausgestoßener, hinter dem sich die Tore eines unerhört schönen Paradieses für immer schließen.«

Wer das Pulver macht, gewinnt den Krieg

Revolution in Benin (1977)

»Erzählen Sie denen bei uns in Europa nicht die Wahrheit, lassen Sie ihnen die Illusion. Erzählen Sie, daß das Meer grün ist und daß selbst die Schweine schwarz sind.«
Ja, das will ich erzählen. Aber nicht verheimlichen kann ich, daß es auch weiße Schweine gibt.
Die revolutionären Frauen von Gangban singen:

> Die Beniner haben ihr Land wiedergewonnen
> Was wollen die Weißen jetzt machen?
> Sie sind dabei, uns zu bedrohen
> Der Beniner stört sich nicht daran
> Die Armee hat keine Angst
> Der Hahn hat gekämpft und gewonnen
> Die Leute sprechen vom Hahnenkampf und amüsieren sich.
> Sagt den Weißen:
> Haut ab mit eurem Arsenal
>
> Die Weißen haben sich großgetan für nichts
> Sie sind gescheitert
> Die Beniner feiern schon
> Was wollen die Weißen jetzt machen?

Geh nicht nach Benin.
Benin ist schlimm geworden.
Geh nicht nach Benin, wenn du nicht lebensmüde bist.
Tod den Weißen, steht dort an Mauern gemalt.
In Benin sperren sie dich sofort ins Gefängnis. Sie geben dir nichts zu essen, und von dem Wasser, das sie dir vielleicht reichen, hast du nach drei Tagen Amöben. Gefoltert wird nicht, das ist nicht mehr nötig.
Sie sperren dich ein für nichts.
Beninern ist es verboten, Kontakte mit Weißen zu haben.
Die Polizei hat das Recht, jederzeit in Hotelzimmer einzudringen, um das Gepäck von Touristen zu durchsuchen.
Nimm dir Konserven mit, es gibt dort nichts zu essen.

Und wenn dir jemand auf den Fuß tritt, schrei nicht; wenn dich jemand beleidigt, laß es dir gefallen.
Und reise niemals allein, kein Mensch erfährt, wenn du zugrundegehst.
Denn rein kommst du, aber nicht wieder raus.
Aufschreie von Weißen, erwähnt man Benin. In diesem Land machen sie Revolution. In Benin wird die Würde einer weißen Rasse, vor allem einer Klasse angetastet, kommen Weiße hin und wieder ins Gefängnis, weil sie Regeln dieses Staates zu beachten nicht für notwendig befanden. Und über das Radio wird pausenlos agitiert. Ein Frager peitscht die Fragen, ein Chor skandiert die Antworten:

– Wer sind die Feinde der Volksrepublik Benin?
– Der Imperialismus, der Kolonialismus, der Neokolonialismus ...
– Ist das alles?
– Der Kapitalismus, die Bourgeoisie und der Feudalismus.
– Und was ist die Wahl der Volksrepublik Benin?
– Der wissenschaftliche Sozialismus.
– Der wissenschaftliche Sozialismus?
– Der wissenschaftliche Sozialismus aus dem Marxismus-Leninismus.
– Für die Revolution?
– Bereit!

Dann tritt Präsident Kerekou vor den Chor:

– Sieg!
– Dem Volk
– Ehre!
– Dem Volk
– Ruhm!
– Dem Volk
– Macht!
– Dem Volk
– Alle Macht
– Dem Volk!

Stimmen von Afrikanern aus den Nachbarstaaten Niger, Obervolta, Togo:
Geh nicht nach Benin, bleib lieber bei uns.
Mit uns gehen sie genauso grob um, bloß fallen wir weniger auf.
Benin ist faschistisch.

Benins Revolution ist keine Revolution. Nicht das Volk herrscht, sondern die Diktatur der Militärs.

Die revolutionären Männer von Gangban singen:

Ich sage nichts mehr, ich ruhe mich aus
Auch das Tamtam schlägt das, man hört es deutlich:
Ich sage nichts mehr, ich ruhe mich aus.

Die unser Land verkauft haben
wollten unser Land ruinieren.
Benin ist kein Land, das man zerschlagen kann
Wer ist der Büffel?
Der Büffel, das ist die Revolution selbst.

Unser Land wäre uns fast genommen worden
Aber wir sind bei guter Gesundheit
Wir haben den Sozialismus gewählt
Nicht wahr, unsere Kraft, das ist der Sozialismus!

Der Büffel, wie der Ziegenbock, sind Benins Symbole der Kraft. Benins Grenzen zeichnen eine aus dem Ozean aufgereckte Faust. Die Volksrepublik Benin, einer der kleinsten westafrikanischen Staaten, hieß bis zum November 1975 Dahomey. Unabhängig seit 1960, war Dahomey einst Musterkolonie Frankreichs. Die Franzosen nannten es ihr »Quartier Latin« Afrikas.

Dieses kleine Land, knapp halb so groß wie die Bundesrepublik, war immer ein besonderes Land.

Dahomey an der Sklavenküste. Im 17. und 18. Jahrhundert als das »schwarze Sparta Afrikas« bezeichnet, ein kriegerisches, hochzivilisiertes Volk in streng durchorganisiertem, militarisiertem Staat mit Spionage- und Nachrichtendiensten, Diplomaten im Ausland, einem starken Amazonenheer, schließlich jenen vom Staat geförderten Künstlern, deren Bronze- und Messingarbeiten zu den kostbarsten Kunstwerken der Erde gezählt werden. Dieses Reich ging zugrunde am Menschenraub. Sklaven, die an Europäer verkauft wurden ... Europäer, die zu verhindern wußten, daß innerafrikanischer Handel zum Blühen kam, boten hier Waffen für Sklaven, die sie auf die Antillen, den amerikanischen Kontinent verschifften.

Es ist dieser Teil afrikanischer Geschichte noch immer nicht schlüssig erforscht: Europäer entvölkerten diese sowieso schon

dünnbesiedelten Gebiete, kolonisierten sie später, um 1900, unter dem Vorwand, den Sklavenhandel abzuschaffen, und glaubten sich damit moralisch reingewaschen zu haben.
Werner Peukert sagt:
»Lange Zeit gab es eine europäisch-afrikanische Übereinstimmung in der Verurteilung der Europäer jener Zeiten, deren Handelspartner im äußersten Fall als Verführte eine Rolle spielten. Aber welchen Preis zahlten die Afrikaner dafür? Der Preis war, daß sie ein Bild ihrer Geschichte akzeptierten, das sie ... zu passiven, kulturlosen, demoralisierten Wesen stempelte. Ihre Geschichte, die zweifellos nicht frei von Schwächen war, wurde zu einer einzigen, auf dem Gewehrimport beruhenden Sklavenjagd verunstaltet, die zu Entvölkerung und ökonomischer, sozialer und kultureller Rückständigkeit geführt habe.«
In den vagen Vorstellungen, die die westliche Welt vom gegenwärtigen Afrika hat, bleibt das haften, was skandalös ist. Bekannt vom unabhängigen Dahomey ist, daß es acht Regierungsstürze erlebte und ein Dutzend Putschversuche. Alle Staatsstreiche verliefen unblutig und wurden wohl deshalb als »operettenhaft« bezeichnet.
Seit fünf Jahren hat Dahomey/Benin sein stabilstes Regime, seit fünf Jahren kümmert sich zum ersten Mal eine Regierung dieses Landes um die Belange seines Volkes, das zu den ärmsten der Erde gezählt wird.
Die Gruppe junger Offiziere, die unter Kerekou im Oktober 1972 durch einen Putsch die Macht an sich nahm, erklärte zwei Jahre später den Marxismus-Leninismus zu ihrem ideologischen Führer. Verstärkt sollte das Volk sich von neokolonialen Einflüssen – ökonomischer und kultureller Natur – befreien, sollte es sich auf die eigenen Kräfte stützen und in Mobilisierungskampagnen, vor allem auf den Dörfern, die Bewußtseinsbildung für diese Kräfte stärken. Die Regierung sagte den Kampf an gegen Korruption und Nepotismus. Die Beniner sollten lernen, sich als Gleiche unter Gleichen in einer Nation zu empfinden, die Anrede untereinander lautet Camarade, Genosse. Mehrmals täglich läuft im Radio die Internationale.
Im November 1975 wurde die Republik Dahomey umbenannt in Volksrepublik Benin. Eine Einheitspartei, die Revolutionäre Volkspartei von Benin, wurde gegründet.
Das sozialistische Benin, benachbart vom islamischen Niger, dem liberalen Obervolta, den kapitalistischen Staaten Togo und

Nigeria, steht allein mit dieser Politik, ist eine rote Insel in seinen von Franzosen, Deutschen, Engländern gezogenen Grenzen mitten durch die Gebiete seiner verschiedenen ethnischen Gruppen.
Am 16. Januar 1977 landete auf dem Flughafen von Cotonou eine DC 7 mit ungefähr hundert Söldnern an Bord. Hauptsächlich Weiße, aber auch Schwarze. Zu Fuß schossen sie sich den Weg zum Präsidentenpalast frei, zertrümmerten bei heftiger Gegenwehr einen Teil des Gebäudes, zogen sich zurück und verschwanden mit Verletzten, ein paar Tote zurücklassend, nach drei Stunden wieder in den Wolken. Einige der schwarzen Söldner sollen das Flugzeug nicht mehr erreicht haben und im Busch verschwunden sein. Es wurde ein Gefangener gemacht.
Von dieser Aggression handeln die zu Beginn zitierten Lieder. Die Urheber des Söldnerangriffs auf Benins Regierung sind bis heute nicht bekannt. Die Geschichte blieb für die Öffentlichkeit mysteriös. Die Spekulationen darüber reichen von französischen Imperialisten über reaktionäre afrikanische Nachbarstaaten, initiiert von einem ehemaligen Beniner Präsidenten, bis zur Selbstinszenierung Kerekous, der damit von seinen wirtschaftlichen Schwierigkeiten habe ablenken wollen.
Aber seit dieser Söldneraggression sind Präsident Kerekous Appelle, die er ein dutzendmal täglich über das Radio an sein Dreieinhalbmillionenvolk richtet, weniger abstrakt geworden. Es gilt mehr als die bloße Ideologie zu verteidigen:
»Jeder Vorkämpfer der Beniner Revolution soll sich als ein Soldat an der Front betrachten. Bereit, mit allen Mitteln den imperialistischen Angriff und die kolonialistische Wiedereroberung unseres Landes zurückzuschlagen.
Bereit, den Kampf weiterzuführen für die Produktion. Bereit, den nationalen Aufbau zu entwickeln. Bereit, die patriotische, ideologische und vormilitärische Schulung allgemein zu machen.«
An anderer Stelle warnt er:
»Tod den Verrätern. Tod den Söldnern. Bereit für die Revolution, bereit für die Produktion, und der Kampf geht weiter.«
Der Feind hat angegriffen, und er kann seinen Angriff wiederholen. Der Feind hatte eine weiße Haut, aber auch eine schwarze. Er kann von überall her kommen, kann sich noch im bedrohten Benin selbst aufhalten.
Freiheiten wurden deshalb eingeschränkt: Kein Ausländer, ob

weiß oder schwarz, darf seither ohne Erlaubnis im Land herumreisen. Kein Beniner darf sein Land ohne Erlaubnis verlassen. Mißtrauen, ein Wesenszug afrikanischer Mentalität, ist in jedem Beniner zu höchster Alarmbereitschaft aufgerufen.

Und so werde ich von Weißen gewarnt:
Sobald du in deinem Hotel absteigst, wirst du sofort bespitzelt werden.
Selbst die Unterschrift des starken Innenministers, solltest du das Glück haben, sie zu bekommen, garantiert dir nicht, daß ein wildgewordener Soldat, der nicht lesen und schreiben kann, in dir die Gefahr fürs Vaterland entdeckt und dich einsperrt.

Cotonou liegt an der atlantischen Küste, das Meer ist hier phosphorgrün, und am Strand entlang spazieren schwarze Schweine in Richtung Markt. Cotonou ist nicht Benins offizielle Hauptstadt, das ist Porto Novo, aber Cotonou mit seinen rund 150.000 Einwohnern, dem Regierungssitz, dem Hafen und Flughafen, den Wirtschaftszentren, ist Benins größte und wichtigste Stadt.
Weit auseinandergezogen über die schmale Lagunenbrücke hinweg hat Cotonou zahllose Gesichter. Keine schöne Stadt, es fehlt selbst der Charme alter Kolonialgebäude, auf den ohnehin gern verzichtet wird. Was imposant ist an Bauten, sind die Konstruktionen der Revolution. Der »Etoile Rouge« z. B. oder die »Hall des Sports«, ein architektonisches Meisterwerk, das Beniner in sechs Monaten hinstellten mit 3.000 Sitzplätzen, gedacht für alle großen Ereignisse, denen das Volk zu niedrigen Eintrittspreisen beiwohnen kann. Über Cotonous große Straßen sind Spruchbänder gespannt, auf denen steht beispielsweise:
Der Sozialismus, unser Weg, der Marxismus-Leninismus, unser Führer.
Vorwärts mit der PRPB, der Parti de la Révolution Populaire du Benin.
Tod den Verrätern.
Imperialisten – raus aus Afrika.
Den Spruch »Tod den Weißen« hat es nie gegeben, aber jemand hat im April an eine Mauer gemalt: Nieder mit der Revolution, das Volk hat Hunger.
Cotonou ist eine saubere Stadt, die revolutionären Brigaden fegen ihre Viertel regelmäßig. In Cotonou ist kein offenbares

Elend zu besichtigen, und es ist auch kein aus Cotonou evakuiertes Elend an anderen Orten zu verzeichnen. Die Regierung hat die Grundnahrungsmittelpreise eingefroren, ein Brot kostet 30 Fr. CFA, also 30 Pfennig.
Jeden Morgen um sieben wird Benins Fahne aufgezogen. Tiefgrün mit fünfzackigem rotem Stern im oberen linken Quadrat. Eine Trillerpfeife kündigt die Zeremonie an, und jeder in der Nähe hat stehenzubleiben oder sich von seinem Sitz zu erheben, auch ich auf der Terrasse meines Hotels. Das wiederholt sich abends um sieben, wenn die Fahne wieder eingeholt wird.
Die gesetzliche Arbeitszeit dauert von sieben bis 14 Uhr. Benin hat die 35-Stundenwoche. Das betrifft vielleicht 1,5 Prozent der Bevölkerung, die anderen beziehen kein festes Einkommen, leben z. B. vom Straßenhandel, denn die große Mehrheit des Volkes, nämlich 90 Prozent, sind Bauern. Aber seit es die Revolution gibt, pflanzt jeder Beniner, vom Schulkind bis zu den hohen Funktionären, die den Samstag oder Sonntag dafür reserviert haben, geht jeder aufs Feld, auch Präsident Kerekou erntet symbolisch Mais.
In Cotonou erscheint Benins einzige Tageszeitung *Ehuzu*. Ehuzu heißt Veränderung, Wandel, das Schlagwort bei allen Versammlungen, vor allem angewendet, wenn die Aufmerksamkeit erlahmt. Die Zeitung ist Agitationsorgan wie das Radio. Jeden Abend um 20 Uhr 30 hat in jedem Lokal das Radio in voller Lautstärke zu laufen, wenn »die Stimme der Revolution« Nachrichten sendet. Um 23 Uhr schließen alle Lokale – nur am Samstag darf bis drei Uhr morgens getanzt werden.
»Man hat ihnen die Nacht genommen, das verzeihen sie ihrer Regierung nie.«
Man hat ihnen noch mehr genommen. Die Opfer, die die Revolution dem Volk abverlangt, sind enorm. Also stellt sich die Frage: Welchen Vorteil bietet ihnen die Revolution?
Wenn wir Weißen von einem neuen Selbstbewußtsein sprechen, das der Beniner offenbare, verraten wir unsere Unwissenheit und Arroganz. Das afrikanische Volk hat nie aufgehört, selbstbewußt zu sein. Selbtbewußtsein ist eine Haltung, die in seiner Würde und Menschlichkeit liegt. Es sind die Kolonialisten gewesen, die ihm dieses Selbstbewußtsein abgesprochen haben. Es ist die in Europa studierte, die europäisiere Oberschicht Afrikas gewesen, die ihr Selbstbewußtsein erschüttern ließ. Sie, die später ihre Völker regierten, um sie weiterhin um den Fortschritt zu betrügen.

»Es wurde nichts getan. Früher haben wir uns gesagt, sollen doch die Franzosen das machen. Heute müssen wir alles selber machen.«
Wir, das sind zunächst zwar die Funktionäre, betroffen sind aber in jeder Hinsicht die Bauern.
Mein Wunsch war: in die Dörfer zu gehen und Gespräche mit den Bauern aufzuzeichnen.
Angekommen in Cotonou, erwarte ich Feindseligkeit und Isolation. Eine Stadtfahrt im Sammeltaxi kostet hier 35 Fr. CFA, oft aber selbst nicht einmal das, denn immer wieder hält jemand an und fragt, wohin er mich bringen kann. Beniner laden mich auch in ihre Häuser ein, diskutieren viel über Politik, sind kritisch, witzig und von sensibler Intelligenz. Ich habe erzählt, was ich vorhabe, ihnen mein ganzes Vertrauen geschenkt. Ich bettle um das Vertrauen der Regierung. Allein Benins Innen-, Sicherheits- und Informationsminister hat die Befugnis, mir eine Reise- und Arbeitserlaubnis zu geben. Die Scheu aller Instanzen, Verantwortlichkeiten zu übernehmen, lastet einem Minister mit drei Ressorts ein Arbeitspensum auf, das ungeheuerlich ist – und gibt ihm eine Machtfülle, die nicht im Sinn einer sozialistischen Demokratie sein kann.
Nach langem Zögern bekomme ich die Erlaubnis. Ich habe die Auflage, mich bei den jeweiligen Behörden zu melden, die ihrerseits Weisung erhalten, mir behilflich zu sein. Ich bleibe fast drei Monate in Benin.

Die revolutionären Frauen von Sonsoro singen:

Die Kinder der Revolution wecken euch auf
Vor der Revolution hat man uns
die Kuh mit Gewalt weggenommen,
unser Schaf, unsere Ziege,
unseren Wohlstand hat man verschleudert
Seit dem 26. Oktober 1972 ist alles gut geworden
Benin ist schön geworden.

20 Kilometer hinter Cotonou sei die Revolution vorbei, meinte ein Europäer und irrte.
Benin erstreckt sich über 700 Kilometer nach Norden. Im Süden, an der Küste mit dem fischreichen Lagunensystem, landeinwärts in fruchtbaren Ebenen, leben auf 15 Prozent Landfläche rund zwei Drittel der Bevölkerung. Im Süden mit seinen zwei Regenzeiten gibt es die Ölpalmplantagen, die für die Fran-

zosen ein gutes Geschäft waren und noch heute Benins wichtigstes Exportgut sind. Benin hat keine Bodenschätze. Hauptnahrungsmittel im Süden ist Mais. Es wachsen auch Reis, Bohnen, Maniok, Erdnüsse, Gemüse und tropische Früchte. Wenn aber der Regen ausbleibt, wie das 1976 der Fall war, gibt es auch hier Hunger.
Der Norden hingegen, mit nur einer Regenzeit und heißem Sahel-Klima, den Baumsavannen, den Atacorabergen im Westen, war immer benachteiligtes Land, war ausgebeuteter Lieferant für Baumwolle und Erdnüsse ohne infrastrukturelle Gegenleistung. Im Norden sind Hauptnahrungsmittel Hirse und Yams. Es wachsen auch Trockenreis, Bohnen und Mais, es gibt Rinder und Pferde.
Im Norden wohnen die Wilden, sagen die aus dem Süden noch heute. Sieben ethnische Hauptgruppen gibt es in Benin, die sich aufsplittern in 60 kleine Gruppen; es werden 60 verschiedene Sprachen oder Dialekte gesprochen, und jede Gruppe tätowiert Gesichter oder auch Körper mit ihren spezifischen Zeichen. Hört damit auf, riet ihnen die revolutionäre Regierung, ihr seid Beniner und dann erst Fon oder Yoruba oder Bariba oder Dendi!
Den Leuten aus dem Süden muß man mit Mißtrauen begegnen, hieß es im Norden. Aber in Benins höchsten Regierungsämtern, dem des Präsidenten und dem des Innenministers, sitzen mit Kerekou und Azonhiho Männer aus dem Norden. Die sagen: Euer Feind ist nicht irgendeine ethnische Gruppe, euer Feind ist der Ausbeuter, sind die Imperialisten und ihre lokalen Lakaien, die polit-bürokratische Bourgeoisie, die Compradoren-Bourgoisie und die Feudalen.
Die aus dem Süden hatten im Norden die besten Posten. Das ist auch heute wieder so. Gut ausgebildete Funktionäre werden aus dem bequemeren Süden zur Entwicklungshilfe in den Norden versetzt.
Einen weiteren Aspekt von Uneinigkeit schildert ein 71jähriger Bauer aus dem Süden:
»Als die Franzosen die Afrikaner verlassen haben, gaben sie die Macht an den Präsidenten Apithy, und alle haben für ihn gestimmt. Aber einige Jahre später mußten sie feststellen, daß die Hilfe, die immer noch von den Weißen kam, nicht ans Volk weitergegeben wurde. Außerdem gab es andere Kandidaten, die auch gern Präsident werden wollten, mindestens zehn solcher Kandidaten gab es. Das hat das Land auseinandergerissen

bis in die Familien. Als z. B. Apithy kam und versprach: Ich will euch Schulen bauen und Hospitäler, will euch Ackerbaugeräte geben, Traktoren, usw., setzte man große Hoffnungen auf ihn und stimmte für ihn. Aber als er gewählt war, tat er nichts dergleichen. Nicht, daß er das vergessen hätte, aber er hat seine Versprechen einfach nicht gehalten. Bei den Wahlen konnte es dann passieren, daß in einer Familie der Vater für einen bestimmten Kandidaten war, die Frau war für einen anderen und jedes der Kinder auch, es gab ja genug, und Geschenke verteilten sie auch. Es kam aber vor, daß der Mann überprüfte, für wen seine Frau gestimmt hatte, und wenn es nicht sein Kandidat war, gab es Krach, und der Mann hat die Frau geohrfeigt.
All solche Sachen, die sich bis 1972 ereignet haben, gibt es heute nicht mehr. Es gibt einen einzigen Chef, und es gibt keine anderen Kandidaten mehr, das ist aus. Das Land ist gut geworden, aber es bleibt noch viel zu tun.«
Bauer Dagbeko aus Gbada ist Analphabet wie die meisten erwachsenen Bewohner dieses Dorfes. Gbada, am Rand des furchtbaren Oueme-Tales mit den Plantagen, der Palmölfabrik und der Kooperative, ist ein armes Dorf. Die binsengedeckten Häuser aus rotem Lehm sind ausgewaschen von Regengüssen, auch die steilen Gassen, aber ein starker Regen fiel lange nicht mehr. Das Wasser, das die Frauen unten im Tal aus einem Tümpel schöpfen, ist brackig. Die Felder sind bestellt, zur Zeit erntet man gerade Bohnen, die Fabrik wird überholt und liegt still, es wird auf Ersatzteile gewartet. Gewartet wird vor allem auf Regen, die Zweige der Ölpalmen beginnen zu verdorren.
Bauer Kevezan ist Mitglied der Kooperative. Er ist 39 Jahre alt, hat zwei Frauen und sechs Kinder.
»Auch mein Vater war Bauer, wir hatten ein großes Feld und kümmerten uns besonders um die Ölpalmen, die Kolben brachten uns jedes Jahr 200000 bis 250000 Fr. Wegen der Arbeit auf dem Feld bin ich nie zur Schule gegangen. Und wenn wir jetzt sowenig Geld haben, liegt das daran, weil die Preise für unsere Produkte zu niedrig sind. Aber früher verkauften wir gut, deshalb bin ich nie zur Schule gegangen. Dann ist die Kooperative gekommen und hat uns alles genommen.«
Die Kooperative wurde Anfang der sechziger Jahre noch unter den Franzosen gegründet. Da die Bauern sich weigerten, ihr Land zu verkaufen, pachtete man es für eine geringe Summe, während die Bauern als Tagelöhner auf ihren eigenen Parzellen arbeiteten. Daran hat sich heute, da der Staat das Land pachtet,

im Prinzip nichts geändert. Weil nicht alle Bauern zugleich beschäftigt werden können, werden sie am Monatsende nach der Zahl ihrer Arbeitstage bezahlt, bei Produktionssteigerung erhalten sie am Jahresende einen Bonus. Die Einnahmen der Bauern sanken, statt zu steigen. Der Mechanismus der Kooperative blieb ihnen unklar.

Kevezan berichtet:

»Als die Revolution kam, war ein Drittel unseres Unglücks schon repariert, es blieben aber noch zwei Drittel zu reparieren. 1975 hat man für 40 Millionen Fr. Palmöl verkauft, und wir Bauern haben 15 Millionen für uns verlangt. Wir haben selbst das nicht bekommen. Wir haben ihnen geschrieben und gefragt, was los sei. Man hat uns geantwortet, daß drei bis vier Millionen für die Kooperative auf einer Bank deponiert seien, das Geld sei eine Reserve für uns. Wir haben gefragt: Ist das Geld auch wirklich für uns? Sie haben gesagt: aber natürlich. – Werden wir es eines Tages erhalten? – Aber ja!

Jedes Jahr hat man nichts anderes getan, als unser Geld auf der Bank zu deponieren.

Wegen der Aufteilung dieser 40 Millionen beschloß ich dann, den Präsidenten zu sehen. Weil wir uns sagen mußten, daß wir fast kein Geld hatten.«

Die Bauern formierten eine Delegation, sahen Präsident Kerekou nach geduldigem Beharren auch wirklich, und der gab das Problem an einen technischen Berater weiter. Seit neun Monaten warten sie auf eine Antwort.

Die Bauern sind für die Revolution, weil die Revolution sagt, daß sie für sie ist. Das heißt aber nicht, daß sie die Opfer, die ihnen abverlangt werden müssen, auch gutheißen. Wenn trotz Mobilisierungskampagnen politisch nicht verstanden wird, worauf es ankommt, weil entweder die Sprache zu abstrakt ist oder aber die materiellen Opfer zu hoch sind, wird die Regierung vergeblich ihren Kampf gegen die »commercants vereux« führen. Gemeint sind jene Händler, die zu weit höheren Preisen ihre Produkte z. B. nach Nigeria schwarz verkaufen und damit Nahrungsmittelknappheit erzeugen.

Benins Sozialismus nennt sich wissenschaftlicher Sozialismus. Die Mehrzahl der Beniner, über 70 Prozent, sind Animisten, d. h. sie praktizieren den Fetischismus. Religionsfreiheit ist jedem Beniner im Grundgesetz garantiert. Fetischismus aber widerspricht der Wissenschaftlichkeit des Sozialismus. Dann kam die große Dürre. Das Volk sagte: Die Regierung ist schuld, sie hat den Fetischeuren die Zeremonien verboten. Die Militärs schwiegen zu diesen Vorwürfen, riefen aber schließlich die Oberfetischeure zu sich, um ihnen zu erklären, daß das Verbot nur für die kleinen Scharlatane gegolten habe. Sie verhandelten drei Tage, es kam zu einer Übereinkunft, ein paar Stunden später regnete es.

Kevezan schildert auch das, spricht zuvor noch vom Guineawurm, eine der häufigen Krankheiten durch schlechtes Trinkwasser, ein Fadenwurm, der besonders an den Füßen furunkelartige, sehr schmerzhafte Geschwüre erzeugt, die nach außen aufbrechen und die Larven entleeren.

»Trotzdem: Unser Dorf ist ein gutes Dorf. Wir haben unsere Fetische, die uns die Kraft geben, und wir haben großes Vertrauen in unsere Cheffetischeure. Leider gibt es in unserem Dorf aber etwas, das schlecht ist, es gibt einen Wurm, der furchtbar ist. Aber es gibt auch ein Wasser, das diese Krankheit heilt. Wenn man sich damit wäscht und es trinkt, heilt es die Krankheit. Jemand, der an dieser Krankheit litt, ist von Abomey gekommen und hat bei mir gewohnt, er hieß Tossinou und hatte ganz geschwollene Füße. Ich habe ihn an die Quelle von unserem Wasser geführt, und er war innerhalb von fünf Tagen völlig geheilt.

Wir haben hier auch drei Fetische, Legban, Damelaou, Doudoua – ach, da gibt es noch einen vierten, der heißt Sidjahoudjou. Wenn es also eine lange Trockenperiode gibt, gießen wir das Wasser auf die Fetische, und wenn das Wasser über die Erde fließt, gibt es nach drei oder fünf Tagen kein Problem mehr: Hier in Gbada regnet es. Unsere Väter haben es uns erzählt, und wir selbst haben diese Erfahrung gemacht. Es ist noch gar nicht lange her, da stellten wir fest, daß eine Fetischhütte am Einstürzen war, die von Damelaou, und zwar deshalb, weil die Revolution alle Zauberer eingesperrt hat, und es regnete nicht mehr. Wir haben angefangen zu schreiben, ob das vielleicht wegen der eingestürzten Hütte war, daß uns der Fetisch im Stich gelassen hat, unser Delegierter hat geschrieben. Endlich hat uns der Distriktchef die Erlaubnis gegeben, während drei Tagen zu opfern. Wir haben die Hütte also wieder aufgebaut, haben das Wasser über den Fetisch gegossen, und am nächsten Tag hat es fürchterlich geregnet. Ja wirklich, es gibt geheimnisvolle Dinge bei uns. Es gibt Gott, aber der Fetisch kommt gleich nach ihm. Wir haben das gewußt, gefühlt, wegen dieser Fetischhütte, wir haben noch mehr Opfer gegeben, Hühner und so weiter, und wir haben eine gute Ernte eingebracht, einen schönen Mais. Die Opfer sind eine gute Sache, das ist etwas, auf das man sich verlassen kann bei uns.«

Ode an Kerekou:
Militärchef Kerekou
Du hast die Initiative genommen
unser Land zu führen
und wir folgen dir um unsres Glückes willen
Du kommst aus einer guten Familie,
Kerekou, der du uns regierst
Mathieu Kerekou, du bist die Sonne hoch oben
die wir betrachten
und die Soldaten bewundern diese Sonne auch.

Solche Lieder, die irgend jemand aus dem Volk erdichtet, lernen die revolutionären Frauen von Gbada bei Efaa, ihrer Präsidentin. Sie ist Bäuerin und Händlerin, 35 Jahre alt, Analphabetin, hat fünf Kinder. Ihr Vater war reich, er hatte acht Frauen, die 58 Kinder zur Welt brachten, davon leben heute noch 16, das heißt, 42 starben. Der letzte Tod ist noch nicht lange her.
»Ich habe einen Bruder in Lagos verloren. Er ist dort gestorben, und man hat seine Leiche hierhergebracht. Ich habe so sehr geweint, daß ich ganz krank davon geworden bin.
Ich weiß nicht, was er dort gearbeitet hat. Aber es war der Hunger, der ihn nach Lagos getrieben hat. Es hat nicht mehr geregnet, es gab keinen Mais mehr, die Felder waren vertrocknet. Er ist also nach Lagos gegangen, dann ist er dort krank geworden und gestorben. Seine Kameraden haben ihn hierhergebracht.«
Jedes Dorf hat seine Präsidentin der Frauen, der »femmes révolutionaires«. Ich frage Efaa nach ihren Aufgaben. Der Dorflehrer beteiligt sich am Gespräch.
»Da ich keine Schule besucht habe, hüte ich die Kasse. Jemand anderes, der lesen und schreiben kann, macht die Rechnungen. Außerdem bin ich Delegierte der Frauen, ich bin der Kopf von allen Frauen im Dorf.«
Wie geht hier die Revolution voran?
»Sehr gut, denn wir arbeiten viel.«
Was arbeitest du mit den Frauen?
»Jeden Samstag versammle ich die Frauen, und wir fegen die verschiedenen Viertel des Dorfs. Wenn unsere Chefs uns eine Nachricht schicken, gehen wir nach Assowlisse und nehmen an

den großen Versammlungen teil. In diesen Versammlungen diskutieren wir, wie wir unser Land voranbringen können und die Revolution.«

Gibt es schon Erfolge?

»Wir erarbeiten das, was man uns zur Aufgabe stellt.«

Der Dorflehrer: »Du hast gesagt, daß du die Kasse hütest. Früher gingen doch die 10 Prozent Steuern an die Chefs, jetzt sind diese 10 Prozent für uns, und auch das Geld, das man unserem Dorf schickt, was macht ihr damit?«

»Die Schule wieder aufbauen, damit die Schüler Fortschritte machen, dann andere Sachen bauen, die uns noch fehlen, es fehlen uns noch zwei Klassen, wir werden sie bauen.«

Ich frage: Hast du Schwierigkeiten mit den Frauen?

»Wenn man mit ihnen redet, hören sie nicht aufmerksam genug zu, und wenn ich nicht mehr kann, also wenn sie nicht tun, was man ihnen sagt, hole ich unsern Delegierten.«

Ist deine Arbeit so schwierig, weil du den Frauen keinen direkten Gewinn für ihre Arbeit versprechen kannst?

»Trotzdem: von zehn Frauen arbeiten sechs oder acht, tun, was man ihnen sagt.«

Vielleicht ist auch ihre Arbeit auf den Feldern zu hart, dann Wasserholen, die Kinder – vielleicht ist ihnen die zusätzliche Arbeit zuviel?

»Sie kommen immerhin zu den Versammlungen. Aber es sind ihre Ehemänner, die sie nicht gern weglassen. Von neun Uhr abends an sind die Männer sehr dagegen, daß ihre Frauen ausgehen.«

Aber dein Mann akzeptiert das?

»Natürlich.«

Warum dein Mann und nicht die anderen?

»Die Männer von hier haben kein Vertrauen in ihre Frauen, sie denken, daß sie erst gar nicht zu den Versammlungen gehen, sondern sich mit anderen Männern rumtreiben, Ehebruch begehen, aber sowas machen wir auf keinen Fall.«

Du warst doch sicher schon mal in Cotonou. Erinnerst du dich an eine Reise dorthin und was dich am stärksten beeindruckt hat?

»Ja, ich bin dort gewesen, seit es die Revolution gibt, und das erste Mal war, als man den Innenminister getötet hat. Man hat auf jemanden geschossen, auf Aïkpe, man hat ihn getötet. Es ging alles drunter und drüber, selbst der Markt fand kaum noch statt.«

Der Tod des Innenministers im Juni 1975 war für das Volk eine so schreckliche Geschichte, daß es ihn zu verdrängen versucht. Dieser Tod gehört außerdem zu den Ereignissen, die die westliche Presse aufgriff, und was haften bleibt im Gedächtnis eines naiven Lesers, formuliert er dann zu der Frage: Benin? Herrscht da nicht dieser kleine Idi Amin, der eigenhändig seine Minister erschießt?
Noch bildhafter allerdings werden Vorurteile bestätigt, wenn man die offizielle Version der Regierung hört: »Kerekou überrascht seine Gemahlin mit seinem Innenminister Aïkpe im Bett und schießt auf ihn in blinder Eifersucht.«
Dazu die Stimme von zwei Beninern:
»Natürlich ist diese Geschichte eine schlechte Erfindung. Kerekou ist jemand, der immer eine gerade Linie verfolgt hat, der nie davon abgewichen ist. Und es ist Aïkpe gewesen, einer der ersten Initiatoren der Revolution, der ihn aus diesem Grund geholt hat. Aber dann, 1975, hat Aïkpe gesagt: jetzt gehst du zu weit, so weit links hatten wir es nicht geplant, diese Politik mache ich nicht mehr mit. Also mußte Kerekou ihn liquidieren. Denn wieder einen Wechsel hätten wir nicht gewollt, wir haben die Nase voll davon, also ziehen wir Kerekous Linie vor, auch wenn es uns hart ankommt, auch wenn wir aufgehört haben, ihn zu lieben.«
»Ich will nicht davon sprechen, ich will das vergessen, niemand will davon sprechen. Es war grauenhaft, entsetzlich. Als die Leute von seinem Tod erfuhren, formierte sich eine Menschenmenge, die sich zum Präsidentenpalast bewegte. Es war ein Aufstand, sie haben seinen Namen geschrien: Nieder mit Kerekou. Sie haben seinen Namen an Mauern gemalt: Tod für Kerekou. Die Soldaten haben schließlich in die Menge geschossen, ich weiß nicht, wie viele Tote es gab, niemand wagt, davon zu sprechen. Sie verhängten Ausgangssperre, ich lag auf dem Bett und habe geweint. Aber dann kamen die Söldner am 16. Januar 77, und jeder spricht nur noch davon.«
Der Tod des Innenministers ist der böse Blutfleck in der Regierungsgeschichte des unabhängigen Dahomey/Benin. Beniner verabscheuen Gewalt und Blut und artikulieren Entsetzen und Empörung. Aber Kerekou genießt immer noch den Respekt des Volkes.

Ode an Kerekou:

Gewisse Leute sind kopflos geworden

Aber Kerekou hat gesagt:
Nein, habt keine Angst, seid friedlich
Die Zukunft wird euch das Ergebnis schon zeigen

Militärs wie Kerekou sind unser Stolz
Er kommt aus einer gesegneten Familie
Er macht uns stolz
Habt keine Angst
Folgen wir ihm um unseres Glückes willen.

Parakou liegt rund 450 Kilometer nördlich von Cotonou, verbunden durch die einzige Eisenbahnstrecke des Landes.
Die jungen Männer in meinem Waggon diskutieren, wie üblich, Benins Zukunft, auch Sport interessiert. Sie teilen ihr Essen mit mir und fragen mich nicht, was ich mache.
In Save, auf halber Strecke, steigen sie aus, dunkelgraue Tafelberge zeichnen hier endlich Konturen in die Landschaft. In Save gibt es Benins erste Zuckerplantage, der Nachbar Nigeria und Europa helfen. 4000 Menschen werden hier Arbeit finden.
Auf den Bahnhöfen verkaufen Frauen und Kinder frische Erdnüsse, gekochte Maiskolben, geröstete Hühner, Eier, Bananen, geräucherte Fische, auch Gari, das Maniokmehl. Die fast zehnstündige Fahrt ist eintönig von wenig wechselvoller Landschaft.
Parakou ist die größte Stadt im nördlichen Landesteil. Ausgedehnt auf weiter Fläche soll hier ein nördliches Pendant zu Cotonou entstehen, sollen die Vorzüge des Südens auch hier zu finden sein. Radiostation, das große Kino, Industrie, es gibt einen Flughafen.
Benin ist aufgeteilt in sechs Provinzen. Parakou ist die Provinzhauptstadt der Provinz Borgou. Jede Provinz hat einen Journalisten, den *directeur d'information*. Auf der Präfektur teile ich meinen Wunsch mit, in die Distriktstadt Kandi zu fahren, um von dort aus ein Dorf zu finden. Der Generalsekretär ist einverstanden und schickt dem Distriktchef eine Nachricht. Dann spreche ich mit dem Journalisten, der, wie seine Kollegen auch, die Order erhalten hat, mich zu begleiten.
Er ist über mein Vorhaben alles andere als beglückt: »Aber wieso ausgerechnet in das 200 Kilometer entfernte Kandi, wieso nicht ein ganz in der Nähe gelegenes Pilotdorf, wieso interessieren Sie nicht die Entwicklungsprojekte? Ich habe den

Befehl, Sie zu begleiten, aber Kandi ist zu weit, und die Menschen sind mißtrauisch. Ich verstehe nicht ganz, was Sie vorhaben, ich weiß nur eines: Die Art, wie man Journalismus macht, ist auf der ganzen Welt die gleiche.«
Da der Distriktchef von Kandi selbst Journalist sei, reise ich nach langer Diskussion alleine. Ich nehme den Bus, der *made in Romania* ist. Fünf Stunden dauert die Fahrt durch grüne Ebenen, an bestellten Feldern vorbei, hier sind die Böden fruchtbar vom Schwemmland des Nigertals. Die Straße ist asphaltiert.
Kandi gehört zu den schönsten Orten Benins, die roten Lehmhäuser sind an roten Sandstraßen quadratisch angelegt. Die Luft ist heißtrocken, es hat seit Wochen nicht geregnet.
Im Campement sitzen zwei Beniner mit zwei Nordkoreanern beim Essen. Und die gutgenährten Afrikaner rufen den mageren Asiaten zu:
»Eßt, Genossen, eßt, die Revolution braucht unsere Kraft!«
Aber dann schweigen sie betreten, nachdem sie wissen wollten, was ich mache, und hören müssen, daß ich nicht aus der DDR komme, als schämten sich die Beniner vor ihren nordkoreanischen Genossen, die hier ein Maisprojekt planen. Es gebe nichts mehr zu essen, sagt mir der Wirt, und ich betrachte hungrig die vollen Schüsseln auf dem Tisch und weiß, daß es nicht normal ist für Beniner, einen Fremden hungrig zu lassen.
Der Distriktchef läßt mich dann rufen, und eine seiner ersten Fragen lautet: »Haben Sie schon gegessen? Essen Sie, fühlen Sie sich wie zu Hause.«
Kandis Distriktchef, ein Mann aus dem Süden, hochkultivierter Intellektueller, war einst Informationsminister in einem ehemaligen Regime. Ein Idealist, der hier auf diesem doch relativ kleinen Posten die Revolution in den auch ideologisch unterentwickelten Norden trägt.
Nicht nur ein großer Teil von Benins Bourgeoisie, der Geschäftswelt, auch viele seiner Intellektuellen, Professoren, Schriftsteller, Lehrer, haben das Land verlassen. In Frankreich praktizieren mehr Beniner Ärzte als in Benin selbst. Sie alle hat das Volk allerdings nie interessiert.
Ein nigerischer Revolutionär hatte gemeint: »Es ist gut, wenn all diejenigen das Land verlassen. Die, die zurückbleiben, können dann, gereinigt sozusagen, eine neue Gesellschaft aufbauen, die auch eine neue Art Intellektueller hervorbringt.«
Kandis Distriktchef René Dossa sagt: »Ich lerne mein Land,

mein Volk, jetzt erst kennen, ich habe über mein Land, über mein Volk geschrieben, ohne etwas über es zu wissen.«

»Afrika den progressiven Afrikanern. Benin den kämpfenden Beninern. Bereit für die Revolution, der Kampf geht weiter«, rufen die Schulkinder, bevor sie die Nationalhymne anstimmen.

Die Schule ist wichtigster Ansatzpunkt und fruchtbarster Boden zur Formung einer neuen Gesellschaft. Über die Hälfte der Bevölkerung Benins ist jünger als 15 Jahre. Es fehlt an Schulen, an Lehrern und auch noch an der Bereitschaft der Bauern, auf die Arbeitskraft ihrer Kinder zu verzichten.

Der Vater eines Kindes, das drei oder fünf Kilometer Schulweg zurücklegen muß, fragt: »Weiß ich, was er treibt auf diesem langen Weg, weiß ich, ob er wirklich zur Schule geht? Ist er bei mir auf dem Feld, bin ich sicher, daß er arbeitet.«

Trotzdem steht Benin mit einer Alphabetisierungsquote von fast 30 Prozent an der Spitze aller afrikanischen Länder. Zum Vergleich: der Nachbar Niger hat eine Quote von 7 Prozent. Die Revolutionsregierung hat enorme Anstrengungen unternommen, den Kindern Schulen zu geben. Auch neue Curricula wurden entworfen, die sich nach afrikanischen Bedürfnissen ausrichten, zum Beispiel werden Regeln der Hygiene, des Marktes gelehrt. Die französische Sprache ist dabei unentbehrliches Mittel geblieben, und es wäre fatal, wie einige fordern, sie abzuschaffen. Geblieben ist leider auch die französische Einpaukmethode. Verboten wurden Prügelstrafen, was aber nicht unbedingt heißt, daß Lehrer sich daran halten.

Was sie lernen, mit für uns erschreckender Härte, ist zunächst Disziplin. Disziplin, wie wir sie verstehen, ist kein Bestandteil afrikanischer Mentalität. Aber nicht mehr rückgängig zu machende wirtschaftliche Verflechtungen, die westlichen Gesetzmäßigkeiten unterliegen, machen diese Disziplin zu einer Überlebensfrage.

Allerdings: Drill und Auswendiglernen gehen hier auf Kosten von Verstehenlernen und eigenem Denken. Zeigen die Kinder mangelnde Konzentration, kommt es vor, daß ein Lehrer unvermittelt: »Aufstehn und setzen« befiehlt.

Draußen dagegen gibt es den Schulgarten, die Schulfelder. Was Kinder hier lernen, was sie an Erfolgen miterleben, können sie an ihre Eltern weitergeben.

Der Griot, Trommler, Sänger, Geschichtenerzähler, der ursprüngliche afrikanische Dichter, heißt mich in Sonsoro willkommen, auf seiner Zunge liegt der braune Brei der Kolanuß.
Sonsoro, 20 Kilometer nördlich von Kandi gelegen, ist zur Hälfte von Bariba, zur Hälfte von Peul bewohnt. Peul sind Nomaden, die in den Savannen ganz Westafrikas leben, sehr intelligent und sehr schön. Einst Herrscher, dann unterworfen, hüteten sie hier den Baribaherren die Rinder. Jetzt sind sie seßhaft geworden und doch mit den Gedanken woanders. Die Frauen mit schwerem Schmuck behangen, fast immer mit riesigen, milchgefüllten Kalebassen auf dem Kopf; die Männer feminin, mit Reifen, Ohrringen, den bestickten Kitteln sehe ich sie händchenhaltend dastehen, Sanftheit in den schlanken Gesichtern mit großen Augen und großen blanken Zähnen. Ihr Kunsthandwerk gehört zum feinsten Afrikas. Sie interessieren sich wenig für Schule und kaum für Revolution.
Bariba sind erdständiger, groß und kräftig, ein Volk von Bauern, Jägern, Reitern. Der 37jährige Bürgermeister, Krankenpfleger der Kommune, ist ein magerer, fast schmächtiger Bariba.
»Seit wir die Revolution machen, kommen wir nicht mehr zur Ruhe«, sagt er und beschreibt damit den Zustand, der vom Minister über den Präfekten und Distriktchef bis eben zum Bürgermeister alle erfaßt hat. Denn nicht nur das Volk für seinen Fortschritt zu mobilisieren, sondern auch für die Belange jedes einzelnen jederzeit dazusein, ist Aufgabe der politischen Autoritäten. Die Bauern nutzen dieses Recht.
In dieser Gegend wachsen Hirse, Maniok, Erdnüsse, Baumwolle und Kariténüsse. Aber fast kein Gemüse, kein Obst. Mit tiefgekrümmten Rücken hacken die Bauern den dürren Boden auf. Maschinen gibt es hier nicht; die Erde, die damit der Erosion ausgesetzt wäre, vertrüge auch keine maschinelle Bearbeitung.
Am Samstag hacken die Kinder auf dem Schulfeld die Erdnußpflanzen vom Unkraut frei. Vom Erlös aus der Ernte wird Schulmaterial angeschafft, auch ein weiterer Klassenraum soll angebaut werden.
Am Sonntag trommelt der Griot die revolutionären Frauen zusammen, die sich auf dem kommunalen Frauenfeld um die Erdnüsse kümmern. Der Griot zieht mit ihnen aufs Feld, steht dort unter einem Baum und trommelt ihnen Mut und Laune zu. Unter der prallen Sonne, mit den schlafenden Kindern auf dem waagerechten Rücken, hacken sich die Frauen übers große Feld.

Am späten Mittag wandern sie heim, bilden einen großen Kreis unter dem Palaverbaum, tanzen und singen ihre revolutionären Lieder:

> Unser Glück in diesem Land Benin
> Ist die Revolution
> Und nichts anderes kann uns helfen
> Als diese Revolution
> Deshalb müssen wir aufwachen.

Welche Kraft treibt sie an? Diese Frauen, die am frühen Morgen oft von weit her schwere Wassereimer transportieren, am Brunnen Wäsche waschen, die Hirse stampfen, über der Kochstelle den Hirsebrei rühren, bis er zähflüssig wird, die kleinen Kinder versorgen und die Männer, den Hof fegen, dann das kommunale Feld durchjäten, tanzen, dann wieder Kochen, Wasserholen, Brot backen, kleine Dinge für den Markt herstellen ...

Freilich sind sie meistens nicht allein. Ein Mann hat zwei Frauen oder auch mehr. Eifersucht gibt es. Aber ist die Frau allein, träumt sie von der anderen, die ihr helfen könnte.

Auf einem revolutionären Plakat steht:

> Sei stolz, Erde
> Hier sind deine Lieblingskinder mobilisiert
> Dich zu bebauen

Der Bauer Barou erzählt:

»Gestern, als ich aufstand, habe ich bemerkt, daß eins von meinen Kindern krank war. Ich bin in den Busch gegangen, um Wurzeln zu suchen, und nach der Behandlung bin ich aufs Feld gegangen. Ich habe meine Erdnußparzelle vom Unkraut gejätet. Nachdem ich dort fertig war, habe ich das Feld von einem Camarade besucht, er hat mir seine Parzellen gezeigt. Seine Felder sind so sauber wie meine. Wir haben uns über das tägliche Leben auf den Feldern unterhalten, bevor wir nach Hause gegangen sind. Als ich heimkam, habe ich mich ausgeruht, ich war sehr müde von der Feldarbeit, ich habe meinen Hunger gestillt mit Hirsebrei.«

Während Bauer Barou spricht, stampft seine Frau auf dem Hof die Hirse, seine andere Frau arbeitet auf dem Feld. Seine Kinder haben die aufgedunsenen Bäuche und dünnen Arme, wie man sie von Fehlernährung, von chronischem Hunger kennt. Er selbst ist mit 47 Jahren ausgemergelt und alt. Vor drei Jahren wählten ihn die Bauern in das Amt des Präsidenten ihres *groupement villageois*, die Vorstufe zur Kooperative. Jetzt spricht er davon, daß er müde ist, daß ihm das Amt nicht mehr genügend Zeit für seine Arbeit auf dem Feld läßt:

»Wir haben keine Kooperative im Dorf, die einem Genossen, der krank ist, helfen kann; es ist niemand verantwortlich dafür, daß er zu essen hat. Ich als Präsident des *groupement villageois* kann die Initiative dazu nicht ergreifen, weil die Leute sonst denken, daß ich das will, damit man mir hilft, wenn ich verreisen muß. Es wäre mein größter Wunsch, daß die Genossen auf meinem Feld arbeiten, aber sie müßten selbst mit dem Vorschlag zu mir kommen, eine Kooperative zu gründen. Ich erinnere mich an ein Ereignis, als ich nach Cotonou fahren mußte. Als ich zurückkam, haben sie mir zwei Tage lang auf meinem Feld geholfen. Alle jungen Leute aus dem Dorf haben auf meinem Feld gearbeitet, das war letztes Jahr. Und wie sie mir so geholfen haben, habe ich alle Sorgen vergessen, die ich während der Reise hatte. Ich hatte schlecht geschlafen, schlecht gegessen, man hat schlecht zu mir gesprochen.

Ich bin sehr froh gewesen, das hat mich sehr ermutigt, daß ich weiß, daß eine solche Hilfe möglich ist.

Aber die Leute verstehen es nicht, sie müßten selbst die Initiative ergreifen. Lieber rackere ich mich ab und kann mich nicht ausruhen, während die andern mehr verdienen.«

Zu Beginn des Gespräches gab Barou den Grund für die Abneigung der Bauern gegen Kooperativen an, als ich ihn fragte, welche Veränderung ihm die Revolution gebracht habe:

»Die erste Veränderung war: Früher sind wir zu der Arbeit gezwungen worden. Natürlich weiß man, daß man ohne Arbeit nicht leben kann, deshalb arbeitet man, aber früher geschah es unter Zwang.«

Wer hat euch gezwungen, für wen mußtet ihr arbeiten?

»Wir haben alle für die staatliche Baumwollgesellschaft gearbeitet. Seit es die Kooperative gab, die Aufteilung in gemeinsame Felder, wurde vorgeschrieben, wieviel wir abzugeben hatten.«

Und jetzt?

»Seit es die Regelung mit den gemeinsamen Feldern der Kommunen und der Dörfer gibt, kommen die Ernten uns zugute, entweder wir verkaufen, oder wir speichern oder verfügen sonstwie über die Ernte.«

Also bist du heute besser dran als früher?

»Heute bin ich glücklicher, ich bin freier, meine Situation ist gut. Alles, was ich ernte, gehört mir. Ich fühle mich gut, ermutigt, stark.«
Hat sich noch mehr geändert?
»Ja, im Radio senden sie häufig Ideologie in unserer Sprache, man redet von der Revolution, man spricht uns an. Am meisten interessiert mich, daß der Boden uns allen gehört. Es gibt keine Steuerunterschiede. Der eine ist Bauer, der andere ist Intellektueller, und wir müssen uns verstehen, uns zusammentun, um dieses neue Benin aufzubauen.«
Ist das Radio, die »Stimme der Revolution«, wie ein neuer Griot für dich?
»Ja, das ist ein neuer Griot für mich, der mir neue Dinge zeigt, die mich ermutigen.«
Das Radio im Haus gegenüber läuft bis tief in die Nacht und hindert mich am Schlafen. Mich stört der Lärm mehr als die Beschimpfung westlicher Gesellschaftssysteme, mich nervt die Wiederholung abstrakter Begriffe. Schlagworte.
Was ist das, Imperialismus? frage ich den Bürgermeister, der kein Analphabet ist.
»Der Imperialismus? Der Imperialismus, das ist der Imperialismus.« Er schaut mich verwundert an ob meiner törichten Frage und gibt die Antwort mit aller revolutionären Überzeugung.
Wer sind die Imperialisten, frage ich abends in einer Runde.
»Die Franzosen zuerst, unsere Kolonisateure und Neokolonisateure, dann die Amerikaner ...«
Und die Sowjets?
»Die Sowjets sind unsere Freunde.«
Womit beweisen sie das?
»Sie geben uns Waffen.«
Die ihr bezahlt mit eurem mühsam gepflanzten Mais.
»Selbst wenn sie uns nichts geben, sie geben uns moralische Unterstützung. Wir lieben, wer uns liebt.«
Ausspruch eines revolutionären Beniner Intellektuellen:
»Zwei Länder haben mich zutiefst enttäuscht: die USA und die UdSSR, die beiden großen Imperialisten. Mein Erlebnis von Rassismus in der UdSSR werde ich nie vergessen. Sie waren so sehr bemüht um uns schwarze Besucher, so rassistisch bemüht. Sie sind nicht sehr intelligent und schon gar nicht sensibel.«
Wie ist dann eine durch das Radio verordnete Liebe für die Supermacht UdSSR zu erklären?
»Wer das Pulver macht, gewinnt den Krieg«, lautet ein Sprich-

wort aus dem alten Reich Dahomey. Afrika machte kein Pulver und verlor den Krieg. Benin kauft Waffen von der UdSSR und hat gratis das Versprechen, daß damit der gemeinsame Feind zu schlagen ist. Wer das Pulver *macht*, gewinnt den Krieg. Afrika ist ein Pulverfaß, vollgepumpt mit Waffen aus den USA, der Sowjetunion, Frankreich, den beiden deutschen Staaten, die das Pulver machen.
Benins Pulver ist die Revolution. Benins Revolution sollte das Pulver sein, das den Hunger besiegt.

Du bist unsere Schwester, sagen die Bauern mir immer wieder, obwohl sie wissen, daß ich aus ideologischem Feindesland komme. In Atacora, Kerekous Heimatprovinz, wird sich das ändern. Der Bus von Parakou nach Natitingou fährt um neun Uhr ab. Mir wird jedoch geraten, schon um halb sieben da zu sein, um einen Platz zu finden.
Ich bin erst um sieben Uhr an der Haltestelle, der Bus kommt um acht, als schon alle mit ihrem Gepäck versammelt sind. Der Kampf um einen Sitzplatz für eine fünfstündige Fahrt setzt ein. Ohne Gnade quetscht sich durch die Tür, wer der Stärkere ist. Ich bin nicht stark, werde aber in dem Knäuel mit hineingepreßt. Ein Beniner schimpft: »Ah, das ist afrikanisch.«
Einen Sitzplatz gefunden zu haben, heißt nicht, ihn für sich alleine zu haben, man hockt zu dritt auf den schmalen Bänken für zwei, aber drinnen ist jeder höflich und hilfreich. Der Bus fährt um halb zehn ab.
Die Straße nach Natitingou ist nicht asphaltiert und voller Löcher. Alle haben rotes Haar vom roten Staub.
Atacora ist Benins schönste und ärmste Provinz. Bergig und grün mit den Sombas: aus rotem Lehm gebaute kleine Burgen, architektonische Kunstwerke. Die Menschen sind verschlossen; feingeritzte waagerechte Gitter über beiden Wangen sind die Zeichen ihrer Gruppen.
Hier leben die Wilden, vor denen selbst wir noch Angst haben, sagen die Leute aus dem Süden. Hier fragt mich zum ersten Mal ein Polizist nach meiner Reiseerlaubnis, kaum daß ich aus dem Bus gestiegen bin; er fragt es höflich, auch das wird sich später ändern. Aber die Kinder singen hier noch an jeder Straßenecke, was Eltern in Cotonou den Kleinen längst verboten haben: »Weißer, Weißer, guten Abend, geht es gut? Danke.«
Die ersten von Weißen gelernten Worte.
Der beigeordnete Präfekt von Natitingou ist 28 Jahre alt und

kommt aus dem Süden. Ja, wir sind jung, sagt er, wir haben die Alten etwas stillgelegt, sie sind noch zu sehr verfilzt mit dem Kolonialismus.

Bevor ihn am Samstagmorgen sein Chauffeur zur Feldarbeit fährt, regelt er meinen Aufenthalt in Tangieta, danach reist er nach Cotonou, wo alle Politiker des Landes sich zu einer großen Konferenz treffen, um Benins Grundgesetz in seiner endgültigen Fassung zu diskutieren.

Monatelang, bis in die kleinsten Dörfer, wurden die neuen Gesetze mit dem Volk diskutiert. Das Ergebnis, der Entwurf, wurde Anfang August auf großen Plakaten überall ausgehängt. Das Volk sollte Gelegenheit haben, auch hieran Kritik zu üben und konstruktive Vorschläge zu machen. Das Volk tat es. Benins Bauern formulierten ihr Grundgesetz mit, das im September 1977 in Kraft trat.

Auch der Distriktchef von Tangieta befindet sich auf der Konferenz in Cotonou. Das heißt, es gibt niemand, der der Bevölkerung sagt, wer die fremde Weiße ist. Das hat nichts mit Benins politischer Situation zu tun, sondern entspricht uralter afrikanischer Tradition: Die Bauern wollen einen Fremden von ihrer höchsten Autorität akzeptiert und vorgestellt sehen, ehe sie ihn selbst akzeptieren. Der Mann vom Carder, vom »regionalen Aktionszentrum für ländliche Entwicklung«, der sich um mich kümmern soll, aber nicht dazu kommt, ein Mann aus dem Süden, ist von der Bevölkerung wenig geliebt.

Ich finde keinen Kontakt. Die Frauen zischeln Verwünschungen hinter mir her, die Männer ignorieren, die Kinder verspotten mich.

Tangieta in den Bergen. Blick auf steile Felswände. Im August ist die Dürre so verheerend, daß die unreifen Früchte von Sträuchern und Halmen fallen. Trockenheit in der Regenzeit.

Zum ersten Mal konstatiere ich so etwas wie Bitterkeit in den Gemütern der Menschen. In den Bergen, heißt es, begingen Bauern aus Hunger Selbstmord. Von meinem Hunger zu sprechen erscheint daher wenig angebracht. Aber immerhin: Wie an anderen Orten fällt auch hier kurz nach meiner Ankunft starker Regen.

Du hast uns den Regen gebracht, hieß es anderswo, das heißt, du bist mit guter Absicht gekommen, deshalb belohnen dich die Geister mit Regen.

In Tangieta, wo sich das Wasser von den Bergen in reißenden

Bächen durch die Straßen wühlt, stürmen Ameisen und andere Insekten in mein Haus, und ich gehorche dem Wink der Geister und verlasse nach drei Tagen Tangieta, verlasse, nervös geworden durch Polizisten, die in mir eine Spionin vermuten, die Provinz Atacora.

»In Atacora sind unsere Leute gut mobilisiert!« ruft später stolz der Innenminister.

Die Feindseligkeit in Atacora blieb die Ausnahme. Sie mit Rassismus zu verwechseln wäre töricht. Im Norden trifft man noch heute Männer, die im Zweiten Weltkrieg für die Franzosen in Deutschland gekämpft haben, Söhne, deren Mütter erschossen wurden, wenn sie sich weigerten, ihre Kinder freizugeben. Dennoch haben diese Schwarzafrikaner, die allen Grund dazu hätten, niemals Rassismus entwickelt, Menschenverachtung ist ihnen ebenso fremd, wie sie sich tief eingegraben hat in weiße Mentalität.

Wenn die Regierung im Radio in ihren Mobilisierungskampagnen das imperiale System und damit oft auch, vereinfacht, den Weißen anprangert, kann die Reaktion eines Bauern folgende sein:

»Wenn man sich vorstellt: Ich sitze hier, und ich allein sehe immer den Weißen und verhandle allein mit ihm und erzähle meinem Volk, das den Weißen nur von weitem sieht: Der Weiße ist gut. Und eines Tages dann, nach zehn Jahren oder zwanzig, komme ich und sage: Nein, nein, das stimmte ja gar nicht, der Weiße ist schlecht, es ist alles eine Lüge gewesen ...

Wir, die Bauern, wissen nicht, was sich zwischen der Regierung und den Europäern ereignet. Europäer und Afrikaner sind Brüder, und wenn sie sich gestritten haben, müssen sie wieder zueinanderfinden.«

Das sagt ein Fetischist und nicht etwa ein Christ.

Wenn von der Regierung die von den Kolonialisten verführten, korrupten Regierungen angeprangert werden, so ist das den Bauern eher faßbar:

»Diese ehemaligen Regierungen waren gegen die Bauern, ein Banditenregime, sie bestahlen uns. Wir waren es, die Bauern, an denen sie sich fett machten. Heute ist alles gut, die Revolution hat alles verbessert, und wir werden dieser Revolution folgen.«

Das sagt Kevezan, der sich über die Kooperative beklagte. Der Widerspruch der Bauern, die einerseits auf die Revolution schimpfen, kurz darauf aber versichern, sie sei eine gute Sache,

ist nur ein scheinbarer Widerspruch und auch keineswegs die ängstliche Äußerung dessen, der seiner Kritik Abbitte zu leisten versucht, denn die Überlegung, daß es schwerwiegende Folgen für ihn haben könnte, Regierungsbeschlüsse zu kritisieren, ist ihm noch nicht gekommen – und sollte ihm auch nicht kommen, denn damit würde die Revolution, die hier erst, nämlich von unten, begonnen hat, im Keim erstickt. Der Bauer, der Angst hat, ist der ausgepowerte, vom sozialen Fortschritt vergessene Bauer von jeher. Wenn Revolution auch heißt, an die Interessen benachteiligter Schichten zu appellieren, dann ist das in Benin geschehen, und die Bauern beginnen sich zu artikulieren und auf den Appell zu antworten. Hier ist die Revolution eine Hoffnung. Der Innenminister sagte:
»Kommen Sie in fünf, in zehn Jahren wieder. Wir werden dann vielleicht nicht mehr an der Regierung sein, aber unser Land wird sich verändert haben.«

Die revolutionären Männer von Gangban singen:

Benin wird glücklich werden
Das ist sicher
Die Revolution wird gewinnen
Das ist sicher
Alles hat sich geändert
Das ist sicher.

Kinder der Kirdi

Tage und Nächte in den Mandarabergen Nordkameruns (1979)

Wir sind stolz, wir leben glücklich
Wir haben Männer, die uns lieben, wir haben alles
Die Regen bringen uns gute Ernten

Wären nicht die Gendarmen aus Mokolo:
Sie kommen zu uns in die Berge
Und jagen die Jungen, die uns lieben

Sind wir nicht bald zum Heiraten reif?
Werden wir unter dem Dach unserer Eltern altern
Statt an der Seite unserer Auserwählten
Weil die Gendarmen von Mokolo
Sie der Freiheit berauben?

Sind wir alle an einem Unglückstag geboren?
Warum denn, Vater, Mutter, habt ihr uns in die Welt gesetzt?
Wir haben kein Messer
Hätten wir eines, würden wir uns damit töten
Denn wen bekümmert unser Leben?
Sich um uns zu sorgen hieße doch, Kindereien nachzugehen

Unsere Liebsten werden bedroht
Von den Gendarmen aus Mokolo
Wer wird uns zu essen und zu trinken geben?

Ich leide, denn du, mein Geliebter, wirst gejagt, gehetzt
Daran gehindert, glücklich zu leben
Obwohl du gut bist

Warum bin ich ein Mädchen?
Warum nicht ein Junge?
Wäre ich ein Junge, käme ich dir zu Hilfe

Aber vergiß nicht:
Selbst der Hof des mohammedanischen Eindringlings
Hamayadjé

Konnte sich nicht vor unseren Aufständischen schützen
Den Leuten aus Mokolo, die unsere Freiheit bedrohen,
Wird es nicht besser ergehen.

In einem »heiligen Krieg« hatten Nomaden vom Volk der Fulbe ein breites Gebiet Nordkameruns erobert. Erfüllt von religiösem Sendungsbewußtsein und politischem Machtstreben, zogen zu Beginn des 19. Jahrhunderts diese einstigen Hirten, zu Kriegern geworden, auf ihren Pferden durch die Ebenen des Nordwestens, um auch deren Bewohner zu islamisieren und zu versklaven.
Die sich retten konnten, flohen in die steinigen Berge oder die Sümpfe, wohin keine Kavallerie gelangte.
Die Fulbe gaben den animistischen Verweigerern den Namen Kirdi – Volk ohne Glauben. Das war unrichtig. Animismus, Naturreligionen sind tiefste Gläubigkeit.
Ein knappes Jahrhundert später kamen die Kolonialisten, die mit ihren Gewehren die Verfolgungsjagden der Fulbe unterstützten: Deutsche, dann Franzosen. Die Kirdi erkannten ihre Autorität nicht an.
Christliche Missionare erschienen, ohne diese »Heiden« oder »Barbaren«, wie sie nun hießen, »bekehren« zu können.
Nach der Unabhängigkeit Kameruns 1960 tauchten Regierungsbeamte aus dem Süden auf, um – hüttenabbrennend und schießend, wie sie es von den Kolonialherren gelernt hatten – Steuern zu erzwingen.
Die Kirdi antworteten, wie seit jeher, mit vergifteten Pfeilen.
Im Departementsstädtchen Mokolo stand und steht ein großes Gefängnis bereit.
Das Lied von den Gendarmen aus Mokolo wird von kleinen Mädchen gesungen.
Noch vor 30 Jahren gehörten die Kirdi, etwa eine Million Menschen in 50 ethnischen Gruppen und Splittergruppen, zu den gesündesten Völkern Schwarzafrikas. Gesellschaften aus Individualisten, von denen ein Großteil niemals domestiziert, kolonisiert und korrumpiert worden war.
In den Bergen schießen sie vereinzelt noch heute mit Pfeilen auf den, der ihre Freiheit bedroht. Aber ihr Widerstand gegen die Anpassung, diese andere Art des Sterbens, beginnt zu zerbrechen.
Kirdi-Kinder aus den Mandarabergen, gelegen im äußersten Nordwesten Kameruns, erzählen von ihrem Leben. Kinder aus

Tourou, Mogode, Mokolo. Orte nahe der nigerianischen Grenze.

Die elfjährige Koumia schildert den gestrigen Tag, den sie nachts im Traum wiedererlebt hat:

»Als ich von der Schule heimkam, nahm ich meine Hacke und ging aufs Feld. Ich war bei der Arbeit, als mein Vater mich rief, ich solle meiner Mutter bestellen, zum Hof zurückzukehren, weil er das Huhn töten wolle und die Familie sich zur Zeremonie versammeln müsse.

Ich lief zu meiner Mutter, aber die meinte, daß es kein besonders wichtiges Fest sei und daß mein Vater allein mit der Zeremonie beginnen könne. Sie war einverstanden, das Huhn dann zuzubereiten. Während der Zeremonie trank ich viel Hirsebier. Ich war betrunken und nahm meine Hacke, um wieder aufs Feld zu gehen. Aber nach kurzer Zeit gab ich auf, denn ich war sehr betrunken, und die Nacht brach herein. Zu Hause befahl mir meine Mutter, Abfälle hinter dem Haus zu verbrennen. In der Zwischenzeit war das Abendessen fertig. Mein Vater und meine Brüder aßen das Huhn, während meine Mutter und ich die Blättersoße aßen, ohne die üblichen Bohnen darin.

Nach der Mahlzeit besuchte uns ein Nachbar. Wir saßen vor dem Eingang, redeten bis tief in die Nacht und fragten uns, was wir tun würden, wenn eine Spinne käme, um uns zu beißen.«

In Tourou finden sich einige Hütten, die Schule, die Sanitätsstation, der Marktplatz, einmal wöchentlich belebt. Einmal wöchentlich, wenn überhaupt, taucht ein Fahrzeug hier auf. Tourou bezeichnet kein Dorf, sondern ein Bergmassiv mit weit über die Terrassenhänge zwischen Granitrundlingen und Caicedratbäumen verstreuten Gehöften, deren Spitzkegeldächer aus Hirsestroh hell leuchten.

In Tourou leben die Hide oder Gra, eine Splittergruppe der Matakam oder Mafa. Hide bedeutet: Freunde.

Das »Fest des Ochsen« ist gerade zu Ende gegangen, viel Fleisch wurde gegessen, eine Menge Hirsebier getrunken.

Am späten Nachmittag wird auf der großen Wiese das »Fest des Huhns« gefeiert werden, das letzte der Feste vor der großen Stille, der unentwegten Arbeit auf den Feldern. Die Regenzeit ist angebrochen, Pflanzzeit.

Am Morgen von allen Berghängen Flötentöne, Flöten aus Antilopenhorn, Ziegenhorn, die Bambusflöten der Mädchen.

Kinder, die die Schafe hüten, liegen im Schatten der Felswände auf glattgewaschenen Riesensteinen, stoßen in ihre mit Kaurimuscheln verzierten Hörner oder hocken flötend in Bäumen.
Die Frauen, Babys auf dem Rücken, haben für das Fest die Haut schon rot geölt, das zur runden Kappe rasierte Haar rot eingeschmiert, rot polierte Kalebassen auf den Köpfen, Helme, die sie immer tragen. An der Unterlippe oder Nase ein Metallstab, blaue Perlen um den Hals, Arme mit Eisenspangen, die Waden mit rotem Geflecht der Bohnenstauden verziert.
Während des Festes dürfen Mädchen und Knaben noch in jener Nacktheit erscheinen, in der vor 20 Jahren fast jeder herumlief und die heute verboten ist. Während des Festes tragen die Männer Ziegenfelle, mit denen man sich früher gegen Kälte schützte, sie haben ihre Schilde aus steifem Büffelleder hervorgeholt, tragen den hellen Kopfputz aus den Schwanzhaaren der Ochsen und ihren Köcher.
Gemeinsam laufen Kinder, Frauen und Männer, wenn das Fest beginnt, zum Takt des Tamtam im Kreis, stoßen in ihre Flöten und Hörner, tanzen Drohgebärden und beschwören ein gutes Erntejahr. Dem Fetisch wurde das Huhn geopfert, und allen Krankheiten, Feinden, allem Unheil wird der Krieg erklärt. Sie singen: »Wir sind stark, wir werden euch bekämpfen, wir werden ein gutes Jahr haben, die Hirse wird reichlich tragen, wir werden satt zu essen haben und viel Hirsebier brauen, unsere Frauen werden Kinder gebären, alles wird gut werden in diesem neuen Erntejahr!«
Sie feiern bis zum Einbruch der Nacht, dann setzt Stille in den Bergen ein. Auf den Hirsefeldern haben Raupen die junge Saat bis auf die Stümpfe abgefressen.
Auf der obersten Terrasse seiner Felder steht in einem Schwall von Fliegen Komkems Vater, ein Greis von über 80 Jahren, und er klagt: » Was werden wir morgen essen? Wir werden hungern, die Raupen werden die ganze Ernte vernichten.«
Er hat trotzdem mit Frau und Kindern die Erde aufgehackt, Unkraut gejätet, zwölf Stunden lang. Abends kommt Sturm auf, der Himmel wird schwarz, auf den Bergen brennen Feuer. Komkem friert, legt die Hacke weg und sagt: Wenn ich friere, lehne ich mich an einen warmen Stein.
Komkem ist 13 oder 14. Sein siebenjähriger Bruder Madagali, tagaus, tagein mit einer zerlumpten schwarzen Männerhose umwickelt, spielt mit einem dünnen blonden Hund, stößt mit der Sichel nach ihm. Unten auf dem Weg wandern eilig Kinder

vorbei, hohe Grasgarben auf den Köpfen, die Gesichter von Gras überdeckt.
Komkem sagt:
»Ich liebe die Berge, hier kann ich auf dem Feld arbeiten und auf die Jagd gehen. In den Bergen kann ich mein Hirsebier trinken und habe meine Freiheit. Wäre ich woanders, was fände ich da zu essen, was könnte ich pflanzen? Denn wenn ich meine Hacke und meinen Bogen nicht hätte und nicht mein Hirsebier, was wäre das für ein Leben? Heute morgen habe ich Wasser vom Brunnen geholt, bin dann zu meinem Vater aufs Feld gegangen und habe mir gewünscht, daß wir schnell mit der Arbeit fertig werden, damit ich nach Nigeria gehen kann, um Geld zu verdienen. Ich werde dort Zuckerrohr schneiden oder Lasten tragen und mir von dem Lohn Kleider kaufen.«
Komkem wird die Schule schwänzen und wie alle Jungen von sechs Jahren aufwärts zur fünf Kilometer entfernten Grenze wandern, die nur auf dem Papier besteht: Kirdi leben zu beiden Seiten. In Nigeria gibt es reichere Märkte und Arbeit, und die Preise sind dort weit niedriger als in Kamerun. In Tourou herrscht reine Subsistenzwirtschaft, die mühsam gepflanzte, kostbare Hirse wird nicht verkauft. Aber für die Steuern wird Geld gebraucht, seit 20 Jahren auch für die Kleider. Und Lohnarbeit und Kleidung besorgt man in Nigeria. Dem Kameruner Staat ist das ein Ärgernis. Die Steuereintreiberei in den Bergen ist aufwendig, das Ergebnis im Verhältnis lächerlich, auch wenn die Bauern höhere Steuern zahlen als die Beamten. Statt wie der brave Plantagenbauer für den Export zu arbeiten und damit die Staatskasse zu füllen, statt in erster Linie seine Beamten zu ernähren und von dem Rest sich selbst, denken die Kirdi schlicht an ihre eigenen Bedürfnisse und ignorieren den Staat. Das mißfällt der Regierung, die wenig Kontrolle über sie hat.
Den Starrsinn aufzuweichen, könnte allenfalls bei den Kindern gelingen. Deshalb bohrt man keine Brunnen in den Bergen, baut keine Straßen – aber Schulen. In der Hoffnung, über diese Institution gehorsamere Staatsbürger zu gewinnen.
Die Eltern sind entschieden dagegen. In der Schule, sagen sie, wird man die Seele des Kindes töten. Man wird ihnen Dinge beibringen, die sie von hier weglocken, um sie woanders ein Leben in Unglück führen zu lassen.
Lamta erzählt, daß er mit neun Jahren in die Schule kam. Er sagt:
»Unsere Eltern hatten keine Ahnung von der Notwendigkeit

der Schule. Sie meinten, wenn man ein Kind einfängt, um es in die Schule zu stecken, dann deshalb, um es zu verkaufen oder zu töten. Als man mich zur Schule brachte, schrie meine Mutter und hatte drei Wochen lang keinen Appetit. Mein Vater sagte: Wenn du zur Schule gehst, dann bete dort und komm sofort zurück. Denn er hatte von den Moslems gehört, daß sie zur Moschee gehen, beten und zur Arbeit zurückkehren. Mein Vater glaubte, mit der Schule sei es das gleiche. Er selbst hatte mich dorthin geschickt. Denn Eltern, die ihre Kinder zu Hause behielten, hatten 1000 Francs Strafe zu zahlen. Wer nicht zahlte, kam ins Gefängnis. Jedes Jahr hatte mein Vater 2000 Francs für mich und meinen Bruder zu zahlen, und er hatte die Nase ein bißchen voll davon. Also meinte er, ich soll dahin gehen, beten und sofort nach Hause kommen.

Ich ging also zur Schule und hatte noch keine Kleider, nichts als ein schwarzes Stück Tuch, das mir mein großer Bruder geliehen hatte; bis dahin war ich nackt herumgelaufen. So kam ich zur Schule; und nach einem Monat sagte der Lehrer, daß ich ein Dummkopf sei, denn ich brachte keinen Ton heraus. Ein ganzes Jahr lang brachte ich keinen Ton heraus.«

Der Lehrer sagt, die Eltern seien Ignoranten und das Niveau der Schüler niedrig. Der Lehrer stammt aus einer anderen Gegend, spricht und versteht nicht die Sprache der Kinder. Das macht nichts, denn eine andere als die französische Sprache ist an den Schulen verboten. Die Franzosen hielten diese Methode für nützlich: Sie tötete die Seele des Kolonisierten und machte ihn gefügig. Produkte dieser kulturellen Operation bilden heute die Regierung, so daß sich dort seit der Unabhängigkeit außer der Hautfarbe nichts veränderte. Denn die Kräfte, die sich dem widersetzten, wurden eliminiert.

Das dichtbesiedelte Touroumassiv ist in *quartiers* unterteilt, und der Lehrer arbeitet an der kleinen Schule von Logodja. 115 Schüler sind bei ihm eingeschrieben, regelmäßig erscheinen nicht einmal 30. Darum fällt heute der Unterricht aus: Der Lehrer mit seiner Schülerliste, begleitet vom Dorfältesten und zwei Hilfspolizisten mit Gewehren, wird durch die Berge ziehen, um Kinder einzufangen, wie das alle halbe Jahre geschieht.

Fünf Kilometer sind es allein bis zum Dorfchef von Logodja, dessen Aufgabe im Schlichten von Streit besteht – viel mehr Machtbefugnisse hat er nicht. (Höhere Autorität besitzt der Schmied, der die Verbindung zu Fetisch, Göttern und Geistern herstellt.)

Der Chef schleppt sich, hüstelnd, spuckend, nur noch Haut und Knochen, schwer tuberkulosekrank, aus seiner Hütte, hockt sich auf einen Stein, redet, und seine Stimme ist voller Kraft. Während sein ältester Sohn, ein Kind von zwölf Jahren, vom Feld gerufen wird, um den Vater zu vertreten, läßt er den Gästen einen Topf Hirsebrei und Blättergemüse bringen. Und gestärkt zieht die Truppe weiter zu den Höfen. Geschrei von einem Berghang zum andern, Mütter schreien wütend zurück, laufen, statt zu kommen, in die andere Richtung. Dann hat der dicke Hilfspolizist ein Opfer entdeckt, das zu fliehen versucht, aber von ihm eingefangen und geschlagen wird. Die Eltern sagen: Wir werden auswandern, wenn ihr mit dieser Jagerei nicht aufhört, wir werden in die nigerianischen Berge ziehen, dort schert sich keine Regierung um Schule.

Ein Mädchen hat zu entkommen versucht, wird eingeholt, den Hang herabgezerrt. Von Schluchzen geschüttelt, erklärt es seine Situation: Meine Eltern sind tot, meine Großmutter ist alt, sie wird sterben, ich werde sterben, wenn ich zur Schule gehe und das Feld nicht mehr bearbeiten kann. – Man läßt das Mädchen, da es ein Mädchen ist, laufen. Der 13jährige Knabe muß bleiben, sein Bauch hoch aufgequollen von Würmern; viele Kinder haben diese Bäuche, Folge ungenügenden Wassers. Sein Vater wird aufgefordert, einen großen Krug Hirsebier auszugeben. Das tut er gern. Bauern, Polizisten, Kinder trinken friedlich gemeinsam, Hunderte von Fliegen trinken mit. Die Jagd geht weiter, vom Hirsebier stark, schreit es sich noch besser. Drohtöne, Echos, ein Schuß in die Luft: Ihr kommt alle ins Gefängnis von Mokolo!

Die Jagd dauert zwölf Stunden.

Am nächsten Morgen hocken dicht an dicht auf Lehmbuckeln, ihren Schulbänken, die eingefangenen Kinder und lernen Hygiene: Hamadou ist dreckig. Warum ist Hamadou dreckig? Er hat sich nicht gewaschen. – Der Lehrer zeigt auf einen schmutzigen Schüler, obwohl er weiß, daß sein Hof vier Kilometer von einer Wasserstelle entfernt liegt.

Die weiße Frau ist wiedergekommen. Seit einigen Tagen läuft sie in den Bergen herum und behauptet, sich für die Kinder zu interessieren. In panischer Angst retten sich die Kleinen zu ihren Müttern, die größeren schauen durch sie hindurch, wollen nicht wahrhaben, was sie wahrnehmen, denn die Eltern haben ihnen erzählt, daß Weiße Schwarze fressen, roh.

Zum drittenmal erscheint sie heute in der Schule. Ihre Versicherung, das Fleisch kleiner Kinder gar nicht zu mögen, löst keine Belustigung aus; Weiße waren schon immer verlogen. Sie fragt: Was habt ihr empfunden, als die Polizisten euch gestern jagten? Der Lehrer winkt ab, schüttelt gequält den Kopf. Die Kinder dürfen singen. Zwei Mädchen singen das Lied von den Gendarmen aus Mokolo. Dann fragt die weiße Frau: Wer möchte erzählen, was er letzte Nacht geträumt hat? Erzähl es in deiner Sprache.
Als der zehnjährige Bassa erzählt, freuen sich 63 Kinder, daß weder der Lehrer noch die weiße Frau ein einziges Wort verstehen.
»Ich habe geträumt, daß ich in Hidoua war; dort herrschte Krieg. Die Leute jagten mich, und ich schaffte es nicht, mich zu verstecken. Ich rannte von Felsen zu Felsen. Dann war ich plötzlich bei meinem Vater zu Hause. Am nächsten Morgen hörten wir, daß Gendarmen ins Nachbarquartier gekommen waren. Diese Neuigkeit erschreckte alle Leute sehr, denn jedermann wußte, daß die Gendarmen brutal waren und jeden zusammenschlugen, der kein Steuerticket, keinen Personalausweis, keinen Parteiausweis bei sich hatte. Das ganze Dorf zitterte vor Angst.
Ich flüchtete nach Goza in Nigeria. Aber Tahoua, der Chef unseres *quartiers*, befahl den Leuten, mich zu suchen, weil er fürchtete, daß die Gendarmen in unser Viertel kämen, um die Leute zu massakrieren, wie sie es im Nachbarviertel getan haben.
Mein Vater sagte zu Tahoua: Statt daß die Gendarmen hierherkommen und unter dem Vorwand, daß sie meinen Sohn nicht aus Goza zurückgebracht haben, die Leute niedermachen, sollten sie doch selbst nach Goza gehen, um ihn zu suchen.
Aber Tahoua, der Chef, antwortete meinem Vater: Wenn du das den Gendarmen sagst, kommst du sofort ins Gefängnis von Mokolo.
Und mein Vater fragte Tahoua, ob er mich denn wirklich suchen müsse, weil er mein Vater sei, und ob es ein schwerer Fehler gewesen wäre, mich in die Welt gesetzt zu haben. Und mein Vater fügte noch hinzu, daß es Tahoua, dem Chef, nicht zustünde, ihm mit dem Gefängnis von Mokolo zu drohen, denn seine einzige Aufgabe sei es höchstens, den Gendarmen meine Abwesenheit zu melden und ihnen zu sagen, daß sie mich selbst suchen könnten.

In dem Moment wachte ich auf, schlief aber sofort wieder ein und träumte aufs neue, daß ich in den Busch ging, um Gras für die Schafe zu schneiden, daß ich auf ein Bienennest stieß und die Bienen mich wütend verfolgten.«
Der achtjährige Visiga erzählt:
»Ich habe geträumt, daß ich plötzlich vor einem Bienenstock stand, und die Bienen jagten mich. Um ihnen zu entkommen, sprang ich ins Wasser. Dann stieg ich aus dem Tümpel und ging nach Hause. In meiner Hütte überfielen mich 20 Eidechsen und saugten mir die Augen aus. Ich schrie die ganze Nacht. Als ich heute morgen meinem Vater den Traum erzählte, sagte er, daß ich lüge und daß das Kindergeschichten seien.«

Nicht überall haben die Raupen gewütet. Innerhalb weniger Tage verwandeln sich die Terrassen zwischen Felsblöcken, rundgewürfelten Steingruppen, wo immer sie Erde freigeben, in einen einzigen, frischgejäteten Garten, gesegnet von den Seelen der Verstorbenen, die bei den Nachkommen in Tonkrügen wohnen. Stahlblaue Eidechsen mit dottergelben Köpfen huschen über den Granit. In den Felsen leben Wildkatzen, Falken, Antilopen, Panther, Schlangen. Und die Geister. In jedem kleinsten Tier kann sich das Böse verbergen, sich in Harmlosigkeit verwandelt haben, um dann, wie mit dem giftigen Biß der Spinne, zu töten. Diese Bedrohungen sind Alltäglichkeit. Das ständige Bewußtsein von latenter Gefahr, stärker vorhanden bei Kindern, schützt sie vor reeller Gefahr. Kinder werden seltener von Schlangen gebissen als Erwachsene.
Das Gute und Böse der Umwelt haben sich immer die Waage gehalten. Das Gleichgewicht innerhalb der Gesellschaft, die keiner Autorität bedurfte, bewirkte ihre Kraft, ihre Gesundheit.
Bis die Fremden kamen: Moslems und Christen, die nicht nur die sieben demokratischen Götter der Kirdi durch ihren alleinherrschenden Gott ersetzen wollten, sondern als Künder dieses Glaubens mordeten, verbrannten, schändeten, beraubten, versklavten.
Diese fast 200jährige Geschichte der Verfolgung, fortgesetzt heute von Polizisten, hat das Gleichgewicht bis in die Träume der Kinder erschüttert.
Als Dawa acht Jahre alt war, vor 75 Jahren, überfielen Fulbe eines Nachts das Gehöft seiner Familie, zündeten es an, töteten seinen Vater, den kleinen Bruder und verschleppten seine Mut-

ter mit dem Baby auf dem Rücken. Dawa allein konnte sich retten und flüchtete nach Nigeria.
Deutsche Kolonialpolitik zu jener Zeit war es, den Fulbe die innere Autonomie zu gewähren und ihnen die Unterwerfung der Kirdi zu überlassen, sie aber dabei mit den Mitteln deutscher Technologie zu unterstützen. Wenn ihre Vorräte verbrannt worden waren, überfielen die Kirdi Karawanen. Das störte die Deutschen empfindlich; und so bezeichnete ein Kommandeur sie als »Gesindel, zu nichts anderem als Sklavenarbeit nutze, Räuber, die aus den Schlupfwinkeln der Berge den Fulbe zugetrieben werden müssen« – sie wurden von den Deutschen nicht weniger barbarisch verfolgt als von den Fulbe. Die zivilisierten Deutschen, die doch gekommen waren, Afrika vom Sklaventum zu befreien.
In Tourou ließen sie Milde walten, wie Dawa, Komkems Vater, erzählt. Sie verhandelten lange mit dem Dorfchef, dessen Macht zu gering war, so daß Bestechungen nichts nutzten; es war ihm gar nicht möglich, sein Volk zu verkaufen. Also nahmen sie den Chef gefangen und ließen das Volk, den eigentlichen Chef, unbehelligt. Aber die Ruhe trog. Sie führten Steuern ein und überließen Missionaren das Feld. 1916 kamen die Franzosen, die sich auch nicht zimperlich verhielten. Seit ihrer Ankunft hat sich fast nichts mehr verändert. Von Missionaren unterstützt, erreichte die eigene Regierung 1960 mit der Unabhängigkeit den Kleiderzwang für die Kirdi. Missionare versuchten und versuchen das Hirsebier zu verbieten. Ohne Erfolg. Sie tragen Lumpen und trinken noch mehr Hirsebier. Kleider sind immer noch etwas so Fremdes, daß die Notwendigkeit, sie zu waschen, kaum empfunden wird – sofern der Wassermangel das überhaupt erlauben würde. Sie leben in den Gehöften zusammen mit ihren eingemauerten Mastochsen, mit Ziegen, Schafen, Federvieh, um sie vor den Raubtieren zu schützen. Bakterien, Ungeziefer, Flöhe vor allem, hängen in den Kleidern. Die Fliegen sind zu einer Pest geworden.
In den Tümpeln, oft einzige Wasserquelle im Umkreis vieler Kilometer, saufen die Tiere, baden die Menschen, waschen sie Wäsche und schöpfen ihr Trinkwasser. Die Kinder leiden an Diarrhö, Bronchitis, eitriger Bindehautentzündung, an Würmern und Fehlernährung, von denen ihre Bäuche aufgetrieben sind. Denn statt Nahrung werden Kleider gekauft. Nie erreichte Tourou eine Lebensmittel- oder Medikamentenspende des Auslands.

Die Berge sind vollgespeichert mit Wasser, nach dem man nur bohren müßte; die Regierung hat es seit vielen Jahren versprochen.
»Nein, unser Leben in den Bergen ist nicht frei, denn wir haben kein Wasser, und wir brauchen immer mehr Geld für Steuern; oft sind es die Kinder, die es verdienen gehen.«
Das sagt Lamta, der kein Kind mehr ist, 18 Jahre alt und verheiratet, der einzige Schüler, der ohne Scheu französisch redet. Er hat sich von weißen Missionaren taufen lassen, heißt jetzt Thomas und möchte die Berge verlassen, um nach Mokolo zu gehen.

In Mogode herrscht Ordnung. Ein großes Dorf auf dem Hochplateau der Kapsiki – in einer Landschaft mit vereinzelt hoch aufragenden Felsskulpturen, von Tornados glattgewaschenen Vulkanschloten. Zwischen den Feldern Kakteenalleen.
Die große Piste nach Mokolo führt durch das Dorf; die Kinder freuen sich über Fremde, Touristen haben sie schon das Betteln gelehrt.
Mogode besteht aus einem Moslemviertel, einem Christenviertel, einem Animistenviertel. Die Moslems haben die Macht, es regiert ein Dorfchef, verheiratet mit 22 Frauen, die Kinder seiner vier Hauptfrauen heißen Prinzen und Prinzessinnen. Frauen der islamisierten Kirdi heiraten hier nicht mehr, wie in Tourou, aus Liebe, sondern werden verschenkt oder verkauft und dürfen ihr Gehöft nur im Notfall verlassen.
Auch die Christen leisteten gute Arbeit. Missionare einer amerikanischen Sekte wüteten hier fanatisch und säten die Angst vor einem immerzu strafenden Gott. Wer sich diesen beiden hohen Zivilisationen nicht anschließen will, lebt als Proletariat im Animistenviertel und ist nur dann gefragt, wenn Touristen heidnische Exotik zu erleben wünschen.
Abends rast ein Tornado über das Plateau und tobt eine Nacht lang, hinterläßt Regen und Kälte. Die kleineren Kinder, die gestern noch übermütig in ihren Spielen die Straßen bevölkerten, hocken morgens verstört nahe den Eingängen der Häuser, allesamt Kirdi, die während der Nacht den Teufeln lauschten. Eine Impfaktion gegen Masern bestätigt das Unheil.
Nachmittags in der Sonne laufen sie wieder über die Felder und Wiesen in Richtung der Felsen, gesellen sich Moslem- und Christenkinder zu den animistischen Schäfern, die fünf bis sieben Jahre alt und noch nicht stark genug für die Feldarbeit sind.

Den kleinen Schäfern sind Spiele in dieser Zeit eigentlich verboten; Ziegen und Schafe könnten in Gärten einbrechen oder die junge Saat von den Feldern fressen. Die Schläge dafür fürchtend, aber riskierend, suchen sie nach ersten wilden Früchten, süßen Wurzeln, rutschen auf Blättern über die glatten Felsen, die alle heilig sind und Namen haben. Sie bauen kleine Hütten oder Gräber aus Steinhaufen, imitieren das Leben, die Zeremonien der Erwachsenen. Sozialer Stand oder Religion scheint sie nicht zu interessieren. Aber zwischen den größeren Jungen beginnen die Mädchen im Alter von zehn Jahren wortlos zu werden und demütig, wie es der Koran befiehlt. Die Mädchen spielen Frauenkaufen, Hochzeit, spielen den Ehemann, der seine Frauen kommandiert, basteln sich Kalebassen aus Blättern, zerstampfen Sand als Hirse.
Die aufgedunsenen Bäuche sind in Mogode seltener zu entdecken, allenfalls bei den ärmsten der Animistenkinder. Die Babys hängen wohlgenährt und schwer im Tragtuch. Kleinkindern, verhätschelt von Müttern und Geschwistern, wird jede Liebe zuteil, ist alles gewährt; sie kennen kein Verlassensein.
Erst ab vier oder fünf Jahren wird man sie erziehen, für Unarten verprügeln.
Zwei elfjährige Knaben, Moussa, der Moslem, und Vandi, der Christ, hocken unter einem Baobab auf einem Stein im Wind und prahlen: Die Kinder unseres Klans sind die mutigsten.
Vandi berichtet:
»Ich traf auf der Straße eine alte Frau, nahm einen Stock und gab ihr acht Schläge auf den Rücken; dann rannte ich weg und rief ihr zu, daß man uns Kindern zu Hause mit Frauen ihres Alters immerzu Schrecken einjagt. Ich lief in den Busch und kam erst nachts zurück, weil ich Angst vor der Bestrafung hatte.«
Bestrafung wird ihnen auch in der Schule zuteil. Vor nicht langer Zeit erließ die Regierung ein Gesetz, daß jeder Lehrer, der einen Schüler verletzt, mit Gefängnis rechnen muß. Schlagen ist also verboten. Denn es häuften sich die Fälle, daß Lehrer ihre Schüler zu Tode prügelten.
Moussa erzählt:
»Ich habe ein Jahr lang mit der Schule ausgesetzt, der Lehrer war böse, er schlug uns fürchterlich, er trug mit Nägeln beschlagene Schuhe, die er auszog, um auf uns loszuhauen. Natürlich ist das verboten, aber wir sind hier im Busch, wer über-

prüft denn da was! Fünf Tage lang mußte ich einmal zu Hause bleiben, auf dem Bauch liegen, ich konnte nicht laufen, nicht sitzen, mein Po war blutig geschlagen. Als ich am sechsten Tag in die Schule zurückkam, fragte der Lehrer, warum ich so lange gefehlt hätte. Ich sagte: Mein Po war geschwollen, glauben Sie, daß ich, klein wie ich bin, die zehn Stockschläge, die Sie mir gegeben haben, ertrage? Der Lehrer sagte: Blödsinn – und gab mir noch fünf Schläge auf die Hand. Das machte zusammen 15 Schläge, und ich sagte meinem Vater, daß ich nie mehr zur Schule gehen würde. Ich blieb eine Woche zu Hause, dann sprach mein Vater mit dem Lehrer und brachte mich wieder zur Schule. Von dem Tag an waren wir Freunde. Jeden Tag schenkte der Lehrer mir Geld, mal fünf Francs, mal zehn, jeden Tag. Ich war froh und arbeitete viel, weil ich mir sagte: Ich muß arbeiten, der Lehrer liebt mich.«
Vandi sagt:
»Natürlich beklagen die Eltern sich. Ein Schüler war so sehr geschlagen worden, daß er zwei Wochen lang nicht laufen konnte. Am nächsten Morgen erschien sein Vater in der Schule – mit Pfeil und Bogen. Die Schüler riefen: Pardon, pardon, schieß nicht den Pfeil ab, denn wenn du den Lehrer tötest, wirst du ins Gefängnis von Mokolo kommen, oder die Weißen bringen dich um. Der Vater spannte den Bogen, zielte und sagte dem Lehrer: Wenn du noch einmal meinen Sohn anrührst, ist das dein Tod. Selbst wenn die Weißen mich dann umbringen, das ist mir egal.«
Frage an Vandi: Möchtest du auch Lehrer werden? – »Ja«, sagt er, »ich möchte gerne Lehrer werden.« – Und wie wirst du die Schüler erziehen? – »Ich werde sie schlagen, wie ich geschlagen worden bin – außer wenn sie brav sind.«
»Aber ich möchte nicht Lehrer werden«, ruft Moussa, »denn ich kann mich so schnell erhitzen, daß ich riskiere, den Schüler zu töten.«
»Und was möchtest du werden?«
»Vielleicht Krankenpfleger oder Polizist.«

Morgenappell auf dem Schulhof. Nationalhymne. Nackte Füße. Die Schüler erstürmen vier Klassen, besetzen fast alle Bänke. Vorwiegend Knaben: Moslems und Christen. Mädchen, häufig schon von Geburt an einem Mann versprochen, werden nicht in die Schule geschickt, es sei denn, der zukünftige Ehemann wünscht es. Die zukünftigen Ehemänner drücken als

Kinder selbst noch die Schulbank, einige haben schon drei versprochene Mädchen.
Die 13jährige Tochter des protestantischen Kapsiki-Pfarrers besucht die Schule und erscheint am Nachmittag, wie verabredet, bei der weißen Frau. Fünf Minuten später folgt wutschnaubend ihr Vater: Was geschieht hier mit meiner Tochter? Sie hat zu arbeiten. Weiß ich, welchen Blödsinn Sie mit ihr anstellen? Ich kann keine Dummheiten dulden, ich bin der Eigentümer meiner Tochter, niemand verfügt über sie, außer mir. Sie hat die Hirse zur Mühle zu bringen und das Essen zuzubereiten und sich nicht herumzutreiben!
Jedermann im Dorf ist von dem Vorfall peinlich berührt. Die Kinder sagen: Der Pfarrer ist böse.
Der Pfarrer ist aber nur das Produkt seiner Lehrmeister und übt jetzt aus, was rassistische Missionare ihm beibrachten: Nächstenmißachtung. Auch von seinen islamischen Brüdern hat er gelernt.
Tige und Yama sind in ihrer Klasse die einzigen Animisten. Sie kommen mit leerem Magen zur Schule und verlassen sie mit leerem Magen, um mit leerem Magen aufs Feld zu gehen. Erst am Abend gibt es Hirsebrei. Unterernährung und die Anstrengung, trotzdem ihren Aufgaben gerecht zu werden, unterscheiden sie von Moussa und Vandi, die keinen Hunger kennen.
Aber wie alle Kirdi-Kinder, großäugig, geschmeidig-grazil, sind sie witzig, neugierig, von unendlicher Lust, alles zu erklären, jedes Geheimnis zwischen den Felsen. Sie arbeiten wie Erwachsene und haben deren Verantwortungsbewußtsein. Mit großer Behutsamkeit schützen sie die Kleinsten. Ihre Höflichkeit, von niemandem anerzogen, übertrifft alle Formen westlicher Galanterie: Sie entschuldigen sich für den Stein, über den der Gast stolpert, die Dornen, die ihn kratzen, die Insekten, die ihn stechen.
Aber wie ihre Zärtlichkeit in Grausamkeit umschlagen kann, wenn etwas sie kränkt, so kann ihnen all das abhanden kommen, wenn eine Umwelt ihre Gefühle verletzt. Oder ihre Intelligenz verkümmert, weil ihren Korpern zuviel abverlangt wurde beim Kampf ums Überleben. Humor hat man ihnen in der Schule ausgetrieben. Wenn es gelingt, sie zu korrumpieren, werden sie möglicherweise auch ihr Verantwortungsbewußtsein verlieren.
Tige und Yama, die Zehnjährigen, sind von dieser Gefahr so weit entfernt wie vom sozialen Aufstieg.

»Hör dir das Gewitter an«, sagt Tige, »meine Mutter ist auf dem Feld, und da gibt es nichts, wo sie sich unterstellen kann; sie wird nach Hause rennen und schrecklich leiden, und ich kann ihr nicht helfen.«
Yama fürchtet, daß es am Abend regnen wird und das Gras für die Ziegen nicht geschnitten werden kann.
In der Regenzeit, wenn die Bergpisten nicht mehr mit Autos befahrbar sind, blüht für die Kinder auch hier das Geschäft mit Nigeria, leisten sie Trägerdienste für die Händler. Tige hat sich mit dem letzten Tagesmarsch ein Schulheft verdient.
Tige und Yama fragen sich, ob sie dieses Jahr wohl wieder in der Schule sitzenbleiben.
Vor der Dämmerung versammeln sich die Kinder auf dem Felsen im Hof des Zauberers, der hier vielleicht schon hundert Jahre lebt und nun erzählt, was allen den Atem raubt: Als er ein Kind gewesen sei, habe er 15 Hirschkühe getötet, 10 Antilopen, 4 Gazellen, 15 Milane, 7 Pelikane, 10 Strauße, 20 Bussarde, 10 Adler. Um alle diese Tiere zu töten, habe er die Nacht im Busch verbringen müssen. Und so habe er eines Nachts das Junge einer Hirschkuh getötet und sehen müssen, als er von der Jagd heimgekehrt sei, daß sein eigener Vater gestorben war. Nach dem Begräbnis seines Vaters sei er wieder zur Jagd ausgezogen und habe 15 Stachelschweine erlegt. Auch viel Hirse habe er angebaut in dieser Zeit, ganz allein sei er fähig gewesen, vier Hirsespeicher zu füllen. Später habe er 25 Kinder in die Welt gesetzt, davon seien heute noch zehn am Leben.
Bei Einbruch der Dunkelheit stürzen die Kinder zu ihren Häusern, denn sie fürchten sich vor den Schlangen.

In Mokolo träumte die siebenjährige Tete, daß sie im Haus ihrer Großmutter gewesen sei: »Eine Maus huschte über meine Füße, um mich zu beißen. Ich wollte sie totschlagen, aber die Großmutter meinte, laß sie in Ruhe. Das passierte einige Male. Dann kam die Ratte und tötete mich. Dann kam die Schlange und tötete mich. Dann jagte die Schlange die Maus, und die Ratte sagte der Schlange: Laß sie in Ruhe. Aber die Schlange hörte nicht auf, die Maus zu jagen, und tötete mich noch einmal.«
Die Kinder der Kirdi von Mokolo sind in ihren Träumen noch schlimmer bedroht und verfolgt als die Kinder von Tourou.
Mokolo, die kleine Departementsstadt mit der Präfektur, der großen Gendarmerie, dem großen Gefängnis, dem großen

Krankenhaus und einem Gymnasium, ist eigentlich auch nur ein großes Dorf. Kein Asphalt, keine Bank.
Aber in Mokolo wird die Struktur der Republik Kamerun deutlicher ablesbar: Ein Labyrinth aus 250 ethnischen Gruppen, deren Rivalitäten in Spannung zu halten, machtpolitisches Kalkül ist, eine Spannung, die jene Ruhe zu gewährleisten scheint, der das Land sein Etikett »stabil« verdankt.
Auf wessen Kosten?
Überträgt man das naive Bild aus dem kindlichen Alptraum, so besteht das Volk aus Mäusen und wird verwaltet von gefräßigen Ratten und Schlangen – einer Regierung mit Einheitspartei, gehätschelt von den einstigen französischen Kolonialisten, die immer noch das Sagen haben und ihr wirtschaftliches Monopol auch wahren möchten. Denn Kamerun bietet nicht nur Kaffee und Kakao, Edelhölzer und Fleisch, Baumwolle und Aluminium, sondern auch Öl. Der globale Supermarkt wird beliefert, die einheimische Elite schöpft den Rahm ab, während Polizeiapparat und Steuereintreiber das Volk, die Produzenten, betrogen um ihre eigenen Güter, in Unterwürfigkeit halten. Das koloniale System.
So ist zu verstehen, daß im abgelegenen Mokolo, wo weder in- noch ausländische Zeitungen zu kaufen sind, bis ins Gymnasium der Begriff »Kolonialismus« unbekannt ist. Von »Afrikanisierung« haben ältere Schüler gehört. Aber Afrikanisierung in Kamerun, nach der seine Bourgeoisie zu schreien beginnt, bedeutet nicht mehr als den absurden Wunsch, Imperialist im eigenen Haus zu sein. Was vor 20 Jahren ein Kameruner aussprach, trifft heute immer noch zu: »Die Regierung ist schwarz, aber sie ist nur ein Blatt am Stengel der Hirse: Wenn die Weißen blasen, bewegt es sich. Diese Regierung ist bestochen ... Wenn die Weißen das Land verlassen, werden die Verräter wie ein Haufen trockener Blätter aufgewirbelt und zerstreut werden.«
Weiße sind in Kamerun herzlich willkommen, ja man trauert gar der Solidität jener nach, deren Grausamkeiten Abertausenden das Leben kosteten: den Deutschen. Ihre Brücken halten heute noch.
Die Franzosen wünschen keine Konkurrenz, das würde ihre Preise drücken. Die Kameruner Regierung weiß und respektiert das. Und die Deutschen, beladen mit ihrer jüngeren Geschichte, wissen sich, wenn es sein muß, in Zurückhaltung zu üben. »Wir vergessen keines unserer Kinder, selbst wenn es im

tiefsten Busch wohnt«, wird geklagt, »aber die Deutschen scheinen sich unser kaum noch zu erinnern.«
Ihre Brücken jedoch stehen, und es bestehen ihre anderen kolonialen Hinterlassenschaften: die Untergrabung der moralischen Substanzen. Kein Dorfchef blieb unbeeinflußt, unbestochen, das Prinzip der Gegenseitigkeit war zerstört: Ein Chef war nicht mehr für das Volk da, sondern das Volk nur noch für ihn. Der Chef von Mogode übertrieb den Diebstahl und steht heute vor dem Tribunal von Mokolo.
Die zehnjährige Dabagai erzählt:
»Ich schlief. Da kamen eine Ratte und eine Schlange, um mich zu beißen. Meine Mutter kam und sagte: Du mußt nicht weinen. Ich weinte und schrie, bis ich die Matte naßmachte, ich rollte vom Bett, ich stieß meinen Kopf am Korb und war tot. Am nächsten Morgen wachte ich wieder auf, und seither lebe ich mit den Schlangen wie gute Freunde.«
In Mokolo leben die Matakam, die sich Mafa nennen, zahlreichste Gruppe der Kirdi. Das Sagen haben die Fulbe, Karriere macht nur ein Moslem, Christ zu sein ist das mindeste, ein Animist bleibt ohne Chance. Die Kirdi beginnen das einzusehen und lassen sich taufen. Im Gymnasium finden sich Schüler, die Christ und Moslem zugleich sind, aber zugeben, daß sie weder an die eine noch an die andere Religion glauben, denn der Himmel ist noch immer von ihren eigenen sieben Göttern bewohnt. Ein System zwingt sie zur Heuchelei, wenn sie mehr als nur überleben wollen.
Andere Konsequenz der Anpassung: An den Schulen, von Mädchen nur dünn besucht, beginnt diese Minderheit zunehmend schüchtern und wortlos zu werden. Erschrocken nahmen christianisierte Lehrer dieses neue Phänomen zur Kenntnis, ließen es untersuchen und kamen zu dem Ergebnis, die Gesellschaft sei schuld. Sobald sie in ihre Umgebung zurückkehren, finden die Mädchen sehr schnell ihre Sprache wieder, ihre eigene Sprache.
Haidamai sagt:
»Früher fing man die Kinder mit Gewalt ein, um sie in die Schule zu stecken, heute gehen die Kinder freiwillig, obwohl die Lehrer uns fürchterlich schlagen. Aber unsere Schulen sind schlecht geworden. In den höheren Klassen schwängern die Lehrer die Mädchen, und die Schüler machen es ihnen nach. Meine Großeltern waren noch sehr gegen die Schule und haben meine Mutter in einer Grotte in den Bergen versteckt. Wenn

man die Kinder fand, gaben die Eltern Ziegen, sogar Kühe, um ihre Kinder zu Hause behalten zu dürfen.«
Chived sagt:
»Die Lehrer sind streng mit den Kindern der Bauern. Sie geben ihnen schlechte Noten und schlagen sie. Die Kinder der Reichen bekommen gute Noten, werden ermutigt, beschenkt und niemals geschlagen. Unser Klassensprecher schlägt uns, wenn wir allein sind, noch schlimmer als der Lehrer und sagt uns, daß wir dreckig sind. Und wir antworten ihm, daß wir dreckig sind, weil wir arm sind, bei uns gibt es keine Betten, keine Decken, keine Moskitonetze, nicht einmal ein Handtuch.«
Zu der großen Gruppe analphabetischer Kinder, die heute in Mokolo unbehelligt von Polizeigewalt bleibt, denn die Schulen sind voll, gehört Dabagai, die Zehnjährige, die sich bitter beklagt:
»Meine Eltern haben gesagt, in die Schule gehen heißt bloß, daß die Mädchen Nutten werden. Die Mutter meint, daß es besser für mich sei, im Haus zu bleiben und ihr zu helfen; im Busch nach Wurzeln und Blättern zu suchen. Alle meine Schwestern sind so zu Hause geblieben. Wir holen Wasser, sammeln Holz, zermahlen die Hirse. Nur meine Brüder dürfen die Schule besuchen. Dabei habe ich Lust, zur Schule zu gehen. Ich habe sehr geweint, als meine Eltern es mir verboten haben. Wenn ich zur Schule ginge, würde ich keine Nutte werden wie die anderen.«
Dabagai verwendet für das Wort Schule das französische »école«, für Nutte das Wort »bordell«. Beide Begriffe existieren in ihrer Sprache nicht, weil für beides in ihrer Gesellschaft keine Notwendigkeit bestand. Schule ist zu einer Notwendigkeit geworden; daß Kinderprostitution mit ihr einhergeht, wird von Lehrern bestätigt und gehört ebenso zu den Errungenschaften der Zivilisation wie die Kinder mit dünnen Beinchen und aufgeblähten Bäuchen, die im Müll nach Verwertbarem suchen, und die Knaben, die sich Weißen als »boy« anbieten.
Sie wohnen in hirsestrohgedeckten Rundhöfen, nah den Hängen der Berge, von denen Mokolo eng umgeben ist, keine zehn Minuten vom Zentrum entfernt, zwischen Feldern mit Steinen und Schlangen, ohne fließendes Wasser und mit allen anderen Mängeln. Der Unterschied zu den Bewohnern abgelegener Dörfer besteht nur im täglichen Konfrontiertsein mit dem Wohlstand, den Vorzügen der Zivilisation, die sie beobachten dürfen.

Das Lied vom »Salamander«, das sie mit zarten Stimmchen intonieren, klingt wie eine Ode an ein Zauberwesen, aber »Salamander« bezeichnet den klobig hochplateaubesohlten Schuh, vorgestrige Mode der Weißen, von den Kindern so heiß ersehnt, daß sie ihn besingen.

Nach der Feldarbeit, vor der Dämmerung, hockt eine Gruppe sieben- bis elfjähriger analphabetischer Kinder auf einem Stein und tauscht Erfahrungen aus.

Gourdje sagt: »Die Weißen sind weiß, weil sie immer gut zu essen haben. Sie haben viele Medikamente und fabrizieren Geld. Sie fahren in Autos spazieren, besitzen viele Kleider und tragen immer Schuhe.«

Hamadou sagt: »Wir Mafa gehen mit bloßen Füßen, sie sind aufgerissen und voller Dornen. Die Weißen haben schöne Schuhe. Wir tragen, wenn überhaupt, Sandalen aus alten Autoreifen, und selbst die werden auf dem Markt teuer verkauft. Die Weißen schenken uns manchmal ihre Schuhe. Die Weißen machen sich über uns lustig.«

Wandala sagt: »Früher, als die Weißen zu uns kamen, mußten wir Schwarzen sie auf Sänften tragen, und alle Leute wurden von der Straße gescheucht. Wenn ein Weißer krank wurde, versorgten wir ihn vorzüglich und schlachteten ihm eine Ziege.«

Djida sagt: »Wenn wir Mafa oft krank sind, dann deshalb, weil wir zu schlecht essen. Unsere Krankheiten heilen langsam, schlecht oder gar nicht. Wir essen nichts als Hirse und Blätter, wir essen einfach alles, was wir finden, wir essen es von der Erde, oft ist es schmutzig, voller Mikroben, kein Wunder, daß wir immerzu krank sind.«

Gourdje sagt: »Wir sind arm, weil unsere Eltern keine Angestellten sind, sie arbeiten nur auf dem Feld. Manchmal vergehen zwei Tage, ohne daß wir etwas zu essen finden. Die Reichen dagegen haben genug Geld, um sich auf dem Markt Hirse und Fleisch zu kaufen. Alle Arbeit bringt uns nichts ein, denn die Erde, auf der wir pflanzen, ist alt und ausgelaugt. Wir haben nicht einmal Geld, um uns Seife zu kaufen.«

Hamadou sagt: »Wir gehen zu den Beamten arbeiten, und manchmal geben sie uns ihre alten Kleider, die sind dreckig und manchmal verlaust, wir bringen sie unseren Eltern. Wenn wir die Beamten sehen, ihren stolzen Gang, sind wir verängstigt, aber wir hoffen, auch einmal Beamte zu werden. Leider sind wir nicht zur Schule gegangen. Schau dir nur ihre schönen Klei-

der an und die Lumpen, die wir von ihnen geschenkt gekriegt haben.«
Die Kinder ziehen ihre Vergleiche und Konsequenzen. In einem Land, wo Einbruchsdiebstahl mit dem Tode bestraft wird und selbst ein Taschendieb, vergreift er sich an dem kaum gefüllten Portemonnaie einer höheren Persönlichkeit, öffentlich erschossen wird, schreckt dennoch nichts mehr als die Not, die trotz allem zum Diebstahl treibt.
Wenn Haidamai sagt, die Kinder heutzutage seien Diebe, nichts sei mehr vor ihnen sicher, erwidert Chived ruhig, daß sie ihren Vater verloren hätten, da sei es ganz normal, daß die kleinen Brüder zum Stehlen gingen; sie hätten nichts zu essen, die Hirse auf dem Markt sei teuer. Sie sagt: »Und wenn meine Brüder zum Klauen gehen, dann bete ich, daß sie nicht totgeschlagen werden.«
Und Haidamai ruft: »Die Chefs stehlen genauso. Sie schicken ihre Leute in die Berge, und die erzählen den Bauern, daß sie Schafe, Ziegen und Hühner abzugeben hätten. Wer nichts gibt, wird festgenommen. So sind selbst die, die nichts haben, gezwungen, ihr Allerletztes wegzugeben, um nicht ins Gefängnis zu kommen. Das können Leute der Dorfältesten sein oder einfache Banditen. Sie erzählen den Bauern, der Staat habe sie geschickt und fordern Tiere und Geld. Aber es ist nicht der Staat, der Staat hat viel für uns getan.«
Und jeden Morgen vor dem Unterricht singen sie brüllend die Nationalhymne, deren Refrain lautet:

Teures Vaterland, geliebte Erde
Du bist unser einzig wahres Glück
unsre Freude, unser Leben
Dir die Liebe und die große Ehre.

Den Kindern, nicht weit davon entfernt, ein System zu durchschauen, scheint undenkbar, daß der Staat, der ihnen doch Schulen und Krankenhäuser schenkt, sie bestiehlt. Die Schüler lernen, daß der Staat gut ist. Sie lernen, daß er das Volk mit kostenloser Gesundheitsfürsorge bedient. Sie bezichtigen ihn nicht der Lüge, wenn sie im Krankenhaus erfahren, daß sie statt einer Behandlung oft nur das Rezept für teure französische Medikamente bekommen, weil die gratis vorhandenen an Bessergestellte verteilt werden. Statt dessen meidet man das Krankenhaus.
In Mokolo mit seinem sogenannten Fortschritt, tagsüber von

Fliegen, nachts von Moskitos verseucht, die zu bekämpfen der Staat sich nicht die Mühe macht, weil die Verantwortlichen mit Prophylaxen versorgt sind, haben die Kinder der Kirdi vereiterte Augen, sind Malaria und Tuberkulose stark verbreitet, ohne daß die Administration davon erfährt.
Dafür sind die Bauern gut versorgt mit einem staatlichen Kontrollsystem, durchgeführt von einer skrupellosen Polizei, deren Brutalitäten und Entwürdigungen am heftigsten die Schwachen treffen.
In der Dunkelheit bevölkert sich Mokolo mit Gendarmen, zu Fuß, auf Mopeds, in Autos. So viele Gendarmen für eine so kleine Stadt. Sie überwachen das Gebiet bis in die abgelegenen Bergmassive. In Mokolo steht das große Gefängnis, hinter dessen Mauern diejenigen aus dem ganzen Land verschwanden, die zu laut nach Gerechtigkeit schrien. Inzwischen wurden mehr Gefängnisse für sie gebaut. Denn in Kamerun herrscht Ruhe und hat es keine Opposition zu geben. Kamerun gehört zu den stabilsten Ländern Afrikas, Kamerun ist reich. Und die Mandaraberge wurden von Allah für den Tourismus geschaffen.
Nachts schreien, nach dem großen Regen, Kröten ihren Liebesgesang am Bach, schreien in ihren Alpträumen die Kinder, träumt Mounabai, daß ihre Mutter auf den Markt gegangen ist und ihre Schwestern gekommen sind, um sie zu schlagen ...
»Sie schlugen mich, bis meine Mutter zurückkam und rief: Was schlagt ihr meine Tochter! Sie ging wieder fort, meine Schwestern schlugen mich weiter, ich schrie: Warum schlagt ihr mich denn, ich hab euch doch nichts getan. Sie schlugen auf mich ein und begannen, mir das Fleisch vom Körper zu essen. Dann kam mein Bruder von der Schule heim und drohte ihnen sehr. Da ließen sie von mir ab und aßen an ihren eigenen Körpern.«

In der 1500 Kilometer entfernten Hauptstadt Yaoundé, wo sich in brutalem Autoverkehr und stinkendem Staub das Recht des Stärkeren hemmungslos artikuliert, antwortet ein zwölfjähriger Junge, der auf der Straße Erdnüsse verkauft, auf die Frage, was er von der Zukunft erwartet: »Ich möchte das Gymnasium besuchen und die Universität, dann nach Frankreich gehen und zurückkommen, um Bankdirektor zu werden.«
Anderes zeigte ihm seine Gesellschaft nicht.
In Mokolo wünschen die Jungen sich, Beamte zu werden, träumen die Mädchen davon, Beamte zu heiraten, um auf dem

Markt Reis kaufen zu können oder Fleisch, weil ihre Eltern das Huhn, das sie haben, auf den Markt tragen müssen, um jene Steuern zu zahlen, die die Beamten ernähren.
In der Hauptstadt Yaoundé entstehen neue, prächtige Ministerien, finden in den Hotels regelmäßig Empfänge statt, auf denen Staatsdiener mit Orden geschmückt werden zum Dank für ihre Loyalität; erhalten Beamte Stipendien, um ihre Kinder zum Studium nach Europa zu schicken. Frankreich pflegte auf diese Weise seinen vorbildlichen Kolonisierten zu belohnen und so den »weißen Schwarzen« heranzubilden, der das Dorf, aus dem er stammte, vergaß.
Im Nachbarstaat Zentralafrika ließ ein von Frankreich in den Größenwahn getriebener Bokassa Kinder erschlagen und wurde daraufhin von Frankreich gestürzt. Ein solcher Vorfall in Kamerun ist undenkbar. Undenkbar, daß es dort so offensichtlich geschieht.
Ein Regierungsjournalist sagt: »Wir Kameruner sind ein wenig philosophisch. Wir betrachten, bereden die Dinge und ertragen sie – bis zu einem gewissen Grad. Diese Grenze ist weit gesteckt. Aber wehe, sie wird überschritten. Wenn unser Volk aufschreit, wird das ein Chaos ohnegleichen sein, wird ein Blutbad stattfinden, für das es in Afrika kein Beispiel gibt. Niemand kann das wollen, deshalb versuchen wir, die Kurve zu kriegen.«
Die Kurve wohin?
»Zur Gerechtigkeit«, sagt der Journalist.

Der weite Weg zum Wald von Vavuniya

Die Vertreibung von Sri Lankas indischen Tamilen (1980)

Der Wald ist grün und weiß. Weißes Gehölz, weiße Schmetterlingswolken. Das Grün der tropischen Riesenbäume, des Dschungelgebüschs hat die Regenzeit gebracht.
Der Wald ist in der Regenzeit nur mit Traktoren zu erreichen. Aber selbst in der Trockenzeit kommt ein Jeep nur mühsam durch. Der Wald liegt abseits jeglicher Infrastruktur im Brachland, im Distrikt von Vavuniya auf der Insel Sri Lanka.
Der Wald hat einen Eingang. Zwei Bäume öffnen sich zu einem Tor. Ein Weg führt ins Innere, zu Pfaden, Lichtungen, weit auseinanderliegenden Palmyrahütten. Dazwischen die Felder, kichererbsenbepflanzt, von Unkraut umwuchert.
An diesem ersten Morgen meines ersten Besuchs steht die Luft still und schwer, glaube ich in diesem hellen Wald zu ersticken. Jeder glaubt das, der hier ankommt und die klare Atmosphäre um das Hochland kennt. Und doch beherbergt diesen Wald und benachbartes dschungelbewachsenes Brachland 10000 Menschen. Ich besuche eine Siedlung von Flüchtlingen, die nicht eng zusammengepfercht leben, sondern sich in der Weite des Waldes zu verlieren scheinen. Die nicht darauf warten, irgendwohin zurückkehren zu können, sondern hier, versetzt in ein Bronzezeitalter, das Leben von selbstverantwortlichen, über sich selbst bestimmenden Menschen beginnen – nach 150 Jahren Sklaverei. Aber nicht um sich aus der Sklaverei zu retten, sind sie geflüchtet; sie sind vor dem Tod geflüchtet oder dem Entsetzen, der Angst. Es sind Tamilen indischer Herkunft, die auf den Teeplantagen des Hochlands gearbeitet haben, bis sie vertrieben wurden.
Hinter ihnen liegt eine Reise, die von Beginn an betrachtet alle Schrecknisse barg, die zu ertragen oder nicht mehr zu ertragen Menschen fähig sind. Ehe sie in diesem Wald ankamen, waren sie ausgehöhlt vom Leid, das zu erdulden ihre Bestimmung sein sollte.
Das Universum, sagt der Hinduismus, bilde eine Stufenleiter

mit dem Beginn in den Pflanzen und seinem Endpunkt in den Göttern. Kein anderes System gelte für die Menschheit, deren Fügung es sei, in Klassen eingeteilt zu leben. Das sei nicht Zufall oder Wille eines Gottes – es sei das im Kosmos herrschende Vergeltungsgesetz, das Karma, das jedem Lebewesen, das geboren werde, seinen Platz zuweise. Dieser Platz werde bestimmt durch die guten oder die bösen Handlungen im vorangegangenen Dasein. Die Seele wandere – was das Kastensystem rechtfertige. Die Seele werde ihre Ruhe finden, wenn sie geläutert durch alle möglichen tierischen, menschlichen, höllischen und himmlischen Existenzen ihre Erlösung erreiche.

Die Seelen derer, die nach diesen Gesetzen »wanderten«, um die höllischen Existenzen kennenzulernen, standen auf der untersten Stufe des Kastensystems. Selbst wenn sie glaubten, Menschen zu sein, wurde ihnen diese Gewißheit ausgetrieben.

Sie lebten in Südindien, sogenannte Parias, Unberührbare, mit dunkler Haut, glühenden Augen: arbeitsam, duldsam und zäh. Als britische Kolonialherren sich an die Stelle ihrer indischen Feudalherren gesetzt hatten, spürten sie von diesem Wechsel nichts. Erst um das Jahr 1830, als eine Hungersnot ausbrach, die grausamer schien als alle vorherigen Hungersnöte, drang in die von der Dürre heimgesuchten Dörfer die Trommel von Anwerbern, von weißen Herren geschickt, zuweilen von Weißen begleitet. Sie suchten nach jungen starken Männern. Und keiner zögerte. Das Paradies wurde versprochen: Arbeit, Nahrung, Geld.

Die Reise begann. Ihr Ziel war Sri Lanka, das die weißen Herren Ceylon nannten und das auch noch weitere Namen hatte:

Insel des Überflusses,

Land, das keine Traurigkeit kennt.

Jahre später holten die Anwerber sogar Frauen, ganze Familien nahmen sie jetzt, selbst Kinder konnten sie gebrauchen. Ihr werdet eine Reise machen, sagte man ihnen, sie ist teuer, aber wir sind gütig und strecken euch die Kosten vor. Ihr werdet sie abarbeiten und später Lohn erhalten. Jeder akzeptierte. Sie bestiegen die Kähne. Die Fahrt über die Meerenge dauerte nicht lang. Aber als sie auf der Insel angekommen waren, begann ein Fußmarsch von 200 oder 300 Kilometern. Ein Weg durch Dschungel, Sümpfe und wieder Dschungel bis auf die Höhen der Berge. Hunderttausende traten diese »Wanderung« an,

Zehntausende starben unterwegs: verdursteten, verhungerten, wurden weggerafft von Krankheiten wie Malaria oder Typhus oder Pest oder Pocken.
Die das Ziel erreichten, das Hochland Sri Lankas mit über 2000 Meter hohen Bergen, lernten neue Qualen kennen: die Nebel, die Kälte. Husten, Tuberkulose. Das Sterben ging weiter, denn dazu kam der Hunger, vor dem sie doch geflüchtet waren.
Die weißen britischen Herren sagten: Ihr werdet den Dschungel von den Bergkuppen reißen, das Holz verbrennen, die Erde umgraben und Kaffeebäume, Teesträucher pflanzen. Ihr werdet außerdem Straßen bauen, eine Eisenbahnlinie legen. Wir schaffen dafür, in unserer unendlichen Güte, Reis aus Burma für euch herbei, damit ihr bei der Arbeit nicht immerzu krepiert.

Wer es gesehen hat, weiß, wie schön Sri Lanka ist: die Lagunen von Batticaloa, die Reisfelder von Anuradhapura, das Uvabergland, die immerwarmen Strände der Küsten am Indischen Ozean, die Gärten von Jaffna, der Nebelurwald hinter Nuwara Eliya mit seinem »Weltende« genannten Ausblick. Schön sind auch die monokultivierten Teehänge des Hochlands: ganze Gebirgsformationen gleichmäßig überzogen von Grün, schimmernd von Moos bis Jade, Teebüsche Seite an Seite, glatt wie ein Rasen, ebenmäßig glattgezupft von Fingerspitzen; unterbrochen nur von den Schattenbäumen mit zartgefiederten Blättern oder den Konturen der kupferfarbenen Pfade. Ästhetik einer Parklandschaft.
Dieses Kulturwerk, entworfen von britischen Kolonialisten, ausgeführt von südindischen Tamilen, machte Ceylon zum »Juwel in der britischen Krone«. Aus dieser Insel auf der Insel, dem Getto der Plantagen, flossen Reichtümer nach Europa. Tee war zu Gold geworden.
Die es erarbeiteten, über eine Million sogenannter Kulis, lebten in langgestreckten Baracken, den *lines*, jede Familie in einem durch Bretter abgetrennten Pferch, ohne Toiletten, oft weit entfernt vom Wasser. Sie existierten unter Bedingungen, wie jene Europäer sie zu Hause ihrem Vieh nicht zugemutet hätten.

Der Herr kommt, der weiße Herr kommt
In einem wunderschönen weißen Anzug
Der Herr kommt, seht nur, wie er kommt

Umgeben von seinen Stellvertretern
Schaut seinen weißen seidenen Anzug und preist ihn

Ihr seid alle jung, ihr sollt alle froh werden
Klatscht in die Hände und ruft: Der gute weiße Mann kommt
Er tötete die Schlangen am kleinen Brunnen
Er ging auf die Jagd im schönen Wald
Der Herr kommt nach Hause zurück
Preist ihn und jubelt ihm zu!

Das Lied singt an einem Sonntag 1980 Sevathamma, die Blinde, eine kleine, magere Frau von 80 Jahren. Sie singt es, als ich sie um ein Lied aus ihrem Alltag bitte. Sie lehnt vor der Tür ihrer »Wohnung«, dem Pferch, Teil einer Baracke, die um die Jahrhundertwende errichtet wurde für 30 Familien. Außerhalb steht die Ruine einer Toilette, aus der das Unkraut wuchert. Die *line* liegt verborgen in der Plantage, zwischen Teehügeln und schwarzen Granitrundlingen. Am Sonntag steht die Fabrik still, da holen Frauen die Hausarbeit nach oder sammeln Holz, sind die Männer unterwegs zum Bazar; spielen, husten und freuen sich unzählig viele Kinder. Die Teekörbe ihrer Mütter hängen an der fleckigen Barackenmauer.
Sevathamma erzählt ihr Leben:
»Mein Mann ist hier geboren und hier gestorben. Mein Vater hat mich hierhergebracht, um mich zu verheiraten, ich war 13. Ich lebte in Südindien, und wir gingen von unserem Heimatdorf Panduri nach Danskodi zu dem Camp, wo alle Leute sich versammelten. Da haben wir sieben Tage gewartet, und der weiße Herr gab uns zu essen. Sie gaben uns Zucker, Decken und zehn Rupies für die Reise, das Geld sollten wir später abarbeiten.
Ich kann mich nicht mehr genau an die Reise erinnern. Wir fuhren mit dem Schiff und kamen in Talaimannar an und stiegen in den Zug. Dann kamen wir wieder in ein Lager, und da fragten sie uns, ob wir Tee pflücken könnten, und da zeigten sie uns, wie wir Teeblätter pflücken müssen, wie wir dic Kleider tragen und den Korb am Kopf befestigen sollten. All diese Dinge brachten sie uns bei, es waren weiße Herren. Aber wir hatten nichts mehr zu essen. Sie hatten uns zuletzt in Indien etwas gegeben, und bis wir bei den Baracken ankamen, litten wir Hunger. Wir sind zu Fuß hierhergekommen, über die Berge von Nawalapitiya. Damals gab es noch keine Busse.

Ich weiß nicht, warum ich die Reise machen mußte, ich lebte froh und zufrieden in meinem indischen Dorf, aber ich sollte verheiratet werden, und ich weiß nicht, warum all die schlimmen Dinge später passierten.
Ich habe Tee gepflückt mein Leben lang und acht Kinder zur Welt gebracht, davon sind sechs gestorben. Mein ältester Sohn lebt in Colombo und schlägt sich irgendwie durch, meine Tochter lebt in einer anderen Plantage und hat zehn Kinder.
Ich habe Tee gepflückt, 50 Jahre lang vielleicht, dann half ich in einer Entbindungsstation, da habe ich mir diese Augenkrankheit geholt, die mich blind gemacht hat.«
Kaum ein Streik, nicht der Funke einer Revolte hat hier je auch nur den Beginn eines Aufstandes entzündet; kein Aufschrei, nicht mehr als das Wimmern der Hilflosigkeit, die dünne Klage. Eingeschlossen in die Welt der Plantagen, Ausgestoßene in den Augen der buddhistischen Singhalesen, blieben die hinduistischen Tamilen mit anderer Religion, anderer Sprache, anderer Schrift in der Isolation.
Die Welt, die sie umgab, ihre Außenwelt, das kolonisierte Ceylon, das unabhängige Ceylon, der buddhistische, sozialistische Staat Sri Lanka, war eine Welt, die allenfalls Straßen zum Betteln bot.
Umgekehrt sahen die Bewohner dieser Außenwelt in den Plantagenarbeitern ein fremdes Menschenheer, das hier eigentlich nichts zu suchen hatte, mitverantwortlich für jene 20prozentige Arbeitslosigkeit, an der das Land bis heute krankt. Zu Recht hatten bei der Entstehung der Plantagen die einheimischen singhalesischen Reisbauern es als unwürdig und unmenschlich abgelehnt, ihre Felder zu verlassen, um Sklavenarbeit zu verrichten. Ohne zu ahnen, daß auch sie in den Kreislauf des organisierten Mangels miteinbezogen würden. Während sie aber wenigstens ihre Identität retten konnten, ging diese den indischen Tamilen verloren. Sie verlernten den Feldanbau, vergaßen ihre Künste, den einzigen Halt bot nur noch die Religion. Lange Zeit ahnten sie nicht einmal, daß im Norden Sri Lankas ebenfalls Tamilen lebten, die Ceylon-Tamilen, Alteingesessene, Abkömmlinge zum Teil königlicher Kasten, die seit dem 11. Jahrhundert dort ihren eigenen Staat regiert hatten und erst durch die Briten mit den Singhalesen unter eine Verwaltung gefallen waren, eine Minderheit von zwölf Prozent gegenüber einer singhalesischen Mehrheit von 72 Prozent. Die indischen Tamilen stellten fast zehn Prozent.

Die Indien-Tamilen galten als Kulis der Briten und nicht als Verwandte der Ceylon-Tamilen. Die Plantagen warfen so viel Gold ab, daß die Briten es sich leisteten, den Ceylon-Tamilen Schulen zu schenken. Um 1850, als in den Bergen tamilisches Massensterben auf seinem Höhepunkt war, wurden im Norden für die Ceylon-Tamilen prächtige Hochschulen eingeweiht, tamilische Intelligenz hier zum Blühen gebracht – und bevorzugt eingesetzt in der britischen Verwaltung.
Als es Schulen auch in den Plantagen gab, war der Standard so niedrig, daß er zum Halbalphabetentum führte, wenn überhaupt. Unfähig zu durchschauen, daß sie mit ihrer Plackerei erst die Briten reich machten und später 62 Prozent von Sri Lankas Devisen erpflückten, ertrugen sie ihr entwurzeltes Dasein. Es gab kein Bewußtsein von Ungerechtigkeit. In der religiösen Gewißheit, daß ihre Seele diese höllische Existenz zu durchwandern habe, zeugten die Männer Kinder, so viele wie ihre Frauen gebären konnten. Längst war ein Einreisestop verhängt. Nachschub von Sklaven gab es an Ort und Stelle. Einigen wenigen war es gelungen, auszubrechen in eine menschlichere Existenz.

1948 wurde Ceylon in die sogenannte Unabhängigkeit entlassen und die Verwaltung den Singhalesen übergeben.
Eine Million indischer Tamilen lebten zu dieser Zeit zum Teil schon in der zweiten oder dritten Generation im Land. Die Ceylon-Tamilen interessierten sich jetzt für sie. Singhalesischer Chauvinismus wurde wach, geboren aus der Eifersucht auf eine von den Briten so gehätschelte tamilische Akademikerschicht, die der singhalesischen in vieler Hinsicht überlegen war. Singhalesische Politiker sahen in den Plantagenarbeitern ein Wählerpotential, das ihre Position gefährden könnte, und faßten den Entschluß, nur denjenigen indischen Tamilen die ceylonesische Staatsbürgerschaft zuzubilligen, die die Geburt ihres Vaters oder Großvaters in Ceylon nachweisen konnten. Das war den meisten nicht möglich. Registrierungen waren erst um die Jahrhundertwende eingeführt worden und hatten nur sporadisch stattgefunden.
Zu Staatenlosen ohne Wahlrecht, ohne Recht auf einen Arbeitsplatz außerhalb der Plantagen, zu »Nicht-Bürgern« erklärte die Regierung den Großteil der Arbeiter auf den Plantagen, deren Besitzer immer noch die Briten waren. Eine Gewerkschaft gab es, aber sie war machtlos. Dennoch wurden in

dieser Phase soziale Verbesserungen eingeführt, bewiesen die Briten so etwas wie Mildtätigkeit anstelle von Pflicht.
Indiens Nehru indessen akzeptierte, Tamilen im nicht mehr arbeitsfähigen Alter zu repatriieren.
Sevathamma erzählt ihr Leben:
»Die anderen Leute, die die Staatsbürgerschaft haben, bekommen ihre freie Reisration und ihren Lohn. Aber es gibt keine Hilfe für eine blinde alte Frau, nicht einmal eine Flasche Kerosin kann ich mir kaufen.
Was soll ich machen, ich war Tagelöhnerin, 50 Jahre lang. Und dann sagten sie eines Tages, daß Frauen über 60 nicht mehr pflücken sollten, und wir verloren unsern Job. Sie gaben mir eine Rente von 90 DM, davon mußte ich zehn wieder zurückgeben für diese Wohnung. Dann habe ich nichts mehr bekommen. Das war zu der Zeit, als unser Nehru starb.
Ich habe nichts, sie geben mir nichts. Neulich sind junge gebildete Leute gekommen und haben beantragt, daß man mir etwas gibt. Aber ich kriege nichts, nicht einmal Kerosin. Es hat geheißen, ich hätte ja einen Sohn, der sich um mich kümmern könnte. Aber der hat ja selbst nichts.
Ich hatte meinem Sohn den Namen Sevathi gegeben, und als sie ihn registrierten, machten sie einen Fehler, schrieben seinen Namen falsch, deshalb hat er hier in Ceylon keine Staatsbürgerschaft bekommen. Mein anderer Sohn ist zu den Behörden bestellt worden. Vielleicht hätte er die Staatsbürgerschaft ja bekommen, aber als er den Brief erhielt, war er tot.«
Im Todesjahr Nehrus, 1964, ergriff Premierministerin Bandaranaike die Initiative und handelte mit Indien einen Vertrag aus, der zehn Jahre später erweitert wurde. Bis 1980 sollten 600000 Plantagenarbeiter nach Indien repatriiert werden. 375000 Tamilen sollten dafür Sri Lankaner werden. Das Problem der Staatenlosen schien gelöst und wurde gar als Akt der Menschlichkeit gefeiert.
Nur leider hat das Problem sich bis heute nicht gelöst. Von zwei Wintermonaten abgesehen, werden das ganze Jahr über Familien nach Südindien deportiert, 1979 waren es bereits über 250000 Menschen. Aber die Zahl der Verbleibenden hat sich nur wenig verringert; immer mehr Kinder werden geboren, so daß es aussieht, als werde diese Operation niemals beendet sein. Wer reisen muß, begreift es als ein Unglück, denn seine Heimat ist Sri Lanka. Das Heulen und Schreien beim Abschied ist der Verzweiflung während Begräbnissen ähnlich. Das

Elend, das sie in Südindien erwartet, wieder als Fremde, gibt ihnen recht.
Abertausende hoffen voller Bangen doch noch auf die Staatsbürgerschaft. Zu 90 Prozent Analphabeten, sind ihnen die Zusammenhänge nur verworren sichtbar.
Kuruppiah erzählt von seinem Antrag:
»Ich bin 40 Jahre alt, und mein Vater ist hier geboren, ich habe die Staatsbürgerschaft beantragt. Da haben sie mich nach Kandy bestellt. Aber als ich dort ankam, konnten sie das Foto meiner Frau nicht finden, es war verschwunden, und so viel Mühe hatten wir gehabt, die Fotos zu beschaffen. Weil sie das Foto also nicht wiederfanden, schickten sie mich weg. Das ist acht Monate her. Ich habe keine Nachricht mehr erhalten und nichts mehr unternommen. Wir gehören weder zu Indien noch zu Ceylon. Wir bekommen keine Reisration, das macht uns sehr zu schaffen. Ich würde meine Kinder gern zur Schule schikken, aber dazu reicht das Geld nicht aus. Ich möchte hierbleiben und nicht nach Indien gehen müssen, denn auf dieser Erde hier bin ich doch geboren.«
Während Sri Lanka mit Indien durch Verträge über die Zukunft von über einer Million Menschen entschied, kam vom Norden der Insel, dem Tamilenland, kein Laut des Protestes. Daß über das Schicksal von Menschen verfügt wurde, die 150 Jahre lang die Wirtschaft dieses Landes aufgebaut und gestützt hatten, daß man sich ihrer durch Vertrag entledigte, als diese Wirtschaft sie nicht mehr benötigte, schien niemand außer die Betroffenen in Unruhe zu stürzen. Sie hatten ihre Schuldigkeit getan, und man verleibte sie der Ordnung ein. Mehr Aufmerksamkeit konnte Angehörigen so niederer Kasten nicht geschenkt werden. Es waren Eingereiste, Fremdarbeiter, Fremde – für die ceylonesischen Tamilen wie für die Singhalesen, die vergessen haben mußten, daß sie selbst aus Indien hierhergekommen waren.

Vor fast vier Jahren bin ich schon einmal in diesem Land gewesen, bin in den Norden, in die Tamilenhauptstadt Jaffna gefahren und befand mich noch am Abend meiner Ankunft in einem Kreis wohlgenährter weißberockter Männer, war in diesen Kreis, ohne danach gefragt zu haben, hineingedrängt worden. Es waren Mitglieder der TULF, der Tamil United Liberation Front, der Vereinigten Tamilischen Befreiungsfront, wie die oppositionelle Einheitspartei sich nennt. Und sie redeten auf mich ein, erhoben ihre Stimmen, ich vernahm den Schrei nach Gerechtigkeit, die Forderung nach Waffen, um den eigenen Tamilenstaat wiederzuerkämpfen. Meinen Einwand, daß ein zweites Zypern heraufzubeschwören ihr Ernst nicht sein könne, übergingen sie. – Was tut ihr denn, fragte ich, wenn euch die Ungerechtigkeit so quält, für eure tamilischen Brüder vom Hochland? – Um sie können wir uns nicht kümmern, sagten sie, erst müssen wir unsere eigenen Probleme lösen; erst wenn wir befreit sind vom singhalesischen Kolonialismus, können wir an die Befreiung anderer denken.

Ihr Problem betrifft bis heute ebenfalls die Menschenwürde – wenn auch jenseits materieller Not: Den von den Briten einst so begünstigten, als administrative Helfer bevorzugten, dieser von den Kolonialisten so verwöhnten, weil tüchtigen Minderheit wurde die Rache der singhalesischen Staatsgewalt zuteil. Eine Rache, wahrscheinlich geboren aus lange unterdrückter Eifersucht. Die Regierung verfügte, daß tamilisch keine zweite Landessprache mehr sei, offizielle Sprache sei nur noch singhalesisch, Staatsreligion nur noch der Buddhismus; sie verfügte, daß Staatsdiener möglichst singhalesisch zu sein hätten, Polizei und Militär rein singhalesisch, selbst in tamilischen Gebieten; sie reduzierte und erschwerte unverhältnismäßig die Zulassung tamilischer Studenten an die Universitäten; sie besiedelte tamilisches Territorium mit singhalesischen Bauern.

Die Tamilen rebellierten. Ein tamilischer Untergrund bildete sich. Tamilischer Protest wurde mit Pogromen beantwortet. Tamilischer Widerstand verbreiterte und organisierte sich. Singhalesische Polizei brutalisierte ihre Methoden.

Jaffna im Sommer 1976 nach langer Dürrezeit. Soviel Weiß in heißem Licht und heißem, immerwährendem Wind. Die Stadt schien den Atem anzuhalten, die Luft zu flimmern von Wut auf singhalesische Willkür, die sie mit einem Generalstreik beantwortete.

Im Winter 1980 hat eine lange Regenzeit Jaffnas Halbwüste von Grün überwuchern lassen, nimmt den Mauern inmitten der Stadt etwas von ihrer Bedrückung. Es weht ein nicht so heißer Wind, aber die Gemüter der Bewohner sind erhitzter denn je. Wieder bin ich in einem Kreis von Männern, niemand spricht mehr von Waffen, nach denen die Polizei jetzt unentwegt sucht. Trotzdem ähneln sich die Worte, als der Dichter unter ihnen sagt: Wir wollen die gleichen Rechte, die wir damals hatten; wir werden statt dessen wie Sklaven behandelt. – Wie Sklaven, sage ich, werden die Plantagenarbeiter behandelt. – Ja, sagt er, ihnen geht es noch schlechter als uns. Sie entstammen zwar unserer Rasse, aber sie hatten keine Ausbildung, sind sich ihrer Lage kaum bewußt. Ihnen können wir erst wirklich helfen, wenn wir unseren eigenen Staat haben.

Er sei im Gefängnis gewesen, gefoltert worden, sagt er, und mir wird der jüngste Beweis singhalesischer Unmenschlichkeit vorgeführt. Eine Arbeiterfrau erzählt, wie Polizisten ihren Sohn nachts aus dem Bett gezerrt, ihn ohne Angaben von Gründen mitgenommen haben; die Mutter schildert, wie sie ihren Sohn in den Gefängnissen von Jaffna suchte und ihn wiederfand, ermordet durch Folter, weil er das, was er aussagen sollte, nicht aussagen konnte; er gehörte keinem Widerstand an, hatte nur den Flüchtlingen im Wald von Vavuniya geholfen.

»In seinen Händen steckten Nägel, der ganze Körper war voller Brandmale von Zigaretten, ihm fehlte ein Auge, ihm fehlte ein Ohr, sein Mund war eine blutige Masse, seine Geschlechtsorgane fehlten, seine Fingernägel waren ausgerissen.«

Singhalesische Polizei ist grausam und hat diese Eigenschaft bis in ihre Exzesse auch an Singhalesen ausgeübt. Tamilen können ebenso grausam sein, nur fehlt ihnen die staatliche Befugnis dazu. Neuerdings aber führen tamilische Politiker immer häufiger das Wort Gewaltlosigkeit in ihrem Munde, und es klingt, als schämten sie sich ihrer Untergrundorganisation, der Tigers, die im Namen der Freiheit Anschläge verübt, Flugzeuge sprengt, Menschen ermordet. Wir sind gegen Gewalt, sagen sie, die Tigers zerstören unser Image. Denn tamilische Politiker wollen eigentlich nur ein bißchen Macht. Wir sind die Intelligenteren, sagen sie, und nichts läßt darauf schließen, daß sie Macht weniger mißbrauchen würden als die Singhalesen. Der eigene Staat, das tamilische Eilam, sei eine lebensnotwendige Forderung zur Befreiung der unterjochten tamilischen Minderheit, sagen sie und scheuen sich nicht, zuzugestehen, daß sie bereit wären, dafür ihre Seele (d. h. ihre Unabhängigkeit) an Russen oder Amerikaner zu verkaufen. Ein tamilischer Staat würde erwachsen aus Opposition gegen den singhalesischen; neue Sklaven wären nötig, die dafür bluten und zahlen.

Einen Vorgeschmack lieferten die Ereignisse von 1977. Im August jenes Jahres feierten Jaffnas Akademiker exklusiven Karneval, bis einige Polizisten Einlaß begehrten. Der Haß, den sie auslösten, kostete vier Polizisten und sechs Tamilen innerhalb

von zwei Tagen das Leben. Haß ergriff daraufhin kollektiv die Singhalesen und tobte wie ein Tornado über das Land, und in blinder Wut zeigten es die Stärkeren den Schwächeren. Es brannte nicht nur in Jaffna der Markt, überall, wo Tamilen lebten, brannten Häuser, feierte eine entfesselte Mehrheit ihre Wut auf die Minderheit oder auch nur ihre Wut schlechthin. Diese Wut raste bis auf die Berge in die Plantagen und machte vor denen nicht halt, die mit dem singhalesisch-tamilischen Konflikt nicht das geringste zu tun hatten, die tatsächlich gewaltlos, weil vom eigenen Leid gelähmt waren.
Arasaratnam berichtet:
»Ich bin 23 Jahre alt und Sohn von armen Teepflückern. Am 18. August 1977 haben wir im Radio gehört, daß es in Jaffna Probleme gäbe, Unruhen. An diesem Tag schlossen sie mittags die Fabrik und schickten alle Leute nach Hause. Als wir auf dem Weg waren, sahen wir viele Menschen kommen, es waren Singhalesen, sehr viele, einige hundert Mann aus den Nachbardörfern hatten sich zusammengetan und waren bewaffnet mit Messern und Knüppeln. Da gab es einen Jaffna-Tamilen, der bei uns als Lehrer arbeitete und nicht weit von unseren Baracken wohnte. Die Singhalesen kamen also und sagten, daß sie uns nichts tun würden, daß sie bloß gegen die Jaffna-Tamilen losgezogen wären. Und sie gingen zum Haus des Lehrers, zerrten ihn aus dem Haus, fielen über ihn her, stachen ihn mit Messern in den Kopf, in die Schultern, stachen auf seine Kinder ein, in ihre Hände, mit denen sie sich zu schützen versuchten, stachen in ihre Beine, als sie zu fliehen versuchten. Sie zerstörten sein Haus, plünderten es und machten sich auf den Rückweg. Aber einer von ihnen schrie, daß man auch den anderen Tamilen einen Denkzettel verpassen müsse. Da kehrten sie um, brachen in unsere Baracken ein, schlugen alles kurz und klein. Mein Bruder und meine kleine Schwester rannten um ihr Leben. Ich warf mit Steinen nach den Singhalesen, als sie ihnen folgten. Da packten sie mich und schlugen mich mit ihren Knüppeln blutig. Ich konnte ihnen entwischen und mich verstecken.
Erst nach vier Stunden kam die Polizei und brachte uns nach Kandy ins Krankenhaus. Sie gaben uns dort keine Medizin. Der singhalesische Beamte erlaubte uns nicht zu schlafen. Ich hörte schreckliches Stöhnen und Schreien, das Krankenhaus war überfüllt von tamilischen Verletzten. Da machte ich mich heimlich davon. Ich kam an einem tamilischen Laden vorbei, der stand in Flammen, Soldaten standen herum, taten

nichts und jagten uns weg. Ich stieg in den Bus und fuhr zurück in mein Dorf. Am nächsten Morgen kamen die Singhalesen wieder mit Knüppeln und Messern und jagten uns bis zur nächsten Plantage. Die Familien waren überall zerstreut. Alle flohen, rannten um ihr Leben.«

Pooranam berichtet:

»Eines Tages, es war das tamilische Kathirakam-Fest und wir waren unterwegs, um die Prozession zu sehen, brach ein Tumult los, da stürzten sich Singhalesen auf Tamilen. Es war elf Uhr morgens, und wir rannten zu unserem Haus zurück und sahen, daß es in Flammen stand. Um zwei Uhr verhaftete die Polizei meinen Mann. Ich war zusammen mit einer anderen Frau und den Kindern, und wir rannten um unser Leben und versuchten, uns in einem Graben zu verstecken, dort verbrachten wir die Nacht.

Am nächsten Morgen fand uns die Polizei und brachte uns auf die Station. 400 Familien saßen da, und wir hörten, daß die Singhalesen planten, auch die Station zu überfallen. Die Polizei brachte uns in einer Schule unter, da wohnten wir eine Woche. Dann wurden wir in verschiedene Lager verteilt. Wir kamen ins Rivagiana-Camp und lebten zwei Monate dort. Es gab da nichts zu essen, es gab da kein Wasser zum Trinken, nur eine schmutzige Brühe, es gab da keine Seife, es gab nichts.

Da sagten wir, daß wir nach Vavuniya gehen wollten, in das Land, wo die Tamilen leben, und wir schrien und weinten, daß wir dahin wollten, denn wir litten sehr, und wir hatten von anderen Tamilen von diesem Land gehört.«

In jenen Tagen und Wochen des August 1977 befanden sich 100000 Tamilen auf der Flucht, brannten ganze Teile von tamilischen Ortschaften, wurden Hindu-Tempel geplündert, zerstört, Statuen gestürzt, wurden Tausende von Menschen mißhandelt, vergewaltigt und 300 getötet.

Die schlimmsten Verwüstungen fanden im Norden und Osten, den tamilischen Gebieten statt, doch am grausamsten setzten die Verfolgungen den indischen Tamilen der Plantagen zu, die landlos, mittellos, rechtlos waren. Aber während ihnen jetzt erst die Verwandtschaft mit den Jaffna-Tamilen bewußt zu werden schien, konnten jene sich auch der Verantwortung nicht mehr entziehen. Selbst wenn es der Jaffna-Bourgeoisie weniger um Humanität als um propagandistisches Kalkül ging – wichtig war, daß an der Basis eine Gruppe von Menschen aktiviert wurde, die dem Gedanken der christlichen, buddhistischen, hinduistischen Brüderlichkeit folgte und sich für Hilfe ein-

setzte. Junge Leute vor allem reagierten so spontan, wie es nötig war, als Abertausende aus den Plantagen in den Norden, vor allem ins Gebiet von Vavuniya strömten.
Die Angst trieb während dieser Zeit viele der Staatenlosen sogar freiwillig nach Südindien; ihre Ausreisen oder Deportationen wurden beschleunigt abgewickelt; ihr Zustand bei der Ankunft wurde folgendermaßen kategorisiert:
Die vor 1973, der Nahrungskrise, ankamen, waren in guter Verfassung und brachten Ersparnisse mit.
Die nach 1973 kamen, waren mittellos und physisch gebrochen.
Die nach August 1977 kamen, waren mittellos, physisch und psychisch gebrochen und völlig ausgehöhlt.
In diesem Zustand kamen die Flüchtlinge auch in Vavuniya an. Die Polizei hatte, statt das Schlimmste zu verhindern, den Ausschreitungen untätig zugeschaut. Die Regierung veranlaßte dann, denen, die nicht mehr als ihre Haut hatten retten können, rund 50 DM Wiedergutmachung auszuzahlen. Weiterhin half sie 350 Familien, sich im Norden anzusiedeln, und empfahl den übrigen über 2000 Familien, in ihre Plantagen zurückzukehren.
Sarojas berichtet:
»Sie haben meinen Vater getötet, sie haben die Kinder getötet, die auf dem Weg zur Schule waren. Wir haben alles verloren, was wir besaßen. Dann hat uns die Regierung 500 Rupies gegeben und uns gesagt, wir sollten wieder dorthin zurückgehen, wo wir hergekommen waren. Aber als wir in unserer Plantage ankamen, hieß es, es gebe keine Arbeit mehr für uns. Da hörten wir, daß man im Wald von Vavuniya etwas Land bekommen kann. So sind wir dann hierhergekommen. Aber immer noch habe ich schlimme Träume. Ich kann das Mädchen nicht vergessen, das ich gesehen habe, 22 Jahre alt, das von einem Singhalesen vergewaltigt und mißhandelt wurde und auf der Stelle starb. Oder den jungen Mann, den sie brutal zusammenschlugen und dann an einem Baum aufknüpften. Wir haben ihn zu retten versucht, aber er ist gestorben. In jeder Familie gibt es solche Fälle, jeder hat Schreckliches erlebt.«
Als ich den Wald von Vavuniya besuche, liegen die Ereignisse rund zweieinhalb Jahre zurück. Alpträume bewohnen noch immer mit diesen Menschen den Wald. Aber sieht man von den Toten ab, so sind das, was sie verloren haben, Marxens vielzitierte Ketten.

Sri Lanka ist voll von Lagern, den Camps, in die immer wieder Menschen gedrängt werden. Die ganze Welt ist voll davon, denn sie zählt 17 Millionen Flüchtlinge. In Vavuniya haben die Gandhi-Gesellschaft, andere kleine Gruppen und Kirchenleute kein neues Lager geschaffen, sondern die Voraussetzungen dafür, Wurzeln zu schlagen. Sie haben Brachland, privates oder Regierungsland verteilt, rund einen Hektar für jede Familie. Sie haben geholfen, geräumige Hütten zu bauen, für jede Familie die eigene. Junge Freiwillige leben mit ihnen, um ihnen zu zeigen, wie man ein Feld anlegt, es mit Kichererbsen oder Reis bebaut. In den Plantagen hatten die Abkömmlinge von Bauern selbst das verlernt. Sie haben Brunnen gebaut, provisorische Schulen errichtet, die *preschools*, Vorschulen, die sich Schule nicht nennen dürfen, da sie nicht der Regierung unterstehen.

Eine Bananenstaude neben der Palmyrahütte, der Pfad, der zu ihr führt, von den gelben, traditionellen Blumen gesäumt, sind die ersten Symbole ihrer jungen Freiheit. Einer Freiheit, deren Preis nicht gering ist. Durch die zu hastig errichteten Hütten sickert der Regen, die wenigen Brunnen liegen zu weit entfernt, die Ernten sind noch zu mager für Vorratshaltung, und während der Trockenzeit herrscht Mangel nicht nur an Wasser.

Aber ihre Gesichter sind nicht mehr die ausgelöschten, ausgehöhlten Masken jener Plantagenarbeiter, die mich in den Bergen immer wieder bestürzten. Es sind Gesichter, die Fleisch haben und Hoffnung ausdrücken, selbst in der Klage, die sie auch erst zu artikulieren lernen, weil ihre Sprache, ausgemergelt wie sie selbst, auf ein Skelett reduziert war.

Poova sagt:

»Wenn wir hart arbeiten, werden wir leben können. Was wir jetzt haben, reicht nicht aus. Selbst die Natur ist manchmal gegen uns. Wir hoffen auf Hilfe, wir hoffen auf die Reisration. Die Regierung tut nichts für uns. Aber hier sind wir frei von Angst.«

Sie träumen von den Verfolgungen, und sie träumen vom Essen. Und die Männer, die Trinker waren, träumen gewiß auch vom Schnaps, den es hier nicht mehr gibt. Oder sie träumen von dem Wasserrohr, das die meisten Plantagenbaracken hatten, oder vom bunten Bazar. Die Kinder sind immer noch sprachlos, wenn ich sie frage. Sie haben aber schon gelernt, zu singen:

Lang lebe unser Dorf, unser Thinechelva-Dorf
Leute, die gute Schulen besuchten, haben es geplant

Leute, die nachdachten, haben es gegründet
Lang lebe unser Thinechelva-Dorf

Hier gibt es keine Kastenunterschiede
keine Religionsunterschiede
Hier leben wir Tamilen miteinander
Unser Boden ist reich, und Reis gedeiht auf ihm
und bringt uns gute Ernten
Das Land, das wir bepflanzen, bringt uns Gold
Lang lebe unser Thinechelva-Dorf.

Die Kinder besingen ihre Zukunft, einen gandhischen Traum, den die Gandhi-Gesellschaft sich zum konkreten Ziel machte, mit Mahatma Gandhis Leitgedanken von Gewaltlosigkeit und einfachem Leben. Zu den Initiatoren gehört Dr. Radjasunderam, der viele Jahre als Arzt und Gewerkschafter in den Plantagen gearbeitet hat und zu der kleinen Gruppe von Ceylon-Tamilen gehört, die sich seit der Verstaatlichung der Plantagen, 1972–75, für die Arbeiter eingesetzt hat.
Aber erst als die Opfer der Plantagen zu Opfern rassistischer Gewalt wurden, ließ sich eine Idee, in Vavuniya geboren, im Dschungelgebiet von Vavuniya realisieren – als die Flüchtlinge das Brachland besetzten. Kein tamilischer Staat war vonnöten, sondern ein Konzept und der Wille zu helfen. Es ist Gandhis Konzept, der als Streiter im waffenlosen Kampf gegen Ausbeutung, für Selbstversorgung, für die Parias, gegen Religionsunterschiede, für die Würde des Menschen eintrat. Daß Gandhi auch die Teilung Indiens zu verhindern versuchte, daß sie dennoch stattfand und unermeßliche Tragödien verschuldete, ist ein Aspekt, den die Gandhi-Gesellschaft nicht aufgegriffen hat, und hier liegt ihre Begrenzung: Auch sie wünscht den eigenen tamilischen Staat, statt gemeinsam mit den singhalesischen Bauern gegen den gemeinsamen Ausbeuter anzugehen. So aber vertiefen sich Haß und Furcht, trägt die Entzweiungsstrategie der Kolonialmächte ihre giftigen Früchte.
Dennoch ist Vavuniya eine Hoffnung. Nicht nur haben die Flüchtlinge eine menschenwürdige Bleibe gefunden, zum erstenmal auch solidarisiert sich eine größere Gruppe von Jugendlichen aus Jaffna mit ihnen, arbeitet mit ihnen für einen symbolischen Lohn von rund zehn DM monatlich. Finanzielle Mittel stehen hier nur in allergeringstem Maße zur Verfügung.

Und daß viele der Siedler wieder gezwungen sind, als Tagelöhner bei größeren Reisbauern zu arbeiten, betrachtet man als Übergang, als Abhängigkeit, die es abzuschaffen gilt.
Dr. Radjasunderam sagt:
»Überall finden Sie Ausbeutung, bis ins kleinste Dorf. Die Gandhi-Gesellschaft möchte das ändern, möchte, daß die Menschen zurückkehren zur Lebensführung ihrer Vorväter, die in einer Genossenschaftsbewegung oder in Kollektivfarmen lebten. Das hat nichts zu tun mit dem heutigen Begriff von Sozialismus. Der Brunnenbau, Häuserbau, Feldanbau, die Ernten, alles wurde genauso gemeinsam betrieben wie Hochzeiten, Beerdigungen, religiöse Feste. Sie teilten alles. Heute denkt jeder nur noch an sich, nicht nur in der Stadt, auch im Dorf. Wir möchten das ändern. Wir möchten den Leuten zurückbringen, was sie verloren haben, daß die armen Menschen zusammenarbeiten, für ihre Interessen arbeiten. Das ist weniger eine Ideologie als ein Arbeitsprogramm, das den Armen hilft, ein neues Leben aufzubauen.
Natürlich sind wir verzweifelt darüber, daß es uns an den allernötigsten Hilfsmitteln fehlt. Die Menschen hier fragen nicht nach Brot und Butter, sie brauchen Wasser für den Reisanbau. Denn mit genügend Wasser und ein wenig Hilfe könnten nicht nur diese Menschen, die hier das Land besetzt haben, von der Not befreit sein, das gilt für ganz Sri Lanka, und die Regierung könnte mit solcher Hilfe das Problem der allgemeinen Lebensmittelknappheit lösen.«
Die Regierung bietet hier aber keine Unterstützung, und sie hat ihre Gründe. Regierungsleute fragen die Siedler immer wieder, ob sie zurückkehren wollen in ihre Plantagen, und erhalten die Antwort, man habe Angst vor der Angst. Und damit sie die Angst nicht verlernen, haben Militärs nahe den Siedlungen Lager aufgeschlagen und durchkämmen sporadisch sämtliche Hütten. Denn was treiben z.B. die jungen Leute aus Jaffna hier, die behaupten, von Menschlichkeit angespornt zu sein? Sie üben hier, vermuten die Singhalesen, ihre Revolution – in den Köpfen und an den Waffen. Zuweilen nehmen Polizisten einige der Helfer mit, foltern sie krank oder zu Tode.
Die Regierung kontrolliert, aber sie läßt den Siedlern das Land, hat den Gedanken an eine neue Vertreibung wohl fallengelassen. Denn der Aufschrei, der darauf erfolgen würde, könnte allzu laut in die Welt dringen, die vom Wald von Vavuniya gar

nichts weiß. Die Regierung paßt schon auf, daß im Paradies Sri Lanka nicht noch ein neues Paradies entsteht.
Die alten Sri Lankaner glaubten, es sei nur 40 Meilen weit von Sri Lanka bis zum Paradies. Sie überschätzten die Entfernung. Denn Paradies und Hölle fanden sich auf der Insel selbst. Bis heute hat sich daran kaum etwas geändert. Nicht die Insel ist klein und das Universum unendlich – das Land Sri Lanka dehnt sich zu einem eigenen Kosmos mit Hell und Dunkel, Duft und Gestank, mit Oben und Unten, Überfluß und Elend, Blüten und Schlamm.
Menschen leben in dem Schlamm, den die heftigen Bergregen, die guten Plantagenregen gebracht haben. Sie singen ein religiöses Lied. Einer heiseren, schleppenden Stimme, die die Jugend kaum hinter sich hat, scheint der Schlamm in der Kehle zu stecken. Und die Kinder versuchen mühsam, um die Melodie nicht zu stören, ihrem Hustenreiz zu widerstehen:

Gott Shiva sitzt auf einem weißen Stier mit langem Ohr
Und er trägt den weißen Mond in seinem Haar
Sein Körper ist von heiliger Asche bedeckt
Und mein Herz fühlt sich so sehr zu ihm hingezogen.

Tagelang hat es geregnet, und der Schlamm, zertreten von Hunderten von nackten Füßen, sickerte in die nackte Erde der Baracken. Das ist so alltäglich wie die klamme Kälte der Nächte. Daß das für die Bewohner ebenso schlimm ist wie die stechende Glut der plötzlichen Sonne, ist nicht wichtig. Wichtig ist, daß dieses Klima köstlichsten Tee gedeihen läßt. Hier werden Menschen nicht nur Menschen, sondern auch noch Pflanzen untergeordnet.
Nennt sich das Land nicht demokratisch-sozialistisch?
Sozialismus ist bei uns nicht mehr als bloß ein Wort, mit dem sie hier das Volk bescheißen, sagt ein tamilischer Gewerkschafter, der auch nichts ändern kann und vielleicht deshalb häufig sehr betrunken ist.
Es gibt soziale Verbesserungen, es gibt die Zweifamilienhäuschen, die die unmenschlichen Barackenbehausungen ablösen sollen; es gibt die von der UNICEF spendierten Kinderkrippen, und es gibt die Gemüsegärten und die Kühe und Ziegen. All das gibt es als Ausnahme von der Regel. Die Löhne seien erhöht worden, heißt es; das stimmt, doch die Inflation hat sie längst überholt.
Eine halbe Rupie verdiente Muthama für einen Tag Arbeit, als

sie mit elf Jahren anfing, Tee zu pflücken. Heute, 20 Jahre später, verdient sie zehn Rupien für einen Tag, also umgerechnet nicht viel mehr als eine Mark. Trotzdem ist sie noch gut dran, denn sie hat die Staatsbürgerschaft bekommen, das bedeutet, sie erhält die wöchentliche Reisration, die die Regierung immer noch ans Volk verteilt. Muthama träumt davon, einmal ins Kino zu gehen.
Ihr Nachbar, seit 60 Jahren haust er in ein und demselben Pferch, kam mit 16 aus Indien hierher und träumt vergoldet von Vergangenheit.
Micheal sagt:
»Damals, als ich hierherkam, gab es keine Probleme. Damals, als die Weißen noch hier waren, gab es keine Schwierigkeiten. Wir hatten gut genug zu essen. Aber jetzt hat sich alles verändert, und die Probleme werden immer mehr. So ist das, so sehe ich das, ich spreche von meiner Meinung, damals war alles gut. Meine Frau ist tot, meine Tochter hat sieben oder acht Kinder, und alle leiden sie sehr. Sie haben ein bißchen zu essen, mehr nicht, kein Geld, nichts.«
Seine Familie hat kein Anrecht auf die Staatsbürgerschaft und lebt in der Angst vor der Deportation nach Südindien.
Der 32jährige Sunderam steht kurz vor dieser Reise. Fünf seiner Geschwister sind hier an Hunger gestorben. Er ist Sohn eines Gewerkschafters, Abkömmling einer etwas höheren Kaste und hat die Schule besucht.
Sunderam sagt:
»Als die Plantagen noch den Engländern gehörten, ging es uns besser. Sie halfen uns, wenn es sein mußte, sie halfen sogar meinem Vater, wenn er krank war. Aber nach der Nationalisierung hörte das auf; als die Singhalesen die Plantagen übernahmen, wurde überhaupt nichts mehr für uns getan. Ich habe sieben Kinder, aber ich wurde arbeitslos, als ich die Windpocken kriegte. Der Plantagendoktor ist gekommen, aber er hatte keine Medikamente. Meine Mutter hat mich mit Kräutern behandelt. Wir haben einen Gemüsegarten und Ziegen, ich verkaufe etwas Milch, davon leben wir jetzt. Es gibt hier keine Gleichberechtigung.
Was ich von der Zukunft denke? Ich denke, wir sollten leben dürfen wie andere Menschen auch. Aber da wir keine Hilfe erhalten von denen, die es besser haben, wird unser Leben sich nie ändern.«
Jedes neue, noch nicht abschätzbare Elend scheint schreck-

licher als das vergangene, gewohnte. Der »gute weiße Herr in seinem wunderschönen weißen Anzug«, wie es in dem Lied heißt, war gewiß nicht mitleidvoller als der singhalesische, der ihn ersetzte, ihn rüder imitierte und sich Menschlichkeit gar nicht leisten kann als Söldner eines multinationalen Finanzkapitals, das die Weltmarktpreise drückt. Der weiße Herr war reicher, sein Tee war teurer. Und die Baracken, die er errichten ließ, sind heute eben am Zerfallen.

Der weiße Herr wollte und brauchte die Sklaven, und sein Rassismus wurde als naturgegeben ertragen. Aber singhalesischer Rassismus, gipfelnd in den Massakern, den Vertreibungen, wird zur nicht mehr faßbaren Grausamkeit. So wiegt die Angst vor den Deportationen nach Südindien oder vor neuen rassistischen Verfolgungen fast noch schwerer als die Angst vorm Verhungern, die sie kannten.

Tagelang stehen die Berge in Wolken, erstarrt das Grün in eisigem Grau, waten mit nackten Füßen die halbnackten, hustenden Kinder durch den Schlamm, haben die Erwachsenen, allesamt zierlich und mager, ihre Schultern mit viel zu großen Jakken oder Mänteln bedeckt, den Lumpen ihrer gestrigen oder heutigen Herren. Rote Spuckflecke auf den Straßen: das dunkle Rot der Betelnüsse, das helle Rot der tuberkulösen Lungen.

In der fensterlosen Behausung von Packiam steht der Qualm von der Kochstelle so dicht, daß er den letzten Rest von Licht und Luft verschluckt. An der Tür huscht eine dünne Ratte vorbei. Packiam bietet mir einen Stuhl an, eine Tasse Tee. Mein Gesäß ist von Wanzen zerbissen, und ich möchte so schnell wie nur möglich hier wieder heraus, ertrage kaum eine halbe Stunde den Ort, an dem Generationen ihr Leben verbrachten, noch immer verbringen.

Zehn Kinder hat Packiam auf die Welt gebracht, und keines davon ist ihr gestorben. Aber sie ist jetzt krank, hat ein offenes Bein und eine Anämie und kann nicht mehr arbeiten. Sie hat 30 Jahre lang Tee gepflückt, sie ist 40 Jahre alt. Sie lächelt. Ihr Mann erzählt die Geschichte von der Bemühung um die Staatsbürgerschaft, denn schon ihre Eltern sind hier geboren. Seine Geschwister hätten sie bekommen, bei ihm hätten sie abgelehnt, weil er zehn Kinder habe. Er wisse nicht mehr, an wen er sich noch wenden solle, und so habe er nichts mehr unternommen. Aber jetzt denke er daran, nach Vavuniya zu gehen und dort ein Stück Land zu bekommen. Und seine Frau Packiam sagt, daß auch sie davon träume, nach Vavuniya zu gehen, dort eine eigene Hütte zu haben und ein Feld und endlich in Frieden zu leben.

Sklaven im goldenen Käfig

Martinique – Insel des Aimé Césaire und Frantz Fanon (1981)

»Und in dieser trägen Stadt diese lärmende Menge so erstaunlich stumpf ihrem Schrei gegenüber, wie diese Stadt ihrer Bewegung, ihrem Sinn gegenüber, unbewegt ihrem wahren Schrei gegenüber, dem einzigen, den man sie gern hätte schreien hören, weil man ihn als einzigen spürt, weil man ihn in ihr wohnen spürt irgendwo in einem tiefen Unterschlupf aus Schatten und Stolz, in dieser trägen Stadt diese Menge, daneben ihr Schrei aus Hunger, aus Elend, aus Aufruhr, aus Haß, diese Menge, so seltsam geschwätzig und stumm.
In dieser trägen Stadt diese seltsame Menge, die sich nicht zusammenrottet, die nicht verschmilzt: die so geschickt den Bruch im Gefüge entdeckt, die Stelle der Flucht, des Entschlüpfens. Diese Menge, die keine Masse zu bilden versteht, diese Menge, die, man bemerkt es bald, so vollkommen allein ist unter der Sonne ...«

Fort-de-France im Jahr 1936. Aimé Césaire beschrieb so die Hauptstadt von Martinique, der kleinen Antilleninsel in der Karibik, in seinem Gedicht *Zurück ins Land der Geburt.*

Fort-de-France heute ist ohne Schrei aus Hunger, Elend, Aufruhr, aber mit demselben Haß, derselben Trägheit, einem neuen Gehetztsein, in einer angewachsenen Menge aus Menschen in engen Straßen und blitzenden Autos. Autos vor allem, die die Stadt ersticken unter schwerer Feuchtigkeit. Zwischen Wolkenbrüchen grellmilchiges Licht, das nicht antreibt, sondern entleert. Menschen aller Schattierungen von dunkel bis hell, Amalgam aus mehr als vier Rassen: Kariben, Afrikaner, Europäer, Asiaten. Oder: Neger, Mulatten, Weiße. Das Helle in dunkler Haut überwiegt. Die Frauen geschminkt, modisch. Kein Bettler. Keine Marktfrau, die ihre Waren anpreist, das Kilo Tomaten für 22 FF. Eine enge Stadt zwischen Hügeln, von Autos erdrückt, eine Stadt, in der niemand zu lächeln scheint.

Abends vorm Rathaus dann eine andere Menge, dunkler und weniger elegant. Vor dem Rednerpult steht ein Mann mit dem Gesicht eines Afrikaners: Aimé Césaire.

Nach Vive-Césaire-Rufen beginnt er die Wahlrede:
»Unglückliche Martiniquaner! Man hat euch gesagt, wenn Mitterrand am 18. Mai 1981 gewählt sein würde, bedeute das für euch die Unabhängigkeit. Wir haben heute den 29. Mai 1981, und die Trikolore weht immer noch über euch. Man hat euch gesagt, wenn Mitterrand gewählt ist, wird eure Familienbeihilfe gestrichen. Wir haben heute den 29. Mai 1981, und das Radio bringt die Nachricht, daß die Familienbeihilfe erhöht wird, daß die Altersfürsorge angehoben wird. Mitterrand ist kraft des französischen Volkes an die Regierung gekommen, und der Himmel ist nicht über euch Martiniquanern zusammengestürzt ...«
Wer spricht da? Ein Mann der Linken, der sein Volk beruhigt, daß es nicht frei sein muß?
Wenn du einen Vogel zu lange gefangenhältst und läßt ihn dann frei, wird er erst singen und dann verhungern?
Sonntags entleert sich die Stadt an die nahegelegenen Strände, sind Autobahnen morgens noch überfüllt auf dieser winzigen, kaum mehr als 1000 Quadratkilometer kleinen Insel, auf der immer gefahren werden muß, immer im Kreis, wie es scheint, um ihre Kleinheit zu vergessen. Ein Liter Benzin kostet fast vier Francs, das macht nichts, Energie wird nicht gespart, und Geld läßt sich beschaffen. Wenn der Tag klar ist, kann man von den betonierten Rändern der Insel aus, vorzüglichen Straßen, die sanfte Kontur des Vulkans Mont Pelée sich in den Himmel abzeichnen sehen, 1435 Meter hoch. Die Strände zu seinen Füßen sind schwarz. Vorbei an gepflegten Zuckerrohrplantagen, Bananenplantagen, Ananasplantagen, an Ortschaften, die eine Ansammlung säuberlicher Häuser sind, Ortschaften, die auseinanderzufallen scheinen, keine Einheit bilden – aber noch die kleinste hat ihren Supermarkt –, taucht im Norden Basse-Pointe auf. Aimé Césaire ist hier geboren und beschrieb in seinem schon zitierten Gedicht sein Dorf als trostlosen Marktflecken mit trauerschwarzem Strand voller stinkendem Unrat.
Jener allgegenwärtigen europäischen Ordnung übergeben, fern von jeglichem Elend, hat Basse-Pointe immer noch etwas schluchtartig Finsteres. Aber ganz in der Nähe auf einer Anhöhe, in einem Park mit tropischen Blüten, steht ein Hotel und gibt es ein Restaurant, auf Massenbetrieb eingerichtet. Und nicht die vorzügliche Küche allein ist es, die Einheimische und Fremde anzieht. Hier wurde eine 300 Jahre alte Zuckerfabrik zur Gaststätte umfunktioniert, das Herrenhaus zum Hotel. Zu besichtigen sind das rostige Monstrum der Mühle und die

rekonstruierten Sklavenhütten. Aus einem Autoradio dringt Mozart. Wir sind in Frankreich. 7000 Kilometer von Paris entfernt, 5000 von Dakar, aber nicht weit von der mittelamerikanischen Küste, gegenüber Nicaragua. Wir sind in dem überseeischen Departement Martinique, dessen Bewohner französische Bürger sind und dessen Gesellschaft aus einem Verbrechen hervorgegangen ist. Das Jahrtausendverbrechen, wie es sich ähnlich in der gesamten Karibik, dem ganzen amerikanischen Kontinent abgespielt hat: Millionen junger Afrikaner, von ihrem Kontinent deportiert, gestohlen, gekauft, auf den Plantagen als Sklaven verbraucht; die Frauen von Weißen vergewaltigt. Die Geschichte ist bekannt. Aber an keinem anderen Ort der Welt hat diese Geschichte sich mit so bitterer Konsequenz weiterentwickelt wie auf Martinique. Seine rund 300000 Bewohner hat das Trauma einstiger Entmenschlichung nie verlassen. Mensch zu werden hieß: weiß zu werden.

»Nein, ich habe nicht das Recht, daherzukommen und dem Weißen meinen Haß ins Gesicht zu schreien. Ich habe nur die Pflicht, dem Weißen meine Dankbarkeit ins Ohr zu flüstern.
Es gibt mein Leben, das im Lasso meiner Existenz gefangen ist.
Es gibt meine Freiheit, die auf mich selber verweist. Nein, ich habe nicht das Recht, ein Schwarzer zu sein.
Wenn der Weiße mir mein Menschsein abspricht, werde ich ihm zeigen und dabei mein ganzes menschliches Gesicht gegen sein Leben stemmen, daß ich nicht jenes ›y a bon banania‹ bin, das er sich immer noch hartnäckig vorstellt.
Eines Tages entdecke ich, daß ich auf der Welt bin, und ich gestehe mir nur ein einziges Recht zu: vom anderen ein menschliches Verhalten zu verlangen.«
Eine andere Stimme. Frantz Fanon. Neben Aimé Césaire der andere große Martiniquaner, der seine eigene Situation und die seines Volkes analysierte.

Aimé Césaire zu seiner Vergangenheit:

»Meine Erinnerung ist von Blut umgeben.
Meine Erinnerung trägt einen Gürtel von Leichen!
Und schießt mit ergötzlich triefenden Rumfässern
unsere gemeinen Revolten nieder,
dies ohnmächtige Aufzucken
sanfter Augen
die sich an wilder Freiheit betranken.

(Die-Neger-sind-alle-gleich, ich-sag's-Ihnen-ja
Lasterhaftes-Gesindel, verlassen-Sie-sich-auf-mich
Der-Negergeruch-läßt-das-Zuckerrohr-sprießen
Erinnern-Sie-sich-an-das-alte-Sprichtwort:
Einen-Neger-prügeln, das heißt ihn füttern)«

Und Frantz Fanon zu seiner Vergangenheit in der Gegenwart:
»Werde ich den weißen Mann von heute verantwortlich machen für die Sklavenschiffe des 17. Jahrhunderts?
Werde ich mit allen Mitteln versuchen, in ihren Seelen die Schuld keimen zu lassen?
Moralischer Schmerz angesichts der Dichte der Vergangenheit?
Ich bin Neger, und Tonnen von Ketten, Gewitter von Schlägen, Ströme von Speichel rinnen über meine Schultern.
Aber ich habe nicht das Recht, mich fesseln zu lassen ... Ich habe nicht das Recht, den Determinationen meiner Vergangenheit auf den Leim zu gehen.
Ich bin nicht Sklave der Versklavung, die meine Väter entmenschlicht hat.«

»Wenn wir Afrikaner Césaire oder Fanon lesen, dann sind wir fest überzeugt, daß das ganze martiniquanische Volk aus Césaires und Fanons besteht. Aber trotz dieser Größen wird dieses Volk von der Metropole erdrückt. Als ich hierherkam, wurde mir klar, daß die Metropole eigentlich nichts als ihre Pflicht getan hat: zu beherrschen. Wenn du ein Land an dich nimmst, mußt du es beherrschen, und Frankreich erfüllt nur die Pflicht des Kolonisators. Und das Volk müßte darauf reagieren ...
Aber das Volk streckt nur noch die Hand aus: Gib mir zu essen, mach mit mir, was du willst, gib mir Geld, und ich halte dir meinen Buckel zum Schlagen hin: Danke, Patron, danke, mein Herr, danke ...
Und dieses Volk im 20. Jahrhundert! Ich finde das abartig, irrsinnig. Und ich schäme mich, ich empfinde tiefe Scham.«
Das ist Ousmane Seck, der Senegalese, den Aimé Césaire nach Martinique holte, damit er seinem Volk wieder das Tanzen beibringt.
Wieso haben die Martiniquaner das Tanzen verlernt?
Die Geschichte der Insel in groben Zügen: Urbesiedelt von Indianern. Kariben hatten die Arawaks vertrieben, als die Spanier die im Jahr 1502 von Kolumbus entdeckte Insel an sich nahmen – und wieder aufgaben. Erst den Franzosen, die 1635 Martinique

kolonisierten, gelang die Vertreibung oder Vernichtung der Kariben. Sie führten das Zuckerrohr ein und bevölkerten die Insel allmählich mit afrikanischen Sklaven, Männern und Frauen. Mangels weißer Frauen schwängerten weiße Kolonisten schwarze Frauen, oft gewaltsam. Und schufen so zwischen Herren und Sklaven die Zwischenklasse der Mulatten. Die Bevorzugung und zunächst kleinen ökonomischen Privilegien der Mischlinge, die sich mit den Weißen identifizierten und die Schwarzen wie jene verachteten, ließen den Wettlauf entstehen, dem schwarzen Elend zu entkommen, der Stufe des domestizierten Tiers.
1847 schaffte Victor Schoelcher die Sklaverei offiziell ab, indem er die Regierung überzeugte, daß die Sklaverei teurer komme als ihre Abschaffung.
Viele verließen daraufhin die Plantagen, gingen in die Berge, versuchten die Erde zu bebauen. Auch arme Weiße hatten sich dort inzwischen niedergelassen.
Aber Tausende von neuen Afrikanern, auch Indern und Chinesen wurden noch bis zum Beginn des Jahrhunderts auf die Insel verfrachtet, als Zwangsarbeiter, also wiederum Sklaven.
Eine farbige Intelligenzia hatte sich innerhalb von hundert Jahren herangebildet, als Martinique 1946 als Departement Frankreich eingemeindet wurde. Im selben Jahr gewann der schwarze Französischlehrer Aimé Césaire, Mitglied der Kommunistischen Partei, die Wahlen, wurde mit 33 Jahren Bürgermeister von Fort-de-France und kurz darauf Abgeordneter in der französischen Nationalversammlung. Sieben Jahre zuvor war schon sein 72 Seiten langes Gedicht *Zurück zum Land der Geburt* erschienen, an dem er drei Jahre gearbeitet hatte und das zum weltberühmten Schrei der Négritude wurde: in dem das Neger-Sein besungen wird, die Assimilation verurteilt, die afrikanischen Werte in einer afrikanisch rhythmisierten Sprache wieder ins Gedächtnis gerufen werden, die Geschichte der Schwarzen, von weißen und farbigen Rassisten mißhandelt, wieder ihrer afrikanischen Ordnung zugeführt wird. Oder, wie Fanon sagt: »... die affektive, wenn nicht logische Antithese zur Beleidigung der Menschheit durch den weißen Mann.«
In Martinique aber zunächst ganz unverstanden. Dazu Fanon:
»Was gab es Groteskeres, als daß ein Gelehrter, ein Mann mit einem Titel, der doch einiges verstanden haben muß, unter anderem ›daß es ein Unglück sei, Neger zu sein‹, behauptete, daß

seine Haut schön sei und daß das ›große schwarze Dunkel‹ eine Quelle der Wahrheit ist?
Weder Mulatten noch Neger verstanden diesen Wahn. Die Mulatten, weil sie der Nacht entkommen waren, die Neger, weil sie ersehnten, ihr zu entkommen. Zwei Jahrhunderte der weißen Wahrheit gaben diesem Manne unrecht. Er mußte verrückt sein, weil es keine Frage sein konnte, daß er recht hatte.«
Wenn Frantz Fanon sein »Neger-Sein« akzeptierte, dann weniger im Sinn der Négritude als mit dem Zorn dessen, der auf seine Gleichheit pocht. Denn in der Gleichheit kann es keinen Neger geben. Da die Entwicklung aber noch weit entfernt davon ist, wird Fanon sich zu ihrem Vorkämpfer machen.
Zu seinen Waffen gehört auch die antillanische Ironie:
»Während ich gute Gründe hatte, zu hassen, zu verabscheuen, stieß man mich zurück? Mir, den man eigentlich hätte anflehen, umwerben müssen, mir versagte man jede Anerkennung? Da es mir unmöglich war, von einem angeborenen Komplex auszugehen, beschloß ich, mich als SCHWARZER durchzusetzen. Da der andere zögerte, mich anzuerkennen, blieb nur eine Lösung: mich bekannt zu machen.«
Frantz Fanon ist seit 20 Jahren tot. Sein Testament mit dem Titel *Die Verdammten dieser Erde,* Quintessenz seines politischen Handelns und Denkens, wurde zur Bibel der Unterdrückten jeder Hautfarbe und weltweit gelesen. Kaum bekannt – und ungehört vor allem – blieb Fanon auf Martinique.
Er ist im Juli 1925 in Fort-de-France geboren, sein Vater ist Beamter. Seine Mutter, eine elsässische Mulattin – der Name Frantz weist auf diesen deutschen Ursprung –, läßt ihn mit der Bemerkung, daß Frantz ihr schwärzestes Kind sei, die erste Erfahrung mit Rassismus machen. Das Kind ist verletzbar, aggressiv, ungeduldig, aber auch von großer Fröhlichkeit.
Später ist er Schüler am Schoelcher-Gymnasium, Césaire eine Zeitlang sein Lehrer. Fanon spielt Fußball, vor allem aber liest er, schließt sich stundenlang in der Toilette ein, um zu lesen, so daß seine Mutter die Befürchtung äußert, er wird noch verrückt. 1944, mit 19, geht Fanon an die französische Front, wird in Besançon verwundet, mit einem Verdienstkreuz ausgezeichnet und kehrt 1945 nach Martinique zurück; mit dem Vorsatz, nie mehr von dem Krieg zu sprechen, der ihn tief gezeichnet und ihm unter anderem die Erkenntnis eingebracht hat: »Der Franzose mag den Juden nicht, der den Araber nicht mag, der den Neger nicht mag.«

1946 unterstützt er Césaires Wahlen und geht ein Jahr später mit einem Stipendium nach Frankreich. Nach Lyon, weil er, wie er sagt, dort weniger Schwarzen begegnet als in Paris. Studiert erst Zahnmedizin, dann Chirurgie, schließlich Psychiatrie, bei der er bleiben wird.
Er liest Hegel, Marx, Freud, Sartre und die Existentialisten.
Nach dem Examen kehrt er nach Martinique zurück, hält nach Arbeitsmöglichkeiten Ausschau, findet keine und verläßt die Insel.
Aimé Césaire erklärt es:
»Fanon war ein außergewöhnlich brillanter Mann und scharfsinnig. Und man darf eins nicht vergessen, er war Psychiater. Das ist sehr wichtig, denn ich glaube, daß die antillanische Gesellschaft tatsächlich eine Gesellschaft von Geisteskranken ist. Ich glaube, und das ist der schwerste Vorwurf, den ich dem Kolonialismus machen kann, das ist nicht der primäre Kolonialismus, der sich ausdrückt durch Massaker an Menschen, nein, was der Kolonialsmus hier getan hat, er hat die antillanische Seele massakriert. Und der martiniquanische Mensch ist ein traumatisierter Mensch. Da ist ein Trauma. Und ich bin sehr erstaunt über die hohe Anzahl von Martiniquanern, die psychiatrische Behandlung brauchen.
Und Fanon hat das sehr gut begriffen. Und Fanon ist sehr schnell weggegangen, zweifellos, weil er angewidert von alldem war. Er wußte nicht, wie er einer solchen Gesellschaft dienen sollte. Sein Denken nährte sich viel stärker aus der algerischen und afrikanischen Sache als der martiniquanischen. Die betrachtete er fast als Randerscheinung. Martinique war nicht kämpferisch. Und daraus resultiert, daß Fanon auf Martinique am wenigsten bekannt ist und seine Botschaft die am wenigsten anerkannte ist. Im Grunde hat er kein Martinique seiner Größe, seiner Dimension entsprechend vorgefunden.«
Fanon geht zunächst zurück nach Frankreich.
1952 wird er Assistenzarzt an der Psychiatrie von Saint-Alban, wo ihn die Sozialtherapie gefangennimmt.
1952 heiratet er seine Frau Josie, eine weiße Französin, die als hochintelligente, sensible Frau beschrieben wird, die mit ihrem Mann kooperiert.
1952 (deutsch 1980) erscheint sein Abschiedsgeschenk an Martinique »Schwarze Haut, weiße Masken«, eine Autobiographie nicht im klassischen Sinn, eine Studie über die Beziehungen zwischen Schwarz und Weiß, eine Analyse seiner selbst, die zur

Analyse seiner Gesellschaft, aus der er hervorging, wurde. Ein Buch, das auch Césaires Mahnung zitiert:
»Und vor allem mein Körper und auch du, meine Seele, hütet euch die Arme zu kreuzen in der unfruchtbaren Haltung des Zuschauers. Denn das Leben ist kein Schauspiel, denn ein Meer von Schmerzen ist kein Proszenium, denn ein Mensch, der schreit, ist kein tanzender Bär ...«
Ein Buch, das auch jene Erfahrung beschreibt, die Abertausende von Exilmartiniquanern machen, die zu Hause noch europäisch und also weiß waren, in Paris plötzlich sehr schwarz werden. Fanon, der Poet, beschreibt es, trunken von Sprache:
»Mein Körper kam ausgewalzt, zerteilt, geflickt zu mir zurück, ganz in Trauer an jenem weißen Wintertag. Der Neger ist ein Tier, der Neger ist schlecht, der Neger ist bösartig, der Neger ist häßlich; sieh mal ein Neger, es ist kalt, der Neger zittert, der Neger zittert, weil er friert, der kleine Junge zittert, weil er Angst vor dem Neger hat, der Neger zittert vor Kälte, jener Kälte, die dir die Knochen verrenkt, der niedliche Kleine zittert, weil er glaubt, daß der Neger vor Wut zittert, der kleine weiße Knabe wirft sich in die Arme seiner Mutter: Mama, der Neger will mich fressen.
Ringsum der Weiße, oben reißt sich der Himmel den Nabel aus, die Erde knirscht unter meinen Füßen, und ein weißes, weißes Lied. Das viele Weiß, das mich ausbrennt ...«
Nie wieder in seinen Schriften wird Fanon solche Melancholie artikulieren.
Er wird der Welt entgegentreten, und das bedeutet für ihn, sich dem anderen zuzuwenden, dem Sklaven, dem kolonisierten Opfer, aus dem ein Kämpfer werden soll. Ein neuer Mensch.
Er möchte gern nach Schwarzafrika gehen. Leopold Senghor, der ihm helfen könnte, tut das offenbar nicht. Als Fanon in einer medizinischen Zeitschrift eine ausgeschriebene Stelle für Algerien entdeckt, bewirbt er sich und wird 1953 Leiter der größten Psychiatrie von Algerien in Blida-Joinville und gerät so eigentlich zufällig in den blutigen Krieg, den Befreiungskampf, den er zu seiner Sache machen wird.
Als Arzt setzt er sich zunächst dafür ein, den Kranken, wo immer möglich, nicht aus seinem Milieu zu reißen. Er bekämpft jede Art von Gefangenschaft. Er analysiert das Syndrom des Kolonisierten.
Ab 1955 engagiert er sich für die FLN, die Algerische Nationale

Befreiungsfront, gerät in einen Gewissenskonflikt und verläßt ein Jahr später seinen Posten als Chefarzt, weil er nicht mehr miteinander vereinen kann, z. B. den Widerstandskämpfern beizubringen, in welcher physischen und psychischen Haltung sie am besten die Folter überstehen, um kurz darauf einen französischen Polizeikommissar behandeln zu müssen, der an nervöser Erschöpfung leidet, weil er zu ausgiebig foltern ließ.

Fanon siedelt ins gerade unabhängig gewordene Tunesien über, um von dort aus mit der FLN zu kollaborieren. Seine aktivste politische Periode beginnt. Er arbeitet an der Psychiatrie von Tunis, hält Vorlesungen an der Universität, schreibt Artikel für die Zeitung der FLN. Und er bereist Schwarzafrika. Im algerischen Kampf um Befreiung von Kolonialismus und Entfremdung sieht er ein Modell für den gesamten afrikanischen Kontinent.

1959 erscheint das Buch »Sociologie d'une révolution« (deutsch: »Aspekte der algerischen Revolution« 1972), ein glühendes Glaubensbekenntnis an die Veränderbarkeit des Menschen. Der Todeskampf des Kolonialisten leitet die Wiedergeburt des Unterdrückten ein. Auch die bisher verschleierte Frau erfährt die totale Umwälzung ihres Bewußtseins:

»In Wirklichkeit wird von der Frau die revolutionäre Glut und der revolutionäre Geist geschürt. Denn der revolutionäre Krieg ist kein Krieg nur für Männer ...

Die algerische Frau steht im Zentrum des Kampfes. Verhaftet, gefoltert, vergewaltigt, niedergemetzelt, zeugt sie von der Gewalttätigkeit des Okkupanten und seiner Unmenschlichkeit. Und der Mut, den die algerische Frau im Kampf beweist, ist keine unvorhergesehene Schöpfung oder das Ergebnis einer Veränderung. Er ist die Antwort des Humors in der Phase des Aufstands.«

In diesem Buch läßt Fanon, der sonst vor der Begeisterung warnt, sich von ihr mitreißen, kommt aber auch sehr schnell wieder, viel Zeit bleibt ihm nicht, von dieser Begeisterung ab.

Im März 1960 wird er Botschafter der provisorischen algerischen Regierung in Ghana. Hier erfährt er, daß er wahrscheinlich Leukämie hat. Es ist nicht lange her, daß sein Wagen während einer militärischen Erkundungsfahrt in den Süden der Sahara auf eine Mine gefahren war, Fanon knapp dem Tod entronnen, sein Körper in Rom wieder zusammengeflickt worden war.

Er arbeitet und reist weiter, hält Vorträge, träumt von den Vereinigten Staaten Afrikas:

»Das alltägliche Afrika, oh, nicht das der Poeten, nicht das einschläfernde, sondern das, das einen am Schlafen hindert; denn die Ungeduld des Volkes ist groß. Das Volk sagt: Ich will dieses Volk zu einem Volk machen; ich will bauen, lieben, verehren, schaffen ...
Das ist Afrika, das Afrika, dem wir den Weg zu seinem Kontinent weisen müssen. Dieses Afrika, das wir orientieren, mobilisieren und in die Offensive führen müssen.
Dieses Afrika im Werden.«
Ende 1960 begibt Fanon sich zu einer Behandlung der Leukämie in die UdSSR, wo er, als es ihm etwas besserzugehen scheint, die psychiatrischen Kliniken besucht. Sie enttäuschen ihn zutiefst. Seine eigene Therapie, so beklagt er sich, habe aus einer Diät von Kohl und Bratkartoffeln bestanden.
Er kehrt nach Tunis zurück und beginnt sein Buch »Die Verdammten dieser Erde« zu schreiben, das im Mai 1961 fertig ist: seine Analyse der politischen Entwicklung der Dritten Welt am Beispiel Algeriens und Afrikas, die weit in die Zukunft weist. Er trifft Sartre in Rom, der ihm das Vorwort schreiben wird.
Fanon, der nie mit seinen Kräften hausgehalten hat, nie mehr als vier Stunden täglich schlief, entschließt sich erst im Oktober zu der dringend angeratenen Spezialbehandlung seiner Krankheit in den USA, dem »Land der Lynchmörder«, wie er sagt. In seinem Krankenbett in Washington liest er die Korrekturfahnen.
Als er am 10. Dezember 1961 stirbt, ist er 36 Jahre alt. Sein Wunsch, in Algerien begraben zu liegen, wird erfüllt. Martinique, das er nie ganz aus den Augen verloren hatte, war längst nicht mehr sein Land.
Aimé Césaire, der dageblieben ist, erklärt es:
»Für Martinique war er eine große Ausnahme, ein Außenseiter. Sein Denken bezog sich auf weniger komplexe und zweideutige Erscheinungen als Martinique. Es ist klar, daß seine Botschaft in der Dritten Welt hochgeschätzt wird, in Afrika, bei den Schwarzamerikanern in Europa, vor allem Schwarzamerika. Black Panther. Befreiungskämpfe. Aber das ist nicht antillanisch. Er hatte keine Antillen seiner Dimension gefunden. Er war zu groß für die Inseln. Er kam damit nicht zu Rande, fühlte sich isoliert. Deshalb ist er nie zurückgekommen.«

In jenem wichtigen Jahrzehnt, zwischen 1950 und 60, als Afrika sich mehr oder weniger gewaltsam losriß von seinen Kolonial-

herren, schaukelte Martinique sich, in einer Hängematte aus sozialen Sicherungen, in die Lethargie, in die Unmündigkeit statt in die Gleichberechtigung. Denn, so Fanon:
»Dieses mühsame und schmerzliche Sichlosreißen ist notwendig. Andernfalls kommt es zu schwerwiegenden psycho-affektiven Verstümmelungen. Menschen ohne Ufer, ohne Grenzen, ohne Farbe, Heimatlose, Nicht-Verwurzelte, Engel.«
Und wenn Fanon sagt, daß Hunger unter menschenwürdigen Bedingungen besser sei als Brot in der Knechtschaft und daß der Kolonialismus nicht in der Lage sei, den Kolonisierten solche materiellen Lebensbedingungen zu schaffen, daß sie ihr Streben nach Menschenwürde vergessen, so traf das nicht mehr für Martinique zu. Niemand muß hier hungern. Wer fehlernährt ist, hungert für ein Auto.
Ein Afrikaner, der heute hierherkommt – und auf seinem Kontinent steht es nicht zum besten, hat die Unabhängigkeit, die sogenannte, sich fehlentwickelt – aber dieser Afrikaner nun, mit der Not in seinem Land vertraut, ist hier schockiert über die verstümmelten Seelen. Das Elend, das im Kopfe wohnt, wie Ousmane es schildert:
»Fanon ist der Prediger, der seinen Appell in die Wüste geschleudert hat. Und der Schrei lebt immer noch in dieser Wüste. Eine Botschaft. Einige haben sie gehört, aufgenommen, und sie hat ihnen geholfen. Aber ich glaube, die sie wirklich hören sollten, um davon zu profitieren, haben nicht mehr davon begriffen als von einem Flugzeug, das über den Kopf wegbraust, ein Lärm, der vorrüberrauscht und verstummt und um den man sich nicht weiter kümmert.
Die Wahrheit als eine Qualität wird hier als Untugend begriffen. Die Wahrheit hat hier, wenn sie zu wahr ist, keinen Raum. Man muß zu lügen verstehen. Lügen, um zu überleben. Feige sein, heuchlerisch, egoistisch, vor allem falsch. Und all das zu sein ist einfach.
Schau, ist das nicht schön um uns, das Meer, diese Insel, wo jeder die Liebe finden könnte. Selbst die Liebe hat hier ihr Gesicht verändert. Völlig.«

Als ich hierherkam, weiße Europäerin, aber vertraut mit Schwarzafrika, verloren die Menschen, verpackt in guten Autos oder guten Kleidern, Menschen, die an mir vorbeihasteten oder zu denen ich eine Beziehung herzustellen versuchte, ganz schnell ihre Farbe. Und später auch ihre Schönheit. Selbst

Männer, die dekolletierten Frauen nachzischten, schienen nur noch einem Reflex zu gehorchen. Der Taxichauffeur oder die Kellnerin, die nicht nur ohne ein Lächeln, sondern mit betontem Widerwillen ihre teuren Dienste verrichteten, machten mich frieren, und ich rief: Das sind ja wir!
Kein Europäer erträgt diesen Spiegel. Denn noch scheinen die Bilder verzerrt.
An keinem anderen Ort der Erde habe ich Weiße erlebt, die sich so freimütig zu ihrem Rassismus bekennen, ich habe sie wörtlich sagen hören: Hier bin ich Rassist. Und ein Italiener rief: Beschmutzen Sie nicht Afrika, indem Sie es mit Martinique vergleichen!
»Afrika«, schwärmt ein französischer Militär, »könnten wir heute wieder eine afrikanische Kolonie bekommen, wir würden sie blind gegen Martinique eintauschen, denn in Afrika, da weiß man doch noch, woran man ist, in Afrika sagt der Soldat, daß man ihm seinen Sold erhöhen soll, damit er sich eine neue Frau kaufen kann, aber hier fordern sie mehr Geld für ein neues Auto!«
Soviel inbrünstige Liebe von Weißen für Afrika fand ich hier, daß ich mich fragte, ob nicht allen in Afrika ansässigen Rassisten Martinique verschrieben werden sollte ...
Auf dieser Insel, Landkreiskolonie Frankreichs, herrscht Arbeitslosigkeit von über 50 Prozent, wurden, bis auf zwei, sämtliche Zuckerfabriken, Destillerien geschlossen, da europäischer Zucker billiger kommt. Landwirtschaft, Fischerei, die florieren könnten, sind auf ein Minimum geschrumpft, weit entfernt, die 300000 Bewohner zu ernähren. Frankreich liefert und Frankreich zahlt: Arbeitslosengeld, Kindergeld, Familienbeihilfe, Altersfürsorge. Und nicht nur Frankreich, auch die EG zahlt sich blutig, so scheint es ...
So scheint es, denn alles Geld fließt wieder zurück. In jeder Familie drei Autos oder mehr. Jeder Martiniquaner, ob arbeitslos oder nicht, sichert einen europäischen Arbeitsplatz, denn er kauft sich blutig, kauft und kauft, ein Viertel des Lohns einer Sekretärin für ein Paar Schuhe, für einen Fernseher nimmt man Kredit auf, kauft und kauft, die Preise sind horrend, billig ist hier einzig der Rum. Nirgendwo wird kapitalistischer Kreislauf nackter sichtbar, sein Funktionieren in sich selbst, sinnlos.
Und dennoch zahlt Frankreich, baut vorzügliche Schulen, speist die Kinder, baut Autobahnen, Startbahnen für Jumbos, Golfplätze, treibt seine Fürsorge so weit, daß wöchentlich Kar-

diologenteams eingeflogen werden, die die gestreßten Mitbürger am kaputten Herzen operieren.
Und es ist nicht Martinique allein, da ist die Nachbarinsel Guadeloupe, dann Guyane, dann Réunion im Indischen Ozean, überall ist es ähnlich. Aber Martinique ist das einzige Beispiel von gelungener Entpersönlichung einer ganzen Gesellschaft.
Aimé Césaire erklärt es, und ich frage ihn, ob jegliches individuelle Verhalten, jegliche Entwicklung mit dem Kolonialismus entschuldigt werden kann.
»Diese Länder sind nicht selbstregiert, sind in Wirklichkeit Kolonien in Form von Departements. Sie sind nicht unabhängig, sie sind abhängig in jeder Hinsicht, politisch abhängig, ökonomisch abhängig. Und das natürliche Verlangen des Menschen nach Verantwortlichkeit wird nicht befriedigt. Und all diese Erscheinungen von Lebensfremdheit fördern beim Antillaner eine Art von Aggressivität, die nicht kanalisiert ist und sich wieder gegen ihn selbst und seine unmittelbare Umgebung richtet.
Ich entschuldige nicht, ich beschreibe mit viel Traurigkeit. Denn wir erleben einen Verfall, der das Auslöschen einer Welt andeutet. Und das finde ich tragisch. Das ist keine Entschuldigung, das ist tragisch. Wir erleben den Ruin der alten Werte. Und ich sehe überhaupt keine neuen auftauchen.«
Aimé Césaire auf der Kundgebung:
»Dies Land, seht, ist verstört, verbraucht, erschöpft. Seine Industrie ist liquidiert, seine Landwirtschaft bedroht, sein Bauernstand Opfer der Landflucht. Seine Jugend, wenn nicht ausgewandert, ist Beute der Droge oder der Verzweiflung.
Und in diesem Land, verstört, ruiniert, demoralisiert, traumatisiert, gelähmt von Unruhe und zerfressen von der Angst vor morgen, in diesem Land, diesem Zustand, sprecht ihr vom Gesetz, von der Verfassung und anderen abstrakten Geschichten?
Martiniquaner, wir müssen klarsehen. Dieses Land ist schwerkrank! Geben wir ihm erstmal seine Gesundheit wieder, seine wirtschaftlichen Kräfte, geben wir ihm seinen Mut wieder und gleichzeitig seine Moral! Wenn es ihm dann also besser geht, wenn der Kranke in der Lage sein wird zu urteilen, ohne zu faseln, zu arbeiten, ohne zusammenzubrechen, dann also, und das ist ein Versprechen, werden wir ihn fragen und sehen, ob es möglich ist, weiterzugehen, und ob er etwas anderes verträgt als den Zustand, in dem er momentan lebt.«

Seit 35 Jahren arbeitet Césaire, Verkörperung dessen, der seine Wurzeln kennt, für sein entwurzeltes Volk. Und nicht nur als Politiker, Planer, Repräsentant, sondern als Mensch, zu dem die Leute hingehen, den sie brauchen und offenbar lieben. Vor allem der dunklere Teil der Bevölkerung, der ärmere also.
Mit 18 Jahren trat er, und die Martiniquaner sind ein streng katholisches Volk, aus der Kirche aus. In dem Gedicht *Tropen* formulierte er die Gründe:
»In diesem gräßlichen Handel mit schwarzem Fleisch, der über Jahrhunderte betrieben wurde, hat sich die Kirche nicht damit begnügt, die Hände in den Schoß zu legen, was allein schon unmoralisch gewesen wäre, hat sie sich nicht damit begnügt, den Mördern recht zu geben, was allein schon kriminell gewesen wäre. Als die Sache im Sack war, hat sie gräßlicherweise ihren Anteil genommen. Erbärmlich hat sie ihr Trinkgeld gefordert. Und für all das wollt ihr, daß wir uns bedanken!«
1956, nach dem Einmarsch der Sowjets in Ungarn, trat Césaire aus der kommunistischen Partei aus und gründete seine eigene Partei, die PPM, *Parti Progessiste Martiniquais*, die 1981, nach dem Sieg Mitterrands, die Wahlen gewann. Denn die Martiniquaner wählten rechts, wenn Frankreich rechts wählte, und wählten links, als Frankreich das tat. Aber damals wie heute trat Césaire nicht für die Unabhängigkeit dieses Volkes ein, das immer unmündiger wird:
»Ich war es, der für die Martiniquaner das Statut des Departements gefordert hat. Warum? Weil die Leute das forderten. Denn die Martiniquaner wollten die Sozialgesetze, sie wollten soziale Sicherheit. Sie hatten wenig Ahnung von der Unabhängigkeit, sie sagten sich, wir werden wenigstens gerechtere Gesetze haben und gleichberechtigt behandelt werden. Sie wollten weniger die Freiheit als vielmehr die Gleichberechtigung mit den Franzosen. Und das war der Fallstrick.
Also, sie kriegten ihre sozialen Rechte. Aber die Franzosen waren in Wirklichkeit gar nicht einverstanden, sie waren ihrer eigenen Logik in die Falle gegangen. Und wir waren auch in die Falle gegangen. Denn als wir all das bekamen, sagten wir, gut, das ist sehr nett, das soziale Recht, aber zugleich waren wir gefangen in der Zivilisation der Weißen.
Und unglücklicherweise, da wir noch im Gemeinsamen Markt integriert waren, hat das die ganze martiniquanische Industrie ruiniert, der ganze produktive Apparat ist zusammengebro-

chen, und die Sozialgesetze funktionierten weiter. – Anders gesagt, wir hatten alle sozialen Rechte, ausgenommen dem ersten dieser Rechte, dem Recht auf Arbeit. Resultat: Frauen, die Kinder haben, beziehen eine Beihilfe für alleinstehende Mütter, der Arbeitslose kriegt auch etwas, alles wird zum Vorwand genommen, alle wollen was. Resultat: Die Martiniquaner tun nichts, arbeiten nicht. Was man ihnen nicht vorwerfen kann, es gibt keine Arbeit. Sie leben sogar besser als die auf den Nachbarinseln, die sich abschinden, sozusagen wie die Neger schuften. Das ist tragisch. Das ist die antillanische Tragik. Wie ist das alles zu verstehen? Ich kann von ihnen nicht verlangen, daß sie die Supermärkte zerschlagen, um wieder in die Hütten ihrer Großväter zurückzukehren, das ist ein Rousseauscher Traum. Man muß sich also etwas einfallen lassen.
Während der Wahlen wurden sie von Giscard mit Geld vollgestopft, jeder Martiniquaner erhielt 10000 Fr. Und die Leute haben sich in die Supermärkte gestürzt und sind mit hochgetürmten Einkaufswagen wieder rausgekommen. Eine Konsumgesellschaft, nichts anderes.«
Eine Gesellschaft, unmündig gehalten durch die Droge Konsum. Wer dann aber ihr Verhalten näher kennenlernt – Ousmane, der Senegalese lebt seit vier Jahren auf Martinique – wünscht ihr nichts sehnlicher als die Unabhängigkeit:
»Von dem Moment an, wo ein Volk die Beherrschung der Freiheit vorzieht, ist es ein verlorenes Volk, verloren, verloren. Denn dieses Volk hat vor allem Angst. Ein Volk, das vorzieht, einen vollen Bauch zu haben und dabei Sklave zu bleiben. Wenn es nicht den Mut hat, eines Tages mal Hunger zu haben, wird es sich niemals befreien können. Mein Auto. Mein Fernseher. Mein Motorrad. Und der Bruder, der die Straße überquert, ist ein Dreck, ein Nichts. Wenn ich ihn nicht überfahre, werde ich ihn beschimpfen oder ihn einfach nur angewidert übersehen.«
Die Ersatzhandlung des Konsumierens, das Auto als Kultgegenstand, Alkoholilsmusprobleme, Drogenprobleme, Diebstahlskriminalität, überfüllte Psychiatrien, vor allem ein total gestörtes zwischenmenschliches Verhalten – zu dieser Art Elend, uns Europäern wohlbekannt, gehört auch die Kulturlosigkeit.
Der Afrikaner Ousmane wurde, wie schon erwähnt, von Césaire geholt, damit er den Martiniquanern wieder das Tanzen beibringt. Im »Parc floral« von Fort-de-France gründete Césaire

vor zehn Jahren den SERMAC, »Service Municipal d'Action Culturelle«; eine Schule der Künste fürs Volk, die sein Sohn Jean-Paul leitet. Kurse für Musik, Tanz, Malerei, Film, Theater, Töpferei werden angeboten und von jungen Leuten ernsthaft wahrgenommen. Und jährlich veranstaltet die Stadt ein internationales, vorwiegend schwarzes Kulturfestival. Der Aufwand dafür ist ernorm, aber ganz offenbar auch das Bedürfnis. Fast jede Darbietung wird begeistert gefeiert. Der Hunger scheint groß zu sein. Denn, so Fanon:
»Indem der Kolonisierte die Intentionen und die Dynamik des Kunsthandwerks, des Tanzes und der Musik, der Literatur ... erneuert, gewinnt auch seine Wahrnehmung eine andere Struktur. Die Welt verliert ihren Fluch. Alle Bedingungen für die unvermeidliche Auseinandersetzung treten zusammen.«
Aber existiert auf Martinique Kreativität?
»Nein, Kreativität existiert hier nicht. Es ist nicht möglich, in einem kolonisierten Land von Kreativität zu sprechen.
Ich vertraue einzig und allein dem Kampf, den die Leute führen müssen; ich habe kein Vertrauen in Maßnahmen, die als progressistische Maßnahmen einer sozialistischen Regierung angewendet werden. Ich glaube, daß die Antillaner sich um sich selbst kümmern müssen. Es fällt nicht schwer, vom Mythos des weißen Mannes zu sprechen. Denn die Antillaner sind durch ihre Geschichte und durch ihre Prägung immer auf der Suche nach einer Mutter, nach einem Schutz. Und ich denke, sie sollten endlich beginnen, sich um sich selbst zu kümmern und erforschen, wozu sie wirklich fähig sind.
In einem Land, wo du Michel Sardou und Julien Clerc hörst, ist das schwierig für einen Antillaner, der sich mit dieser Kultur nicht identifizieren kann, der aber zugleich einer täglichen ideologischen Bearbeitung durch Radio und Fernsehen ausgesetzt ist, und dann ist da noch die Schule, Religion, da hast du so etwas wie eine erzwungene Anpassung an eine Kultur, der du nicht angehörst.
Alles, was Negerkultur war, alles, was zur Folklore früherer Zeiten gehörte, wurde als vulgär betrachtet, als niedrig. Man durfte nicht kreolisch sprechen, man durfte vor allem nicht die Trommel schlagen. Man sollte Klavier spielen, Gitarre, Flöte, aber bloß nicht die Trommel. Das hat sich seit fünf Jahren ein bißchen geändert. Aimé Césaire war einer der Fürsprecher dieses kulturellen Bedürfnisses. Und er war es deshalb, weil danach verlangt wurde, diesen Widerstand durch die Kultur zu

errichten. Selbst bei den Kleinbürgern kam diese Mode auf. Sie sprachen ein bißchen kreolisch, flochten sich Zöpfchen, entkrausten sich nicht mehr die Haare, schlugen die Trommel usw., ohne daß sich deshalb ihre Mentalität qualitativ verändert hätte.«
Das sagt Frédérique Fanon, 27 Jahre alt, Kommunistin, Frauenkämpferin, Unabhängigkeitsbefürworterin, die sich als Revolutionärin begreift und eine Nichte Frantz Fanons ist. Sie gehört zu jener kleinen Gruppe von jungen Intellektuellen, die, auf der Suche nach einer antillanischen Identität, sowohl Frankitude als auch Négritude ablehnen und von den Vereinigten Sozialistischen Staaten der Antillen träumen. Marxisten und nicht Fanonisten. Fanon wird boykottiert. Eifersüchtig werfen sie ihm vor, daß er sich für Afrika einsetzte und nicht für die Antillen. Ein Vorwurf, den Frédérique bedauert, ohne ihn zu bekämpfen. Obwohl es Fanon war, der das Modell für die kolonisierten und neokolonisierten Völker entwarf und nicht Marx oder Lenin.
Die Anhänger der Unabhängigkeitsbewegung sind nicht sehr zahlreich, die Seelen dafür, wie Césaire es vor Jahrzehnten ausdrückte, noch nicht kreiert, erfunden. Auch Fanon griff diesen Gedanken auf:
»Politisieren heißt, den Geist öffnen, den Geist wecken, den Geist in die Welt setzen. Oder wie Césaire sagt: ›Seelen erfinden‹. Die Massen politisieren heißt nicht und kann nicht heißen, eine politische Rede halten. Es heißt leidenschaftlich darum kämpfen, den Massen verständlich zu machen, daß alles von ihnen abhängt; daß es an ihnen liegt, wenn wir stagnieren, und daß es ebenfalls an ihnen liegt, wenn wir vorwärtskommen; daß es keinen Demiurgen gibt, keinen berühmten und für alles verantwortlichen Mann, sondern daß das Volk der Demiurg ist und daß die Hände des Zauberers letztlich nur die Hände des Volkes sind.«

Der Vorwurf Aimé Césaires an die Adresse der Unabhängigkeitskämpfer:
»Was ich den martiniquanischen Unabhängigkeitsanhängern vorwerfe, ist, daß das nicht seriös ist. Man hat den Eindruck, daß das Leute sind, die zwar nach nobler Gesinnung trachten, aber völlig vom Volk abgeschnitten sind und nichts dazu tun, das Volk verstehen zu lernen. Zu versuchen, unters Volk zu gehen, wie die Russen um 1905. Niemand geht unters Volk und

versucht, die Idee im Volk reifen zu lassen. Selbst als Unabhängigkeitskämpfer bleiben sie noch europäische Intellektuelle.«

Der Vorwurf der Unabhängigkeitskämpfer, formuliert von Frédérique Fanon:

»Zwischen dem, was man sagt, und dem, was man schreibt, besteht oft kein Zusammenhang. Ein Beispiel dafür ist Césaire.

Als ich ›Zurück ins Land der Geburt‹ entdeckte und las, da lag ein Feuer, eine Kraft in seinen Worten, eine außergewöhnliche revolutionäre Kraft. Wenn ich nun den Politiker betrachte, der er heute noch ist, dann denke ich, daß er zwar ein wichtiger Mann ist, der die Geschichte der Antillen geprägt hat und es weiterhin tut, der aber – und ich denke daran, wie aufgewühlt ich war, als ich seine Gedichte las – der aber heute nicht mehr das gleiche Bewußtsein ausdrückt wie damals.

Ich habe das Gefühl, daß es sich da um eine gewisse Unstimmigkeit handelt zwischen dem, was er damals geschrieben hat, und dem, was er heute tut. Für mich besteht da ein tiefer Graben, und außerdem schreibt er kaum noch. Das ist vielleicht auch die Weiterentwicklung seines politischen Denkens.

Ich versuche es zu erklären. Ich gebe zu, daß ich ziemlich enttäuscht bin über die Richtung, die unser Land heute einschlägt. Aber ich versuche Erklärungen zu finden, denn die Enttäuschung ist ein Gefühl, das interessant wird, sobald man es erklären kann. Das war meine Enttäuschung, die ich empfand, die Césaire aber sicher auch empfand. Selbst physisch, finde ich, sieht man ihm die Enttäuschung an. Ich finde ihn zerknirscht, er hat nicht mehr diese Glut, diese Willenskraft, diese verbale Gewalt, um den Kolonialismus anzuklagen. Ich finde ihn vielmehr beunruhigt über die Zukunft, er scheint weise geworden.

Das hat nichts mit dem Alter zu tun, ich glaube einfach nicht, daß das Alter weise macht. Wenn man revolutionärer Kämpfer ist, kann man das bis in jedes Alter bleiben. Für mich setzt das Alter keine Schranken für die Revolution.

Es handelt sich bei ihm wohl um eine Enttäuschung über sein Land. Die kommende Generation wird die Gefühle Fanons und Césaires vielleicht auf einen Nenner bringen. Denn von Fanon wurde behauptet – ich bin davon gar nicht überzeugt –, daß er nach Algerien gegangen ist, weil er für sein Volk keine Hoffnung mehr hegte. So könnte man aber auch sagen, wenn

Césaire sich politisch so verhält, wie er es heute tut, dann weil er keine Hoffnung mehr für sein Volk hat.
Was geschieht mit uns? Césaires Verhalten heute besteht aus Kompromissen mit einer sozialistischen Regierung. Wenn man, noch vor drei Jahren, Césaires Reden für die letzte Legislative gehört hat, dann liegen dazwischen Welten. Césaire hat der französischen Regierung drei Jahre gegeben, um die antillanischen Probleme zu lösen. Das ist drei Jahre her, die Regierung hat gewechselt, und nun sagt er, nein, jetzt wollen wir diskutieren. Das bedeutet, daß das nationale Problem für ihn nicht mehr wichtig ist.«
Aimé Césaire auf der Kundgebung:
»Also, alles hat sich geändert! Und ich habe mich auch geändert! Ich habe mir gesagt, der Sieg des François Mitterrand bedeutet für Martinique eine einzigartige Chance, eine historische Chance, die man ergreifen muß, wirklich ergreifen und zu nutzen wissen muß! Der historische Zufall – ich betone Zufall, und nicht meine persönlichen Verdienste – macht, daß ich dafür bin, die Chance zu ergreifen und das Spiel zugunsten Martiniques zu wagen. Also zögern wir nicht, ich habe nicht das Recht zu zögern, und kämpfen wir wieder!«

Anders als Frantz Fanon, der weder das Scheitern der algerischen Revolution, nach der das Volk wieder an seinen Platz, die Frau wieder unter ihren Schleier gezwungen wurde, noch den Zerfall der in den Anfängen so hoffnungsvollen afrikanischen Einheit miterlebte, hat Césaire alle Phasen allen Scheiterns verfolgen müssen. Seine bescheidene Hoffnung heute ist, daß die Regierung Mitterrand etwas sensibler agiert. Und sein Alptraum antillanischer Unabhängigkeit war immer Haitis Duvalier. Denn in Haiti wurden Opponenten hingerichtet, sterben nicht nur Kinder an Hunger. Das ist undenkbar auf Frankreichs Antillen, wo der Kolonialismus dafür, wie Césaire sagte, die Seelen massakrierte.
Sollte das die Alternative sein? Oder sollte man ihnen nicht doch, da die Voraussetzungen bei diesen braunen Franzosen ja andere sind, die Unabhängigkeit und damit zunächst die Katastrophe wünschen, damit sie aus ihrer Lethargie aufgerüttelt würden, wieder zu sich selbst gelangten? Elend als Medizin?
Césaire bezweifelt es:
»Wissen Sie, man muß aus der Unabhängigkeit kein Allheilmittel machen. Zu glauben, daß die Unabhängigkeit den Martini-

quaner heilen wird, ist falsch. Ich denke, daß eher das Gegenteil der Fall sein wird. Ich denke, daß die Unabhängigkeit durch den Martiniquaner verdorben und kompromittiert werden wird, wenn wir nicht sehr aufpassen. Man sollte die Unabhängigkeit nicht als heilende Kraft betrachten. Nicht glauben, daß Unabhängigkeit alles gutmachen würde.

Als ich jung war, glaubte ich das, ich war Kommunist. Man hat uns erklärt, daß es reicht, die Macht an sich zu nehmen, der Sozialismus würde alle Probleme lösen. Ich selbst habe tatsächlich geglaubt, mit dem Sozialismus an der Regierung verschwände der Rassismus. Ich glaubte tatsächlich an den neuen Menschen. Der Kapitalismus ist abzuschaffen, folglich gibt es keine Kriege mehr, keinen Rassenhaß mehr, keinen Egoismus mehr, all das hing mit dem privaten Eigentum zusammen.

Wir haben gesehen, der Sozialismus hat sich auf zahlreichen Kontinenten installiert, und wir entdecken die ewigen Fehler wieder, und manchmal noch schlimmere Fehler. Also muß man nicht glauben, die Unabhängigkeit würde den Martiniquaner von seinen Fehlern heilen.

Nehmen wir an, wir haben die Unabhängigkeit, das kann gut so kommen. Ich persönlich glaube nicht, daß Frankreich einen Krieg führen würde, um Martinique oder Guadeloupe zu behalten. Aber wenn wir die Unabhängigkeit bekommen – was mir nur natürlich erscheint in der historischen Entwicklung –, wenn wir sie erhalten mit den Fehlern, die ich konstatiere, mit der Haltung, die ich an der jetzigen Generation beobachte, dann kann die Unabhängigkeit sehr gut die Katastrophe für uns bedeuten. Und das wird schlimmer sein als das, was wir momentan erleben.

Was ich fürchte, ist, daß die Franzosen sagen, wenn ihr die Unabhängigkeit wollt, geben wir sie euch. Aber Vorsicht, die Gefahr für euch ist, ein neues Haiti zu werden mit Duvaliers. Ich würde das nicht sagen, aber, unter uns gesagt, ist das überhaupt nicht auszuschließen. Das kann sehr gut so kommen. Und das wäre schrecklich. Ich war in Haiti, ich kenne Duvalier. In jedem Menschen steckt ein Duvalier, steckt die Herrschsucht. Und beim Martiniquaner, wie bei jedem Menschen, gibt es eine verdrängte Herrschsucht. Selbst der Männlichkeitswahn ist eine Herrschsucht. Aber ich habe Duvalier gekannt, er war ein kleiner Arzt, ein kleiner Beamter, und er ist ein schrecklicher Diktator geworden. Die Herrschsucht steckt in jedem Menschen, sei er weiß oder schwarz, es kann sehr gut einen schwarzen Hitler geben, warum nicht. Und es besteht kein Grund zu der Annahme, daß für die Martiniquaner keine Gefahr des Duvalierismus bestünde.«

»Afrika weint immer noch über seine verlorenen Söhne, die die schönsten waren, die intelligentesten und die stärksten«, heißt es in Afrika. Schön sind die Martiniquaner, auch intelligent, nur an Kraft scheint es zu mangeln. Und außerdem: Sind es noch afrikanische Söhne oder Töchter? Frédérique Fanon ist fast weiß, ebenso Césaires Enkel. Aber während Frédérique mit aller Heftigkeit ihre Afrika-Zugehörigkeit ablehnt, sagt Césaire, daß er das Herausgerissensein aus afrikanischer Erde noch fast physisch spüre, bis zur Beklemmung. Der Tatbestand der Sklaverei sei aus der antillanischen Psychologie nicht wegzudenken und werde mehr oder weniger stark empfunden.
In fließendem Übergang formierte sich aus einer Gesellschaft ehemaliger Sklaven eine neue Gesellschaft neuer Sklaven – des Konsums. Menschen, in denen eine europäische Seele die afrikanische bekämpft oder die afrikanische die europäische. Das Land ist voll von afrikanischen Geistern, die, so gut es geht, im Verborgenen gehalten werden und erst im Wahnsinn ans Tageslicht treten. Hexen und Zauberer sind hier gut verdienende Leute. Dafür spielt der Gottesdienst sich europäisch gesittet ab. Welche Psyche verkraftet das?
Ein zwölfjähriger Knabe schlägt die Trommel, als hätten Töne und Rhythmen noch eine Bedeutung – während Erwachsene auf das Fell einprügeln, als tobten sie nur noch eine große Wut daran aus. All die versäumten Revolten.
Ich habe Marcel besucht, der ein kleiner Fischer ist und dessen Vorfahren vielleicht zu den *marrons* gehörten, jenen Sklaven, die sich auflehnten, in wilde Gegenden verschwanden, die sich weigerten und den *Béké,* den weißen Herren, bekämpften, statt sich ihm anzupassen. Marcel ist Mitte 30 und schwarz wie Césaire, und er liebt Césaire, er kennt Fanon, er hat sechs Jahre die Schule besucht. Er haßt das französische Fernsehen, ruft: Mozart, was soll ich mit Mozart, ich will die Trommel hören!
Ich habe Marcel gefragt, was er von der Unabhängigkeit, der Katastrophe hält.
»Es gibt zu viele soziale Sachen auf Martinique, es gibt zuviel Hilfe. Aber das ist es ja, was ich sage, die Katastrophe als Beginn! Aber wir brauchen starke Männer an der Spitze. Nicht, daß wir keine starken Männer hätten, und ich kann dir sagen,

ich zum Beispiel wäre stark genug, um es zu tun. Denn ich bin für die Diktatur des Proletariats. Ja, es muß sein. Denn wenn sich in einer Herde ein räudiges Schaf befindet, steckt es alle anderen an, und um die anderen nicht zu verlieren, tötet man das eine. Wenn ich krank bin und dich anstecke, dann bist du krank und steckst die anderen an, und es verbreitet sich.
Die Krankheit ist, daß es zu viele Leute gibt, die palavern und nicht tätig werden.
Ich will nicht den Weißen töten und nicht den Schwarzen, aber alles zerstören, was gegen den Sieg ist.«
Marcel zeichnet hier in aller Selbstverständlichkeit die Vision Césaireschen Schreckens. Der »starke Mann an der Spitze«, den Fanon so sehr durch die Gemeinschaft aller ersetzen wollte, ist wohl unausrottbar. Es sei denn, es würde eine Arbeit geleistet, wie Fanon sie forderte:
»Man muß ... in jedem Augenblick und an jedem Ort erklären, entmystifizieren, Jagd machen auf die Beleidigung des Menschen, die man in sich trägt. Man darf nicht darauf warten, daß die Nation neue Menschen hervorbringt. Man darf nicht erwarten, daß sich die Menschen in einer ständigen revolutionären Erneuerung unmerklich verändern. Es trifft zwar zu, daß diese beiden Prozesse wichtig sind, aber man muß dem Bewußtsein helfen. Wenn die revolutionäre Praxis auf allen Gebieten fruchtbar sein will, darf nichts Ungehöriges übrigbleiben. Besonders heftig spürt man die Notwendigkeit, das Geschehen zu totalisieren, alles mit sich fortzureißen, alles zu regeln, für alles verantwortlich zu sein. Dem Bewußtsein kommt es dann nicht sauer an, noch einmal umzukehren und, wenn nötig, auf der Stelle zu treten. Für eine progressive Kampfeinheit bedeutet deshalb das Ende eines Gefechts nicht Ruhe; es ist der Moment, wo das Bewußtsein eine weitere Wegstrecke zurücklegt, denn alles muß zugleich unterwegs sein.«
Marcel, vielleicht ein schlechter Schüler Fanons, ist aber in einer Hinsicht ein guter Schüler Césaires: Die Sehnsucht, weiß zu werden, die diese Gesellschaft bis zum Identitätsverlust krank macht, kennt er nicht:
»Manchmal steigst du die Treppe hoch, dann wird die Treppe weggezogen, man kann nicht mehr heruntersteigen, und wenn man runtersteigen muß, dann bedeutet das Selbstmord.
Für mich bist du eine Weiße Weiße, und ich bin ein Neger Neger, meine Frau ist eine Negerin Negerin, und sie weiß, wer sie ist, und du weißt, wer du bist. Das Problem liegt nicht da, son-

dern bei der Frage: Verstehst du mich, verstehe ich dich? Das ist kein Klassen- oder Rassenproblem. Das Problem für mich ist, Sein oder Nichtsein.«

Wie geht es weiter? Ich bin nach Martinique gefahren, um ein Volk von Césaires und Fanons zu treffen, und habe Europa getroffen, das denkbar schlechteste, das hier nicht hingehört, ein Volk, das den berühmten Ruf Fanons nicht kennt:
»Ganze Jahrhunderte lang hat Europa nun schon den Fortschritt bei anderen Menschen aufgehalten und sie für seine Zwecke und für seinen Ruhm unterjocht; ganze Jahrhunderte hat es im Namen eines angeblichen ›geistigen Abenteuers‹ fast die gesamte Menschheit erstickt. Seht, wie es heute zwischen der atomaren und der geistigen Auflösung hin und her schwankt.
Jede Bewegung Europas hat die Grenzen des Raumes und des Denkens gesprengt. Europa hat jede Demut, jede Bescheidenheit zurückgewiesen, aber auch jede Fürsorge, jede Zärtlichkeit.
Nur beim Menschen hat es sich knauserig gezeigt, nur beim Menschen schäbig, raubgierig, mörderisch.
Brüder, wie sollten wir nicht begreifen, daß wir etwas Besseres zu tun haben, als diesem Europa zu folgen.
Dieses Europa, das niemals aufgehört hat, vom Menschen zu reden, niemals aufgehört hat, zu verkünden, es sei nur um den Menschen besorgt: Wir wissen heute, mit welchem Leiden die Menschheit jeden Sieg des europäischen Geistes bezahlt hat.
Los, Genossen, Europa hat endgültig ausgespielt, es muß etwas anderes gefunden werden.«
Aimé Césaire auf die Frage, wie er die Zukunft seines Landes sieht:
»Ich wäre grausam, wenn ich zurückfragen würde, hat mein Land überhaupt eine Zukunft? Das wäre pessimistisch. Mein Verstand ist pessimistisch, mein Instinkt ist es nicht. Wenn ich auf meinen Verstand höre, bin ich sehr pessimistisch, denn ich sage mir, daß große reiche, glanzvolle Zivilisationen verschwunden sind. Was zählen da 300000 Menschen – oder 600000, mit Guadeloupe zusammen – in der modernen Welt? Folglich sind wir verletzlich, und wenn die Entwicklung jetzt in diesem Rhythmus weiterläuft, wird es dann in 20 Jahren noch martiniquanische Martiniquaner geben? Anders gesagt, werden wir dann wie die Indianer in Amerika leben?

Andererseits wird es immer noch den Mont Pelée geben, die Palmen, die Mangobäume und noch die Landschaft. Aber das Land wird liquidiert sein. Nur noch ein Land, das ein großes Ferienlager sein wird, bewohnt von Leuten, die bloß etwas farbiger sind als die anderen, das ist alles.
So sieht es aus, und das ist meine Befürchtung. Aber ich will nicht resignieren und glauben, daß mein Volk verloren ist. Das ist stärker als ich.
Also es gibt einen Willen, zu leben und Widerstand zu leisten. Und deshalb habe ich den Antritt der neuen Regierung in Frankreich, mit der ein Dialog möglich sein wird, sehr begrüßt. Ich denke, der wichtigste Kampf, den ich zu führen habe, wird der Kampf um die antillanische Identität und Kultur und antillanische Persönlichkeit sein. Und von da aus wird eine Wiedergeburt möglich sein.«

Die Frauen und Männer von Guadeloupe

Über das Miteinander in einem kolonisierten Land (1982)

»Der Antillaner«, sagt der Psychiater Frantz Fanon, »denkt sich nicht als Schwarzer. Subjektiv, intellektuell verhält sich der Antillaner wie ein Weißer. Er ist aber ein Neger.« – Und ironisierend greift Fanon ein altes Vorurteil der Weißen auf:
»Die Neger ... besitzen sexuelle Potenz. Kein Wunder bei der Freiheit, die sie haben mitten im Busch! Es scheint, daß sie überall und immer vögeln. Es sind Genitale. Sie haben so viele Kinder, daß sie sie nicht mehr zählen. Wir müssen aufpassen, denn sie könnten uns mit kleinen Mestizen überschwemmen ...
Der zivilisierte Weiße bewahrt die irrationale Sehnsucht nach Zeiten außergewöhnlicher sexueller Freiheit, orgiastischer Szenen, ungestrafter Vergewaltigungen, nicht unterdrückter Inzests. Diese Phantasien entsprechen in gewissem Sinn Freuds Lebenstrieb. Indem der Weiße seine Absichten auf den Neger projiziert, verhält er sich, ›als ob‹ der Neger sie wirklich hätte ... Der Neger ist an das Genitale fixiert; oder zumindest hat man ihn daran fixiert.«

Ein kreolisches Lied:

Wenn deine Mutter nicht zu Hause ist
Wenn dein Vater nicht zu Hause ist
Wenn dein Bruder nicht zu Hause ist
Dann komm, mein Mädchen, laß uns tanzen gehen
Tanzen, tanzen, um zu tanzen, Schatz ...

Am Strand von St. Anne, wo das Meer flach und grün ist, steht eine Frau und putzt Fische. Der Wind treibt ihr die Schuppen ins Gesicht. Um sie herum fünf Kinder: eins liegt im Schatten eines Bootes, ein anderes krabbelt im Sand, drei spielen im Wasser, das älteste fünf Jahre. Wohlgenährte, saubere Kinder mit der dunklen Haut ihrer Mutter. Als das jüngste zu schreien

anfängt, gibt Jeanne ihm die Brust und wandert dann langsam heimwärts.
Sie wohnt am Rand der kleinen Stadt mit ihrem Lebensgefährten David, der ihr die Kinder gemacht hat. Geheiratet hat er sie nicht, das ist üblich. Unüblich aber ist, daß er die Kinder ernährt, er ist 30 Jahre älter als die 25jährige Frau. Sie leben in einer Holzhütte: eine Küche mit Gasherd und Kühlschrank, zwei Zimmer, eins davon die gute Stube. Alles peinlich sauber wie in jedem antillanischen Haushalt.
Wäre Jeanne nicht David begegnet, der momentan Arbeit als Maurer gefunden hat, wäre sie heute wahrscheinlich selbst berufstätig. Sie hätte vielleicht nur drei Kinder, wenn auch von drei verschiedenen, möglicherweise arbeitslosen Männern, die sich davongemacht hätten. Später wären andere hinzugekommen, Männer und Kinder.
Jeanne:
»Es war geheimnisvoll, meine Geschichte mit David, es ist schwierig, sie zu erzählen ...«
David erklärt das »Geheimnis«; Geister und Götter beherrschen sein Leben:
»Wir haben uns 1974 kennengelernt, und sie hat fünf Kinder zur Welt gebracht. Die ersten beiden kamen im Abstand von zwei Jahren zur Welt. Danach, da sie an der Seite jenes Mannes leben sollte, der einer höheren Mission folgte, hat man ihre folgenden Schwangerschaften auf je sechs Monate beschränkt. Und jetzt kann sie keine Kinder mehr kriegen, die Tür ist zu. Nicht wir waren es, die sie zugemacht haben, es war die Bestimmung. Denn jetzt ist schon ein Jahr vergangen, ohne daß sie ein Kind erwartet, ihr Leib empfängt nicht mehr, ihr Bauch ist leergeblieben. Nicht wir sind es, die entscheiden.
Wir haben uns nicht lange vorher gekannt. Ich war bei ihrer Tante in Pension und kam immer spät zum Essen und habe Jeanne nie dort gesehen. Aber nach einer Woche war sie es plötzlich, die mir das Essen servierte. Und einige Tage später, ich kann nicht mehr dazu sagen: Das Männchen war akzeptiert, das Loch wurde gestopft.«
Drei Tage lang habe ich die Familie besucht, mit ihr im Hof, in der Küche, im Wohnzimmer gegessen, in dem kein Fernsehgerät steht, wie sonst selbst bei den Ärmsten. Denn David hat religiöse Visionen: eine Mischung aus afrikanischem Geisterglauben, europäischem Christentum und asiatischem Buddhismus – so wie sein Gesicht alle drei Merkmale dieser verschiede-

nen Herkünfte aufweist. David sagt, daß der Nachbar, ein Taxifahrer, böse Dünste zu ihnen herübersende. Und Jeanne bestätigt das. Die Kinder benehmen sich wie scheue Katzen. Denn die Geister, Engel und Götter, die der Vater anruft, um das Böse zu bekämpfen oder die eigenen Ängste, haben die Familie von der Umwelt ausgeschlossen.

Die Vergangenheit, sagt Aimé Césaire, wiege schwer für den Antillaner.
Bevor die Sklavenschiffe der vergangenen drei Jahrhunderte ihre karibischen oder amerikanischen Ziele erreichten, vergewaltigten europäische Matrosen die gefangenen afrikanischen Frauen.
Auf der Antilleninsel Guadeloupe, wo französische Kolonisten Zuckerrohr pflanzten, wurden geschwängerte Sklavinnen gerne gekauft. Nicht nur, daß deren Kinder den Skalvenhaltern gehörten – widerstandsfähiger und in jeder Hinsicht verwendbar, garantierten weibliche Sklaven fast immer Gewinn, während männliche Sklaven Risiken bargen. So war es dem afrikanischen Mann unerträglich, keine Familie mehr zu haben, für die er Verantwortung trug. Unerträglich für jeden Menschen, keine Verantworung mehr tragen zu dürfen. Aber die Frauen brachten Kinder zur Welt, die überleben sollten.
Sklavinnen gebaren also auch jene Vergewaltigungsmischlinge, die später als Mitglieder einer sogenannten »besseren Rasse« die Aufstände ihrer eigenen Mütter oder Vorväter verrieten und mithalfen, sie niederzuschlagen. So wie sie mithalfen, die Erinnerung an ihren afrikanischen Ursprung auszulöschen.
Nicht alle waren Verräter. In den Bergen des Vulkans La Soufrière führte Ende des 18. Jahrhunderts eine Mulattin die Widerstandsgruppe von entlaufenen Sklaven an. Sie hatte auf den Plantagen, in den Haushalten von Weißen gearbeitet, war von Weißen vergewaltigt worden, hatte vergeblich versucht, sich durch Verschlucken der eigenen Zunge zu ersticken – eine Selbstmordmethode der nigerianischen Ibos –, und war in die Wälder geflüchtet. Sie wurde später von Weißen oder Mulatten erschossen mitsamt dem Kind in ihrem Bauch, das von einem Afrikaner stammte, der schon seit Jahren in den Bergen lebte, Yamswurzeln gepflanzt hatte und daran glaubte, immer noch in Afrika zu sein. Auch er wurde erschossen.
Aber rund um den Vulkan, fast 1500 Meter hoch, gab es unzählige Verstecke des Widerstands, brachten afrikanische Frauen

afrikanische Kinder zur Welt, so daß bis heute auf Guadeloupe die Bevölkerung dunkler ist als auf der Nachbarinsel Martinique. Die unstillbare Sehnsucht, weiß zu werden, die auch hier vorhanden ist, hat die Sehnsucht nach Afrika nicht ausrotten können; zumindest nicht in der Pigmentierung.
Afrika symbolisierte funktionierendes Miteinander.
Eine alte Frau im Wald:
»Wir alle verstehen uns wirklich gut. Wenn du ein Stück Brot brauchst, gebe ich es dir. Wenn ein Kind nichts zu essen hat, gibt ein andres ihm was. Wir leben sehr, sehr gut. Wenn jemand kein Bett zum Schlafen hat, wird ein andrer ihm ein Bett zum Schlafen geben. Man gibt ihm ein Bett, zu essen, er kann tanzen, unser Leben ist gut. Denn in Guadeloupe lebt es sich sehr, sehr gut, ohne Schwierigkeiten, wirklich gut. Es gibt viele Autos, es gibt einfach alles hier. Wir leben ohne Schwierigkeiten, sehr, sehr gut. Wenn ich krank bin, kommen Leute, die sich um mich kümmern, und sie putzen dir das Haus, tun alles für dich, alles. Und wenn jemand stirbt, gibt man das einfach im Radio bekannt, und alle kommen und verbringen die Nacht mit dir. Und am nächsten Morgen kannst du die vielen Autos sehen, die dich zum Friedhof begleiten. Alle gehn mit, das ist gut. Und bei uns sind auch die Friedhöfe groß, und alles ist wirklich gut. Nein, ich habe nichts zu beklagen. Alles ist sehr, sehr gut ...«
Die alte Frau, die das erzählt, hat sehr viel Rum getrunken.
Vor 20 oder 30 Jahren, als das Land noch nicht von Autos erstickt war und die Leute noch Arbeit in den Zuckerfabriken fanden, die heute wegen Unrentabilität geschlossen sind, als auf den Dorfstraßen noch kommuniziert wurde, weil es noch kein Fernsehen gab, traf all das noch zu, dominierte eine bäuerliche oder afrikanische Seele.
Heute ist die Straße, die durch das im Norden Guadeloupes gelegene Fischerdorf Deshaies führt, abends völlig verödet. Nur die Türen stehen offen, der Hitze wegen. Und wer will, kann bei einem Gang durch die Straße das französische Fernsehprogramm verfolgen: einen Krimi mit harten, blauäugigen Männern oder ein Melodram mit zartblonden Damen.
Wenn der Film zu Ende ist, treffen sich vor dem Spielsalon junge Männer, und sie reden bis Mitternacht, reden von Frauen, von weißen, gelben, braunen, schwarzen Mädchen, vom Sex. Und nichts anderem. Es sei denn, sie sprechen davon, in die »Metropole« zu gehen, nach Paris. Denn das kolonisierte Land ist französisches Land, 7000 Kilometer vom Mutterland

entfernt, nennt sich überseeisches Departement, ist keine 2000 Quadratkilometer groß, und seine 300000 Bewohner sind seit 1946 französische Bürger.
Fast alle Häuser des Dorfes haben fließend Wasser. Aber immer treffen sich nachmittags einige Frauen am Fluß. Spülen ihr Geschirr, waschen Wäsche, reden. Die Mangos sind reif, die Früchte fallen in den Fluß, alle Kinder haben gelbverschmierte Münder.
Vor Einbruch der Dämmerung wandern junge Männer vorbei, nehmen weiter oben ihr Bad. Sie sind vom Fischen zurückgekommen oder aus der Stadt und treffen sich, wie die Frauen, zum Palavern. Betrachten im Vorbeigehen die Mädchen unter den Frauen.
Das Dorf hat über 3000 Einwohner und hat nie Überfluß gekannt. Die nahen Gewässer sind leergefischt, für Hochsee besitzt niemand Boote, einige Arbeiter pendeln täglich zur 50 Kilometer entfernten Hauptstadt Pointe-à-Pitre, der Rest ist arbeitslos. Die Geburtenziffer ist extrem hoch. Daß dennoch kein wirklicher Mangel herrscht, liegt an Frankreichs Sozialsystem. Die Kinder werden in der Schule gespeist.
Das Dorf ist kommunistisch regiert. Der Bürgermeister hat ein einträgliches Geschäft in der Stadt und widmet sich deshalb nur einen Tag in der Woche den Leuten. Zu besichtigen sind seine Jacht und ein chateau-ähnliches Haus hoch über dem Meer, weitab vom »Volk«, mit Blick auf einen der schönsten Strände der Erde.
Dafür träumen die guadeloupianischen Kommunisten noch immer von einer weltweiten Solidarität der westlichen Arbeiterschaft. Afrika interessiert sie nicht. Wir sind dabei, uns selbst, unsere eigene Identität zu suchen, sagen sie, da können wir uns nicht auch noch um Afrika kümmern.
Widerstandsgruppen legen Bomben an die Monumente westlichen Kapitalismus, fordern Unabhängigkeit. Was mir dagegen ein alter Fischer am Strand erzählt, ist die Überzeugung der Mehrheit:
»Unabhängigkeit? Wollen wir nicht! Wir sind klein-klein, wir sind Kinder. Und Frankreich beschenkt uns, wie man Kinder beschenkt, damit sie sich freuen und artig bleiben. Das sind unsere Eltern. Und wenn sie uns morgen sagen, geht und ernährt euch alleine, dann sind wir dazu nicht fähig. Wir haben das nicht gelernt, wir werden verhungern. Wir werden nicht mal ein Fischernetz haben, denn dieses Fischernetz kommt aus

Frankreich. Und wenn ich eines Tages nicht mehr ausfahren kann, zahlt Frankreich mir meine Rente.«

Als 1847, nach über 200 Jahren, die Sklaverei abgeschafft wurde, kam diese sogenannte Freiheit Menschen zugute, die nichts anderes gelernt hatten, als Zuckerrohr zu hauen, Bananenstauden zu transportieren und die Hölle zu überleben. Menschen, die polygamen Gesellschaften entstammten, die ihre strikten Regeln und Aufgabenteilung hatten, ihre Riten, ihre großen Künste, die Kriege führten oder Frieden schlossen, diesen Menschen hatte der weiße Herr nichts als ihre nackten Körper gelassen und ihren Fortpflanzungstrieb. Verantwortlichkeit kannten nur noch die Frauen in bezug auf ihre Kinder, die ihnen zum frühestmöglichen Zeitpunkt weggenommen wurden, die wieder zu Sklaven heranwuchsen, ohne ihren Vater zu kennen, der Vater war immer der Sklavenhalter; der »Vater« ist heute noch der Staat.

Créoles, nés à la colonie, in der Kolonie geboren, beinhaltet der Begriff Kreolen und meint Weiße, Braune und Schwarze. Die kreolische Sprache kreierten Afrikaner, die ihre verschiedenen Sprachen mit Vokabeln der englischen, holländischen, vor allem französischen Kolonisatoren verbrämten, die aber ihre eigene Morphologie hat. Béké heißt in dieser Sprache weißer Herr.

Nachdem die Sklaverei abgeschafft worden war, verschlechterte sich die Lage derer, die auf den Plantagen blieben. Zwar erhielten sie einen geringen Lohn, aber der Béké entledigte sich dafür seiner früheren Pflichten wie Unterkunft und Nahrung. Während die Mulatten als Hausangestellte oder als Aufseher und nicht zuletzt durch Heirat, seit sie erlaubt war, an ihrem sozialen Aufstieg arbeiteten, galt der befreite Sklave immer noch als Barbar.

Simone Schwarz-Bart, guadeloupianische Schriftstellerin, beschreibt in ihren Romanen die Gefühle jener Menschen. So die Gedanken Telumées zu Beginn dieses Jahrhunderts:

»Wissen wir denn, wir Neger von Guadeloupe, was durch unsere Adern fließt? ... Der Fluch, der nötig ist, um Herr zu sein, und der, der nötig ist, um Sklave zu sein ...

Abends, wenn ich zurückkehrte, fühlte ich mich von einer sanften Traurigkeit erfüllt und dachte, wenn ich weiter so im Zuckerrohr schufte, werde ich mich in ein Tier verwandeln, und selbst die Mutter der Menschen wird mich nicht wiedererkennen.

Dort, im Feuer des Himmels und der Stacheln, schwitzte ich das

ganze Wasser aus, das meine Mutter in meinen Körper getan. Und endlich verstand ich, was der Neger ist: Wind und Segel auf einmal, Trommler und Tänzer gleichzeitig, ein Heuchler ersten Ranges, der sich bemüht, jene Süßigkeit, die bisweilen vom Himmel fällt, körbeweise zu ernten, und die Süßigkeit, die nicht über ihn niederfällt, die erdichtet er, und das ist das mindeste, was er hat, wenn er nichts hat.
Als ich das begriffen hatte, begann ich Rum zu trinken, erst in kleinen Schlucken, später in großen Zügen.«

Vielgesungenes kreolisches Lied:

Gib mir einen Kuß, zwei Küsse, drei Küsse,
mein Schatz
Gib mir alles, was du willst,
damit mein Herz ruhig wird . . .

Die Frauen am Fluß von Deshaies, immer umringt von unzähligen Kindern, sind zweimal ihrem Lieblingsort ferngeblieben, nachdem sie einverstanden waren, daß ich mein Tonbandgerät dorthin mitbringe.
Eine Woche lang kämpfe ich um ein bißchen Vertrauen, und bei jedem Ansatz, den sie zeigen, scheinen sie davor zurückzuzukken, machen sich Luft in Spott. Die jungen Männer, auf die ich zugehe, sind fest davon überzeugt, daß ich mit ihnen schlafen will, und unterdrücken ihren Zorn über die Ablehnung kaum.
In St. Anne hatte sich spätabends hinter der Tür meines Hotels ein Unbekannter versteckt, sich auf mich gestürzt und hielt mich umklammert. Ich starrte in ein junges braunes Gesicht und schrie, schrie meine Stimmbänder kaputt, bis er plötzlich in Panik davonrannte.
Er hatte mir nichts zugefügt, außer einer ziemlich neuen Angst. Daß er und seinesgleichen von weit größeren Ängsten erfüllt sind, ahnte ich noch nicht.
Man muß einige Béké getroffen haben, um mehr zu begreifen. Noch immer sind sie die Herren, noch immer gehört dieser Minderheit der Großteil des Besitzes. Man muß ihre Gesichter studiert haben – bleiche Gesichter von Menschen, die ihre Rasse seit Jahrhunderten so weiß gehalten und etwas undefinierbar Degeneriertes haben – und sich fragen, wieso die dunklere Masse der Bevölkerung von soviel Weiß durchmischt ist.

An Aimé Césaire, der aus dem Nachbarvolk hervorgegangen ist – als erster revolutionärer schwarzer Dichter – die Frage, ob die Antillaner sich benehmen wie ungeliebte Kinder:
»Absolut, das ist richtig, und die unreif sind. Und das sind Menschen, die keine Verantwortung auf sich nehmen, die niemals erwachsen werden, denn in dem System wird man nicht erwachsen.«
Könnte man sagen, daß dieses Volk ein von Weißen vergewaltigtes Volk ist? Und daß dieses Volk gelernt hat, in verschiedener Art und Weise wieder zu vergewaltigen, um an ein Ziel zu gelangen?
»Ja, ich akzeptiere diese Definition. Sie sind vergewaltigt worden, geraubt. Der Ursprung der Antillaner ist ein Akt von Gangstertum. Das waren Leute, die geschnappt worden sind, weggenommen, die deportiert wurden und die sich angepaßt haben, die gekämpft haben mit allen Mitteln, mal mit Gewalt, mal mit List, denn sie waren die Schwächeren. Und ich glaube, daß das in der antillanischen Seele geblieben ist. Und das macht den großen Unterschied aus zwischen ihnen und den Afrikanern.«

Wie in Afrika sind auf den Antillen die Frauen in der Überzahl, extrem hoch in der Überzahl, denn viele junge Männer wandern aus. Ihr prominentester Vertreter war Frantz Fanon, Verfasser des Buches »Die Verdammten dieser Erde«.
In Afrika wurde das Problem, auch im Sinne der Frauen, durch die Polygamie gelöst. Frauen behalten dort, wenn es sich nicht um islamisierte Gesellschaften handelt, ihre Selbständigkeit.
Als selbständige, emanzipierte Frau gilt heute die Antillanerin. Schön und sexy, und in der Stadt elegant, zieht sie nicht selten alleine zwei bis acht Kinder groß, die von zwei bis acht Vätern stammen. Väter, die keineswegs alle verheiratet sind und sich keineswegs alle um ihre Kinder kümmern, die selbst, oft arbeitslos, bei ihrer Mutter weiterleben, die sie irgendwie weiterernährt. Vater Staat zahlt seine bescheidenen Beihilfen: für die Arbeitslosen, für die Mütter, für die Kinder.
In einem Land, wo von früh bis spät und noch sonntags die Leute von Werbung aus dem Radio umtönt sind, wo der Aufforderung zum Konsum gehorsamst Folge geleistet wird, wo bis ins kleinste Dorf keine der kostbaren Errungenschaften westlicher Zivilisation unbekannt bleibt, in diesem Land herrscht noch immer der bigotte Geist einer katholischen Kirche des

19. Jahrhunderts oder der schlimmere evangelischer Sekten mit ihren sämtlichen Tabus. Verhütungsmittel sind der breiten Masse unbekannt.
In diesem Land, das keinerlei Selbstbestimmung kennt, wo kaum noch Arbeit zu finden ist, kompensieren die Männer ihre Machtlosigkeit pausenlos mit dem Beweis ihrer Virilität, ohne sich an die Tabus zu halten.
Und die Frauen sollten das so ohne weiteres verkraften?
Nicole:
»Ich bin lange Zeit mit ihm ausgegangen, ohne daß was passierte. Und dann passierte es eben. Dann war es die große Liebe. Denn zu Hause hatte ich nie einen Vater. Für mich war das ungeheuer, er war wie ein Vater für mich, der freundlich und zärtlich war zu Beginn. Nein, im nachhinein kann ich nicht sagen, daß er eine ausgeprägte Sexualität besaß. Alles, was ich weiß, ist, daß er mich belogen hat. Die Reaktion meiner Mutter? Entsetzlich. Es war eine dramatische Geschichte, sie hat nie von mir erfahren, daß ich schwanger war. Erstmal hat der Freund seine Vaterschaft abgelehnt und sagte mir, daß ich mich nach einem Arzt erkundigen soll, der das abtreibt. Und es ist ungeheuerlich, was für Kastrationen, Frustrationen die Religion anrichten kann. Ich war in irgendeiner Weise auch noch an die Religion gebunden. Sicher gab es Dinge, die ich ablehnte, aber anderes hatte ich auch verinnerlicht. D. h. abzutreiben war für mich eine abscheuliche Sünde, zu töten. Das zählte für mich, daß da getötet wurde. Ich habe das also abgelehnt. Der Vater war ein Erwachsener, ich war fast noch ein Kind, jedenfalls unreif. Und nach und nach hat dieser Mann mich dann doch ein bißchen dahingebracht, daß ich die Abtreibung akzeptierte. Auch wenn ich immer noch ablehnte, zu einem Arzt zu gehen, der seine Instrumente gebraucht und Dinge in dich einführt, die töten. Das zählte für mich, daß da getötet wurde.
Mein Freund hat also einen anderen Weg gefunden und mich damit fast umgebracht. Er besorgte ein Medikament, ich kannte mich in diesen Dingen überhaupt nicht aus, und es ist wirklich eine scheußliche Geschichte. Das war, glaube ich, ein Antiseptikum, sehr ätzend. Man verwendet es in schwachen Dosen, mit Wasser verdünnt, und es trocknet die Haut aus. Die Tabletten hat er gebracht und glaubte, ich sage glaubte, es mir in die Gebärmutter zu schieben. Aber es lagerte dann irgendwo anders. Und die Blutungen, die sich einstellten, rührten daher, daß es mir die Eingeweide zerfraß. Und der Arzt, den ich später

aufsuchte, war auch ein Dummkopf ... Er hatte damals eine Geliebte, die den Adventisten angehörte, also derselben Religion wie wir, was erstaunlich war, denn Liebe ist in dieser Sekte verboten. Und dieses Mädchen war die Geliebte ihres Chefs. Und nachdem ich diesen Arzt aufgesucht hatte, hat er ihr das sofort weitererzählt. Und am nächsten Samstag wußte jedermann, daß ich schwanger war. So hat es meine Mutter erfahren. Und sie ist zu mir gekommen, hat schrecklich geweint und gesagt, wenn du nicht so krank wärst, würde ich dich rauswerfen.

Ich war stark abgemagert, hatte aber keine Ahnung, daß ich dabei war zu sterben. Es war die totale Unwissenheit, es gibt so viele sexuelle Tabus bei uns. Meine Mutter hat niemals über Sexualität gesprochen. Und ich war fest überzeugt, daß man einen Mann bloß zu küssen brauchte, um schwanger zu werden. Man geht zur Schule, macht das Abitur, aber das Thema Sexualität wird verschwiegen.

Ich war also im Beginn des vierten Monats, das hatte sich hingezogen. Über 15 Tage lang hat er mir fast täglich diese ätzenden Tabletten eingeführt. Und jedesmal verlor ich Unmengen von Blut, was natürlich war, denn mein Inneres war schon völlig zerlöchert. Ich verlor also Ströme von Blut, und er glaubte, das Kind ginge ab.

Ich hatte inzwischen verschiedene Ärzte aufgesucht, die nichts bemerkt hatten, die mir also sagten, sie wüßten nicht genau, ob ich schwanger sei, und mir irgendwelche Pillen gaben. Denn in meinem Land sind die Leute nicht sehr verantwortungsbewußt. Das ist auch so eine Verkrüppelung, die uns beigebracht worden ist: zu täuschen, zu mogeln. Da waren Ärzte, die nicht einmal einen Test, die gar nichts machten. Es waren alles guadeloupianische Ärzte. Und der vierte, den ich aufsuchte, sah dann, was die Tabletten angerichtet hatten und daß ich immer noch schwanger war.

Ich rief also den Vater des Kindes an, der machte ein fürchterliches Theater. Und ich sagte, daß ich es ablehne, diese Schlächterei fortzusetzen, daß ich mein Kind behalte. Ich ging noch zur Schule, das war mir egal, ich wollte dieses Kind zur Welt bringen. Meine Mutter hat sieben uneheliche Kinder zur Welt gebracht, ich habe mir nichts vorzuwerfen, wenn ich eins kriege, sagte ich mir.

Und meine Mutter kam gerade von der Kirche zurück, vergoß sämtliche Tränen und sagte immer wieder: Wie konntest du mir das antun, wie konntest du, ich hatte eine gute Heirat für dich vorgesehen, und wenn du nicht so krank wärst, würde ich dich aus dem Haus werfen.«

Nicole wurde doch noch rausgeworfen. Der Freund, verheirateter und gutverdienender Funktionär, spendierte das Ticket nach Frankreich. Das Kind kam in Paris zu Welt. Schon Nicoles Großmutter hatte unverheiratet sechs Kinder, die Mutter dann sieben, und in jeder Generation aufs neue wird es als Schande empfunden und eben nicht als gottgegeben hingenommen. Nachvollziehbar wird die Grausamkeit der Frommen erst, wenn man deren Inneres durchforscht.

Was sich täglich in den Randgebieten von Pointe-à-Pitre abspielt, unter den Nichtarrivierten, den Dunkelhäutigen, erlebt Dany Dugowson. Sie arbeitet hier als Psychiaterin mit dem utopischen Ziel, das System der Abhängigkeit zu durchbrechen. Utopisch einmal, weil hier ein ganzes Volk zu Bettlern gemacht wurde, das seine Hand gen Frankreich streckt, zum andern, weil Mißtrauen, eine sehr afrikanische Eigenschaft, die den natürlichen Ausgleich bildete zu spontaner Hingabe, zur alles beherrschenden Eigenschaft wurde.

»Und wenn ich nun versuche herauszufinden, ob sie nicht doch zu zwischenmenschlichen Beziehungen fähig sind, dann kriege ich z. B. von einer Frau zur Antwort, daß sie ihrem Kind beibringt, nicht seinen Kugelschreiber auszuleihen oder sonstwas, denn wenn es seinen Kugelschreiber ausleiht, könnten Leute, die neidisch sind, dem Kind durch den Kugelschreiber Böses antun. Wenn es sein Buch ausleiht, kann man sein Buch verhexen, das Kind daran hindern, aus seinem Buch zu lernen.

Da besteht tatsächlich eine Furcht, daß der andere versuchen könnte, dir durch unbekannte Mittel zu schaden, gegen die du sonst ankämpfen könntest, durch Gebete, durch Riten, diese Möglichkeiten, dich davor zu schützen, bestehen noch. Aber gleichzeitig hängt alles vom Konkurrenzkampf, vom sozialen Aufstieg ab. Das bedeutet: Sie werden nichts unternehmen, damit dein Baum keine Früchte mehr trägt oder daß deine Tiere krank werden, deine Kühe nicht mehr werfen, wie das früher bei den Bauern der Fall war – nein, sie werden dein Kind daran hindern, in der Schule voranzukommen. Denn die Schule bedeutet Aufstieg.

In der ländlichen Gemeinschaft hingegen hängt dein Überleben von deinen Beziehungen zu den anderen ab. Aber hier in den Elendsvierteln, die aus beschädigten Hütten bestehen, wird ja nichts produziert. Alles wird gekauft, nichts wird hergestellt. Und sämtliche Regeln der Magie erfüllen nicht mehr ihren Sinn, das, was du produziert hast, zu schützen. Denn dein Überleben hängt nicht mehr davon ab, sondern nur noch von deinen Beziehungen zu denen, die das Sagen haben. Und das pervertiert alles, jegliches traditionelle System.

Daraus resultiert der Erfolg der Sekten bei uns. Zeugen Jehova, Baptisten usw. haben einen irren Erfolg in diesen Vierteln. Da, wo ich arbeite, gibt es mindestens fünf Kirchen in einem winzigen Umkreis. Und eben da holen sie sich etwas zurück, was der Magie angehört. Sie treten diesen christlichen Sekten bei, aber im Grunde sind sie immer noch ihren Geistern verhaftet, die immer da sind, ihre symbolische Basis bilden und sich in die Sekten einfügen.

Ich kenne 50 solcher Frauen, die alle gleich sind, Frauen aus armen Milieus, die eine harte Kindheit hatten, strenge Eltern. Frauen, die ihre ersten sexuellen Erfahrungen sehr früh gemacht haben, die schwanger oder mit ihren kleinen Kindern aus der Familie gestoßen wurden und seitdem ein belastetes Verhältnis zu ihrer Familie haben. Die ein Leben nur aus Mißerfolgen kannten. Mißerfolge in ihren Beziehungen zu Männern, da es ihnen nie möglich war, wirkliche Beziehungen zu den Männern zu entwickeln. Sie kannten eben Männer, hatten Kinder mit ihnen, aber sobald das Kind da war, verschwand der Kerl, als ob er Angst vor dieser Sache hätte, ließ die Frau mit ihrem Schicksal allein. Die Frauen fangen immer wieder von vorne an, bringen fünf, sechs Kinder zur Welt von fünf, sechs Vätern, jedesmal verlassen, immer wieder dasselbe.

Wenn sie dann 35 oder 40 sind, mit Unterleibsschmerzen, Menstruationsschmerzen, Eileiterentzündungen, gehen sie zum Arzt, lassen sich operieren, der Eileiter, die Eierstöcke werden rausgenommen. Schlachtbank, Kastration.

Und diese Frauen erzählen dir dann von einer Begegnung mit einem dieser Zeugen Jehova oder so und empfinden es als Offenbarung. Sie waren Sünderinnen, also sind sie bestraft worden. Es mußte gebüßt werden. Und wenn sie büßten, wäre alles wieder in Ordnung. Sie werfen sich blindlings in dieses Sektenabenteuer. Sie vergessen ihren Körper, in jeder Hinsicht, haben also auch keine Bauchschmerzen mehr. Die krankhaften Erscheinungen verschwinden völlig, aber der Preis ist eine total verdrängte Sexualität. Keine Männer mehr, kein Blick mehr für sie, kein Kino mehr. Man darf keinen Schmuck mehr tragen,

keinen Wein mehr trinken, nicht mehr lachen, sich nicht mehr sexy kleiden. Verbote fürs Essen und für alles, was Spaß macht, der Mund, der Sex, der Körper, alles vorbei. Aber sie fühlen sich wohl. Natürlich fühlen sie sich nicht wohl, das ist nicht wahr. Aber all die Wehwehchen, die sie ankotzten, die die Ärzte zu behandeln nicht fähig waren, wegen denen sie sich operieren ließen, sind verschwunden.
Es ist immer dasselbe. Sie haben sehr schnell Konflikte mit ihren Töchtern, denn die jungen Mädchen ertragen diese Art Tod überhaupt nicht. Und sie fangen dasselbe Leben an, das ihre Mütter hinter sich haben.«
Aber wie sieht die Sexualität junger Frauen konkret aus? Was bekommen sie, was können sie geben? Ich habe von impotenten Männern, von frigiden Frauen gehört?
»Ich kenne einen Neurologen, der sich seit einem Jahr in Guadeloupe niedergelassen hat und feststellte, daß die meisten Männer, die ihn konsultieren, wegen Impotenz kommen. Daß sie das aber nicht direkt aussprechen. Sie kommen mit allen möglichen Beschwerden, aber in Wirklichkeit handelt es sich um Impotenz. Und der Arzt erzählte, daß ihn die hohe Anzahl der Fälle erstaunt hätte. Ich selbst habe da wenig Erfahrung.
Aber viele junge Mädchen erzählen mir, daß sie noch nie irgendwas gespürt hätten. Junge Mädchen von 17, 18 Jahren, sehr pin up, sehr sexy, die mit soundsovielen Kerlen Verhältnisse haben, die aufgeputzt sind, die man als feurige, knackige Antillanerinnen erlebt, die ihren Körper mögen, die gut tanzen, im Tanz aufleben. Und unter diesen Mädchen sind viele, die dir sagen: Also mit den Kerlen, wenn ich mit den Jungs schlafe, da spüre ich nix ...«
Aber die Männer reden unaufhörlich vom Sex, von Frauen. Männer haben mir das selbst erzählt. Reden so ausschließlich davon, als sei es ihr größter Komplex.
»Ich weiß nicht, wie das in Afrika ist, aber in Guadeloupe wird man offensichtlich an einer bestimmten Vorstellung gemessen. Und da wird immer viel Wind gemacht, wenn es um die Sexualität der Antillaner geht. Und die Guadeloupianer verhalten sich so, als wollten sie diesem Bild entsprechen. Die Wirklichkeit sieht anders aus, aber sie verhalten sich so, als ob sie eine Rolle zu spielen hätten, denn wenn man Antillaner ist, muß man so sein. Ein antillanischer Mann, mein Gott, das ist jemand, der nimmt sich eine Frau, nimmt sie in die Arme, er

vögelt, vögelt sie, und damit hat sich's. Ganz unmöglich, nicht so zu sein.
Und wenn das nicht läuft, ja dann ist Panik. Die Zurückweisung ertragen sie nicht. Alles ist Schein, der gewahrt werden muß, aber die Rollen, die gespielt werden, sind schlechtes Theater. Es handelt sich nicht um wirkliche Beziehungen zwischen den Leuten, wenn es nur darum geht, sich dem anderen gegenüber zu bestätigen. Und wenn das nicht gelingt, dann heißt es: Ich bin nicht so schön, nicht interessant, ich bin also nichts. Und wenn die Frau weiß ist, dann heißt es, daß du ihn verachtest, daß du Neger nicht magst, Rassist bist und so weiter.
Ich arbeite auch mit einer Jugendgruppe zusammen. Und bei unserer ersten Diskussion wollten sie über Sexualität sprechen. Da stellten sie Fragen über den Spaß dabei, den Orgasmus und ähnliches und was da eben vor sich geht. Und unter ihnen war einer, der sagte: Wenn man einen zu langen Penis hat, wird er einem im Krankenhaus abgeschnitten. Ein Junge von siebzehneinhalb Jahren! Und was mich wirklich ganz krank gemacht hat: Es waren 15 Jungen, und ich habe in diesem Moment nicht reagiert, habe mich krampfhaft zurückgehalten, aber keiner von den 15 Jungen hat gesagt: Na hör mal, du erzählst da doch Blödsinn, das ist doch verrückt, das stimmt doch nicht! Keiner hat das gesagt. Da sieht man, mit welchen Ängsten sie kämpfen. Und dann über Frauen! Was sie über Frauen äußern: wie schrecklich sie seien, daß sie die Männer ganz in der Hand hätten, mit ihnen machen könnten, was sie wollten, daß die Männer ihnen ausgeliefert seien. Und daß die einzige Möglichkeit, ihre Männlichkeit wiederzuerlangen, die Gewalt sei. Sie sagten das wörtlich in unseren Diskussionen: Die einzige Möglichkeit, einer Frau gegenüber Stärke zu beweisen, sei die Gewalt. – Aber sonst seien sie völlig hilflos, die Frauen könnten mit ihnen machen, was sie wollten, würden sie bezirzen, sie zu Abenteuern verführen, die sie gar nicht wollten, sich ihres Geistes bemächtigen.
Und mit welch einer Panik die Jungen den Playboy spielen, modisch, hochnäsig. Aber erst nach fünf oder sechs Diskussionen waren sie fähig, über ihre Komplexe zu sprechen. Und sie mußten mich erst provozieren mit groben Ausdrücken, mit Fragen beim Abschied, mit wem ich bumse, ob ich mit meinem Mann bumse …
Ich habe eher ihre Aggressivität ertragen, dagegen konnte ich mich wehren – aber wenn sie anfingen, von ihren Ängsten vor

Frauen zu sprechen, das hat mich ganz krank gemacht. Da hab ich mir gesagt: Scheiße, da leben wir, das stellen wir für sie dar, wir stellen den Tod für sie dar.
Da, wo sie sich verteidigten, indem sie mich angriffen, war das nicht so schlimm. Gut, es hat mich genervt, immer dieselben Geschichten, aber es hat mir keine Angst gemacht. Aber als sie begannen, von Frauen und ihren Ängsten zu sprechen, da sagte ich mir, das ist doch nicht möglich, das sind wir für sie, so erleben sie uns. Ich hatte den Eindruck, daß wir für sie unersättliche Ungeheuer darstellen, teuflisch. Gut, das sind Jugendliche, ich nehme aber an, daß sich das mit dem Mannesalter nicht ändert, denn sie müssen sich ja mehr und mehr gegen diese Angst wehren. Und sie haben wirklich eine panische Angst. Wir Frauen sind für sie furchterregende Geschöpfe ...«
Die Angst der Männer vor den Frauen rührt nicht so sehr aus der Scheu, ihre diversen Vaterschaften zu übernehmen, zur Verantwortung herangezogen zu werden, heiraten zu müssen, sondern ist in erster Linie respektvolle Furcht vor den Müttern, die über alles, was die Söhne tun, ihr Urteil fällen werden.
Denn die Mutter hat, in Ermangelung des ständigen Lebensgefährten, von ihren männlichen Kindern Besitz ergriffen, auf sie alle Liebe und auch sämtliche Frustrationen übertragen. Und ganz sicher ist, daß sie später für ihr Schicksal eine Art Rache üben wird an ihren Schwiegertöchtern. So schlimm oft, daß die Ehen daran wieder zerbrechen. Die Mutter ist unantastbar und hat in reiferen Jahren eine Macht, die die Männer nie erlangen. Und die Männer leiden daran und üben ihrerseits Rache – an den Frauen, die von ihnen zu Müttern gemacht werden.
Frédérique Fanon:
»Im Karneval finden sich alle möglichen Ausdrucksformen, denn alle Macht gehört dem Volk. Und Karneval war während der Sklaverei dazu da, daß die Sklaven mit den Herren eine Woche lang tanzen konnten, um alles zu vergessen, was es an Unterdrückung und Ausbeutung und Entfremdung gab. Selbst wenn sich die Situation etwas geändert hat – eine andere Art von Sklaverei ist der Kolonialismus –, offenbart der Karneval die wahren Probleme der Antillaner.
Man muß den Karneval sehen, um die Aggressionen explodieren zu sehen, die über Monate unterdrückt worden sind. Und es sind vor allem die Männer, die diese Aggressionen loslassen, all ihre Frustrationen. Und was sehr eigenartig ist: Das Frauenproblem wird oft aufgewertet, aber nicht zu unseren Gunsten, son-

dern um uns zu verleumden. Schon bei den Liedern, bei Schimpfwörtern findest du eine gewisse Verachtung für die Frauen. Aber im Karneval verkleiden sich alle Männer als Frauen. Wenn man sich schon verkleidet, verkleidet man sich als Frau. Die Ursachen sind vielleicht im Psychischen zu suchen, es wäre jedenfalls interessant, das zu untersuchen. Alle Männer verkleiden sich als Frauen und nicht etwa als Pirat, nein, automatisch hängt er sich zwei Brüste an, falsche Haare und trägt hohe Absätze. Und das kann noch gröber werden, das kann eine Frau sein, die ihre Periode hat, die schwanger ist, fett ist. Wenn man sich verkleidet, idealisiert man normalerweise ein wenig, schafft Phantasmen, aber sie tun das nicht.
Und da liegt, glaube ich, das Problem der antillanischen Männer: indem sie immerzu ihre Männlichkeit bestätigen müssen, in diesem Männlichkeitswahn leben, verfestigt sich das in ihnen. Und sein Zärtlichkeitsbedürfnis, sein Verlangen, sich zu äußern, ist für ihn wohl ungeheuer problematisch.
Wenn du hingegen die antillanische Frau betrachtest, oberflächlich, dann glaubst du, daß sie befreit ist. Sie trägt kurze, geschlitzte Röcke, zeigt ihre Haut, und hinzu kommt, daß sie ein wenig aggressiv ist um Umgang mit dem Mann, sie sucht ihn – in einer bestimmten Volksschicht zumindest, denn auf dem Land ist das etwas anders. Aber ich glaube auch, daß das ein Verhalten des Kolonisierten ist. Das findest du nicht in den USA. Wenn da z. B. die Frauen die Initiative ergreifen, dann in einem anderen Sinn, es ist ihre Wahl. Hier suchen sie nicht aus, sie versuchen vielmehr, sich einen Mann zu sichern, und vor allem einen Mann, der ihnen den sozialen Aufstieg garantiert. Sie bietet sich jemandem an, der ihr eine Zukunft bieten kann, es ihr möglich macht, zu existieren. Denn die antillanische Frau existiert nicht.«

Kreolisches Lied:

Mach mir die Tür auf, Eulalie!
Was tust du da?
Ich bin's, dein Ehemann!
Wer liegt denn unter unserm Bett?
Ich hau' dir den Hintern voll!
Schämst du dich nicht?
Sieh, wie dein Arsch wackelt,
Wie deine Möse zittert!
Komm und laß dich bumsen!

An der Westseite des Vulkans La Souffrière, der »Küste unter dem Wind«, in Vieux Habitants, sind die Strände schwarz. Oberhalb der Straße stehen Flammenbäume in unendlichem Rot. Viel weiter oben dann Bananenplantagen und Gemüsegärten an steilen Hängen. Von überall sichtbar das Meer.
Eine Stunde nach Sonnenuntergang erscheint am Horizont vor schwarzem Himmel ein Streifen von blutrot durchlaufenem grellem Gelb. Signal für einen Zyklon, der kommt oder auch nicht. Die Bananenbauern beten, denn wenn das Unwetter kommt, wird es wieder die ganze Ernte vernichten. Es kommt aber nur ein kleiner Sturm auf, gerade heftig genug, um die schwere Feuchtigkeit zu vertreiben, die nach den langen Regentagen jedermann plagt.
Giselle sitzt mit einem Portwein vor dem Fernseher und kümmert sich nicht um ihren aufgeregten Mann. Sie hat im Gespür, daß nichts Schlimmes im Anzug ist. Sie hat, als der Vulkan im Jahr 1976 Feuer und Asche spuckte, noch auf dem Markt von Basse-Terre ihr Gemüse verkauft. Das war allerdings, wie sie sagt, ein trauriges Ereignis.
Giselle ist Mitte 50 und eine glückliche Frau. Sie hat ein junges Gesicht, ist dick und dunkel. Von ihren acht Kindern, sämtlich erwachsen, sind fünf verheiratet, im Haus leben noch zwei Söhne und die jüngste, 21jährige Tochter. Giselles Mann züchtet Rinder, und sie pflanzt Gemüse, ist Marktfrau mit ganzer Seele. Sonntags geht sie zur Messe. In ihrem Haus herrscht ein gewisser Wohlstand. Die Kinder lieben die Mutter, so sehr, wie sie den Vater hassen. Selbst seine Schwiegersöhne hassen ihn. Ein kleiner, unscheinbarer, verschlossener Mann. Auch er voller Hochachtung für seine Frau, die sich ihrerseits nicht über ihn beklagt. Aber die Kinder, die aus dem Haus sind, sagen, er habe sie schon in der Kindheit derart schuften lassen, daß ihnen vor dem Acker nur noch Ekel geblieben sei. Sie nennen ihn den »Weiße-Westen-Mann«, der andere am liebsten beaufsichtigt und sich selbst nie schmutzig macht. Tatsächlich habe ich ihn so gesehen: in der Pose des Sklavenaufsehers.
Die jüngste Tochter Marie, die den ganzen Haushalt führt, sieht mit ihren 21 Jahren älter aus als die Mutter, hat einen heruntergezogenen Mund und ist unglücklich. Die Religiosität der Mutter verbietet ihr, je allein das Haus zu verlassen. Maries Schwester sagt, daß das Mädchen wohl mit dem nächstbesten Kerl, der überhaupt noch bereit sei, mit ihr anzubändeln, ins Bett

gehen würde, und dann sei die Bescherung da. Die Mutter will das nicht sehen, sie ist streng katholisch. Und folgt, auf Kosten der Tochter, ihrer urafrikanischen Händlerinnenseele:
»Ich liebe meine Arbeit. Zu Hause bleiben ist keine Arbeit, das ist nichts für mich. Man bewacht einfach das Haus, kocht. Aber wenn man arbeitet, ist das was andres. Ich brauche die Leute, ich rede, ich lache, sehe meine Kunden, ich diskutiere. Das ist viel besser. Es ist gut, sich zu bewegen. Man kann nicht immer zu Hause bleiben. Es ist besser, mit den anderen zu reden. Da vergeht dir die Zeit ganz schnell. Wenn man immer zu Hause bleibt, zählt man die Stunden. Die Arbeit, das ist die Gesundheit.«
Ich habe Giselle auf dem Markt von Pointe-à-Pitre besucht, und da steht sie, residierend zwischen kostbarem Salatgrün, Tomatenrot und Bananengelb wie eine Königin, redet ihre Kunden mit den Koseworten *chérie* oder *doudou* an, ruft: Ich will wiegen, verkaufen – und hat Erfolg. Und übersieht das gewohnt alltägliche Drama jener Frau, die für einen schäbigen kleinen Kohl die sieben DM offenbar nicht aufbringen kann, mit den Tränen kämpft, denn woanders ist er noch teurer. Gemüse in Guadeloupe ist Gold. Und Giselle formuliert, was kein Dritte-Welt-Experte, kein Ökologe, kein Politiker schlüssiger darlegen könnte: das Problem aller einst oder immer noch Kolonisierten, die fast nichts mehr selbst produzieren.
»Ich liebe es, meine Gemüse zu verkaufen. Aber die Jungen haben keine Lust mehr dazu, sie wollen nicht mehr das Land bebauen. Aber ohne die Erde kann man nicht leben.
Einverstanden: Wer im Büro arbeiten will, soll das tun. Man hat einen Kugelschreiber und braucht sich nicht um Sonne oder Regen zu kümmern. Aber einen Kugelschreiber kann man nicht essen, das darf man nie vergessen. Man darf das nie vergessen: Was aus der Erde kommt, macht uns satt. Und es geht eben nicht, daß man in eine Hausmauer Zitronenkerne pflanzt, das gibt keine Zitronen, sie können da nicht keimen.
Ohne die Erde ist kein Leben möglich. Aber die Leute haben das nicht verstanden. Sie wollen alle Beamte werden. Sie wollen auf dem schnellsten Weg ans Ziel gelangen, alles wird oberflächlich gemacht, die halbe Arbeit. Aber wenn du alles nur halb machst, kommst du auch nicht weiter, wird dein Leben einen schlechten Lauf nehmen. Wie unser Sprichwort sagt: Wenn du dich übereilst, brichst du dir das Genick.«
Wenn Giselle eine befreite Frau ist, die ihre afrikanische Seele

bewahrte mit aller Güte und aller Striktheit, liegt es an ihrer Beziehung zur Erde. Sie ist kreativ im ursprünglichen Sinn. Dabei unterwirft sie sich europäischen Normen, genießt die Vorzüge der Zivilisation, die ihr nichts anhaben können, ist offen und verschlossen zugleich. Weise und europäisch beschränkt, ohne durch diese zwei Welten in einen Konflikt zu geraten.
Fünf Jahre lang hat sie die Missionsschule besucht. Sie hat noch im Wald nach Brennholz gesucht, das Wasser auf dem Kopf transportiert. Sie hat im Fernsehen entdeckt, daß das in Afrika heute noch geschieht, in diesem, wie sie sagt, »unglücklichen Land«. Sie hat Frauen gesehen, die mit ihren Kindern im Tragtuch zur Arbeit gehen. Das hat sie nie gekannt und findet es ziemlich unmöglich. Ohne zu ahnen, was damit den antillanischen Kindern verlorenging. Denn während das afrikanische Baby diese Sicherheit erfährt, werden dem antillanischen zum frühestmöglichen Zeitpunkt sämtliche Regeln der Hygiene eingebleut. Für Zuwendung findet sich keine Zeit. Es bleibt Beunruhigung, und sie wächst im Konflikt zwischen schwarzer und weißer Welt zu einer Angst, die bis zu tiefer Deprimiertheit gehen kann.
Und so hat auch Giselle solche neurotischen Kinder. Leidet eine Tochter an schweren nervösen Störungen, weil sie die Eifersucht plagt, denn ihr lustiger Mann geht natürlich fremd. Krankhafte, krankmachende Eifersucht ist in fast allen Ehen zu Hause – weshalb die Kinder unverheirateter Mütter meist weniger gestört sind als jene aus sogenannten geordneten Verhältnissen. Der Medikamentenkonsum von Guadeloupe gehört zum höchsten der Welt.
»Es ist doch ganz normal, daß wir alle verrückt sind«, sagt Dany, die Psychiaterin.
In den Labyrinthen der dünnwandigen Wohnsilos von Pointe-à-Pitre steigert sich abends der Lärm von Motoren, Hupen, Hunden, Fröschen, Trommeln und Stimmen so sehr, daß man sich nur noch durch Schreien verständigen kann, sofern es sein muß, denn das Fernsehen läuft unentwegt voll aufgedreht, und ich wundere mich, daß die Leute nicht noch viel verrückter sind.
Energie, Nahrungsmittel werden schamlos vergeudet.
Autofahren ist ein Spiel mit Leben und Tod, denn kaum jemand beachtet Regeln, beachtet den andern. Schimpfkanonaden dienen als Aggressionsableiter – »du Überbleibsel einer Fehlgeburt« gehört noch zu den harmlosesten. Die Unfallziffer ist eine der höchsten der Welt.

Zum Wochenende fahren gute Bürger zum Langustenessen, sitzen beisammen an langen Tischen; eine Großfamilie, die, in Kleinfamilien verstreut, in Mietskasernen ihr europäisches Dasein führt, versammelt sich. Und mit schriller Stimme nennt plötzlich eine hellere Frau ihren dunkleren Mann öffentlich Schwächling, Versager. Der Mann erträgt es stumm, das Gesicht voller Trostlosigkeit.
In Pointe-à-Pitre wird ein Guadeloupianer zu 20 Jahren Gefängnis verurteilt, weil er 20 weiße Frauen vergewaltigt hat, er stieg immer durch die Balkontüren ein.
Eines Nachts wird die Balkontür meines Hotels fast lautlos aufgebrochen, ich wache von dem Geräusch des Vorhangs auf und schreie, schreie ein deutsches »Raus«, was kein Mensch hier versteht, und der Mann flieht so schnell, daß er sein Werkzeug liegenläßt. Tödliche Gewalt wie auf Jamaika oder in Amerika ist hier fast noch unbekannt. Und erst in letzter Zeit mehren sich Diebstahl und Vergewaltigungen.
Diebstahl ist eine Folgerung von Arbeitslosigkeit. An den Vergewaltigungen weißer Frauen, wird mir erklärt, sei der Tourismus schuld. Und dann sei die weiße Frau immer noch die Gefährtin des Kolonisators ...
»Es ist doch ganz normal, daß wir alle verrückt sind ...«
In den Bergen von La Souffrière, in St. Claude, wo die reichen Plantagenbesitzer des kühlen Klimas wegen ihre Villen bauten, wo heute noch weiße und braune Wohlhabende wohnen, wo es nach Wohlhabenheit geradezu duftet, steht eine der beiden psychiatrischen Kliniken Guadeloupes. Die Insassen stammen aus den unteren Schichten, die meisten jedenfalls.
Wer die Psychiatrie besucht, wird Frankreich zumindest nicht vorwerfen können, daß es seine allzu traumatisierten kolonisierten Bürger schlecht unterbringe. Vorbildlich sauber, großzügig wie die Schulen ist diese Klinik. Und sehr still. Es sei Siesta, erklärt der französische Chefarzt und gibt später zu, daß dieser Ruhe auch chemisch reichlich nachgeholfen wird. Die Patienten, sechs- bis achtzigjährig, leiden fast alle an Verfolgungswahn. Sind verfolgt von afrikanischen Geistern. Gegen die ein Franzose nicht ankommt.
Es ist allgemein üblich, daß die Leute sich gegenseitig als verrückt bezeichnen – außer in den Bergen bei den Bauern. Da behaupten sie es nur von Gerti. Gelassen trägt er den Mädchennamen, den seine Mutter ihm gab, weil ihr elftes Kind kein Junge sein sollte. Nun ist er 24 und arbeitslos und hat sich hoch

in den Bergen einen Garten angelegt. Unten am Strand hilft er zuweilen zwei alten Fischern. Er liebt alte Leute, die noch Geheimnisse kennen. Gerne fährt er auch sein uneheliches Kind spazieren, für das er zahlt, wenn er Geld hat. Sein Haar wäscht er mit einer Kakteenmasse, gegen Kopfweh kaut er Wurzeln und raucht wie alle Jungen schon mal ein Pfeifchen mit Gras.
Er hat eine Macke, sagen die Leute und werden dabei sogar böse, denn sie mögen es nicht, daß ein brauner Franzose sich wie ein urtümlicher Afrikaner benimmt. Gerti hingegen, bar jeglicher Aggression, träumt davon, nach Afrika zu gehen. Wie hier würde er dort mit seiner Körperkraft die Erde bebauen, selbst wenn sie härter sei und unfruchtbarer. Und ganz langsam, wie die Natur langsam einen Tag vergehen lasse, werde er sich auch an das schmutzige Wasser gewöhnen und nicht mehr zurückkehren nach Guadeloupe; dieses wunderschöne Guadeloupe, von dem er spüre, daß es nicht gut für ihn sei. Denn hier, sagt er, haben die Menschen verlernt, sich zu lieben.

Land ohne Volk

Französisch-Guayana – letzte Kolonie auf südamerikanischem Kontinent (1982)

Als der Falklandkrieg ausbrach, gehörte Frankreich zu den ersten europäischen Staaten, die dem nicht geliebten England zustimmten. Gehörte Brasilien zu den ersten südamerikanischen Staaten, die dem nicht geliebten Argentinien recht gaben.
Daß auf südamerikanischer Erde sich ein Teil Frankreichs erstreckt, ungleich bedeutungsvoller an Größe und Reichtum als die steinigen Falklands, wurde nicht erwähnt.
Während ein an politischem Einfluß geschrumpftes Europa von Diebstahl sprach, konterte ein selbstbewußteres Südamerika, daß die Tage des Kolonialismus gezählt seien.
Niemand sprach von Französisch-Guayana, diesem allein schon strategisch so kostbaren Stück Land, umgrenzt von Brasilien und Venezuela. Land mit dem größten Wald Europas. Acht Millionen Hektar.
Aber nicht Besitzansprüche sollen hier analysiert werden, sondern ich möchte die Eigenart einer Kolonie beschreiben, die sich französisches Departement nennt. Ein Stück tropischer Welt, in der Menschheitsgeschichte nachlesbar wird in sämtlichen Rassen der Erde, die kaum vermischt in kleinen Gruppen sich hier versammeln. Raumfahrt neben Steinzeit.
Und noch viel weiter läßt Guayana zurückblicken, etwa 200 Millionen Jahre, als es noch keine Menschen gab und einen unzerstörten Planeten und gigantische Reptilien.
Noch vor hundert Jahren belagerten sie nachts zu Tausenden die Strände der warmen Gewässer, um ihre Eier in den Sand zu graben; wurde ihr Keuchen und Gurgeln weit übers Meer getragen, in einen Gesang verwandelt, der den Seefahrern als Navigationshilfe diente. Denn wo dic Meeresschildkröten, diese Riesentiere, an Land gingen, konnten auch Boote unbeschadet stranden.
Von den Überlebenden der Urtiere gehen heute die meisten in Französisch-Guayana an Land. Sie sind vom Aussterben bedroht, weil eine krankhafte Menschheit, bevor sie sich selbst vernichtet, noch die letzten Zeugen der Vergangenheit ausge-

rottet haben muß, weil mit Schildkrötenfleisch eben Geschäfte zu machen sind.

In Les Hattes tauchen sie aus der Dunkelheit auf, hinterlassen im Sand die Spur eines Traktors, die größten Weibchen über zwei Meter lang, über 600 Kilo schwer, suchen sich eine erhöhte Stelle, graben mit ihren Schwanzflossen, so sauber und rund, wie die Perfektion der Natur das erfand, ein 80 Zentimeter tiefes Loch, in das sie bis zu 160 Eier fallen lassen.

Sie sind dabei kaum noch allein: Touristenfamilien, bewaffnet mit Taschenlampen, Blitzlichtkameras, umstehen sie, diskutierend, filmend, wehren mit Sprühdosen aggressive Moskitoschwärme ab. Im Hintergrund lauern scheu die Hunde der Indianer, die auf die Eier scharf sind. Ein heftiger Regen sorgt dann für Stille.

Französisch-Guayana, Land aus Regen und Wald, aus Regen und Flüssen, Amazonasströmen, die die Küste schlammfarben machen, ist ein verwünschtes Land. Sie nannten es Paradies, Eldorado, dann Hölle, grüne Hölle, trauriges Eldorado. Eines der seltenen Länder, dessen Natur nicht bezwungen wurde, dessen Natur noch immer versteht zu vertreiben, zu töten, nachdem sie verlockte.

Es sei das irdische Paradies in einem ewigen Frühling; die Erde voller Bodenschätze und so fruchtbar, daß alles aufs beste gedeihe; die Viehweiden so gut, daß mitgebrachte Kühe nach sechs Monaten nicht mehr wiederzuerkennen gewesen seien. Auch sei reichlich Wild vorhanden in Wäldern von kostbarem Holz, die zahlreichen Tiger ungefährlich; viele Vögel, Geflügel und das Meer voller Fische; Krabben, die so gut wie französische Krebse schmeckten. Zum Anbau eigne sich hier Tabak, Baumwolle, Seide, Indigo, Oliven, Wein und vieles mehr. Zucker sei hier weißer als der von den antillanischen Inseln. Mais und Korn könne zwei- bis dreimal im Jahr geerntet werden. Die Menschen lebten gesünder als zu Hause und würden steinalt. Die Indianer müsse man sich zu Freunden machen, so seien sie mit Hilfe von Glasperlen und ähnlichen billigen Tauschartikeln trotz ihrer Arbeitsscheu leicht dazu zu bringen, ganze Wälder zu roden. Außerdem bediene man sich der Sklaven aus dem ungesunden elenden Afrika, die im viel edleren Amerika ihre Sklaverei nicht mit eines deutschen Bauern Freiheit tauschen würden.

»Wohlan dann dapfere Teutschen, machet, daß man in der Mapp neben neu Spanien, neu Frankreich, neu England, auch ins künftige neu Teutschland finde. Es fehlet euch so wenig an Verstand und Resolution solche Sachen zu tun als anderen Nationen, ja ihr habet alles dieses, was darzu vonnöten ist, ihr seyd Soldaten und Bauren, wachtsam und arbeitssam, fleißig und unverdrossen, ihr könnt auf einmal viele gute Sachen tun, durch ein exemplarisches Leben und gute Ordnung die Indianer zu Freunden und civilen Menschen, ja vielleicht gar zu Christen machen. Ihr selbsten werdet länger leben, fröhlicher und vergnügter seyn, wann ihr in einem dergestalt angenehmen Climat für keine Nahrung so mühsam sorgen dürft ... und der gantzen hochteutschen Nation ein Asylum bereitet, wohin sie ihre Zuflucht nehmen und vor den rauhen Gewittern des Teutschlands in Sicherheit stehen können.«

Ein Herr Becher verfaßte den Aufruf im Jahr 1670. Doch die deutschen Kolonialbestrebungen scheiterten. Das Rennen um dieses Schlaraffenland machte Frankreich, das schon seit 1604 in Cayenne die Fahne hochhielt.

Das gesamte Gebiet Guayanas im Nordosten Südamerikas teilten sich kriegerisch Holland und England mit Frankreich. Britisch Guayana ist seit 1966 unabhängig und heißt Guyana. Holländisch Guayana ist seit 1975 unabhängig und heißt Surinam. Französisch Guayana nennt sich überseeisches Departement, ist Teil Frankreichs und die letzte Kolonie auf südamerikanischem Kontinent.

Aber wer wird kolonisiert?

Guayana mit seinen dichten Wäldern, dem permanent sehr feuchten, heißen Klima begünstigte immer schon Mikroorganismen und ihre schnelle Vermehrung, dann Insekten, Würmer, Schlangen und Krokodile beispielsweise, war aber ausgesprochen ungünstig für höherentwickelte Tiere und für die Menschen.

Selbst die Indianer, die die weißen Kolonisten antrafen, waren keine »Eingeborenen«, sondern aus anderen Gegenden Geflohene, Vertriebene.

Französisch Guayana, ein Gebiet fast so groß wie Portugal, zählt heute rund 70000 Bewohner. Ein Reservat also für die Menschen des 21. Jahrhunderts?

Lied von laotischen Kindern:

Wir mußten unser Land verlassen,
Weil das Glück nicht mehr mit uns war,
Aber hier wird es uns gutgehen,
Wird sich das Glück nicht mehr von uns trennen ...

Zwar hatte ich von ihnen gehört, sie aber hier nicht vermutet. Auf dem Weg nach Regina, einem entvölkerten Goldgräberdorf im Süden, auf der Fahrt durch kathedralenartigen Urwald auf frischer, blutroter Piste, entdeckte ich ein windschiefes, regenverwaschenes Holzschild: Cacao. Der Fahrer bog nur widerwillig ein, sein weißes Auto wurde rot vom Schlamm. Endlich auf einer Anhöhe die Lichtung. Viehweiden und dann an der Biegung des Flusses das Dorf. Ich bin in Asien. Voller Leben ein laotisches Hmong-Dorf mit Pfahlhütten, ein binsenüberdachter Markt, die Frauen in buntbestickten schwarzen Trachten, Kinder im Tragtuch.

Aus allen Teilen der Welt seien die Journalisten angereist gekommen, sämtliche Medien hätten berichtet über das »Wunder im Wald« und die jüngsten Einwanderer Guayanas: Indochinaflüchtlinge.

Nicht die französische Administration sei auf die geniale Idee gekommen, Bauern aus dem feuchtheißen Südostasien in ihrer feuchtheißen Kolonie Asyl zu gewähren, statt sie in europäischen Städten verkümmern zu lassen. Im Gegenteil: Frankreich sei, als sie selbst diesen Vorschlag gemacht hätten, dagegen gewesen, habe die Befürchtung geäußert, sie könnten im Wald nicht überleben.

Ihr Überleben sei aber in der ehemals französischen Kolonie Laos gefährdet gewesen. Kommunisten seien durch ihre abgelegenen Bergdürfer gezogen und hätten ihnen alles verboten: die animistischen Riten, das Kunsthandwerk, die Musik, den Silberschmuck und die bunten Kleider. Angst habe geherrscht vor den eigenen, halbwüchsigen Kindern, die ihre Eltern denunzierten als Reaktionäre.

Der Dorfchef erzählt die Geschichte in gebrochenem Französisch. Einstiges Mitglied royalistischer Partisanen, die jahrelang in den laotischen Bergen die Kommunisten bekämpften. Analphabet wie die meisten, gehört er zu den wenigen, die überhaupt Französisch sprechen, überhaupt zu einem Gespräch bereit sind, aber ohne Tonbandgerät. Er erwähnt nicht den Pater, dessen Haus wie ein kleiner Palast über dem Dorf thront, der sie hierhergeführt hat und den sie nun entmachtet haben. Verbittert geht der neben seinem Priesteramt weltlichen Geschäften nach, versucht, wie andere auch, sich ein wenig zu bereichern, und sagt von den Undankbaren: Sie haben ihre Menschlichkeit im Krieg verloren.

Vor fünf Jahren kamen sie an, 500 Menschen, seit zwei Jahren

sind sie, angewachsen auf 600, von Hilfe unabhängig. Hinter dem Dorf erstreckt sich ein riesiges Areal blühender, sorgsam gepflegter Felder: Reis, Mais, Maniok, Yams und alle Gemüse. Nicht zu vergessen die Pfefferschoten.
Die Kinder lernen noch die alten laotischen Tänze, die Frauen besticken noch Applikationen, Wandbehänge, mit geometrischen Symbolen oder die Tragtücher für ihre Kinder, manche Frauen spreizen noch mitten in der Unterhaltung ein wenig die Beine und urinieren im Stehen, wie das zu Hause üblich war.
Kinder lassen im Regen Drachen steigen, selbstgebastelt und umspannt von grauem Plastik aus den Düngersäcken. Einige Männer fahren schon ihr erstes Auto, sind gestreßt und haben niemals Zeit.
»Menschlichkeit im Krieg verloren«, ruft die martiniquanische Schwester, »so was verliert sich nicht, auch nicht im Krieg ...«
Schon als die Elektrizität installiert worden war, habe das Leben sich verändert, hätten die Menschen sich nicht mehr am Abend versammelt wie früher auf dem großen Platz, sei das Dorf immer öder geworden. Die junge französische Lehrerin, die in die Wildnis ging, um zu alphabetisieren, weiß nicht mehr, wo sie ist. Als sie darum bittet, mit dem Auto der Kooperative nach Cayenne mitgenommen zu werden, fordern die Laoten einen Preis von ihr, den ihr mageres Gehalt nicht verkraftet. Das gab es nicht zu Beginn, der geprägt war von gegenseitiger Hilfe. Denn nicht nur ein französischer Paternalismus hat die Gesetze des Geben-und-Nehmens abgeschafft, auch die alteingesessenen Chinesen in der Stadt, die den Markt beherrschen, haben ihnen ganz schnell beigebracht, daß es nur noch darauf ankommt, zu nehmen. Und damit der Modernisierungsprozeß von Menschen, die aus einem Mittelalter aufgebrochen waren, um ihren Frieden zu finden, sich noch mehr beschleunigt, schenkte Frankreich ihnen den Fernsehanschluß. In Farbe können sie sehen, daß ein Bauer eigentlich ein Tölpel ist.
Zum Wochenende kommen von Cayenne die Touristen, ist zwischen den Regengüssen auf der rotverschlammten Straße schwer was los. Dieselben, die die Schildkröten knipsten, knipsen nun die Laoten, als sei das ganze Land ein gigantischer Zoo.
Zum Wochenende kommen aus dem tieferen Wald die Goldgräber.
Guayana präsentiert immer noch sämtliche Etappen seiner Ge-

schichte, die als ein fast 400jähriges Fiasko beschrieben wird. Die Erfolge in Aussicht, die Möglichkeiten greifbar, Projekte verwirklicht und wieder fallengelassen oder zerschlagen. Hindernis war durchaus nicht nur das Klima oder der Wald. Guayana, »karibische Loreley«, die nicht mit schöner Stimme, sondern mit Goldklirren lockte und lockt, schluckte die Investitionen und fraß die Leichen.

Die ersten französischen Siedler werden noch von den Indianern verjagt, die ihre mißhandelten und gemordeten Verwandten rächen und später resigniert in den Wäldern verschwinden.

Guayana, Grab der Indianer.

Denn die Franzosen kommen wieder, führen Kriege mit Holländern, Engländern, Portugiesen. Jesuiten legen die ersten Plantagen an und werden aus dem Land geworfen.

Aber im Jahr 1762 schickt Frankreich 12000 Elsässer nach Kourou, wo sich die großen Savannen erstrecken, um das Land zu bevölkern. 25 Millionen Francs kostet das Unternehmen, das in der Katastrophe endet. Über 6000 Menschen sterben innerhalb kurzer Zeit an Hunger, Insekten, an Gelbfieber, Typhus, Malaria. Vor allem an Hunger, denn die Organisatoren hatten vergessen, daß das Schlaraffenland keine Nahrung bot. Die Überlebenden retten sich auf die klimatisch gesünderen gegenüberliegenden Inseln.

Guayana, Grab der Europäer.

Afrikanische Sklaven beheben endlich den Mangel an Arbeitskräften. Dank ihrer Körperkraft blühen die Plantagen, werden die ersten Produkte exportiert: Zucker, Gewürznelken und Mangos. Rinderherden gedeihen. Es entstehen ein Krankenhaus und eine Schule.

Aber da bricht in Frankreich die Revolution aus und befreit auch seine schwarzen Sklaven. Sofort weigern sich die Gepeinigten, weiterhin zu schuften; als sie gezwungen werden, zerstören sie die Plantagen, verwüsten, plündern die Betriebe, massakrieren die weißen Herren, werden selbst massakriert.

Guayana, Grab der Afrikaner.

Die Revolution schickt die ersten politischen Gefangenen nach Guayana. Sie werden in Hütten voller Skorpione und Ungeziefer gesperrt. Wer nicht flüchten kann, stirbt. Dreyfus sitzt fünf Jahre in einer Zelle auf der Teufelsinsel und überlebt.

Inzwischen sind die Plantagen völlig verkommen, wird die Sklaverei wieder eingeführt, wieder Massaker, Tod oder Flucht, Verfolgung, Resignation der Zurückgebliebenen.
Im Jahr 1814 zählt das Land 3700 Weiße und 13000 Sklaven, und Guayana blüht wieder auf. Bis die Sklaverei 1848 endgültig abgeschafft wird. Chinesen werden herbeigeschifft. Denn kein Schwarzer rührt mehr einen Finger, und die Franzosen erwägen sogar, diese »Undankbaren« den Vereinigten Staaten zu schenken, lassen aber statt dessen Inder und sogenannte »freie Afrikaner« als Zwangsarbeiter kommen. Und französische Zuchthäusler. Entmenschlichung wird nun auch an den eigenen Brüdern verübt. Guayana wird zur Strafkolonie. Es kommen politische Gegner, Diebe, Mörder. Sie leisten Sklavenarbeit, zuweilen aneinandergekettet. Weibliche Gefangene werden zwecks Vermehrung zu Vergewaltigungen freigegeben. Wer ein Strafmaß von über acht Jahren bekam, hat den Rest seines Lebens in der Kolonie zu verbringen. Im Jahr 1856 leben von den 8000 Häftlingen, die innerhalb von vier Jahren ankamen, noch 3600. Die Kirche schickt Hilfstrupps, um das Massensterben einzudämmen. Das Gelbfieber rafft auch einen Teil ihrer Leute dahin. Die Gerüchte vom Horror, die bis zur Metropole dringen und die Realität kaum zu übertreffen vermögen, sorgen dort eine Zeitlang sogar für einen Rückgang der Kriminalität. Guayana, die grüne Hölle.
Gleichzeitig sorgen andere Gerüchte dafür, daß Abertausende freiwillig aufbrechen, nicht in Guayanas Hölle, sondern in sein Eldorado. Das Goldfieber bricht aus. Und da, wo eben wieder die Felder blühen, verläßt, wer frei ist, die Plantagen, um den Abenteurern in den Wald, an die Flüsse zu folgen, wo das Gold in Klumpen liegen soll. Und zuweilen auch gefunden wird. Eine ganze Stadt aus Gold soll im Wald verborgen sein und bleibt es weiterhin. Kompanien entstehen, Dörfer mit den Namen »Gott sei Dank«, »fröhliche Fundgrube« oder »toter Ochse«. Denn Mord und Totschlag herrschen dort selbstverständlich auch.
Hundert Jahre dauerte der Goldrausch, hundert Jahre die Sträflingsdeportationen, die gemeinsam um das Jahr 1950 endeten. Die afrikanischen Sklaven, das Gold und das Zuchthaus, die dem Land den großen Reichtum bringen sollten, haben nichts bewirkt und nur Guayanas Ruf verdorben. Regiert wurde währenddessen von Freibeutern oder Beamten, die für zwei Jahre kamen, sich schnell die Taschen füllten und wieder nach Frankreich verschwanden. Bis heute soll sich daran kaum

etwas geändert haben. 1946 wurde die Kolonie zum Departement erklärt, und seine Bewohner wurden, woher immer sie kamen, zu französischen Bürgern.

Cayenne. Vergeblich suche ich hier, wo alles begann, nach den »Pockennarben«, die es hinter moderner Fassade verbergen soll. Cayenne, diese berühmte, vergessene Stadt, die nicht nur sämtliche Jahrhunderte ihrer Entwicklung, sondern auch sämtliche Rassen dieser Erde ganz selbstverständlich darbietet, hat während der Mittagszeit, wenn der Verkehr ruht, etwas Traumhaftes, Unwirkliches.
Ich bin in Südamerika und immer noch in Frankreich. Ich bin in Asien, China, Laos, Vietnam, Indonesien, ich bin in Afrika, dem schwärzesten und schönsten, ich bin auf den Antillen. Ich bin auf der anderen Seite der anderen Seite inmitten dieser Welt.
Wer von den lauten, übervölkerten Antillen hierherkommt, atmet auf, fühlt sich in Sicherheit und sofort gefangen von einer übermächtigen Wälder-Flüsse-Natur, vom Strand aus sichtbar, die zunächst nur Schutz zu bieten scheint.
Cayennes koloniale Holzhäuser in blassem Pastell sind noch nicht von grauem Beton verdrängt. Und der riesige Raum, den Guayana bietet für seine wenigen Bewohner, ist in die Stadt mit einbezogen. Von den 70000 Menschen leben hier über 40000 und drängen sich selten auf weiten Alleen und Plätzen. Eine Stadt voller Friseursalons, Schuhgeschäfte, Buchhandlungen und chinesischer Kramläden. Am Strand ein paar Kinder. Im schlammfarbenen Meer Granitsteine wie schlafende Riesentiere. Dann der Wind, der plötzliche Regen und wieder die Sonne, ein schmerzhaft absolutes Licht.
Selbst wenn dieser Friede trügt, selbst wenn jenseits des Kanals, im »Chicago« genannten Viertel, Drogenhändler, arbeitslose Jugendliche und Prostituierte sich tummeln und es durchaus auch nach Elend riecht, selbst wenn in der gläsernen Präfektur noch immer über Subventionen verfügt wird, die in private Taschen wandern und die Katastrophe nie zum Stillstand gekommen ist, vermittelt diese Stadt zumindest die Möglichkeit friedlicher Koexistenz von Weiß, Gelb, Rot, Braun, Schwarz.
Rassismus, heißt es, sei in Guayana unbekannt.
Auch Leon Damas sagte das, der schwarze Guayanese, neben Aimé Césaire, dem Antillaner, und Leopold Senghor, dem

Afrikaner, Begründer der Négritude. Vor mehr als 20 Jahren, als das Mode war, staunte die weiße Welt über ihre Gedichte:

Ich komme mir lächerlich vor
in ihren Salons, mit ihren Manieren
mit ihren Bücklingen, mit ihren Vorschriften
mit ihrem Riesenbedürfnis nach Mätzchen

Ich komme mir lächerlich vor
bei allem, was sie erzählen,
bis sie einem am Nachmittag das bißchen warmes Wasser
und einen Kuchen mit Rum drin servieren

Ich komme mir lächerlich vor
mit ihren Theorien, die sie je
nach Laune und Bedürfnis zurechtmachen
und nach ihren Instinkten
die nachts wie Türmatten offenstehen

Ich komme mir lächerlich vor
als ihr Komplize, als Zuhälter
unter ihnen, den Würgern, deren Hände rot sind
vom Blut ihrer Zivilisation

Als Damas dies schrieb, kannte er Kourou noch nicht, das weiße Kourou, die Zukunftsstadt, Weltraumstadt. Denn Kourou, dessen Name für Guayanas erstes grausames Desaster stand, wurde als Ort auserwählt für ein Unternehmen, das die vergangenen Schrecknisse durch seinen Ruhm vergessen machen sollte.

In der Savanne von Kourou installierte Frankreich Ende der 60er Jahre in Zusammenarbeit mit der Europäischen Gemeinschaft eine Raumforschungsstation, eine zur friedlichen Nutzung gedachte Raketenabschußbasis, größer als Cape Kennedy. Und zu Beginn sah es aus, als sei auch dies Unternehmen zum Mißerfolg verurteilt. Europa II, eine 650-Millionen-Dollar-Rakete, explodierte 1971 über dem Atlantischen Ozean, einen Monat später ereilte dasselbe Schicksal den Satelliten Polar. Das Gemeinschaftsprodukt Ariane glückte endlich 1979 und wird weiter gestartet werden.

Inzwischen war Kourou-Stadt entstanden. Neben dem alten Kourou, einem Dorf von damals 500 Einwohnern, wurde ein graues Quadrat aus Beton errichtet, eine keimfrei anmutende

Zelle mit allem, was die Weißen, die Metros, wie sie hier heißen, an ihre trostlose Heimat erinnert, nur daß es hier noch trostloser ist. Selbst die Villen am Rande und nah dem Meer, inzwischen von blühendem Gebüsch umwuchert, haben etwas seelenlos Reihenhaushaftes an sich, stereotyp für Bewohner auf Zeit. Für 50000 Menschen war die Stadt geplant, der Bau wurde gestoppt, und heute verirren sich in diesem Betonlabyrinth mit kleinen Piazzas, Bars und Supermärkten vielleicht 3000 Weiße in ihrem Getto. Und hier wird die »Ich-bin-Rassist«-Attitüde alltäglich, ist Apartheid eine Frage der Hygiene.

Natürlich verliert, wer Geld hat oder Einfluß, seine Farbe, aber wie viele sind das schon. Serge Patient gehört dazu, der Direktor des Gymnasiums, der auch Dichter ist, ein Mann, der früher so links war und heute so rechts geworden sein soll. Woran mag das liegen? Selbst linke Weiße sollen ganz schnell hier zu rechten werden, wird mir erzählt. Eine Polin verteidigt schrill den Herrschaftsanspruch der Weißen und kann in schwarzer Haut nur das Böse sehen.

Als das Raumfahrtzentrum und die Stadt errichtet wurden, holten sie brasilianisches, kolumbianisches und surinamesisches Subproletariat ins Land, denn selbst der bescheidenste guayanesische Arbeiter hätte als französischer Staatsbürger Sozialbeiträge gekostet. Und die Fremden, ihrer Dritten Welt entronnen, sind geblieben in dieser scheinbar Ersten Welt, die nicht, wie bei ihnen zu Hause, offensichtliches Elend zuläßt.

Die Saramaka, die Schwarzen aus Surinam, haben vor den Toren der Stadt ein Dorf erbaut und versuchen mit ihrer Holzschnitzkunst zu überleben. Ständig von Polizei kontrolliert, haben sie immerhin funktionierende hygienische Verhältnisse, haben sie hier einen Wächterposten, da einen Gärtnerposten, der eine ganze Großfamilie eben irgendwie ernährt.

Wer Kourous Beton entrinnt und im Sand zwischen ihren Hütten umherwandert, atmet schon auf. Denn selbst am Strand, der garniert ist mit schicken Blondinen, selbst da im Wind wird man das Ersticken nicht los, dieses Gefühl von Künstlichkeit. Allerdings ist dort so manche rosig-braune Haut masernartig entstellt. Der Meeresschlick soll gegen den Juckreiz gut sein. In Kourou herrscht die Papillonitis. Und die arroganten Metros zahlen also doch ihren Preis.

Ganze Familien flüchten nach Frankreich. Denn an der Papillonitis kann man durchdrehen. In Kourous Krankenhaus weiß man davon zu berichten. Schwärme von giftigen Nachtschmetterlingen, angezogen von den Lichtern, besetzen die Stadt, sprühen im nächtlichen Umherschwirren ein Sekret aus, auf das menschliche Haut mit fürchterlichem Ausschlag reagiert. Der Juckreiz ist unerträglich. Kostbare Experten drohen mit Kündigung.

Die Regierung setzt Helikopter ein, versprüht massenweise Chemie. Ohne Erfolg. Schließlich fällen sie sämtliche mühsam gepflanzten Bäume, in denen die Papillons tagsüber schlafen. Das Unternehmen kostet Millionen. Und Kourou-Stadt, vom Schmetterlingsalptraum befreit, hat nun in seiner Nacktheit schon fast etwas von einem Fluch.

Im kreolischen Alt-Kourou mit seinen Holzhäusern, wo schwarze Guayanesen und weiße ehemalige Sträflinge leben und diejenigen Bauern, die ihre Felder und Höfe ans Raumfahrtzentrum verloren, stehen die Bäume noch. Und wer hierherflüchtet als Metro, um unter Menschen zu sein, begegnet keinerlei Bosheit, keine Gegenreaktion wird spürbar und nichts von dem Zorn, den Serge Patient, der Dichter, artikuliert:

> Erinnere dich
> es war der Tag der Enteignung
> die Neger hielten den Mund
> die Weißen betrachteten ihre Stummheit
> es war wie ein Unbehagen
> ein wenig Scham
> ein wenig Kümmernis
> denn
> wenn es sein muß
> daß da wo Negerhütten standen
> weiße Villen wachsen
> denn
> wenn es sein muß
> daß meine Rasse
> von den Verbrechern der weißen Villen
> beschimpft wird
> denn wenn es sein muß
> daß die Huren
> ihre Negerrasse verleugnen
> um gemeldet zu sein
> um vorschriftsmäßig zu sein

um ein weißer Neger zu sein
denn ...

Und ich habe nicht alles gesagt
von unseren Schritten
die verrückten Spuren
von unseren Leibern
die verschwommenen Spuren
der Wind auf offener See
der laue Sand
das tote Meer der Vergnügen
Saison der gestorbenen Liebe

Wir werden nicht mehr lachen
am Strand von Kourou
unsere Spiele der Körper
unsere Spiele der Hände
unsere garstigen Spiele
unsere Schmeichelspiele
nein ich habe nicht alles gesagt
unsere Spiele sind streng verboten

Dennoch: Kourou, dieser Staat im Staate, steht nicht für Guayana. In keinem anderen südamerikanischen Land herrscht sowenig Unterdrückung und soviel individuelle Freiheit wie in diesem Departement.
Aber Frankreich hat für seine Kolonisierten nichts wirklich Konstruktives geleistet. Gewissenlos hat es statt dessen die Mäuler gestopft mit ungesunden Bonbons.

Die schwarzen Kreolen haben das Singen verlernt und ihre sämtlichen anderen Künste. In Corossony, zwischen Kourou und Sinnamary, abseits der Nationalstraße 1, die auch Nationalstraße null genannt wird, weil es die einzige asphaltierte Straße des Landes ist, haben ehemalige Sklaven vor Generationen das Gut ihres weißen Herren übernommen. Sie haben Telefon, Fernsehen, Dinge, von denen die einstigen Sklavenbesitzer noch gar nichts ahnten. Doch Corossony stirbt aus. Der Maniok gedeiht und auch das Vieh, und kein Mensch leidet Mangel. Aber wer bleibt denn freiwillig, um Gottes willen, Bauer?
Es sind kaum vermischte ehemalige Afrikaner. Sie haben zu singen verlernt, zu musizieren, zu tanzen, sie fertigen kein

Kunsthandwerk und sind Christen. Das einzige, was sie nicht vergessen haben, obwohl es fließendes Wasser gibt: Sie reichen vor dem Essen die Schüssel zum Händewaschen, wie das in Afrika üblich war, weil man dort mit den Händen aß. Natürlich essen sie hier mit Besteck. Das Fernsehen läuft unentwegt. Frankreichs weißes Programm.
Nein, Bauer sein kann nur was Dummes sein.
Dieser Abend sollte ein Fest werden. Ich habe alles besorgt: Martini für die Frauen, Rum für die Männer. Aber auch hier herrscht die Papillionitis. Kreischend stürzen die Frauen ins Haus, als die ersten Schmetterlinge kommen. Dann trinken sie doch noch und singen auch noch in der Dunkelheit und flüchten nach dem »Programm« in ihre Gehöfte.
Corossony wird, wie so viele Dörfer, bald auf der Landkarte mit dem Vermerk »verlassen« versehen sein.

Nachts brennt die Savanne, ist sie ein einziges gleitendes Meer aus Riesenglühwürmern bis an den Horizont.
Bis in den Morgen stoßen sich an den Straßenlaternen von Sinnamary die Schmetterlinge tot, die Straßenränder sind schwarz von ihnen und später die Hausmauern, an die sich die viel zu vielen überlebenden zum Tagschlaf haften. Diese Pest soll es erst seit zwei Jahren geben. Aber irgendeine Plage gab es immer.
Sinnamary, an der Biegung des großen Flusses Sinnamary mit starker Strömung, Strudeln, gigantischen uralten Bäumen am Ufer, wo schwarzgelbe Vögel unentwegt singen, ist ein Ort von rund 2000 Einwohnern. In den Straßen dudelt monoton der Biguine. Touristen machen hier halt, um zu essen oder sich ein Souvenir aus Holz zu kaufen.
Guayanas Holz ist sein Reichtum.
Guayanas Hölzer können Gemälde sein, blutrote Maserung auf hellem Grund mit schwarzer Zeichnung. Lila Hölzer. All das zu Kitsch gedrechselt in Verderosas Werkstatt. Die Arbeiter kommen aus Brasilien. Denn Guayanas Jugend tut nichts. Verderosa sagt das, weißer Kreole spanischer Abstammung, etwas chinesisch durchmischt und jüngst abgewählter Bürgermeister. Ein Mann über 60.
»Die gute alte Zeit, die ich noch erlebt habe. Damals hatte jeder noch seine ausgeprägte Persönlichkeit. All das ist verlorengegangen, seit wir ein Departement geworden sind. Und seit jeder das bekommt, was er will. Das hat den Pioniergeist von

Leuten zerstört, die noch wie ich Straßen gebaut, eine Transportgesellschaft gegründet haben ... All das ist mit dem Staub der Zeit verweht.
Als ich jung war, herrschte diese Mentalität von gegenseitiger Hilfe noch. Die Leute glaubten an mich, halfen mir moralisch, und ich wußte, daß jemand hinter mir stand, der meine Begeisterung antrieb, meine Vorhaben zu realisieren.
Heute hat die Politik all das zerstört. Man hat den Eindruck, daß die Leute auf die Lösung ihrer Probleme warten, ohne selbst etwas dazu zu tun. Sie glauben an Wunder. An den Weihnachtsmann. Heute wählen sie weiß, morgen schwarz, zur Abwechslung, in der Gewißheit, daß derjenige, den sie gewählt haben – selbst wenn es sich um ein Abenteuer handelt – ihre Situation verbessert, ihnen ein bißchen mehr gibt, als sie schon haben. Ohne daß sie sich dafür anzustrengen brauchen.
Die Jungen denken heute mehr an Tanz, Fußball, Sport. Nicht daß ich was dagegen hätte, aber es muß auch gearbeitet werden, um die Familie zu ernähren. – Nein, was Frankreich hier tut, ist dasselbe wie zu Hause. Nur leben hier andere Rassen.
Es ist ein Unterschied, ob man gewohnt ist, mit nackten Füßen herumzulaufen, mit der Natur zu leben, oder ob man vier Jahreszeiten, den Winter ertragen muß, Geld auf die Seite legen muß, um Kohle zu kaufen.
Das Leben in Guayana entspricht nicht dem Wesen seiner Menschen. Typisch ist nur die Unterentwicklung. Aber von unserer Unterentwicklung bis zur Frankreichzugehörigkeit gibt es nichts, worum wir andere Völker beneiden müßten. Guayana ist für mich das glücklichste Land der Welt, es ist ein Paradies. Schon klimatisch. Die Natur ist reich, man ist frei. Es gibt Landsleute, die von Kolonialismus reden. Daß ich nicht lache. Denn niemand kann einen in Guayana davon abhalten, fischen zu gehen, wenn er Lust dazu hat. Und wer jagen will, jagt eben. Jeder kann machen, was er will. Die Kolonialisten bleiben unter sich, und der Guayanese lebt, wie er will, er ist frei.
Unabhängigkeit? Nein, das ist utopisch.
Das ist, als ob du ein kleines Kind hast, selbst wenn es schon 25 ist, aber du hast ihm nie beigebracht zu arbeiten, und es hat immer von dem gelebt, was du ihm auf den Tisch gestellt hast. Und eines Tages bleibt der Tisch leer und du sagst ihm: Geh dir dein Essen selber besorgen. Ja, dann ist es verloren, es ist aus. Denn die Kinder von Guayana wissen überhaupt nichts mehr zu tun.«

Vor 20 Jahren ließ Verderosa indonesische Familien kommen. Sie bauten sich am Rand von Sinnamary ihr Dorf und bepflanzten weite Felder mit Reis, der prächtig gedieh, sie zogen Gemüse, es war ein großer Erfolg. Heute liegt das Dorf verödet, die Früchte fallen von den Bäumen, verfaulte Mangos, über den Feldern wuchert Gestrüpp. Einige Alte leben noch hier, flechten ihre Körbe, zaubern kunstvolle Bambuslampen. Ihre Kinder leben längst in Cayenne. Eine Familie betreibt noch das indonesische Restaurant.

Viel zu viele Restaurants hat Sinnamary für die wenigen Touristen oder die paar durchreisenden Metros. Bei Dede, schwarzer Kreolin, finden sich tagelang keine fremden Gäste, einige alte Männer sitzen stundenlang beim Punch, dem karibischen Rum mit grüner Zitrone und Zucker.

Auch Dede kannte noch die vielgerühmte gute alte Zeit:

»Heute gibt es alle möglichen Beihilfen, aber früher mußten die Leute ihr Leben selber bestreiten. Heute ist alles zuvilisiert, aber früher war alles besser. Heute gibt es alles im Überfluß, zu essen, zu trinken. Früher hatten wir nichts zu essen, zu trinken, aber wir lebten glücklich. Heute haben wir Geld, aber wenn das Schiff oder Flugzeug aus Frankreich nicht kommt, können wir uns von dem Geld nichts kaufen. Früher gab es keinen Luxus, keine Transportmittel, aber unser Leben war glücklicher.

Wenn du nichts hast, teile ich mit dir, was ich habe, so war das. Früher konnte man für zwei Francs alles mögliche kaufen, heute hast du selbst mit einer Million immer noch Wünsche übrig, weil immer mehr Bedürfnisse geschaffen werden. Und Tag für Tag wird das Leben teurer, schwieriger, früher war alles besser. Und früher existierte auch noch Respekt voreinander, heute gibt es keinen Respekt mehr. Es ist nur noch das Geld, das zählt. Wer Geld hat, kümmert sich einen Dreck um den andern. Man braucht aber den andern und nicht nur das Geld.

Früher haben wir alles selbst hergestellt, wir hielten unsere Schweine, und wenn wir eins schlachteten, lebten wir ein ganzes Jahr davon. Aber heute ist alles importiert.«

Verderosa:

»Ich glaube, Frankreich hat nicht bedacht, als es Guayana kolonisierte, daß das ein Land ohne Demographie war. Es mußten Menschen herbeigeholt werden, es mußte entwickelt werden, ihm eine wirtschaftliche Basis gegeben werden, daß die Leute sich selbst ernähren könnten, denn das Land bietet alle diese

Möglichkeiten. Statt dessen nahm Frankreich die Haltung von Eltern ein, um ein Volk von Bettlern zu züchten. Denn würden die Reichtümer ausgebeutet, könnten die Leute sich selbst ernähren.«

Angesichts Frankreichs Paternalismus, Frankreichs »Kolonialismus mit Lendenschurz«, wie er hier auch genannt wird, angesichts von Kolonisierten, die nicht einmal wahre Kolonisierte sind, weil sie kein Volk sind, sondern lediglich Menschengruppen, die nebeneinander, wenn auch vorbildlich friedlich, aber nicht eigentlich miteinander leben und angesichts ihrer spärlichen Anzahl kann eine Frage nach Unabhängigkeit, wenn nicht aus rein rhetorischen Gründen, provokativen Gründen, nur noch aus Wut gestellt werden. Ich tue das. Und Dede, Abkömmling einstiger Sklaven, ist so entsetzt, daß sie erwägt, mich rauszuwerfen.

»Niemals! Madame, wir werden sterben, meine Familie wird elend enden. Wir haben keine Fabriken, alles kommt von der Metropole. Was sollen wir machen? Die Franzosen helfen uns nicht, irgendwelche Industrien aufzubauen. Madame, laß mich mit der Unabhängigkeit in Ruhe. An dem Tag, wo wir die Unabhängigkeit haben, liege ich im Grab. Mit der Unabhängigkeit sind wir erledigt. Wenn wir hier die Unabhängigkeit haben, kann man die Toten mit dem Bagger einsammeln.

Madame, wer hier die Unabhängigkeit fordert, kann nur ein Idiot sein! Die armen Eltern, die armen Mütter, die armen Vettern! Madame, wir haben hier einfach nichts in Guayana!«

Aber gleich nach ihrem Schreckensschrei fällt Dede eine typische Geschichte ein:

»Als ich krank war, brauchte ich eine Putzfrau. Ich zahlte ihr monatlich 350 Francs. Sie kam morgens, frühstückte, und ihre Kinder, die hier in der Nähe zur Schule gingen, kamen mittags auch noch zum Essen. Aber die Frau hatte einen Antrag auf Familienbeihilfe gestellt. Und eines Tages bekam sie 1000 Francs vom Staat und erschien nie wieder bei mir, obwohl sie sich das Geld zusätzlich hätte verdienen können. Als ich sie später zufällig traf und sie fragte, warum sie nicht mehr gekommen sei, meinte sie, wieso sie denn arbeiten sollte, wenn der Staat ihr 1000 Francs gibt.

Und das ist der Fehler der Regierung, daß sie die Leute zu sehr verwöhnt. Sie wollen nicht mehr arbeiten.«

Aber ist das nicht ein Grund mehr für die Unabhängigkeit?
»Aber die Leute werden sterben, da sind die Alten, die Kranken, und es gibt keine Arbeit.«
Aber es gibt Land zu kultivieren. Land, so wurde mir erzählt, wird hier demjenigen geschenkt, der sich verpflichtet, es zu bebauen. Unentwegt ist von Guayanas enormem Reichtum die Rede ...
Dede lächelt mir mitleidig zu und erzählt die Geschichte eines Buschnegers vom Stamm der Bosch:
»Ein Bosch schlug im Wald Holz und verkaufte es, um davon zu leben. Sie haben ihn ins Gefängnis gesteckt. Und er fragte: Wo ist Gottes Erde? Sie haben ihn fünfmal ins Gefängnis gesteckt, weil er immer wieder sein Holz verkaufte, und das letztemal haben sie ihm lebenslänglich verpaßt. Und da hat er dem Richter die Frage gestellt: Wo ist Gottes Erde? Die Erde gehört Gott, wieso gebt ihr mir nicht die Chance, auf Gottes Erde zu arbeiten? Und der Richter hatte große Schwierigkeiten, ihm zu antworten. Denn der Bosch sagte: Ich habe keine Arbeit, keinen Besitz, ich bin Bosch und lebe im Wald, ich bin dort geboren, also zeig mir den Weg zu Gottes Erde, damit ich dort arbeiten, mein Holz schlagen kann, um es zu verkaufen, denn ich habe Frau und Kinder, die ich ernähren muß. Und was soll sonst aus meiner Familie werden?
Jaques Chirac hat gesagt: Franzosen, Guayanesen, kümmert euch um euer Land, ordnet eure Papiere, denn die Zeit wird kommen, wo ihr nicht mehr wißt, wohin.
Aber es ist schon soweit, denn wo immer man hinkommt, ist das Land schon verkauft. Und dieser Herr da wohnt in Paris und hat sich auch schon sein Land gekauft. Ich lebe in Guayana, und für mich ist kein Land mehr da. Ich glaubte, es sei mein Land, aber es gehört euch.«
Das Drama des Kolonisierten, das Drama des schwarzen Kreolen insbesondere, dieses verschleppten Afrikaners, der zum Europäer wurde, besteht in den endlosen Widersprüchen seiner Existenz und seines Denkens.
Und so weint selbst ein intellektueller Serge Patient denn auch mehr vor eigener Ohnmacht, als daß sein Zorn neue Ideen hervorbringt:

Seht mein Volk
es gähnt
vor Bedeutungslosigkeit
seht mein Volk und dies gescheiterte Land

am Rand der Geschichte
wo ich verlorener und legitimer Sohn bin
verirrtes Kind
in der unendlichen Weite des Exils

Wartet nicht auf meinen Schrei der Verzweiflung
ich weiß die Schmerzensgrimasse zu beherrschen
anzuhalten das Tamtam, das in meinen Venen brüllt
dies harte Geheul auferstandener Sklaven

Welche Blume könnte sich entfalten
welche Liebe könnte blühen
welcher glückliche Friede dauern
in diesem giftigen Sumpf
und welches Gesicht könnte lachen

Es gibt die lachenden Gesichter. Während die Asiaten schuften, die Weißen fluchen, die Kreolen jammern und die Indianer in melancholischer Apathie verharren, lebt in Guayana eine Gruppe, von der selten die Rede ist, obwohl sie zu den Wundern zählt, die aus der Sklaverei hervorgegangen sind. Sie wurden Buschneger genannt, haben verschiedene Stammesnamen, die Bosch gehören zu ihnen, die zahlreichsten sind die Boni.
Sie leben am Maroni-Fluß, der Französisch-Guayana von Surinam, einst Holländisch-Guayana, trennt; ein großer Fluß, bis zu einem Kilometer breit.
Ende des 18. Jahrhunderts, als in der gesamten Karibik die Sklaven aufstanden, reagierten die holländischen Herren mit besonderer Grausamkeit, wurden die Ungehorsamen, die nach Freiheit schrien, geköpft; Folter verstand sich von selbst.
Zu Tausenden flohen sie über den Fluß und verbargen sich in Frankreichs Wäldern. Ein Rebell namens Boni führte sie an.
Ihre Eltern hatten die Deportation aus Afrika überlebt, sie selbst hatten die Sklaverei überlebt, die Flucht überlebt und überlebten ihr neues Exil, den feindlichen Wald, der über Hunderte von Kilometern keine Lichtung, keinen Pfad hat und dessen größte Gefahr nicht etwa wilde Tiere, sondern herabstürzende Äste sind.
Die Franzosen boten ihnen später die Gastfreundschaft an, immer in Hoffnung auf Arbeitskräfte, und gaben ihnen ein Gebiet entlang dem Maroni-Fluß. Da bauten sie ihre Häuser, ihre Kanus, bepflanzten Felder. Sie hatten eine neue Gesellschaft gegründet mit einer neuen Sozialordnung, einer neuen Religion,

einer neuen Kunst, einer eigenen Sprache. Sie arrangierten sich mit den Indianern, beherrschten das Kanu auf den schwierigsten Gewässern bald besser als jene, und obwohl sie später mit kreolischen oder weißen Goldgräbern kooperierten, folgten sie keiner anderen als ihrer eigenen, hier kreierten Ordnung. Ihre Kultur und Religion blieben unbeeinflußt und hatten auch nichts gemein mit den brasilianischen oder haitianischen Kulten. Afrika existierte für die Boni nur noch im Unterbewußten.

Masa Gudu ist der Schöpfergott, nach ihm herrschen die untergeordneten Götter, dann die Vorfahren, dann die Menschen, die Tiere, die Pflanzen.

Odoun ist Richter und Gesetzgeber. Odoun straft die Schuldigen mit Krankheit oder tötet sie. Odoun verbietet, einen Menschen mit einer Waffe zu schlagen oder gar Blut zu vergießen. Odoun selbst wird für Strafe sorgen, die auszuüben dem Menschen untersagt ist. Odoun verbietet Gewalt, Rache und jede Form von Unterdrückung.

So garantiert er, da seine Gesetze bis heute eingehalten werden, ein Kollektiv, in dem eine Atmosphäre von Würde und Heiterkeit herrscht und ein Frieden, wie er selbst in Afrika kaum zu finden ist, denn dort besteht z. B. Furcht vor Hexerei. Schon allein eine Frau durch Zaubermittel gewinnen zu wollen, wie die Kreolen das immer noch praktizieren, betrachten die Boni als einen kriminellen Angriff auf die Freiheit des Individuums. Hier wurden christliche Gesetze in eine afrikanische Vorstellungswelt eingebracht und die Erfahrung, daß Ausübung von Macht den Menschen korrumpiert.

Der Dorfchef, *grand man* genannt, hat keine politische Verfügungsgewalt. Er agiert als Richter, Schlichter, Vermittler und vor allem Priester.

Der Mann bestimmt nicht über seine Ehefrau und hat außer ehelicher Treue nichts von ihr zu verlangen. Die Partner leben getrennt, jeder im Dorf seiner Mutter. Zwar können die Partner auch zusammenbleiben, aber die Frauen lehnen das meistens ab. Als Mütter haben sie Macht über ihre Kinder, die bei ihnen wohnen. Ehe existierte während der Sklaverei nicht, und der Begriff taucht in ihrer Sprache nicht auf.

Eigeninitiative wird in dieser Gesellschaft von frühester Kindheit an gefördert, Verantwortlichkeit in frühester Jugend geübt. Zumindest eine handwerkliche Fähigkeit sollte ein junger Mann bis zur Vollendung beherrschen, ehe die Mutter und die erziehungsberechtigten Onkel ihm die Erlaubnis zur Heirat erteilen.

Während der Sklavenaufstände, während der Verfolgungen auf der Flucht, während des Aufbaus ihrer neuen Gesellschaft im neuen Exil, wurden sämtliche Kräfte gebraucht, waren Faulheit, Unverantwortlichkeit unmoralisch, war der Schwache verloren. Geisteskranke oder Krüppel sind unter ihnen kaum zu finden.

In einer solchen Gemeinschaft ist jeder auch Künstler. Während die Kreolen, gefangen in der Welt der Weißen, ihre kreativen Fähigkeiten verkümmern ließen, entwickelten die Boni in der Freiheit eine neue Kunst. Die Wurzeln sind noch erahnbar aus ihrer afrikanischen Herkunft Dahomey oder Ghana, aber weiterentwickelt zu einer Art Surrealismus, ohne daß sie je der europäischen Variante dieser Kunstströmung begegnet wären.

Bearbeitet werden Dinge des Alltags aus Holz: Kanus, Hausfronten, Ruder, Kämme, Trommeln. Der Künstler, z. B. der Mann, der seiner Frau das Haus baut, folgt seiner Inspiration, malt und schnitzt verschlüsselt seine sexuellen Phantasien in eine Tür, Bilderrätsel, die oft Nachrichten oder Liebeserklärungen an seine Frau sind, und nie ohne Humor.

Es wäre zu schön, wenn dies Utopia einer heilen Gesellschaft, die nie ihre Kontakte zur unheilen Umwelt abgebrochen hat, völlig intakt geblieben wäre. Sie dauerte fast 150 Jahre. Später kamen chinesische Händler mit ihren Booten, verkauften Dinge aus Aluminium und Plastik und töteten allmählich die Phantasie der Boni. Aber immer noch sind die eleganten, bis zu 18 Meter langen Kanus bunt bemalt, auch wenn hier Kunst zu Dekoration verkommen und der Außenmotor keine Seltenheit ist. Noch immer lernen schon die Kinder die Topographie des Flusses kennen, Felsen, Tiefen, Inseln, Strudel, lernen die jungen Männer seine Gefahren beherrschen wie niemand sonst. Noch immer sind ihre Gesichter, und das sind nicht mehr afrikanische Gesichter, von dieser eigenartigen Sanftheit geprägt, die Herbheit birgt, schöne, harmonische Gesichter. Selbst denen, die inzwischen als Kanufahrer ihre Dienste an Touristen verkaufen, gilt immer noch ihre Moral.

In Apatou, drei Stunden flußaufwärts, lächelt der Bürgermeister, *grand man,* der seinen Arm zum Gruß reicht, weil seine Hände Lepra haben, mir schmerzlich zu. Denn er kann meine Bitte nicht erfüllen, jemand aus dem Dorf zu finden, der zum

Erzählen bereit wäre. Da er höflich sein möchte, nennt er den Namen einer Frau. Zwei Stunden lang laufe ich im Kreis durch das kleine Dorf, dessen Hausfronten oder Türen beschnitzt und bemalt sind mit ineinander verschlungenen Linien. Und die Leute machen sich einen Spaß daraus, mich, die ich nur Polizeispitzel sein kann oder neugierige Touristin, in der Mittagshitze nach einer Frau suchen zu lassen, von der jedermann weiß, daß sie mit dem Kanu zu ihrem Feld gefahren ist. Denn was geht diese weiße Frau unser Leben an?
Zwei Tage ist es her, daß eine Touristengruppe das Dorf stürmte, die Häuser und alles, was sich davor abspielte, knipste. Und nichts ist ihnen mehr verhaßt als diese Mißachtung.

Alle, die am Fluß leben, erleiden die Schäden einer westlichen Zivilisation, die ihre Eigenheiten ausrottet, so wie die europäischen Infektionskrankheiten ihr Überleben bedrohte. Indianer hatten immer schon weniger Widerstandskräfte als Afrikaner. Guayanas Indianer sind rar geworden. Einige winzige Gruppen haben sich tief in die Wälder an kleinere Nebenarme der großen Ströme zurückgezogen, um sich buchstäblich zu retten. Andere leben in Dörfern unweit der größeren Orte und genießen Frankreichs Sozialsystem, beziehungsweise lassen es über sich ergehen. Die Häuser verdreckt, die Frauen verfettet, Alkoholiker die Männer. An Ketten quieken verlauste, völlig verrückt gewordene Äffchen.
Nicht so in Aouara. Aouara liegt an der Mündung des Mana-Flusses und im Reservatsgebiet der Galibi-Indianer. Relativ unbehelligt von Besichtigungen, sind sie Indianer geblieben und dennoch zu guten Franzosen geworden. Sie sind dabei, ihre Musik zu vergessen, den Frauen ist es von ihren Männern verboten, barbusig herumzulaufen, einige Männer arbeiten in der Stadt, aber das Dorfleben ist erstaunlich intakt. Indianer dieser Gegenden haben nie große Kulturen hervorgebracht, aber ihr Kunsthandwerk hat seine Feinheiten bewahrt.
Auch sie waren noch vor zehn Jahren vom Aussterben bedroht, die Kinder an Infektionskrankheiten weggestorben wie die Fliegen. Katholische Schwestern haben sich ihrer angenommen, die Kinder in ein Internat verfrachtet, sie dann aber, als sie an der Trennung seelisch krankten, täglich mit einem Schulbus abgeholt.
In Aouara ist die Stille auffällig. Während der fünf Tage, die ich hier wohnen darf, höre ich kein einziges Radiogeräusch. Der

Dorfchef, *capitaine* genannt, lächelt. Die Stille sei ihnen angenehm. Sie haben Telefon, Elektrizität und noch kein Fernsehen, das wollen sie auch nicht. Aber beleidigend findet es der *capitaine*, daß noch kein einziges Funk- oder Fernsehteam hier auftauchte, daß sie, die Urbewohner des Landes, von der Öffentlichkeit derart ignoriert würden. Daß die Welt nicht erfahre, wie zivilisiert sie seien, und sich statt dessen für die Wilden interessiere. Die Welt solle aber erfahren, daß sie keine Wilden mehr seien, sondern katholische Franzosen.
Und als gute Franzosen erhalten Mütter, Verdienst fürs Vaterland, ab zwölf Kindern die Muttermedaille in Gold. Eine Frau brachte es auf 21 Kinder.
25 Mitglieder umfaßt die Großfamilie des *capitaine*, der einen Renault fährt; das Kindergeld macht es ihm möglich. Während die Frauen rund um die Uhr mit dem Haushalt beschäftigt sind, Maniok noch in den traditionellen geflochtenen Schläuchen auspressen, auch den *kaschiri*, das Maniokbier, brauen, nach uralter Art mit Speichel fermentiert, in ihren freien Minuten Perlenkolliers knüpfen, gehen die Männer jagen oder fischen oder bleiben zu Hause und trinken.
Tagelange Verhandlungen, bis der einzige Alte des Dorfs, der sie noch beherrscht, seine Trommel schlägt. Sein Preis: für eine halbe Stunde 250 Francs. Außerdem mußten Schaumwein, Bier, Rum besorgt werden. *Kaschiri* wollten sie selbst beisteuern. Und trinken dann alles durcheinander. Feiern doch noch bis zwei Uhr morgens, vergessen sich, tanzen eingehakt in einer Reihe monoton mit schwingenden Knien und singen über Stunden davon, daß sie singen.
Jeder guayanesische Indianer hat das Recht und auch die Möglichkeit, sein Leben so zu führen, wie es seiner Seele genehm ist.
Wer an die landlosen, entrechteten Indios Lateinamerikas denkt, sollte hier vielleicht nicht einer Vergangenheit nachtrauern.
Wer in St. Laurent du Maroni durch die Innenhöfe des einstigen Zuchthauses wandert, vorbei an teilweise verfallenen Gebäuden, Mauern, hinter denen das Unkraut wuchert, aber auch Mauern, hinter denen Menschen hausen, wird an eine Gegenwart erinnert, so scheußlich mindestens wie die Vergangenheit.
Es habe der grauenhaften Beispiele deutscher Konzentrationslager bedurft, um das guayanesische Zuchthaus abzuschaffen,

hieß es. Die hier jetzt wohnen, tun es freiwillig, *boatpeople* aus Haiti. Überall sind sie anzutreffen, auf dem Kontinent, auf den Inseln, Flüchtlinge vor Terror und Hunger.
Während in Mittel- und Südamerika neue Konzentrationslager entstehen, darf die Tatsache, daß Exilanten in ehemaligen Zuchthausgemäuern Unterschlupf gewährt wird, schon als Menschlichkeit gewertet werden.
Während die Hälfte des brasilianischen Nachbarvolkes Hunger leidet, darf die Tatsache, daß Hunger hier nicht existiert, diesmal als Sieg einer wenn auch noch so fragwürdigen Zivilisation gewertet werden.

In Acarouany, nicht weit von St. Laurent, gibt es noch eine laotische Siedlung, drei Jahre erst alt, und die Fruchtbarkeit ihrer Felder scheint an Wunder zu grenzen und den Beweis zu liefern, daß Nahrung in Hülle und Fülle produziert werden könnte.
Als aber eine dritte Siedlung zur Debatte stand in diesem menschenleeren Land, da schrien einige Halt, die chinesischen Guayanesen vor allem, die den Handel monopolisiert haben und jetzt schon fluchen, daß die Laoten ihnen die Preise verderben. Auch die Unabhängigkeitsbefürworter schrien, antillanischer Herkunft, und sprachen absurderweise von Überfremdung.
Man betrachte sie genau, jene kleine Gruppe, die die Unabhängigkeit will, eine Mafia, die schon jetzt alle Vorteile für sich gesichert hat, trunken vor Gier nach jeder Art von Geschäften und halb verrückt vor Streß. Leute, die, indem sie alles versprechen, nie ein Versprechen halten und deren Haß gegen die Metropole von dem Moment an, wo sie ihnen die Macht übergäbe, zum Haß gegen ein forderndes Volk würde.
Man betrachte sie gut, diese Idealisten in ihrem weißen Mercedes. Hier gibt es keine Klassen und keinen Rassismus, sagen sie, und ihre Chance, das doch noch zu ändern, ist glücklicherweise gering.
Frankreichs »Kolonialismus mit Lendenschurz« in seiner grenzenlosen Schlamperei einerseits, seinem naiven Patriotismus andererseits, der sein Fernsehen in zivilisatorischem Sendungsbewußtsein am liebsten noch in der abgelegensten Hütte installiert haben möchte, mag ein noch so sehr zu kritisierender, zu verdammender Zustand sein, hat den Guayanesen aber, diesen kolonisierten Franzosen, nicht mehr Schaden zugefügt als jedem anderen Franzosen auch. Weniger vielleicht.

In Acarouany, wo die Laoten noch Blumen vor ihren Häusern pflanzen, läuft ein Alter tagtäglich splitternackt herum, und niemand zwingt ihn, auch nicht die Kirchenleute, etwa sein Geschlecht zu bedecken. Niemand empfindet ihn als Ärgernis.
Der Guayanese sei friedfertig, heißt es, als fließe die Ruhe der Flüsse durch seine Adern.
Selbst die Kreolen mit ihren »massakrierten Seelen«, ihrer Entpersönlichung, antillanische Einwanderer oft, die mit ihrer Kaputtheit hier ankamen, verlieren ihre Aggressivität. Kämpferisch sowieso nicht, sind sie hier auch keine Unglücklichen, Deprimierten, wie sie es auf den Inseln waren.

Französisch-Guayana, das kaum Land zu nennen ist, wessen Land?, und dessen Volk auch kein Volk ist, sondern sich aus Gruppen der »Verdammten dieser Erde« zusammensetzt, die hier nicht hungern und nicht terrorisiert werden, hat doch etwas von einem Paradies.
Denn behielte Frankreich, das diesen großen Garten gepachtet hat, ein wenig von seiner humanen Generosität, der es einst aus Not folgte, weil es Menschen brauchte, indem es die Flüchtenden aufnahm, könnte Kolonialismus endlich auch einmal Positives beinhalten. Guayana doch ein Reservat für die Menschen des 21. Jahrhunderts?
In Les Hattes, Jagdgebiet der Indianer, wo zwei Franzosen das Aussterben der Meeresschildkröten zu verhindern versuchen, werden Broschüren verteilt mit dem Hinweis, nicht nur die Schildkröten, sondern auch die Indianer zu respektieren.
Nachsatz:
Eines Tages, sagt ein schwarzer Politiker, werde Guayana wohl von Brasilien geschluckt. Und er glaube nicht, daß Frankreich deswegen Krieg führen würde. Er sagte das vor dem Falklandkrieg. Aber ein französischer General meinte nach dem Falklandkrieg dasselbe.
Es wäre Guayana zu wünschen, daß die Probe aufs Exempel nicht stattfindet.

Die tiefe Müdigkeit Haitis

Die Geschichte der ersten Negerrepublik der Welt (1983)

»Um mich am Weinen zu hindern«, sagt der schwarze Dichter Langston Hughes, »öffne ich den Mund und lache.«
Dieses weinende Lachen, lächelnde Weinen, über 300 Jahre alt, zur Maske geworden, die Augen fast leblos, die Seele tief eingegraben, ist das Gesicht der Gesichter Haitis.
Wer nicht genau hinsieht, erkennt nur das Lachen und staunt. Denn selbst der flüchtige Betrachter bleibt nicht verschont von dem Schock, den Haitis Zustand verursacht. Selbst der Blinde, der nur die Gerüche wahrnimmt von Staub oder Schlamm, Fäulnis und Kot und der nichts von der Trostlosigkeit sieht, stellt sich die Frage: Wie können Menschen hier überleben?
Haitianischer Mythos:
»Nachdem er die Erde und die Tiere erschaffen hatte, entsandte Gott zwölf Apostel zur Erde. Leider erwiesen sie sich als zu starrsinnig und zu stark und rebellierten schließlich gegen Gott. Und zur Strafe schickte er sie nach Guinea, sein Afrika, wo sie sich vermehrten. Sie und ihre Nachfahren sind es, zu *loa* geworden, die ihren Dienern helfen und sie stärken, wenn sie in Not geraten.
Einer der Apostel, der sich geweigert hatte, nach Guinea zu gehen, verschrieb sich der Hexerei und nannte sich Luzifer.
Später entsandte Gott zwölf neue Apostel zur Erde, und sie betrugen sich wie gehorsame Söhne und predigten das Evangelium. Sie und ihre Nachfahren sind es, die man die Heiligen nennt.«
Wie eine Welt deuten, ihren Alltag begreifen, der eine ununterbrochene Folter zu sein scheint?
Haiti im 180. Jahr seiner Unabhängigkeit, bevölkert von sechs oder auch acht Millionen Menschen – die sich der Zählung entziehen, weil dieses Erfaßtwerden nur neues Unheil bedeuten kann –, wird künstlich ernährt. Der weiße Mann beugt sich besorgt über dieses Produkt seines Verbrechens, das ihm entglitten war und er wieder fest im Griff zu haben glaubt –, während

jenseits dieser Absurdität noch immer etwas die Kraft hat zu pochen, zu rufen, zu schreien, zu lachen und zu tanzen, in Farben das darzustellen, was gut ist: die Phantasie der Sonne, der Trommel, des Baumes, des Menschen und seiner Götter. Ein Volk von Künstlern ruft seine *loa* und lebt.

Die Republik Haiti auf der Antilleninsel Hispaniola, die es mit der Dominikanischen Republik teilt, Nachbar von den Inseln Kuba und Jamaika, vor der Haustür von den USA, ist ärmstes Land der westlichen Hemisphäre, wenn nicht das ärmste Land der Erde. In Haiti sterben von 1000 Kindern bis zum vierten Lebenjahr 170, in Jamaika sind es 20, in Westeuropa sind es etwa zehn Kinder.
Hunger verursacht Überbevölkerung, auch im kleinen Haiti. Dennoch ist hier das Maß des Elends so weit überschritten, daß Kinder oft erst gar nicht geboren werden, weil Frauen so unfruchtbar sind wie die steinigen Böden der haitianischen Berge.
Aber das Land, im 26. Jahr unter der Herrschaft der Familie Duvalier, 13 Jahre Papa Doc, 13 Jahre Baby Doc, der mit 19 Jahren antrat und immer noch jüngster Präsident der Welt bleibt, dieses Land ist nicht vom Aufruhr geschüttelt. Haiti hat 180 Jahre Revolution hinter sich, und die gegenwärtige, die sich die wirtschaftliche nennt, kann als friedlich und sehr kläglich bezeichnet werden. Es gibt einen faschistischen Terror von oben, aber man muß ihn milde nennen, liberalisiert sozusagen, wenn man bedenkt, daß zu den Vorbildern Hitlers Deutschland gehörte. Daß Polizei und Armee sich nur für die Interessen des Staates einsetzen und nicht für den Schutz des Volkes, das hat vor allem in armen Ländern Tradition. Ebenso, daß Menschen willkürlich verhaftet und gefoltert werden. Aber diese Menschenrechtsverletzungen sind in Haiti seltener als bei den meisten seiner lateinamerikanischen Nachbarn.
Haitis Traurigkeit vermittelt sich eher in Bildern wie diesen: Der alte Mann, der auf dem Markt von Jacmel zwischen den Händlerinnen herumkriecht und danebengefallene, schon in den Schlamm getretene Reiskörner aufsammelt. Die Krähen haben längst die Stadt verlassen. Die Frau, die mit einer Blechtasse an einem lecken Wasserrohr Tropfen aufzufangen sucht. Menschen, die in Abwässern baden. Kinder, die unreife Mangos verschlingen, Kinder, die nicht nur sich selbst, sondern Millionen von Würmern zu ernähren haben, von denen ihre Bäu-

che aufgequollen sind. Und immer wieder Männer mit diesen kleinen Särgen auf den Schultern und tänzelnd-torkelnden Schritten, fröhlich, denn der Tod ist nicht traurig.

Ich bin nicht nach Haiti gegangen, um den Jammer zu beschreiben. Nicht einmal, um die Diktatur der Duvaliers anzuklagen. Ich wollte Haitis Geschichte zu begreifen versuchen, die so genial begann und so deprimierend verlief, daß sie sich immer wieder nur auf ihre Vorgeschichte hin entwickelte. Denn sogenannte Unterentwicklung, für die es immer noch keine wirklich plausible Erklärung gibt, bietet sich hier nackter dar als irgendwo sonst.

In Haiti existieren zunächst zwei völlig voneinander getrennte Welten: die einer gefräßigen Elite und die der hungernden Massen. In jedem anderen Land provoziert das zumindest Diebstahl von seiten der Armen. In Haiti war es immer umgekehrt. Und seit die Armen fast nichts mehr haben, um das man sie bestehlen kann, bedient die Elite sich der Entwicklungshilfe, die eigentlich für die Armen gedacht war. Offiziell jedenfalls.

Tagelang schob ich mich, mit weißer Haut Vertreterin der Reichen, durch die Menschenmassen am Eisenmarkt von Port-au-Prince, der Hauptstadt, stand ich eingezwängt in Menschenstauungen, wo an aufgerissener Straße, vorbei an stinkenden Schlammseen, die Leute ein Durchkommen versuchten, in dieser Stadt, die vergeblich gegen ihr allzu dürftiges Kanalsystem ankämpft. Ich streunte durch die von Fliegen verseuchten Elendsviertel, durchquerte nachts allein und zu Fuß die trostlose Hafengegend, ohne auch je nur die Andeutung einer Aggression zu verspüren. Ich trug eine Silberkette um den Hals, eine Provokation, mit der man mich leicht hätte erdrosseln können, um das Überleben einer 13köpfigen Familie für die nächsten Monate zu sichern.

In dieser Stadt, die tagsüber von *taptaps* verstopft ist, den buntbemalten Kleinbussen, herrscht nur eine einzige Verkehrsregel: die der Höflichkeit.

Neben der Welt einer wohlhabenden, gebildeten Minderheit und der Welt der nichtshabenden, analphabetischen Mehrheit hat Haiti noch die Welt der *loa,* des Voodoo. Während sich die Welten der Reichen und Armen nur insofern berühren, als die Armen die Reichen ernähren, ist es die Welt der *loa,* des Voodoo, die den Armen überhaupt die Kraft dazu verleiht.

Haitis hoffnungslose Armut sei Folge des Voodooglaubens, beteuern bis heute nicht nur gestrige Missionare. Diese Auffassung ist töricht, schlicht unwahr. Denn wenn Haiti als Nation überhaupt noch besteht, dann ist es dem Voodooglauben zu verdanken, den *loa*. In der Voodoozeremonie, im Kontakt mit ihren rebellischen Göttern, schufen sich die ausgebeuteten Sklaven einen Ort der Unverletzbarkeit vor ihren Ausbeutern, gingen sie zurück nach Afrika, zu ihrem Baum, der ihr Leben war.

Haitis heroische Geschichte beginnt mit der Verweigerung. Haitis schreckliche Geschichte beschreibt das Wesen des Menschen, jenes Bewohners der Erde, der in dem Moment gleich wird, keiner Rasse, keinem Ursprung mehr zugehörig scheint, wo er den reichgedeckten Tisch erklommen hat oder diesen Platz glaubt erklimmen zu können. Haitis traurige Geschichte beschreibt unerbittlich, wie der Gefolterte zum Folterer wird, beschreibt es so drastisch, bis einem klar wird, daß das kein spezifisch haitianisches Phänomen ist, auch wenn es hier drastischer vorgeführt wird als irgendwo sonst.

Haitis Geschichte beginnt 1492 mit Kolumbus' Entdeckung einer paradiesischen Insel, die er Hispaniola nennt, sein Spanien im Karibischen Meer, besiedelt von Indianern, die Goldschmuck trugen. Innerhalb von 50 Jahren war diese Bevölkerung fast ausgerottet durch Zwangsarbeit in wenig ergiebigen Goldminen und auf Tabakplantagen. Um die letzten von ihnen zu retten, schlug der fromme Spanier Las Casas die Einfuhr afrikanischer Neger vor, was er später bitter bereute:

»... es war Irrtum und Schuld, und ich schwöre sie hiermit feierlich ab und erkläre, daß es wider alles Recht und wider den Glauben, daß es in höchstem Maße verdammungswürdig ist, die Neger an die Küste Guineas wie Wild einzufangen, sie in die Schiffe zu pferchen ...«

In Hispaniola blühte inzwischen der Zucker und sein Profit, während die westafrikanischen Königreiche sich gegenseitig entvölkerten durch ihre Sklavenfeldzüge. In Dahomey tauschten sie Sklaven gegen Gold, später gegen Waffen. Und wenn Afrika heute noch weint um diese Abermillionen verlorener Kinder, wenn Afrika für seine Unterentwicklung die Verbrechen der Sklavenhändler verantwortlich macht, so sei daran erinnert, daß es selbst diesen Handel unterstützte.

Denn: Wen sie versklavten, war den Eroberern zunächst egal.

Sie versuchten es mit denen, die sie vorfanden, sie starben ihnen weg, sie versuchten es mit den eigenen Brüdern aus Portugal, Spanien England, Frankreich, und die unterernährten Bauern, die sie per Schiff heranbrachten, waren weder der unmenschlichen Arbeit noch dem fremden Klima gewachsen und starben ihnen weg. Auch Afrikaner starben zu Abertausenden, starben mißhandelt, erschöpft, aber ein großer Teil überlebte. Und statt diese Kraft zu bewundern, zu beneiden, schuf ein unbewußtes schlechtes Gewissen den Rassismus, die Rechtfertigung für jede Skrupellosigkeit. Montesquieu hat es böse formuliert:
»Man kann unmöglich annehmen, daß diese Leute Menschen sind, denn wenn wir sie für Menschen hielten, könnten wir uns selbst nicht mehr für Christen halten.«
Immerhin aber gedachten sie Menschen aus ihnen zu machen, indem sie sie tauften. René Depestre beantwortet das Jahrhunderte später so:

Christlicher Westen, mein schrecklicher Bruder
Hier hast du meine Bekreuzigung:
Im Namen der Revolte
und der Gerechtigkeit
und der Zärtlichkeit
Amen

Nachdem die Franzosen 1697 den Westteil der Insel Hispaniola, Saint-Domingue, erwarben – der Ostteil verblieb den Spaniern –, entwickelte sich hier die reichste Kolonie Europas. Reich in dem Sinne, daß Hunderttausende von Sklaven eintrafen, sich zu Tode schufteten, während die Gewinne nach Frankreich flossen. In der Kolonie selbst blieb materiell wenig zurück. Plantagen, Herrensitze, Sklavenhütten; und sonst: Tote, neugeborene Sklaven und die Nachkommen von zumeist vergewaltigten Frauen, die Mulatten.
Ende des 18. Jahrhunderts lebten, sofern das leben zu nennen war, auf Saint-Domingue eine halbe Million Afrikaner und 30000 Europäer, die aus französischen Adligen, ihren Familien und den Verwaltern bestanden. Wer aber waren die Afrikaner? Das waren nicht nur die Gesündesten, Stärksten, meist Männer und Frauen im besten Alter. Das waren auch Priester, Priesterinnen, der afrikanische Adel, das waren Krieger und Musiker, Bildhauer, Maler. Die Elite von Dahomeys Hochkultur beispielsweise, nackt verfrachtet, trug in ihren Köpfen Afrikas Zi-

vilisation zu den Westindischen Inseln. Obwohl die Sklavenaufkäufer darauf achteten, daß möglichst verschiedene ethnische Gruppen ohne sprachliche Verständigungsmöglichkeiten auf den Plantagen zusammenkamen, um Aufruhr vorzubeugen, mußte die Gier nach immer mehr Sklaven hier eine Mehrheit der Ewe, Fon und Yoruba aus Dahomey zusammengeführt haben, jenem westafrikanischen Königreich, wo sie den Voodoo zelebrierten: der Glaube an die das Universum bevölkernden Götter, den *loa,* die die Menschen vor dem Unheil schützen. In Dahomey hatte der jeweilige Gott seine Fetischhütte, forderte er seine Zeremonie, verlangte zu essen, zu trinken und ein Tieropfer, um sich dann in einem Tanzenden zu verkörpern und aus ihm zu sprechen und der Gemeinschaft zu raten.

In der Kolonie schufen die Sklaven ihre gemeinsame Sprache, das *créole,* eine Mischung aus afrikanischen und vor allem französischen Sprachelementen, und sie praktizierten, obwohl zwangsgetauft, unter der Maske des Katholizismus ihren Voodooglauben weiter. Der Voodoo wurde zur ersten kulturellen Widerstandsform gegen die Sklaverei. Verweigerung schon auf den Schiffen, Hungerstreiks, Selbstmord. Wer die Qual nicht mehr zu ertragen gewillt war, ließ den Weißen seinen toten Körper oder stürzte sich ins Meer, um seine Seele zu den Vorfahren zurückkehren zu lassen.

In der Kolonie wurde der Voodo zu einem Appell an Afrika, ein erstickter, ununterbrochener Protestschrei gegen das unverschuldete Elend; die Zeremonie eine Rückkehr nach Afrika, dem Anderen Ufer, einem mythischen Guinea, wo die Götter wohnen.

»Überall in der Ebene klang düster das gleiche Totengebet, die große Hymne des Grauens. Das Grauen ließ die Gesichter abmagern und preßte die Kehlen zusammen. Im Schatten der silbernen Kreuze, die auf den Wegen hin und her wandelten, schlängelte sich nach wie vor das grüne Gift oder das gelbe Gift oder das farblose Gift für das Trinkwasser, es glitt hinab durch die Küchenschornsteine, sickerte durch die Ritzen geschlossener Türen, wie eine unaufhaltsame Schlingpflanze, die den Schatten sucht, um aus Körpern Schatten zu machen.

Vor Angst außer sich, vom Wein betrunken, da sie nicht mehr wagten, das Wasser der Brunnen zu kosten, peitschten und peinigten die Farmer ihre Sklaven auf der Suche nach einer

Erklärung. Aber das Gift fuhr fort, die Familien zu dezimieren, und räumte unter Menschen und Tieren auf ...
Eines Tages, als dem x-beinigen Fula mit einer Ladung Schrot in den Hintern gedroht wurde, begann er schließlich zu reden.
Der einarmige Mackandal, zu einem *houngan* des Rada-Ritus geworden und, da er wiederholt von den Großen Göttern besessen war, mit außerordentlichen Kräften begabt, war der Herr des Giftes. Und von den im Auftrag dieser Götter handelnden Gebietern des Anderen Ufers mit höchster Autorität ausgestattet, hatte er den Kreuzzug der Vernichtung ausgerufen, da er auserwählt war, mit den Weißen ein Ende zu machen und ein großes Reich von freien Negern in Santo Domingo zu errichten. Tausende von Sklaven hingen ihm an. Niemand würde den Lauf des Giftes hemmen können. Diese Enthüllung entfesselte auf der Farm einen Sturm von Auspeitschungen.«
Der Kubaner Alejo Carpentier beschreibt so, was sich Ende des 18. Jahrhunderts, nach fast 300 Jahren Sklaverei, auf Saint-Domingue abspielte. Als Mackandal schließlich auf öffentlichem Scheiterhaufen bei lebendigem Leib verbrannt wurde, war der Voodoo längst politisch geworden, dienten die geheimen Zeremonien vor allem der Verschwörung gegen die Weißen.
Obwohl im Voodoo, wie in jeder anderen animistischen Religion, der Eine Schöpfergott existiert, der das Sein und das Fundament ist, dessen Willen alles unterworfen ist, und obwohl jenes »so Gott will« eine alltägliche Redewendung des Haitianers ist, wurde hier ein sehr menschlicher Wille verfolgt, nämlich zu überleben und die Würde wiederzuerlangen. Dabei konnte nicht Gott helfen, sondern halfen nur die afrikanischen *loa*.
Menschen, die in ihrem Kot schliefen, mit der Peitsche und in Ketten zur Arbeit getrieben wurden, die verstümmelt, zu Tode gepeitscht oder lebendig vergraben oder in Öfen geworfen wurden, die im Schnitt sieben Jahre lang durchhielten, bis sie an Erschöpfung und Krankheiten starben, wenn sie nicht in die Berge flohen, diesen Menschen verliehen nur ihre Riten und ein unsäglicher Haß gegen die Sklavenhalter noch Kraft.
Sklavenaufstände durchtobten die gesamte Karibik und konnten erstickt werden. Auf Saint-Domingue gelang das nicht mehr.
Wie in anderen Kolonien auch, hatte sich hier zwischen weißen Herren und schwarzen Sklaven die Schicht der Mulatten, der

freien Farbigen, gebildet. In ihrem Ehrgeiz, sich von den Schwarzen zu entfernen und den Weißen zu nähern, begabt mit außerordentlicher Intelligenz, aber ohne Prinzipien, imitierten sie den Weißen und verachteten den Schwarzen. Sie schickten ihre Kinder in Frankreich zur Schule, besaßen bald große Ländereien und Ende des 18. Jahrhunderts ein Drittel des bebaubaren Landes und ein Viertel der Sklaven. Und da einige von ihnen die Weißen gar an Reichtum übertrafen, sie zur existenzgefährdenden Konkurrenz wurden, mußten ihnen einige Bürgerrechte wieder abgesprochen werden, wurden ihnen das Tragen des Säbels, der Kleidung der Weißen und somit öffentliche Ämter verwehrt, sollten sie behaftet bleiben mit dem Makel ihrer Herkunft.

Als in Frankreich die Revolution ausbrach, erhofften sich die Weißen die Loslösung vom Mutterland, um die Mulatten wieder zu enteignen, erhofften sich die Mulatten die völlige Gleichstellung mit den Weißen, wobei sie wie jene wünschten, die Sklavenwirtschaft aufrechtzuerhalten, erhofften die Sklaven nichts als ihre Befreiung. Freiheit, Gleichheit, Brüderlichkeit wurde sehr verschieden ausgelegt. Und das Land sollte nie mehr zur Ruhe kommen.

Nach einem gescheiterten Mulattenaufstand verbündeten sich die Mulatten vorübergehend mit den Sklaven. Alejo Carpentier beschreibt, wie der Voodoopriester Boukman in einer Zeremonie den Generalstab weihte:

»Plötzlich drang die Machete in den Leib eines schwarzen Schweines, das mit drei Schreien Eingeweide und Lungen ausspie. Danach kamen sie, mit den Namen ihrer Herren aufgerufen, da sie selber keine Familiennamen hatten, einer nach dem anderen herbei, um sich die Lippen mit dem schaumigen, in einer großen Holzschale aufgefangenen Blut des Schweines zu salben. Dann fielen sie auf dem nassen Boden aufs Gesicht ... Der Generalstab des Aufstandes hatte sich gebildet. Das Zeichen würde acht Tage später gegeben werden.

...

Ganz in der Ferne war ein Schneckenhorn zu hören. Das Überraschende war, daß dem langsamen Heulen dieser Muschel jetzt andere auf den Bergen und in den Wäldern antworteten. Und noch andere in der Ebene, vom Meer her und von den Farmen ... Es war, als ob alle Muscheln der Küste und alle Schneckenhäuser, die einsam und versteinert auf der Spitze von Los Moles lagen, angefangen hätten, im Chor zu singen.«

Noch heute blasen sie während großer Zeremonien in die Lambimuschel. Im Jahr 1791 rief sie zum Sturm gegen die Weißen auf. Die Engländer kamen aus Jamaika den Franzosen zu Hilfe, die Spanier vom Ostteil der Insel. Die Sklaven metzelten ihre Folterer nieder. Der Kampf dauerte 13 Jahre und soll 45000 Weiße das Leben gekostet haben. Die Opfer der Schwarzen wurden nicht gezählt.

Toussaint Louverture, alphabetisierter Haussklave, hatte seinen weißen Herrn samt Familie in Sicherheit gebracht. Toussaint Louverture, dieser geniale Neger, der aus den anarchischen Rebellen nicht nur ein Heer zu rekrutieren fähig war, mitsamt der nötigen Ordnung, sondern auch zu vermitteln wußte zwischen Schwarz und Weiß, der zum obersten Kriegsherrn wurde, zum Generalgouverneur auf Lebenszeit schließlich, der ein verwüstetes Land durch Zwangsarbeit wieder in Gang zu bringen versuchte, Toussaint Louverture, Abkömmling hohen afrikanischen Adels, vertraute seinen weißen Gegnern so weit, daß sie ihn gefangennehmen konnten, nach Frankreich in den eisigen Jura verschleppten, wo sie ihn in einem Verlies durch Kälte, Hunger, Durst ermordeten. Ohne daß Napoleon, der Freiheit, Gleichheit, Brüderlichkeit verkündet hatte, seinen revolutionären Bruder je noch zu Wort hätte kommen lassen.
Toussaint Louverture: für die gesamte Karibik Sinnbild der Sklavenbefreiung.
Napoleon Bonaparte, der die Aufhebung der Sklaverei verkündet, sie dann wieder einzuführen gedroht hatte in der Angst um den Verlust seiner Perle der Antillen, hatte auf seine Frage an den Generalgouverneur Toussaint, ob er Auszeichnungen, Reichtümer begehre, die Antwort erhalten:
»Lernen Sie doch die moralischen Grundsätze anderer nach Ihren eigenen zu beurteilen ... Die Macht, die ich besitze, habe ich so gesetzmäßig errungen wie Sie die Ihrige.«
Napoleon entsandte 22000 Elitesoldaten nach Saint-Domingue unter General Leclerc, dessen einziger Triumph die Gefangennahme Toussaint Louvertures blieb.
Aber bevor sie ihn auf das Schiff brachten, soll er gesagt haben:
»Indem man mich stürzte, hat man nur den Stamm des Freiheitsbaumes der Schwarzen gefällt; seine Wurzeln werden wieder ausschlagen, denn sie sind tief und zahlreich.«
Leclerc brachte das Gelbfieber um. Sein Nachfolger Rocham-

beau, dem nicht einmal mehr die Kraft der Kanonen genügte, ließ Hunde dressieren, um schwarze Rebellen zu töten. Aber nicht nur das Gelbfieber, das die weiße Armee dezimierte, blieb der Verbündete einer schwarzen Armee, die mit Haumessern, Piken und Eisenstangen gegen eine siegesgewohnte weiße Elitetruppe kämpfe. Nachdem der weiße Mann entgöttlicht war, nicht mehr Herr war, konnten die *loa* voll in Aktion treten. Wie schon auf den Sklavenschiffen barg der Tod keinen Schrecken. Zu sterben hieß, nach Afrika zurückkehren. Diesen Kampf lebendig zu gewinnen hieß: nie mehr arbeiten zu müssen. Die hier kämpften, taten es in der Gewißheit, nur zu gewinnen. Daß sie in die französischen Kanonen krochen, um die Kugeln zu entzaubern, die sie dann zerfetzten, mag geschehen sein. Tatsache bleibt, daß eine unter Toussaints Generälen Christophe und Dessalines gut organisierte Guerilla Napoleons Truppen schlug.
Am 1. Januar 1804 proklamierte General Dessalines den ersten unabhängigen Staat Lateinamerikas, die erste Negerrepublik der Welt mit dem indianischen Namen Haiti, Land der Berge.

Wer sich der Insel aus der Luft nähert, nimmt über Haiti eine Mondlandschaft wahr in scheinbar vegetationslosem Graubraun, eine Formation aus Bergen, zerklüftetem Gestein, das unmöglich bewohnt sein kann. Erst aus der Nähe werden dann die Punkte sichtbar: verstreute Hütten, über sämtliche Berge hinweg, selbst da, wo tatsächlich kein Strauch mehr zu wachsen scheint.
Die Marrons, die entlaufenen Sklaven, waren in die Berge geflüchtet, wo sie die Wälder rodeten, um Felder anzulegen; die Entholzung hat sich später bis zur Vernichtung der Wälder fortgesetzt. In den damals noch waldreichen Bergen fanden die großen Voodoozeremonien statt und die Verschwörungen gegen die weißen Plantagenbesitzer, die in den fruchtbaren Ebenen und an der Küste saßen. Unter Dessalines Herrschaft überlebte kaum einer der Weißen die Massaker, die Hetzjagd auf die besiegten Folterer.
Noch heute wandern zu den großen Festtagszeremonien die Leute von den Küsten in die Berge, wo der Ritus sich unter freiem Himmel vollzieht und das Fest tagelang dauern kann. Aber heute ist es möglich, als Weißer daran teilzunehmen, denn der Weiße ist in ihren Augen längst nicht mehr der Feind.
Ein dreistündiger, schneller Fußmarsch; ganze Familien, die

Frauen mit Babys im Arm und Schlafmatten, Proviant auf dem Kopf, laufen, die meisten barfuß, einen schmalen, von Eseln oder kleinen Pferden ausgetrampelten staubigen Pfad bergaufwärts, klettern über Gestein und Wurzeln, im Mondlicht. Alle sind heiter, niemand ist laut. Ein Kind, das einen kürzeren Schleichweg zu kennen vorgibt, verirrt sich, wir sind in einem Hirsefeld am Steilhang, der Mond bedeckt sich.
Dann leuchtet doch noch irgendwo ein Licht, leuchten vor dem Tempel die Früchte eines heiligen Chadettebaums, pampelmusenartige Früchte, unwirklich groß und sonnengelb, die nie gepflückt werden dürfen. Es ist neun Uhr abends, der 24. Dezember, Heiligabend auch in Haiti. Die Zeremonie hat noch nicht begonnen. Mein Guide stellt mich dem *houngan* vor, dem Voodoopriester, einem großen, noch jungen Mann, der Jeans trägt und dessen Gesicht sich von den Gesichtern der Gemeinde unterscheidet. Es ist nicht nur von seiner Autorität geprägt, von Härte und Weichheit, es ist auch geprägt von seinem Wissen als Zauberer, Heilpraktiker, Wahrsager. Er ist Bürgermeister, Notar, Politiker. Er trägt die volle Verantwortung für seine Gemeinde.
Jetzt trinkt er aus der Rumflasche, ist wahrscheinlich schon betrunken, läßt mir einen Stuhl bringen. Die *hounssi,* die geweihten Priestergehilfinnen, treffen Vorbereitungen oder flirten mit den jungen Männern. Eine umarmt mich, kennt mich von einer anderen Zeremonie, wo sie hinter mir stand und plötzlich mein Haar streichelte. Sie tut das wieder, und eine halbe Stunde vielleicht herrscht Staunen über meinen Besuch; ich baue meine Geräte auf, dann vergessen sie mich, bin ich einbezogen. Die Zeremonie ist ein Ausnahmezustand, und dieses zärtliche Aufgenommenwerden habe ich nur hier erlebt.
Voodoo entstammt der Sprache der Fon aus Dahomey, dem heutigen Benin, und bedeutet Geist. Die Voodoogemeinde ist eine große Familie, deren Oberhäupter der *houngan* sein kann oder die *mambo,* die Priesterin. Männer und Frauen sind gleich, so wie es männliche und weibliche Götter gibt. Jeder Gläubige steht in Verbindung zu seinen *loa,* die ihn beschützen, aber auch bestrafen können.
Nach dem Einleitungsritus ändern die Trommeln den Rhythmus, rufen die *hounssi* tanzend mit ihrem Gesang die *loa* an. Sie singen von ihrer Not, dem Beistand, den sie erhoffen, sie lachen und singen von ihrem Unglück. Die *loa,* die sie erhören, kommen durch das Wasser vom Anderen Ufer, ihrem mythischen

Guinea, treten durch den *poteau mitan,* den Mittelpfeiler oder Stab in die Gemeinde ein, um sich im Auserwählten zu verkörpern. Der Gott reitet den Menschen, durchzuckt in unkoordinierten Bewegungen den Tanzenden, beruhigt sich, spricht aus ihm, verlangt zu essen, erteilt Befehle, bringt Nachrichten. Der Mensch wird zum Gott in einer mystischen Trance.
Diese Besessenheit wird von den Weißen gerne als Hysterie der Primitiven erklärt, als Mangel an Gleichgewicht. Aber gerade das Gleichgewicht ist es, das sich hier einstellt. Der Besessene bringt den Beweis, daß die Trostlosigkeit überwindbar ist. Der Körper verwandelt sich in einen Tempel, geht in die Welt der Geister ein und begreift, was unbegreiflich schien, artikuliert so den Protest gegen den unbarmherzigen Alltag.
Gleichzeitig ist die Zeremonie aber auch nur ein Fest. Während die einen besessen sind, tauschen die anderen Nachrichten aus oder streiten sich, trinken, tanzen ganz für sich, manche haben sich auf die Matten gerollt und schlafen, eine Ziege wird gebraten.

»Der Tatbestand der Sklaverei bleibt im Gedächtnis des Schwarzen tief verwurzelt. Dieser erlebte Bruch, eine Erschütterung, fast tellurisch, wurde nie vergessen und grub sich in das Bewußtsein ein wie ein ewiger Alptraum, mit dem man nicht aufhört, sich auseinanderzusetzen.« Das schreibt der haitianische Soziologe Laënnec Hurbon. Aber nicht nur das Herausgerissensein, die Peitschenschläge und die Demütigung bewirkten das Trauma, sondern auch der Verlust eines Selbstbewußtseins, der Zwang, sich mit dem Unterdrücker zu identifizieren. Diesen Komplex kennt jeder Kolonisierte.
Als Haiti 1804 unabhängig wurde, bestand ein Drittel der Bevölkerung aus Menschen, die noch in Afrika geboren worden waren. Jene *bossales,* wie sie genannt wurden, standen sozial tiefer als die in der Kolonie geborenen Sklaven, die *bossales* galten als Wilde. Der Unterdrückte übernimmt die Vorurteile des Unterdrückers.
Aber Haiti wurde selbständig, als Afrika eben erst begann, sich kolonisieren zu lassen. Und einer schockierten weißen Welt, für die ein solcher Staat nicht nur eine unglaubliche Provokation bedeutete, ja der ihrer Meinung nach eigentlich gar nicht existieren durfte, dieser Welt den Beweis ihrer westlichen Zivilisiertheit zu erbringen, bemühten sich die neuen Machthaber denn auch um jeden Preis.

Dessalines, der sich bald nach Napoleons Thronbesteigung ebenfalls zum Kaiser krönte, verbot den Voodookult. Schon Toussaint Louverture hatte ihn als Aberglauben verdammt. Der Haitianer hatte Katholik zu sein wie jeder gute Franzose. Der Haitianer gehorchte, betete zu einem christlichen Gott und brauchte seine *loa* doch immer dringlicher. Ein haitianisches Sprichwort sagt:
»Gott gibt alles, aber er weiß nicht zu unterscheiden.«
Denn Gott gab denen immer mehr, die schon hatten. Und Gott schaffte die Sklaverei nicht ab, er vertiefte durch die katholische Kirche nur noch die Kluft zwischen zwei Klassen, die Welten trennten. Während die Mulatten endlich die Positionen der Weißen, die auf Befehl Dessalines ausgerottet worden waren, übernehmen konnten, das Land verwüstet dalag, die Plantagen verödet, die neuen schwarzen Bürger ein starkes Bedürfnis empfanden, ihre Befreiung zu leben – und der Freie, so hatten sie gelernt, arbeitete nicht –, geschah es, daß diese »freien« Menschen zur Arbeit gezwungen wurden. Zwar entsprach das einer volkswirtschaftlichen Notwendigkeit. Aber das Problem nach Art der Kolonialisten zu lösen, kein eigenes Modell zu finden, war ein schwerwiegender Fehler. Die Fluchtbewegungen in die Berge setzten sich fort, der Voodoo verlor nichts von seiner Kraft. Dessalines wurde nach zwei Jahren grausamer Herrschaft ermordet.
Die Mulatten pochten nun auf ihre Rechte. General Christophe, als Vertreter der schwarzen revolutionären Mehrheit, konnte den Norden noch halten. General Petion, der Mulatte, regierte den Süden. Das Land war in zwei Teile gespalten.
Christophe krönte sich zum König und vollbrachte durch Zwangsarbeit durchaus Großes: Neben einem Schloß Sanssouci, wo sich ein Hofleben nach Muster Ludwig XIV. abspielte, ließ er jene legendäre Zitadelle erbauen, Steinhymne an die Macht und ihre Angst, der Mörtel mit Ochsenblut durchtränkt. 20000 Soldaten soll dieses monströse Bauwerk das Leben gekostet haben, das heute auch als achtes Weltwunder gilt. Christophe holte weiße Experten ins Land, brachte die Wirtschaft wieder in Gang, huldigte französischer Kultur. Größenwahnsinnig schuf er Großes, und das Volk litt mehr denn je.
Währenddessen zerfielen im Süden unter Petion die Plantagen zu Parzellen. Ausgerechnet ein Mulatte war es, der das Volk glücklich machte, indem er das ersehnte Land verteilte. Der

ungekrönte Petion, der so die ruinöse Kleinbauernwirtschaft einführte, soll der einzige Regent Haitis gewesen sein, dessen Tod und nicht dessen Herrschaft Tränen auslöste. Petion half Bolivar bei seinem Befreiungskampf, bot jedem entlaufenen Sklaven anderer Regionen Exil.
Als im Norden die Aufstände, immer noch gestärkt durch den Voodoo, überhand nahmen, erschoß sich König Christophe mit einer goldenen Kugel.
Der Mulatte Boyer vereinigte beide Teile des Landes wieder, eroberte den spanisch besetzten Ostteil der Insel, der sich aber nach 20 Jahren haitianischer Herrschaft als Dominikanische Republik selbständig machte und später durch den Diktator Trujillo berühmt werden sollte.
Auch Boyer war ein großer Staatsmann. Haiti, boykottiert von der weißen Welt, brauchte wirtschaftliche Kontakte. Und so ruinierte Boyer das Land endgültig durch eine Absurdität: Um die diplomatische Anerkennung Frankreichs zu erhalten, akzeptierte er 1825 die Zahlung einer Wiedergutmachungssumme. Die geforderten 150 Millionen Dollar konnte er zwar auf 60 Millionen herunterhandeln, aber auch das blieb eine für die damalige Zeit immer noch ungeheuerliche Summe, und das Land sollte 100 Jahre brauchen, sie zurückzuzahlen.
Die Sklaven zahlen Entschädigung an den einstigen Unterdrükker. Sie zahlen für die Eitelkeit ihrer Beherrscher.
Haitis Geschichte füllt Bücher, ist so komplex wie deprimierend. 111 Jahre lang versuchte dieses Volk, ausgestattet mit hochintelligenten Köpfen, seiner sogenannten Freiheit zu ihrem Recht zu verhelfen. Und jede Revolution bewirkte das Schlimmere.

Der *houngan* tanzt torkelnd mit der Machete, stößt nach dem Trommler, er spricht die afrikanische Sprache der Fon. Die Gemeinde schützt den Besessenen und auch sich selbst vor einem Gott, der böse zu werden droht und besänftigt werden muß. Trotz des Messers, mit dem er drohend immer wieder nach jemandem zielt, wird niemand verletzt werden an diesem Abend, aber auch kein anderer Gott die Gemeinde besuchen.
Mit unendlicher Behutsamkeit bemüht sich jeder um den total besessenen und auch besoffenen *houngan*. Überall schützende, streichelnde Hände. Nur noch hier, während der Voodoozeremonie, scheint dieses gegenseitige Liebhaben, ein Glaube an den Sieg des Guten, gültig zu sein, wird Rebellion im Namen

der Zärtlichkeit ausgerufen und ist Rebellion längst schon Geschichte. Denn das Volk ist gebrochen, seine Kraft wurde nach 111 Jahren Revolution gebrochen durch die Kolonisation der Amerikaner.

»Unsere Politiker, die weder Zuverlässigkeit kannten noch Respekt vor den Gesetzen hatten, haben aus der Vergangenheit keine Lehren gezogen; nicht einmal für sich selbst. Sie waren so sehr davon beansprucht, Geld und immer wieder Geld zusammenzuraffen, um ihren Magen und ihren Unterleib zu befriedigen, daß es in ihren traurigen Dickschädeln keinen Platz für höhere Ideen, für einen großzügigen Gedanken gab.«

Der haitianische Historiker François Dalencour beschrieb so die Periode nach dem Regierungsende von Boyer, er schrieb es vor 50 Jahren, und es gilt bis heute, sieht man von wenigen Ausnahmen ab.

22 Präsidenten erlebte Haiti in der Zeit von 1844–1915. Ob diese Präsidenten aus der städtischen Mulattenelite kamen oder der ländlichen Soldatenelite, ob sie braun oder schwarz waren, gebildet oder analphabetisch, das Hauptmerkmal der meisten blieb eine institutionalisierte Kleptokratie.

In diesem kleinen Land wurde das besonders augenfällig, da seine ehemaligen Reichtümer aus der Sklaven- und Plantagenwirtschaft hervorgegangen waren. Die immerzu rebellierenden Bauern hatten sich inzwischen fast alle ihre Parzellen erstritten. Die Verfassung verbot Ausländern Landbesitz. Haitis natürlicher Reichtum, der Holzbestand, schwand durch Ausfuhren, vor allem aber durch Rodung für Felder und den Bedarf an Holzkohle dahin. Kaffee wuchs wild. Wer sich wirklich bereichern wollte, tat das am bequemsten über einen hohen Regierungsposten.

Haiti, aus dem ein Utopia von Brüderlichkeit hätte entstehen können, scheiterte an der Raffgier derer, die so leben wollten wie die Sklavenhalter. Und als diese Gier überhand nahm, der Präsident Sam, in Stücke zerrissen, durch die Straßen von Port-au-Prince geschleift wurde, freuten sich die Amerikaner und griffen ein. Das war 1915. Marinesoldaten besetzten das Land.

Unter dem Vorwand, in diesem Ärgernis auf ihrem Hinterhof demokratische Ordnung zu schaffen, erhielt Haiti das Statut eines amerikanischen Protektorats und eine neue Verfassung, die Ausländern endlich das Recht einräumte, Land zu erwerben. Während nämlich Franzosen und vor allem Deutsche

durch Einheirat in Mulattenfamilien hier gute Gewinne machten, war den Amerikanern, denen derlei Verbindungen fernlagen, das versagt geblieben. Und nun träumten sie von großen Plantagen mit den billigsten Arbeitskräften der Welt.
Hier beginnt Haitis dritte historische Periode: die amerikanische Kolonisation, die auf 19 Jahre festgelegt wurde und praktisch bis heute anhält, obwohl die Plantagenträume sich kaum erfüllten und das Land auch sonst keine Goldgrube war.
Aber von 1915–1934 erfuhr Haiti die wohl schrecklichste Demütigung in seiner Geschichte. Zwar hatten die Machtkämpfe, die Revolutionen, sich fast immer in den Städten abgespielt, aber noch immer betrachtete sich jeder Bauer als Kämpfer um seine Freiheit und besaß seine Waffe. Mochte seine Existenz noch so armselig sein, so symbolisierte doch seine Waffe einen Teil seiner wiedergewonnenen Würde.
Die Amerikaner bildeten eine neue haitianische Gendarmerie aus, mit deren Hilfe die Bauern dann entwaffnet wurden. Dabei floß Blut. Um dem Land eine für die Ausbeutung notwendige Infrastruktur zu verschaffen, wurden die Bauern, die sich wehrten, aneinandergekettet und unter Polizeiaufsicht zum Straßenbau gebracht. Das mußte alle Schrecken einer überwunden geglaubten Vergangenheit heraufbeschwören, neue Sklaverei bedeuten. Wieder entvölkerten sich ganze Dörfer, flohen die Bewohner in die Berge.

Jeder Voodoogläubige ist beseelt von zwei Engeln, dem »großen guten Engel«, der die Verstandes- und Gefühlswelt bestimmt, und dem »kleinen guten Engel«, der die Verbindung zu den *loa* herstellt. Wer diese Engel verliert, wird zum Zombie, dem lebenden Toten, der mechanisch jede Arbeit verrichtet.
Die Amerikaner, so heißt es, haben den »großen guten Engel« der Haitianer getötet. Profaner ausgedrückt: sie trieben die Bauern in die Resignation.
Unter den äußerst unfeinfühligen, sehr rassistischen amerikanischen Okkupanten entstand aber nun auch in den Städten jene Négritude, die die Bauern, fern jeder westlichen Zivilisation, nie zu leben aufgehört hatten. Plötzlich entdeckten die Intellektuellen, die französische Lebensweise imitierten, daß Haitis ganzer kultureller Reichtum in dieser Négritude war. Sie entdeckten es vielleicht zu spät. Denn die Landbewohner, seit jeher für die sogenannte städtische Elite nur interessant als Exportrohstofflieferant, Zucker, Kaffee, Sisal, und als Steuerzah-

ler, ausgebeutet wie von jeher, verharrten wie in einem anderen Zeitalter auf einem anderen Planeten, und nur ein Messias würde die Kluft zwischen diesen beiden Klassen zu überbrükken imstande sein. Dr. François Duvalier, Arzt, Ethnologe, Publizist, Emporkömmling aus dem schmalen schwarzen Kleinbürgertum, sollte diese Hoffnung wecken.
Nicht nur die Amerikaner, die in ihm einen willfährigen Vasallen vermuteten, verhalfen ihm 1957 an die Macht – hinter Duvalier standen auch die verelendeten Bauern und das städtische Proletariat, die ihn wünschten und wählten. Duvalier gab das große Versprechen, ein Modernisator Haitis zu werden. Mit seiner »Revolution Duvaleriste« sollte die afrikanische Rasse, ausgebeutete Klasse Haitis, rehabilitiert werden, sollten Macht und Einfluß der schwarzen Mehrheit zukommen, sollte jeder die Chance haben, aufzusteigen.
Seine Vorbilder: Dessalines, Atatürk, Haile Selassi und Hitler.

»Wir sind immer noch Sklaven. Wir sind die Sklaven der Familie Duvalier. Was wir brauchten, wäre ein Mann wie Hitler«, sagt ein kleiner Beamter.
Haitis Vergangenheit ist nicht nur deshalb so wichtig, weil ohne sie die Gegenwart nicht begriffen werden kann, sondern auch, weil die Gegenwart sich für die Mehrheit kaum je von der Vergangenheit unterschied und unterscheidet.
Die Ära des François Duvalier wurde zur berüchtigsten in der Geschichte Haitis, aber wenn sie nun in Erbfolge über ein Vierteljahrhundert besteht, so hat das nicht nur mit totaler Unterdrückung, totaler Resignation eines verängstigten, müde gewordenen Volkes zu tun. Nicht ohne Grund nannten sie ihn Papa Doc. Er war Landarzt gewesen und kannte das Volk. Er hat bis heute mehr Anhänger als Gegner.
Seine Gegner formierten sich vor allem aus der Mulattenbourgeoisie, die er allmählich entmachtete, indem er ihre Posten mit Schwarzen besetzte. Seine Gegner waren auch die Intellektuellen, die den Demagogen durchschauten. Als diese beiden Geg ner versuchten, ihn zu stürzen, war seine Rache so fürchterlich, daß ein Großteil von ihnen, um den Massakern zu entgehen, ins Ausland floh. Denn Duvalier hatte längst soviel Rückhalt, auch mordwütigen Rückhalt im Volk, daß seine Macht gesichert war. Ein Tyrann bringt viele Tyrannen hervor.
Nieder mit den mulattischen Ausbeutern, es lebe der Neger,

der Voodoo, die *loa*. Duvalier selbst begriff sich als ein schwarzer Messias, von den *loa* berufen, um den Negern die Würde wiederzubringen. Und er sprach dabei von Rasse, Blut und Boden. Duvaliers nationalsozialistische Revolution konnte nur deshalb so stark und schrecklich werden, weil er Hunderttausende der armen Bauern und des städtischen Proletariats zu seinen Helfern berief: die *tontons macoutes*, eine paramilitärische Schlägertruppe, die er weihte, indem er den Leuten sagte: Ihr seid die Chefs. Wenn auch nur ein kleiner Teil eine Uniform trug und die meisten miserabel bezahlt waren, erhofften sie nicht nur den Aufstieg, sondern identifizierten sich auch mit Duvalier und hatten die Vollmacht, jeden Gegner das Grauen zu lehren. Und die analphabetischen Entrechteten schlugen erbarmungslos zu. Nicht große Reformen haben Papa Doc berühmt gemacht, sondern seine haitianische SS, sein Klassenkrieg, der zum Rassenkrieg wurde. Haiti verlor seine besten Köpfe.

Gleichzeitig setzte Duvalier aber die Tradition fort und bestahl sein Volk. Das Vermögen der Familie Duvalier wird heute auf 400 Millionen Dollar geschätzt.

Papa Doc ist seit 1971 tot. Sein Sohn Jean-Claude übernahm mit 19 Jahren das Präsidentenamt. Die »Volontaires de la Sécurité Nationale«, die VSN, die Freiwilligen der Nationalen Sicherheit, wie die *tontons macoutes* offiziell genannt werden, sind nicht mehr die Totschläger von einst. Aber wie die Soldaten, mit denen sie sich die Polizeigewalt teilen, nutzen sie ihr bißchen Macht, die sich heute fast nur noch gegen die Schwächeren richtet. Wie es in der Sklavenvergangenheit war, um das Überleben zu sichern.

Haitis Grenzen zeichnen den Kopf eines Fischungeheuers – der Leib ist die Dominikanische Republik – mit weit aufgerissenem Maul, dabei, eine Insel zu verschlingen oder ein kleineres Tier. Aber das Land ist trotz seiner nackten Berge immer noch von verzweifelter Schönheit. Die Verwüstung, der allgegenwärtige Staub oder der Schlamm, der von den entwaldeten Höhen bei sintflutartigen Regen ungehemmt in die Niederungen abfließt, weil kein Pflanzenkleid das Wasser mehr aufhält, können noch nicht die Konturen verwischen, und selbst der unablässige Gestank nach Kot mindert Haitis Erhabenheit nicht. Haiti hat in seiner Traurigkeit nichts Geducktes.

Ein Lied von Toto Bissainthe:

Trauer, ich schreie von der Trauer Haitis
Haiti erblindet
Haiti veruntreut
Haiti geopfert

Haitis ohnmächtige Bewohner haben lächelnd und jasagend gelernt, jede Aggression zu verbergen, um sie dann auszutoben im Voodoo, dessen Sprache noch immer die letzte Ausflucht bleibt und dessen politische Kraft doch noch zerbrochen wurde.
Die Duvaliers haben sich in ihren Regierungen immer mit Voodoopriestern umgeben. Sieben *houngan* sollen im derzeitigen Kabinett mitregieren. Und ein Großteil der Bevölkerung glaube, so sagt Hurbon, der Soziologe, daß die stärksten *loa* eben von jenen konfisziert worden seien, die über die Macht verfügen.
Ebenso wie es gute und böse *loa* gibt, existieren das Gute und das Böse im Menschen. Wichtig ist nur, gegen das Böse, notfalls mit der Kraft des Bösen, gewappnet zu sein, um das Gleichgewicht zwischen Gut und Böse wahren zu können. Diese schlichte Philosophie herrscht in allen Gemeinschaften. Und jedes Volk kennt in seiner Geschichte ein gestörtes Gleichgewicht. Die Haitianer kamen nie zu einem Gleichgewicht. So wie die Mächtigen um jeden Preis ihre Macht behalten wollen, so ist dem kleinsten Soldaten bewußt, daß es angenehmer ist, zu versklaven, als der Sklave zu sein.
Haitis Intelligenz floh ins Ausland, es flohen die armen Bauern, die nicht resignierten, vor dem Hunger und auch aus Angst vor Hexerei, da die *loa* den Dienst versagten. Sie fliehen als *boat-people,* sofern sie Ersparnisse haben, oder sie laufen zu amerikanischen Sekten über, die, vom CIA finanziert, ihnen erzählen, daß alles Unheil dieser Erde nur vom Kommunismus komme. Der Kommunismus, das sei Luzifer.

»Bei Anbruch des Jahres 1983 hatte ich einen Traum.
Ich träumte, daß eine wahre soziale Revolution stattfand, nicht mehr diese verbale Palastrevolution, sondern eine Revolution, die an das Gewissen der Elite und des Volkes appellierte, eine Revolution, die bewirkte, daß die Elite begriff, daß es Zeit sei, Mitleid mit dem städtischen Proletariat und der Landbevölkerung zu haben ...«
Der das schreibt, im 13. Jahr der Jean-Claudistischen Revolu-

tion des Duvalierismus, der wirtschaftlichen Revolution des neunten Präsidenten auf Lebenszeit, ist nicht etwa ein Regimegegner, sondern der Hofberichterstatter Jolicœur. Jener Aubelin Jolicœur, der schon in Graham Greenes *Stunde der Komödianten* als Petit Pierre auftauchte und es sich noch heute im Hotel Oloffson zwischen Elite und dem traurig verbliebenen Rest von Touristen wohlsein läßt.

Er träumt von Bauern, die sich um ihre Hygiene kümmern, von Kindern, die zur Schule gehen können, von der Wiederaufforstung der Berge, von einer noch stärkeren Armee, die ihre Disziplin dem undisziplinierten Volk vermittle, von einem wiederbelebten Tourismus.

Er vergaß, die Eliminierung des Hungers zu träumen.

»Ich habe genug geträumt, es ist Zeit, daß ich aufwache; wie die Wirklichkeit mich anekelt und erschreckt mit den Kloaken, die einen Gestank ausströmen, der mich krank macht, mit den aufgebrochenen und dreckigen Straßen, die ich überqueren muß, wenn ich von meiner Wohnung zum Hotel Oloffson gehe ...«

Jolicœur beschreibt eine noch gute Gegend der Hauptstadt. Aber obwohl Port-au-Prince weiter unten, dem Hafen zu, alle Alpträume übertrifft, die einen Menschen überfallen können, wo nicht nur die Abwässer aus den Gullys sprudeln, wo auf kotüberfluteten Straßen die Menschen auf Kisten und Pappdeckeln nächtigen, wo das verseuchte Meer bei jeder Flut sein eigenes Elend ins Land schreit, der Gestank sich vermischt mit dem Qualm von verbranntem Müll, der sich ebenfalls noch ins Meer wälzt, bevor unzählige Menschen ihm ihre Tagesration abgerungen haben, eine alte Frau eine verfaulte Papaya wie eine Kostbarkeit heimträgt, hier, wo jeder Windstoß nur Staub und Verpestung zu bringen scheint und die Menschen nicht der Natur, sondern den Schrecken der Zivilisation ausgesetzt sind, hier besteht zumindest die Chance, nicht verhungern zu müssen.

»Das Tal zog sich am Fuß des Berges hin. Das von der Höhe abließende Wasser hatte ihn zerklüftet, und die von seinem Abhang weggewaschene Erde hatte sich ins Weite verloren. Die Knochen seines Gesteins durchbrachen seine magere Haut, und Stachelgewächse hatten ihn wie haarige Spinnen überwuchert.«

In seinem berühmten Buch *Herr über den Tau* beschrieb Jacques

Roumain vor 40 Jahren sein Land, beschrieb er ein Dorf in Dürre und Hunger.
Unzählige solcher Dörfer gibt es in Haitis gigantischen Steingärten, und trotz – oder wegen – immenser Entwicklungshilfesummen, die in das Land gepumpt werden, vermehrt sich die Not.
3000 Menschen starben vor einigen Jahren in der Region des Nordwestens an Hunger; es hatte zwei Jahre lang nicht geregnet. Als Hilfe endlich anrollen sollte, machten plötzliche Regenstürze die unasphaltierte Straße, die zudem noch von Flußbetten durchkreuzt wird, unpassierbar. Die amerikanischen Sekten setzten Helikopter ein, verteilten Nahrung unter der Voraussetzung, daß die Empfänger konvertierten.
Daß die Katastrophe nicht noch schrecklichere Ausmaße annahm, war nicht solcher Hilfe zu verdanken, sondern den haitianischen Frauen, die seit langem die Wirtschaft des Landes in Gang halten. Haiti als ein unermeßlicher Ameisenhügel, auf dem Hunderttausende von Frauen auf Eseln oder zu Fuß, mit ihren Lasten auf den Köpfen, Berge und Täler durchkreuzen, um ihre Kochbananen, den Kaffee oder Holzkohle auf die Märkte zu tragen. Dann die *madames sarahs*, die Zwischenhändlerinnen, die von den Kleinbauern kaufen, in den Bergen oft einziger Kontakt zur Außenwelt sind, über die passierbaren Straßen die urtümlichen Lastwagen benutzen und die, wenn sie es zu etwas gebracht haben, sogar bis nach New York fliegen, um Kunsthandwerk gegen Industriegüter einzutauschen. Ohne diese Frauen versorgte Haitis Elite nur noch sich selbst. Dieses Händlerinnentum, in Westafrika üblich, in der Sklaverei vergessen, haben die Frauen während der amerikanischen Okkupation, als die Männer resignierten, wieder erlernt: Die Zügel in die Hand zu nehmen, um das Überleben zu sichern, ist in Haiti Frauensache.

Haitianisches Ratespiel: Was ist das, ein Laden, in dem nie das Fleisch ausgeht? – Antwort: der Friedhof.
Der Friedhof von Port-de-Paix, Provinzhauptstadt des Nordwestens, wächst schneller als die Stadt, klettert farbenprächtig den Hügel hinauf. Auf den Gräbern, angebunden an den Kreuzen, turnen Ziegenfamilien oder grast ein Esel.
Der Friedhof war immer ein Tempel, dem Leben aufgeschlossen; *baron samedi,* der Gott des Friedhofs, löste die Konflikte zwischen Lebenden und Toten, die Toten beschützten die Lebenden.

Port-de-Paix, von Kaserne und Kirche beherrscht wie das gesamte Land, scheint von den *loa* verlassen. Nicht einmal mehr ein scheinbares Gleichgewicht ist hier vorhanden. In dieser kleinen Stadt, umgeben von fruchtbaren grünen Hügeln, wohnt offenbar immer noch der Alptraum von jener Hungerkatastrophe, als die Menschen auf den Straßen starben. In Port-de-Paix lernen die Kinder als erstes Wort nicht etwa Mama, sondern: Ich habe Hunger. Und fiebrig träumen die Älteren von einem anderen Land. Dabei wimmelt die Stadt von weißen Helfern, von kanadischen, amerikanischen, deutschen, Schweizer, holländischen, französischen Missionaren, und auch an Experten mangelt es nicht.
In dieser Stadt wird exzessiv gebettelt und verbirgt man Aggressionen allenfalls vor den Soldaten.
Jean-Claudes Elitetruppe der »Leoparden«, zur Bekämpfung eines sogenannten »inneren Terrorismus« geschaffen, auf jeden Fall aber Garantie für die Amerikaner, daß kommunistische Elemente in Haiti ohne Chance bleiben, baut an einem neuen Camp.
Während die Soldaten die Interessen der Regierenden vertreten, betrachten die Weißen sich, von ihrer Mildtätigkeit abgesehen, als Garanten des inneren Friedens. Ohne ihre Präsenz, so beteuern sie, würde dieses betrogene Volk nicht zögern, wieder Revolution zu machen, um wieder jemanden an die Macht zu bringen, der es wieder unterdrücke.
Das Volk, analphabetisch und halb verhungert, glaubte an Papa Doc wie an einen Erlöser, und er bediente sich; dennoch nahm es seinen Sohn hin, der eigentlich gar nichts bot außer einer unter amerikanischem Druck zustandegekommenen Liberalisierung. Haiti ist besetzt von seiner eigenen Armee, die von den Amerikanern dirigiert wird. Und das Volk, um die Kraft gebracht, seinen eigenen Weg zu finden, fügt sich in seine Ohnmacht. Sieht man von denen ab, die fliehen, statt sich zu fügen, scheint das System perfekt. Hier wird kein zweites Kuba entstehen.

Am Strand von Port-de-Paix, über schwarzen Vulkansand, vorbei an Gruppen erfolgloser Strandfischer, joggt ein junger Mann. Ich schaue ihm zu, und dann hat er Lust zu reden, ein kleiner Büroangestellter.
»Ich bin heute nicht zur Arbeit gegangen«, sagt er. »Als ich aufwachte, tat mir der Kopf weh, und ich fühlte mich müde, so fürchterlich müde.«

Eine Horde von Kindern näherte sich, die älteren betteln mich an. Sie haben im Meer gebadet, das Wasser trieft noch von ihren Körpern, aber sie stinken erbärmlich, da ihren Eltern vermutlich das Geld fehlt, um Seife zu kaufen.
Der junge Mann sagt: »Manchmal, wenn ich mein Land betrachte, habe ich Lust, mich umzubringen.«
Er weist auf die Insel Tortue, die vor der Bucht liegt. 1982 besetzten neun Guerilleros die Insel, Auslandshaitianer, in der Absicht, ihr Land zu befreien. Sie wurden von den »Leoparden« überwältigt und vier Wochen später in Port-de-Paix erschossen. Er sagt:
»Jeder Staatsdiener hatte die Pflicht, zuzuschauen, wie sie sie abknallten. Ich war zwei Wochen lang krank hinterher, hatte Durchfall und konnte nichts essen und nicht mehr schlafen. Ich bin so müde, ich möchte dies Land verlassen.«
Er blickt zur Kaserne, die sich goldgelb auf einem Hügel erhebt. Und unvermittelt sagt er, als spräche ein anderer aus ihm: »Eigentlich wollte ich Priester werden. Priester oder Soldat.«

»Hafen des Friedens« oder »Der Verlust des zweiten Engels«

Über Port-de-Paix, Provinzhauptstadt Haitis (1983)

Ich überzeichne: Die Denkenden haben das Land verlassen. Die Elite denkt nicht, sie frißt. Das Volk denkt nicht und hat nichts zu fressen. All sein Handeln ist auf den Augenblick gerichtet. Heute überleben. Diese Kurzsicht haben ihm eine tropische Natur und jene gierige Elite, die ihm jeden Überschuß nimmt, über Jahrhunderte beigebracht. Und die Elite, aus diesem Volk hervorgegangen, hat die gleiche Mentalität. Sie schlachtet das Volk, statt es zu melken. Und das Volk, statt seine Elite zu schlachten, ruft seine afrikanischen Götter, um gestärkt ein Almosen zu erlächeln.

Ist Haitis heroisches Volk kaputt? Ich überzeichne nicht mehr.

»Ja, bei uns lächeln die Leute«, sagt Hauptmann C., »Haiti ist das Paradies auf Erden, hier herrschen Friedfertigkeit und Ruhe ...«

Der Hauptmann, Mitglied des Elitetrupps der »Leoparden«, ist von der Hauptstadt nach Port-de-Paix beordert worden, um ein neues Camp aufzubauen, ganz in Grün, nicht in dem warmen Orange der schmucken Kasernen, die sich überall, meist auf Hügeln gelegen, wie leuchtende Paläste über die Baracken erheben. Und der Hauptmann, für taktische Fragen zuständig, weiß, daß diese Sonnenfarbe der Kasernen mit zuviel Vertrauen gewählt wurde. Denn sein Land wird hin und wieder doch bedroht. Nicht von den lächelnden Bewohnern eines Paradieses, sondern von denen, die so mutig oder so feige oder so verzweifelt waren, die Hölle zu verlassen. Aber das Militär wacht. Ganz Haiti, besetzt von seiner eigenen Armee, ist ein Hafen des Friedens. Und so können in Port-de-Paix, Provinzhauptstadt des Nordwestens, die Soldaten mit den *tontons macoutes* ihre Gedenkfeier zum Tag der Ankunft der Invasoren vor einem Jahr auf der Insel Tortue zu einem Freudenfest werden lassen, erst die Reden, dann der Rum, denn in vier Wochen werden sie den Sieg über die neun Guerilleros feiern,

und etwas später dann, weniger öffentlich vielleicht, ihre Erschießung.
Vor der Bucht liegt die Insel grün und nah. Einsegelige Boote der Schmuggler kreuzen den Kanal. Am Strand aus dunklem Vulkansand voller Geröll stehen Fischer. Mehrmals am Tag sehe ich sie das Netz auslegen, es dann heranziehen, vier Männer an jedem Ende, und erlebe immer das gleiche Bild: Wenn die Mühe beendet ist, starren acht Männer und ein paar Kinder in leere Maschen, über die eine Welle den schwarzen Sand spült. Ihre Gesichter sind nicht gleichmütig, haben den Ausdruck von Ungläubigkeit und tiefer Enttäuschung, als machten sie diese Erfahrung zum erstenmal.
Hinter dem Strand liegt das Holiday Beach Hotel, da wohnt Hauptmann C., der seine Villa in Port-au-Prince hat. Das Hotel, ohne Luxus, hat keine Feriengäste; in der Hochsaison 1982/83 brach der Tourismus in Haiti völlig zusammen, in Port-de-Paix war er nie ausgeprägt, dazu ist die Straße zu schlecht, aber das Holiday Beach gehört zu den wenigen Häusern des Landes, die immer einige Gäste haben, weiße Experten. Der Service ist miserabel, »zero«, sagt der Hauptmann, aber wenn jemand prompt bedient wird, nach einem Anruf, das Zimmertelefon wurde für ihn installiert, dann ist er es, *le capitaine,* und alle lächeln ihm zu, und er sagt: »Wenn sich der Service nicht bessert, lasse ich sie alle ins Gefängnis sperren.« Das ist kein Spaß.
Der Hauptmann, 28 Jahre jung, verheiratet, zwei Kinder, verläßt morgens gegen zehn das Hotel, steigt in den sandfarbenen Jeep, immer staubfrei gehalten vom Chauffeur. Er frühstückt in der Kaserne, setzt sich dann an den Schreibtisch und arbeitet vermutlich. Gegen halb eins geht er zum Mittagstisch (seine Menuwünsche sind dem Koch Befehl) und fährt dann zurück zur Siesta zum Hotel, das er gegen sieben Uhr, zum Abendessen in der Kaserne, wieder verläßt. Hinterher Kino. Es sei ein Hundeleben, meint er. Er sehnt sich zurück nach Port-au-Princc, wo die Vergnügungen vielfältiger sind. Viermal telefoniere er täglich mit seiner Familie, aus reiner Langeweile, sagt er, sucht Trost bei mir, einzigem weiblichem Gast des Hotels, und meint: »Man kann nicht immer zynisch sein, man muß das Leben auch mal genießen.«
Das Leben der Leute aus dem Volk beginnt zwischen vier und fünf Uhr morgens. Da sinkt die Temperatur, stechen die Moskitos gieriger und rebellieren die leeren Mägen, erlaubt die Dun-

kelheit, ungestört von Fliegen oder Blicken, den Darm zu entleeren auf der Straße oder am Strand oder im Fluß. Dieses kleine übervölkerte, abgeholzte, ausgenagte Land, immer noch schön, aber ohne die tropische Frische, erneuert allmorgendlich seinen Gestank, von dem nur die heftigen Regen es wieder reinwaschen werden. Früher fraßen die Schweine den Kot, war die Scheiße, in der diese Menschen stecken, nicht ganz so wortwörtlich zu nehmen. Dann brach vor ein paar Monaten die Schweinepest aus, was nicht schlimm gewesen wäre, denn die Tiere, über Jahrhunderte immunisiert wie die Menschen, sind gegen die Krankheit restistent. Aber die wachsamen Amerikaner, nicht etwa aus Sorge für die Haitianer, ihre Kolonisierten, beschlossen, die Schweine auszurotten. Denn es könnte die Pest ja z. B. mit den *boatpeople* nach Miami geschleppt werden, und für die amerikanischen, keimfrei gehaltenen Schweine bräche die Katastrophe aus. Also wird ganz Haiti schweinefrei gemacht, was bis auf den Süden schon mit Akribie geschah. Damit wurde den Bauern ihr »Bankkonto« genommen, einzige Sicherheit für noch schlimmere Zeiten.

Gegen sechs Uhr geht über den Hügeln von Port-de-Paix die Sonne auf, sind Frauen und Kinder zu den Wasserzapfstellen unterwegs, holen Wasser oberhalb der Stadt auch aus dem Fluß, der sich im Sommer als schwarzes Rinnsal ins Meer ergießt. Seit fünf Uhr, noch in der Dunkelheit, sind die Frauen aus den Bergdörfern unterwegs, um auf dem Markt von Port-de-Paix Kaffee, Kochbananen oder Holzkohle zu verkaufen. Später rollen am Ortseingang die ersten Lastwagen ein, buntbemalt und bunt von Menschen, die auf dem Dach, auf der Kühlerhaube sitzen, aneinandergeklammert noch irgendwo Halt zu finden scheinen. Auch ich kam mit dieser Art Bus an, teilte die zwei privilegierten Plätze neben dem Fahrer mit zwei Frauen und drei Kindern und hatte als Weiße, wie an jedem Stadteingang, meinen Paß vorzuweisen. Der kontrollierende Soldat reichte mir einen Fetzen Papier und befahl mir, mich selbst einzutragen. Ist es so richtig, fragte ich dumm, aber er konnte nicht lesen.

Dieses Kontrollsystem – jeder kann jederzeit durchsucht werden – ist Teil von Haitis Faschismus, der aber in dieser tropischen Variante nicht nur an Effektivität einbüßt, sondern in seiner Hilflosigkeit etwas Kindliches annimmt. Das verhindert keine Grausamkeiten, der analphabetische Soldat ist sicher der unangenehmere, auch wenn er Lücken bietet, und er ist aggressiv, im Gegensatz zu den nicht uniformierten Leuten, die jede Art von Aufbegehren schon bis ins Tiefste verdrängt haben; aber der Soldat hat ein Gewehr, und er hat einen Job zu verteidigen, um den ihn die meisten beneiden. Gib einem barfüßigen Mann mit nichts im Bauch diese saubere khakifarbene Uniform, ein Paar Stiefel, das Gewehr oder die blaue Uniform des *tonton macoute*, und derselbe Mensch, dessen Sanftmut alles zu übertreffen schien, wird zum Totschläger werden, unter Papa Doc Duvalier wurden sie zu reißenden Wölfen, hatten sie doch den Auftrag, die Würde der schwarzen Rasse zu verteidigen, mit welchen Mitteln auch immer. Und waren es nicht auch anständige, liebenswürdige Menschen, die da bei uns eine »arische Rasse« reinzuhalten beauftragt waren? Haitis tropischer Faschismus unterscheidet sich von unserem deutschen durch seine Schlamperei, sein unsystematisches Vorgehen, den Mangel an Perfektion. Das relativiert die Unmenschlichkeit.

Als ich ankam in Port-de-Paix gegen Mittag, kochte die Stadt, hatte sie in ihrer Geschäftigkeit – und trotz all dem Staub – mit den bunten eisenballustradenverzierten, teils schon schiefen kreolischen Holzhäusern etwas Einladendes, das sich später als Trug erwies.

Ganz sinnlos fragte ich Passanten nach dem Weg zum Hotel, jeder mußte es kennen, aber die Antwort »pa conè« (kenne ich nicht, weiß ich nicht, will ich nicht wissen) war immer dieselbe. In einem Lädchen kaufte ich Coca Cola und fand Hilfe von einem jener Auslandshaitianer, die nur noch ihre Ferien zu Hause verbringen (es sollen bald 20 Prozent der Bevölkerung sein), da pflanzte sich vor mir ein über zwei Meter langer junger Mensch auf: Gib mir dein Coca. – Ja, sagte ich, gleich. Er wollte aber nicht warten und auch eine Zigarette haben, forderte, bettelte nicht, und ich gehorchte frustriert.

Port-de-Paix ist unasphaltiert, kaum kanalisiert und ohne Müllabfuhr, fließendes Wasser und Elektrizität haben einige Privilegierte der über 20000 Bewohner. Hin und wieder werden die Abflußrinnen entmistet, wenn die Kloaken die Straßen überschwemmen, und werden die Abfälle mit Schubkarren zum Strand geschafft. Wenn es regnet, ist die Stadt ein einziges Bett aus Schlamm. Aber meistens herrscht Staub, und der ist schlimm, Staub, unentwegt aufgewirbelt von zu schnell fahrenden Privatwagen und den noch schnelleren Regierungswagen, Expertenwagen. Symbolhafter ließe sich das Mißverhältnis

nicht darstellen. Nicht jene sogenannte Zurückgebliebenheit ist schädlich, nicht der Mangel an technischem Fortschritt, sondern ein Zuviel davon, die Kluft, die klafft zwischen der Minderheit, die das fordert und von ihr profitiert, und einer Mehrheit, die das bezahlen soll und nicht kann und halbblind im verseuchten Staub, um den Atem gebracht, den Nutzen beobachten kann, den es den wenigen bringt.
Hauptmann C. sagt: »Wenn ich mit dem Bus oder Lastwagen oder *taptap* fahren müßte, würde ich mir eine ganze Sitzreihe kaufen, ich würde für fünf Plätze bezahlen, um bequem zu reisen.«
Fasziniert lausche ich ihm, wäre nie auf diese Idee gekommen, denn die Leute, die sich da reinquetschen, zu welchen Bedingungen auch immer, die wollen einfach nur mit, Sitzplätze sind da nicht mehr. Ob er das schon mal ausprobiert habe, frage ich, und der Hauptmann lächelt: »Nein, ich habe meinen Jeep, und den bezahlt der Staat.«
Nun werden überall auf der Welt Dienstwagen, die durchaus auch dem Vergnügen des jeweiligen Nutznießers dienen, vom jeweiligen Staat, beziehungsweise dessen Volk bezahlt, und wird nur ein Heiliger so bescheuert sein, etwa zum Wohle des Volkes darauf zu verzichten, so wie es angenehmer ist, von einem reich gedeckten Tisch zu essen, als sich faulige Reste aus einem Abfallhaufen zu klauben, und wenn der Hauptmann als schamloser Parasit dasteht mit seinem vergleichsweise bescheidenen Anteil, so nur, weil in Haiti alles nackter, durchschaubarer ist. Auch das Wesen des Menschen.
Ich werde angebettelt, fünfzigmal am Tag, alptraumhaft, denn der Weiße ist dazu gemacht, Almosen zu verteilen, nur zu diesem Zweck hält er sich überhaupt in Haiti auf, um diesen armen Menschen zu zeigen, wie sie sich »entwickeln« sollen – zu Bettlern. »Glauben Sie, daß ich angebettelt werde«, fragt der Hauptmann. – Nein, rufe ich, bestimmt nicht, vor Ihnen haben sie Angst. »Glauben Sie«, fragt er geschmeichelt.
Der Hauptmann ist nicht intelligent, weiß aber wahrscheinlich, daß seine Armee und besonders die »Leoparden«, von Baby Doc Duvalier zur Bekämpfung des »inneren Terrorismus« geschaffen, »antikommunistisches Instrument«, von den Amerikanern finanziert wird. Daß er selbst nur ein Bettler auf größerem Fuß ist, wird ihm nicht klar. Er raucht nur amerikanische Zigaretten, obwohl es die offiziell in Haiti nicht gibt. Ein guter Haitianer raucht die nationale Marke *comme il faut* (Wie

sich's gehört), ein schlimmes Kraut, eine andere Wahl hat er außer dem Abgewöhnen nicht. Amerikanische Zigaretten besorgt sich, wer kann, teuer auf dem Schwarzmarkt, nicht so der Hauptmann: »Sie schenken sie mir, stangenweise, wissen Sie, das sind Leute, die meine Freundschaft erwerben wollen, immerzu kriege ich irgend etwas geschenkt, aber sie täuschen sich, es ist sehr schwer, meine Freundschaft zu gewinnen ...«
Das Gespür für jene wilde Hoffnung, die dahintersteht, hat er schon. Ist es diese Hoffnung, doch noch einmal an den gut gedeckten Tisch zu kommen, die dieses Volk, seit fast 500 Jahren entwürdigt, entwürdigt und gepeinigt wie kein anderes Volk der Welt, überhaupt noch überleben, existieren läßt? Wie die Hoffnung auf den großen Fischfang in dem leeren Meer?
Noch immer gelingt es einem durch Opportunismus, Diebstahl, Bestechung oder auch Mord, von ganz unten nach oben zu gelangen. Aber das ist eigentlich nicht spezifisch haitianisch, eher international.
Warum sollten ausgerechnet die analphabetischen Haitianer aus ihrer Geschichte gelernt haben? Unter Dessalines wurden Tausende von Weißen massakriert, ohne daß damit die Unterdrückung abgeschafft war, das gleiche geschah mehrmals mit den Mulatten, ohne daß das die Würde der schwarzen Massen wiederhergestellt hätte. Aber unter Papa Doc entstand eine starke schwarze Oberschicht, mit der jeder Elende sich identifizieren durfte. Von seinen Reichtümern in der Schweiz wußten sie nichts.
Nur nach seinem Tod 1971 bemerkten viele, daß die Verbindung zu den *loa* gestört war, daß die guten Geister ihren Dienst versagten, böse Hexerei die Überhand gewann. Sollte er, der ihnen die Würde wiedergeschenkt hatte, ihnen, im Tausch sozusagen, die *loa* genommen haben und deshalb mit soviel Glück gesegnet worden sein? Sollte, nachdem die Amerikaner ihren »großen guten Engel« massakriert hatten, ihnen nun auch noch der »kleine gute Engel« abhanden gekommen sein?
Wenn ich Präsident wäre, hörte ich mehrmals von kleinen Leuten, würde ich die gesamte Elite eliminieren.
Vielleicht sollte das Amt des Präsidenten abgeschafft werden.

Mittags gegen halb eins scheint ganz Haiti nur noch aus Kindern zu bestehen, Kinder in Schuluniformen sämtlicher Farben und Kombinationen; blau dominiert. Massen von Kindern quellen aus allen möglichen staatlichen, privaten, christlichen

Schulen, überfluten die Straßen von Port-de-Paix, und ihre sauberen Uniformen, ihre dunklen glänzenden Gesichter täuschen darüber hinweg, daß die meisten nichts im Bauch haben.
Morgens hört man sie überall in der Stadt aus Hausöffnungen im Chor irgendwelche Litaneien auf französisch repetieren, nachmittags üben sie monoton am Strand, abends trifft man sie unter Straßenlaternen, lernen, auswendiglernen.
Typische Unterhaltung mit einem zwölfjährigen Kind auf französisch:
Gehst du zur Schule?
Ja.
Sprichst du französisch?
Ja.
Seit wann besuchst du die Schule?
Ja.
Wie alt bist du?
Ja.
Davon abgesehen, daß sie gelernt haben, immer ja zu sagen, weil das nie schaden kann, scheint es angesichts der massenhaften Schulgänger unvorstellbar, daß 90 Prozent der Haitianer Analphabeten sein sollen.
Offizielle Sprache ist französisch, jeder spricht kreolisch, auch die Oberschicht untereinander, fließend Französisch sprechen drei bis fünf Prozent der Bevölkerung. Schulsprache ist französisch, alles wird eingepaukt, nichts begriffen, alles vergessen. Unternährung besorgt den Rest.
Das schönste Gebäude von Port-de-Paix steht kurz vor der Fertigstellung, das Michèle Duvalier-Gymnasium. Von einem französischen Architekten entworfen, aus Naturstein, Glas und mit grünen Zinnen, erinnert es an einen arabischen Palast.
Ein Gymnasiallehrer verdient bestenfalls 100 Dollar im Monat.
Ihre Exzellenz Madame Michèle B. Duvalier, *Première Dame de la République*, seit ein paar Jahren Gattin von Jean-Claude Duvalier, dem Thronfolger von Papa Doc und als Baby Doc ebenfalls Präsident auf Lebenszeit, Frau Duvalier also, ehemaliges Modell, macht sich verdient um die Revolution des Jean Claudistischen Duvalierismus. Sie schenkt dem Volk Schulen, auch Farbfernseher stehen eingemauert wie in Heiligenschreinen auf Marktplätzen mit dem Vermerk: Geschenk Ihrer Exzellenz Madame …
Die Neujahrsansprache des Präsidenten, auf französisch natürlich, konnte so auch auf dem Land und von den Ärmsten ange-

schaut werden, daß sie nicht verstanden wurde, war unwichtig, denn wie alle Präsidenten der Welt versprach er Arbeit, soziale Gerechtigkeit und fernere Träume.
Der 31jährige dickliche Jean Claude, seit zwölf Jahren Präsident und von europäischen Journalisten gern als Trottel dargestellt, ist zwar kein rhetorisches Talent, hat nichts von der Demagogie seines Vaters, aber seine Intelligenz ist durchaus der Mittelmäßigkeit anderer Regenten vergleichbar, und ein guter Vasall Amerikas ist er auch. Unter dem Druck der USA, die mit den massenhaften haitianischen Flüchtlingen nicht mehr zu Rande kam, liberalisierte er das Erbe seines Vaters. Haiti ist nicht mehr Tummelplatz blutrünstiger *tonton macoutes*, der Willkür sind Grenzen gesetzt, wenn auch immer noch zu weit gesteckte.
Reichlich flossen wieder die internationalen Gelder, wichtigster Posten privater Bereicherung. (Die Minister werden alle sechs Monate ausgewechselt, es muß sich also jeder sehr beeilen). Und als 1977 der Nordwesten zwei Jahre lang ohne Regen geblieben war, die grünen Hügel von Port-de-Paix verdorrten, der Schmuggel verboten war, die Menschen auf den Straßen starben, über 3000 Hungertote in jenem Jahr, da strömten die Helfer von überall herbei, überschlugen sich kirchliche, staatliche Organisationen, blieb kaum ein Fleckchen von Haitis karger Erde unbesetzt von weißen Rettern. Sicher wurde kurzfristig Not gelindert, aber die Hilfsschwemme heizte die Inflation an, und trotz wieder gefallenen Regens setzte ein rapider Verarmungsprozeß ein.
Die reicheren Bauern profitierten, kauften armen Bauern das letzte Land ab. Land wurde auch oft genug zwecks eines internationalen Projekts enteignet. Care-Pakete, mit Hirse oder Mais, Bohnen und Öl, unter hohem Aufwand von den USA in Haitis ländliche Gebiete verfrachtet und sorgsam an die Bauern verteilt, auf daß Korruption einmal unterbleibe, finden sich auf dem Markt von Miami wieder. Die Bauern verkaufen das Almosen, weil sie Geld brauchen für die Schulden, die Steuern (sie sind die am höchsten besteuerte Gruppe), und wer in die Stadt zog, zahlt Miete für die Elendshütte, 15 Dollar pro Monat, die Schulen kosten Geld (Hoffnung auf den Aufstieg) und auch die plötzlich nötige Uhr, nicht zu vergessen die Kleider.
Erstaunlicherweise wird kaum gestohlen, die Strafen sind zu brutal, es gibt kein Rauschgift. – Daran sieht man doch, wie gut es ist, wenn hart durchgegriffen wird, ruft begeistert ein deut-

scher Experte. Ja, das ist gut, wenn nur die Elite klauen darf, wenigstens das ist auch bei uns legitim.
Aber so wie die haitianische Elite dieses krankhafte Verhältnis zum Geld hat, das sie auf Schweizer oder New Yorker Banken häuft, statt es zu investieren, so haben auch die Armen dieses Bedürfnis, ihr Geld, das zu bekommen sie halb verrückt werden ließ, nie wieder wegzugeben. Es ist nicht nur die Not, die sie unentwegt vom Geld reden läßt, dieses Geld, das so lange wie möglich in Kontakt mit ihrem Körper bleibt, die dreckigsten Geldnoten der Welt, nein, Geld bestimmte ihre Geschichte, und fast scheint es, als ob dieses Schachern um ihre verkauften, gekauften Vorfahren und deren geldloses Dasein bis heute ihr Wesen bestimme. Über Jahrhunderte wurde ihnen klargemacht, daß sie die Schwächeren bleiben, mißachtet, betrogen, machtlos, wenn es nicht einem von ihnen gelingt, aufzusteigen, an das Geld zu kommen, und sei es nur, um auszureisen. Und der Aufsteiger kümmert sich um seine eigene Familie und ist froh, die anderen endlich vergessen zu können. Auch den Voodoo, diese Religion der Sklaven, abergläubisch, zurückgeblieben, läßt er möglichst fallen und betet lieber katholisch.
Port-de-Paix wimmelt von weißen Missionaren, die das arme Volk vom Götzendienst erlösen wollen. Eine Minderheit – daß es sie gibt, muß betont werden – sehr progressiver Kirchenleute beginnt eben zu keimen und fruchtbare Arbeit zu leisten, Gegner des karitativen Systems. Ihr Bemühen, die Eigenverantwortlichkeit zu fördern, wird zunichte gemacht durch amerikanische Sekten, die sich wie die Pest vermehren. Und sie predigen nicht nur, daß erduldetes Leiden mit höchster Glückseligkeit heimgezahlt werde, sondern versichern auch noch, daß alles Unheil dieser Erde nur vom Kommunismus komme. Als ob dieses Volk von einer Revolution abgehalten werden müsse, für die es gar keine Kraft mehr hat.
Ungeduldig wird der Papst erwartet. Da ist ein Verlangen nach Trost ohnegleichen. Denn die abhandengekommenen Engel tun nicht mehr ihren Dienst.

Im Hafen von Port-de-Paix liegt ein Kriegsschiff. Die »Leoparden« wollen zu einem Manöver auf der Insel Tortue auslaufen.
Nachts kommt Sturm auf und Regen, schlagen die Wellen weit über den Strand und spülen ihn sauber, das Wasser wird schlammfarben. Schlamm wälzt sich mit den Wassermassen von

den erodierten Bergen in die Stadt. Tagsüber keine Fischer am Strand, keine Frauen am Markt. Aus der Nässe wird Kälte. Das Kriegsschiff bleibt liegen.
Am nächsten Tag ist der Himmel noch immer bedeckt, hat sich die See aber beruhigt, segeln wieder die kleinen Schaluppen über die Meerenge. Das Kriegsschiff bleibt liegen, fünf Tage lang, denn am Samstag, als das Wasser so glatt wie ein Spiegel ist, hat der Hauptmann sein freies Wochenende.
Hinter dem Hotel haben die Kinder den Müll abgesucht, in der Dunkelheit kommen die Hunde. Hundeskelette mit schrundigem Fell scharren nach etwas Freßbarem und haben wundersamerweise noch die Kraft zum Bellen.
Der Hauptmann tritt auf den Balkon und schaut zu den hellen Sternen. »Mein Gott, ist das schön«, sagt er, »Haiti ist für mich das schönste Land der Welt. Es ist das Paradies.«

Quellenvermerk

Die Zitate von Aimé Césaire stammen z. T. aus Interviews der Autorin, z. T. aus seinem Buch

»Zurück ins Land der Geburt«, Insel Verlag, Frankfurt/M. 1962.

Die Zitate von Frantz Fanon stammen aus seinen Büchern

»Die Verdammten dieser Erde« Suhrkamp Verlag, Frankfurt/M. 1966

»Aspekte der algerischen Revolution«, Suhrkamp Verlag, Frankfurt/M. 1969

»Für eine afrikanische Revolution«, März Verlag, Herbstein-Schlechtenwegen 1972

»Schwarze Haut, weiße Masken«, Syndikat Autoren- und Verlagsgesellschaft mbH, Frankfurt/M. 1980

Die Abdrucke erfolgen mit freundlicher Genehmigung der genannten Verlage.

Bitte umblättern:

DIE FRAU IN DER GESELLSCHAFT
TEXTE UND LEBENSGESCHICHTEN

Herausgegeben von Gisela Brinker-Gabler

Ruth Ellen Boetcher Joeres
Die Anfänge der deutschen Frauenbewegung:
Louise Otto-Peters
Band 3729

Eine stumme Generation berichtet
Frauen der 30er und 40er Jahre
Herausgegeben von Gisela Dischner. Bd. 3727

Germaine Goetzinger
Für die Selbstverwirklichung der Frau: Louise Aston
Band 3743

Fanny Lewald
Meine Lebensgeschichte
Herausgegeben von Gisela Brinker-Gabler. Bd. 2047

Toni Sender
Autobiographie einer deutschen Rebellin
Herausgegeben von Gisela Brinker-Gabler. Bd. 2044

Diana Orendi-Hinze
Rahel Sanzara
Eine Biographie. Band 2258

Mathilde Franziska Anneke
in Selbstzeugnissen und Dokumenten
Herausgegeben von Maria Wagner. Bd. 2051

Kämpferin für den Frieden
Bertha von Suttner
Lebenserinnerungen, Reden und Schriften
Eine Auswahl, herausgegeben und eingeleitet
von Gisela Brinker-Gabler. Bd. 2053

Gerda Szepansky
Frauen leisten Widerstand: 1933–1945
Band 3741

FISCHER TASCHENBUCH VERLAG

fi 16/2 a

DIE FRAU IN DER GESELLSCHAFT
TEXTE UND LEBENSGESCHICHTEN
Herausgegeben von Gisela Brinker-Gabler

Frauenarbeit und Beruf
Herausgegeben von Gisela Brinker-Gabler
Band 2046

Frauen gegen den Krieg
Herausgegeben von Gisela Brinker-Gabler
Band 2048

Zur Psychologie der Frau
Herausgegeben von Gisela Brinker-Gabler
Band 2045

Frau und Gewerkschaft
Herausgegeben von Gisela Losseff-Tillmanns
Band 2260

Frauenemanzipation und Sozialdemokratie
Mit zahlreichen Abbildungen
Herausgegeben von Heinz Niggemann
Band 2261

Frau und Musik
Mit vielen Bildern und Faksimiles
Herausgegeben von Eva Rieger
Band 2257

Frau und Religion
Gotteserfahrungen im Patriarchat
Herausgegeben von Elisabeth Moltmann-Wendel
Band 3738

FISCHER TASCHENBUCH VERLAG

fi 16/2 b

DIE FRAU IN DER GESELLSCHAFT

Mariama Bâ
Der scharlachrote Gesang
Roman. Band 3746

Elfriede Brüning
Partnerinnen
Erzählungen. Band 3734

Oriana Fallaci
Brief an ein nie geborenes Kind
Band 3706

Judith Jannberg
Ich bin ich
Aufgezeichnet von Elisabeth Dessai
Band 3735

Christine Kraft
Schattenkind
Erzählung. Band 3750

Marlene Stenten
Puppe Else
Eine Lesben-Novelle. Band 3752

Jutta Strippel
Kreide trocknet die Haut aus
Roman. Band 3733

Sybil Wagener
Das kleinere Unglück
Roman. Band 3748

Hedi Wyss
Keine Hand frei
Roman. Band 3732

FISCHER TASCHENBUCH VERLAG